社会发展研究

Journal of Social Development

第二期

2013

社会科学文献出版社
SOCIAL SCIENCES ACADEMIC PRESS (CHINA)

图书在版编目（CIP）数据

社会发展研究. 第 2 期/李汉林主编. —北京：社会科学
文献出版社，2013.12
ISBN 978 - 7 - 5097 - 5343 - 9

Ⅰ.①社…　Ⅱ.①李…　Ⅲ.①社会发展 - 中国 - 文集
Ⅳ.①D668 - 53

中国版本图书馆 CIP 数据核字（2013）第 278668 号

社会发展研究 （第二期）

主　　编 / 李汉林

出 版 人 / 谢寿光
出 版 者 / 社会科学文献出版社
地　　址 / 北京市西城区北三环中路甲 29 号院 3 号楼华龙大厦
邮政编码 / 100029

责任部门 / 社会政法分社（010）59367156　　责任编辑 / 郑　嬿　史雪莲
电子信箱 / shekebu@ ssap. cn　　　　　　　责任校对 / 张俊杰
项目统筹 / 童根兴　　　　　　　　　　　　责任印制 / 岳　阳
经　　销 / 社会科学文献出版社市场营销中心（010）59367081　59367089
读者服务 / 读者服务中心（010）59367028

印　　装 / 三河市尚艺印装有限公司
开　　本 / 787mm×1092mm　1/16　　　　印　　张 / 18.75
版　　次 / 2013 年 12 月第 1 版　　　　　　字　　数 / 358 千字
印　　次 / 2013 年 12 月第 1 次印刷
书　　号 / ISBN 978 - 7 - 5097 - 5343 - 9
定　　价 / 59.00 元

目　　录

Contents

Book Reviews

Contents

3

✳ 专题研讨

题记

　　这一组文章是由中国社会科学院副院长李扬研究员主持"中国发展道路研究"课题的子课题"中国社会发展经验研究"的阶段性成果。这项研究试图从国家与社会、国家与市场、国家与农民、中央与地方、政府与企业、城市与乡村、劳动与资本七个关系出发，努力归纳与分析中国社会发展的具体过程和经验，期望通过对这些关系的分析，能够在理论与实践相结合方面有所突破。以下这六篇文章正是这一尝试的展现。

从总体治理到专项治理

——改革以来国家与农民的政治关系的变迁

应　星

摘要　本文对改革以来中国国家与农民的政治关系的变迁作了精要的分析。作者认为，改革前国家在农村的治理形态是建立在资源垄断基础上的总体治理，农民就此全面依附于国家。土地实行家庭承包制以来，农村治理的方式也发生了根本的转变，原来的总体治理转变为专项治理；这种专项治理在改革初期是以土地和家庭为依托的，而在改革近期又出现了以项目为依托的专项治理。新时期的农村治理问题既得到了简化，又在解决农民负担等问题上实现了制度创新，但也留下了一些尚待解决的治理难题。

关键词　总体治理　专项治理　国家与农民

一　改革前的总体治理

中国 1978 年开始的农村改革虽然以土地经营体制为纽带，但这种改革并不仅仅是经济领域的改革，而是同时也深刻地触动了国家与农民的政治关系。在此我们需要对改革前国家与农民的政治关系作一略述。

如果说西方发达国家和发展中国家的现代化大都是在市场经济或传统自然经济的基础上开始的话，那么，面对 1949 年前以整合危机形式表现出来的总体性危机（邹谠，1994），中国 1949 年后建立的是一个所谓"再分配"① 体制下的总体性社会。国家通过没收官僚买办资本、对民族工商业的社会主义改造和土地改

---

① 波兰尼曾将人类社会中的经济体制划分为三种类型：馈赠经济（即传统的自然经济）、市场经济与再分配经济。所谓"再分配"（redistribution）指的不是任何国家都存在的通过政府进行国民收入再分配的现象，而是指一种独特的社会资源的配置方式，即再分配成为整个经济的整合原则。在再分配经济体制的框架中，国家垄断了大部分的社会资源，通过中央集权的决策系统来配置资源和进行收入再分配（波兰尼，2007）。

革、合作化、人民公社化等步骤，掌握了社会中的绝大部分资源。这种资源不仅包括生产资料和物质财富，也包括人们生存和发展的各种机会以及信息资源等。因此，再分配的原则并不仅仅限于经济分配，也被广泛运用在政治和社会权力运作中。国家正是以对资源的全面垄断为基础，建立起对社会进行深入动员和全面控制的总体治理。总体治理的基本特征是将国家与社会的三层结构变成国家与社会的二层结构（孙立平，2005），而城市的单位和农村的人民公社则构成总体性社会的基本组成单元。

人民公社制是20世纪50年代中后期以来中国在农村实行的社会经济管理体制。人民公社体制的基本特征是"一大二公""政社合一"。所谓"大"，是指规模大，在人民公社初期由整个公社构成一个经济核算单位，其口号是"组织军事化、行动战斗化、生活集体化"。所谓"公"，是指生产资料的公有化程度高，除了农户自有的生活资料外，生产资料都归公社集体所有，大搞公共食堂，实行工资制和供给制结合的分配制度。所谓"政社合一"，是指以公社为单位的农村集体经济组织与乡政府的行政管理组织的合一。由此形成的国家与农民的关系是：农民在政治上高度依附于国家，在经济上和社会上高度依附于人民公社，在人身上高度依附于从公社到生产队的各级干部。

由于人民公社初期实行生产资料的完全公有化、经济活动的高度统一化和收入分配的极大平均化，农民的生产积极性受到了严重影响。而在"大跃进"期间，共产风、浮夸风、命令风、干部特殊风和对生产的瞎指挥风盛行一时，这"五风"严重地破坏了农村的生产力，使整个农村经济几乎陷入崩溃的边缘。

1960年，农村上千万人的非正常死亡，迫使农业生产回到了生产大队基础，即相当于高级社的水平。到1962年国家又确定了"三级所有，队为基础"的原则，即生产队成为农业生产的基本核算单位，相当于退到了农业集体化的初级社水平。但人民公社的管理架构一直延续到了20世纪70年代末。

土地实行家庭承包制以后，农村治理的方式发生了根本的转变，原来的总体治理转变为专项治理。这种专项治理在改革初期是以土地和家庭为依托的，而在改革近期又出现了以项目为依托的专项治理。

二 以土地和家庭为依托的专项治理

十一届三中全会开始启动农村改革以来，家庭成为农村基本的生产经营单位，超经济权力从生产领域退出，农民不仅获得了经济自由，而且获得了人身自由，获得了对自身劳动力的支配权。改革前，国家依托公社体制实行的对农民的治理手段，诸如工分扣减、政治动员、办学习班、开批斗会等，随着公社体制的瓦解和国家工作重心的转移而逐一失效。实行承包制最初的几年里，国家在乡村的治理呈现出明显的涣散状态。但很快，国家对农村的治理找到了一个新的基础，这就是将家庭及其承包地作为新时期乡村政治治理秩序的基础。

（一）通过合同的治理

1980 年 6 月，四川省广汉县向阳乡率先取消了人民公社，建立了新时期的第一个乡政府，并实行党政分工、政企分开。1981 年安徽省在大包干的发祥地凤阳县也进行了政社分开的试验，并逐步向全省推广。1983 年，中共中央、国务院正式发出《关于实行政社分开建立乡政府的通知》，要求各地建立乡政府作为农村基层政权，其中明确提出乡政府的职能是"制定本乡经济、社会发展规划并组织实施，对各级经济组织和农户下达国家规定的生产计划和销售任务，监督各级经济组织和农户执行与国家签订的经济合同"等（中央文献研究室、国务院发展研究中心，1992）。所谓"生产计划和销售任务"都是通过经济合同来体现的。因此，农村土地承包合同就不单纯是农户与村集体之间的租赁契约，它在一定程度上就如同集体化时期的口粮和工分分配一样，成为地方政府和乡村干部在人民公社解体后对农民进行治理的枢纽和杠杆，是国家对农村的治理权力的体现和农民对这种治理权力的承认与服从。农户是通过"交够国家的，留足集体的"利益承诺，从而获得对承包地的使用权和经营权的。因此，国家和集体在新时期对农户的治理关系首先就体现在通过土地承包合同而对农业税和集体提留的征收上。不仅如此，国家、政府、干部往往还通过土地承包这个关节将种种政治的、经济的、社会的治理目标加载到农民的头上。对政府和干部来说，承包合同成为他们手中力臂最长的一个杠杆。"普九"达标、计划生育、农田基建、修桥筑路这些通常难以实现的目标，往往都是通过这种间接然而省力的方式去达到。因此，土地承包合同就成为种种复杂的权力关系的一个集结（赵晓力，2000）。

当然，这种通过合同来治理的权力关系绝不是单向的。政府、村庄和农户常常围绕着税费特别是集体提留形成一种博弈。因为农业税直接反映的是农户与国家的关系；而乡镇统筹和村提留则体现为农户与乡村的关系，是农户向社区组织购买公共管理和公共服务的费用。由于国家与农户的关系比较固定，农业税的征收幅度不高，因此，农户对交农业税一直比较认可。而在集体提留上反映的是农户与农村基层组织的关系，基层组织所加载的各种治理目标往往是通过集体提留来体现的，由于弹性较大，而农户对乡村的管理又有许多直观的认识和感受，所以，他们并不简单地将上缴这些费用看作自己的义务和责任，而是同时也将其视为对自身所应该享受的社区性公共物品和公共服务的付酬，视为捍卫自身经济与社会权利的一种方式。因此，上缴这部分费用就比较容易引发争执。既然合同可以被乡村干部当作治理的杠杆来使用，农民也可以在这些治理关系中寻找对自己有利的、能够颠覆和改变其中的支配方向的小小的杠杆，如"账目不清"或"我没有使用某某设施，所以不交该项费用"等。许多"承包合同纠纷"就是在这种博弈中产生的（赵晓力，2000）。就此，国家的意志、地方政府的经济追求、村政的运作和农民的利益需求都构成了这种围绕税费特别是集体提留的权力博弈的重要因素。不过，在整个20世纪80年代，农民负担问题在全国范围内还没有达到十分尖锐的地步。

90年代是农民负担迅速恶化的年代。所谓"三农"问题作为一个社会问题的提出，在相当程度上也是基于农民负担问题的严重性。

1993年2月21日，安徽省发生乡镇派出所治安联防队员打死向上级反映不合理负担问题的农民丁作明的事件，震惊中央。3月19日，中央办公厅和国务院办公厅下发《关于减轻农民负担的紧急通知》；7月，再次发出《关于涉及农民负担项目审核处理意见的通知》，紧急叫停有强制、摊派和"搭车"收费行为的农民不合理负担项目122项之多（彭森等，2008：541）。然而，农民负担却有增无减，农民负担恶性案件屡禁不止。1996年12月，《中共中央、国务院关于切实做好减轻农民负担工作的决定》中提出对农民负担的"三减""五严禁"，即减免贫困户的税费负担，减轻乡镇企业负担，减少乡镇机构和人员的开支；严禁一切要农民出钱出物的达标升级活动，严禁在农村搞法律规定外的集资活动，严禁对农民的一切乱收费、乱涨价、乱罚款，严禁各种摊派行为，严禁动用专政工具和手段向农民收取钱物。但是，由于导致农民负担增长的体制性因素没有消除，农民负担很快又再次反弹。

那么，为什么农民负担问题进入90年代后会变得如此突出？这就需要简略地回顾一下新中国的农民负担史。

在人民公社时期，农民所承受的实际负担远比改革以来任何一个时期都重。之所以当时没有提出农民负担问题，主要与这种负担的承载方式以及农民对这种负担的感受有关。改革前，农业税一方面是通过工农业产品价格的"剪刀差"方式来提取的，另一方面是通过公社和大队预扣集体积累来提取的。这两种提取方式对农民来说都是隐性的。因为当时农业的基本经营单位是生产队而非农户，农民并不需要直接向公社或国家上缴税收。由于小农的眼界受限，他们对这种隐性的征税方式并没有多少切身的感受。他们对公社和生产队的不满，大多是通过斯科特意义上的"弱者的武器"（斯科特，2007）来表达的，即磨洋工、偷懒，甚至偷盗等，而不是与公社和干部直接对抗。

随着家庭承包制的推行，家庭成为基本的纳税单位。这时期与改革前相较，农业税变化并不大，而且政府还大大提高了粮食收购价格，降低了"剪刀差"。但是由于工分制的瓦解，集体组织已经无法像以前那样控制乡村内部收入，于是引入了乡统筹和村提留这两种非正式税收方式。这时农民开始对税收有了切身感受，由此农民负担问题初步显现。不过，在20世纪80年代初期，这个问题尚不突出。除了当时农民实际的税负比较低、农民收入增长快外，还有一个重要原因：当时国家粮食订购政策继续存在，乡村组织常常将各种税费负担在农民的粮食收购款中预先扣除（黄季焜等，2008：268~269）。这种征税方式在农民那里表现为"更少的得到"而非"更多的上缴"。从农民的心理来说，通过预扣而造成的到手收入减少的情况具有一定的隐蔽性，远不像直接从农民已到手的收入中催讨上缴款所带来的心理反感强烈。

20世纪80年代中期建立起乡镇财政后，由于乡镇人员不断膨胀，维持日常运转的财政压力越来越大，而在财政包干制下上级政府对下级政府的开支基数是固定的，乡镇政府无法通过获得上级政府的转移支付来弥补财政缺口。由此，乡镇政府通过"三提五统""两工"等形式将收支缺口转嫁给农民。农民负担开始进一步显现，并发展为农民负担问题。

90年代以来，农业市场化使国家粮食收购数量大大减少，国家对农民税费的征收方式从低成本的预扣转变为高成本的直接征收催讨。这种征税方式不仅容易激发农民的心理反感和正面对抗，而且使得征税的难度和成本大大增加，从而导致为了完成征税任务，就需要养更多的人，而养更多人就需要进一步提高对农民税费的征收（黄季焜等，2008：273）。与此同时，计划生育、普九达标、招商引资、社会治安综合治理等各项任务使农村基层政权组织不断膨胀，"食之者众，生之者寡"的机构和人员膨胀问题越来越严重，而完成这些任务和供养这些机构及人员的成本，主要都加载进集体提留和行政性收费中，从而使农民负担问题大大恶化。

而农民负担问题的进一步恶化与分税制有着重要的关联。以"财权上移，事权下移"为基本特征的分税制使中央大大提高了财力，而地方政府的财政则陷入了一定困境。不过，上一级地方政府还可以将财政困难局面转给下一级地方政府，而到县级财政将困难转给乡镇财政时，乡镇财政已经无法再往下转移，于是只能进一步加重农民负担，把支出缺口转嫁到农民头上。这个时期的农民负担分成两大块：一是常规负担，包括针对农业和农民的各种税收，以及"三提五统""两工"和各种行政事业性收费等；二是非常规负担，包括对农民的乱收费、乱集资、乱罚款等"三乱"。1990～2000年，农民常规负担总额从421亿元增加到1085亿元，年平均增长率达到15.8%。不过，增加农民的常规负担受到中央越来越严格的限制。1991年国务院就出台了《农民承担费用和劳务管理条例》，要求"三提五统"占农民收入的比重不能超过5%。从1993年开始，这个比例的确没有突破5%的水平，1990～2000年这个比例年平均为4.45%。而乡镇政府为维持运转，在减负政策和财政困境的双重压力下，就把砝码压到了非常规负担上。这就是人们通常所说的"头税（农业税）轻；二税（乡提留村统筹）重；三税（'三乱'）是个无底洞"。从90年代中后期开始，全国普遍出现了农民非常规负担恶性膨胀的趋势。而且越是经济不发达地区，农民负担反而越重，农民承受的非常规负担也越高。据调查，在中部地区，有些县的非常规负担居然占了农民收入的20%以上。尤其是从1997年开始农业减产，农民收入增长又陷入了持续下滑的僵局，无异于雪上加霜（陈锡文等，2008：232～242）。农民负担问题由此演化为影响农村稳定的严重社会问题。

（二）通过调整的治理

如果说税费征收更多体现的是农民与乡镇政府的关系，那么，土地的调整和重新分配就体现了农民与村干部的关系。以往生产大队和生产队对农民的控制权是依附在人民公社体制上的，其权力体现为安排农活、评工分等。在人民公社体制终结后，替代原来生产大队的村干部寻找到了一些新的权力基础，土地调整权就是其中重要的一项。

在1982年中共中央批转的《全国农村工作会议纪要》中，规定"集体可以留下少量的机动地，暂由劳多户承包，以备调剂使用"。这是因为土地产权归集体，农村社区内的所有成员自动享有承包土地的权利；因此，每过一段时间，村集体就需要对土地进行一次调整，收回迁出的或死亡的人口的土地，给新进入的和新出生的人口分配土地。机动地的预留和土地的调整使村集体逐渐实体化，建立起一种"组织性支配关系"，这种关系既与传统乡土社会中的庇护关系不同，也与人民公社时期的行政化支配关系不同（周飞舟，2002：83）。不过，因为土地调整的成本问题，大调整很少进行，而小调整在20世纪80年代则比较普遍（龚启胜、周飞舟，1998）。

由于调地带来了土地分配的细碎化、土地调整的组织成本高昂以及村干部不合理的权力增长等问题，各地在 20 世纪 90 年代开始探索调地之外的其他土地经营权改革模式。这些模式的命运各不相同。有的因为打上了过重的地方政府和行政干预的烙印，有碍于农户在土地承包中的主体地位，而被政府明令禁止（如"平度模式"和"阜阳模式"）；有的模式是基于特定的历史条件、地区特色和现实机遇，难以在全国推广（如"苏南模式""温州模式"和"南海模式"等）。最后，以"增人不增地，减人不减地"为基本特征的"湄潭模式"被国家确定为在全国农村推广的新的土地承包模式。1993 年 11 月，中共中央和国务院发布《关于当前农业和农村经济发展若干政策措施》，提出要稳定和完善以家庭联产承包为主的责任制和统分结合的双层经营体制，为避免承包地的频繁变动，提倡在承包期内实行"增人不增地、减人不减地"的办法（中央文献研究室，1995：481）。

"湄潭模式"之所以得到确认和推广，其合法性的关键在于农村生产和生活的基本单位不是个人而是家庭。新生儿虽然可以自然地获得村社成员资格，但并未为村集体添加新的构成单位——家庭。而分家与安家在土地关系上也被视为原家庭的内部结构调整。因此，20 世纪 80 年代曾经盛行一时的调地最终为 90 年代的停止调地所替代，并为广大农民所接受。

（三）通过生育的治理

人口与土地的关系问题是制约中国农村发展的基本因素之一。1949 年后，国家对农村发展的关注焦点主要放在土地制度的变革上。而从 20 世纪 70 年代开始，人口因素逐渐被纳进了国家治理的视野，全国开始推行计划生育，并以"晚""稀""少"为主要内容。进入改革开放时期后，经济建设被确立为全党和全国工作的中心，而计划生育作为制约经济发展的一个关键因素开始受到国家的高度重视。1978 年计划生育被纳入《中华人民共和国宪法》。1980 年 9 月中共中央发出给全体党员和团员的一封公开信，"提倡一对夫妇只生一个子女"。随后，计划生育被确立为国策，"一胎化"政策成为新时期推进现代化建设的一个基本保障。但由于"一胎化"政策在生育意愿强烈的农村地区引起了强烈的反弹，1984 年中共中央发出文件，对计划生育政策作了微调，即允许农村只有一个女孩的夫妇头胎间隔八年后经过审批可以按计划再生一胎，这即"间隔式"生育政策阶段。

无论是 20 世纪 80 年代前期的一胎化政策，还是中后期的间隔式政策，全国各地都普遍实行了人口和计划生育工作目标管理责任制；各级党政领导人对其所辖地区的人口和计划生育工作签订了目标管理责任书，年底进行考核，对完成责任目标的责任人给予肯定或奖励；对完不成责任目标，或其责任区域的计划生育工作中出现重大失误的责任人，给予批评或处分，并在评先进、干部晋级或提拔使用时给予"一票否决"（荣敬本等，1998）。农村一直被看成实施计划生育国策的重点和难点地区。通过生育的治理成为国家新时期对农村实行的又一项重要的专项性治理。对国家的现代化发展战略来说，计划生育比起税费征收具有更强的刚性。

不过传统的生育需求和习惯对农民来说又是极其强劲的。因为生育在农村绝不仅仅是一种"成本—效益"的理性计算，它同时面对的还是异常强大的、受到村落和家族文化影响的文化现象。这些文化因素包括男性偏重的继嗣制度、多子增强的家族社会地位、家族养老的保障等。对许多农民来说，上缴公粮税费是天经地义的事，是对国家的义务；但生儿育女则是自家私事，他们并不理解或认同这种自家私事与国策之间的关系，因而对政府的强制干涉也就难以接受。

正是因为计划生育工作对基层干部的巨大压力，而对农民来说，生育又具有某种类似宗教信仰般的顽固性，因此，在20世纪80年代，基层政府与农民在计划生育问题上常常发生硬碰硬的矛盾和冲突。由于人民公社制的瓦解，基层政府缺乏赖以控制农民的资源垄断，难以让有着执著的超生意愿的农民乖乖就范，因此，不少地方干部常常使用粗暴的强制手段来对付超生户，如拆房子、株连、体罚、没收家产等。有的基层干部将这种强制的计划生育工作方式称为"暴风骤雨"："动不动三分钟，三分钟不动龙卷风，龙卷风就是洗劫一空"（欧阳静，2011：124~125）。

当然，在现实生活中，国家、乡村干部与超生户在计划生育问题上仍存在着复杂的博弈关系。躲藏、欺瞒、动用关系、以钱铺路是农民常用的手段，而夹在上级政府与农民之间的农村基层干部也常常用造假、收买、通风报信等方式来应对上级的检查压力（陈心想，2003；艾云，2011；郭亮，2010）。这里博弈的不仅仅是世理人情，也有利益核算。正如有的基层干部说的：计划生育如果做不好，政府的所有工作固然会受影响；但如果做得太好了，也不行，因为那些靠超生罚款的计生工作队常常就会面临断炊的危险。因此，现实生活中常常存在一个自然平衡点，既要进行基本的生育控制，又要靠适度的超生罚款来维持计划生育的持续工作（周雪光，2008）。

在20世纪90年代前期，计划生育的压力依然严峻。1991年，中共中央和国务院发布了《关于加强计划生育工作严格控制人口增长的决定》，要求各级党政一把手必须亲自抓计划生育工作，并提出工作的难点和重点都在农村。为了落实这一决定，出台了两种配套政策：一种是把完成计划生育工作的好坏作为考核各级党政领导干部政绩的重要内容和选拔任用的基本条件；另一种是充实基层计生力量，确保专职人员管理农村基层计划生育工作（彭珮云，1997：33，90，1076）。计划生育在各地基层政府都被列入了"一票否决"的内容。由此各地加大了计划生育工作的力度。在计划生育上"暴风骤雨"般的粗暴方式屡见不鲜。当然，只要乡镇干部能够把出生率控制在一定范围内，从而避免被"一票否决"的后果，他们的行为在很多时候更会服从通过罚款而获利的动机（郭亮，2010：137～140）。当然，无论是强拉妇女做绝育手术，还是强制执行超生罚款，干群冲突都达到了较为尖锐的程度。

进入20世纪90年代后期，计划生育工作的难度有所降低，干群在计划生育上的冲突有所减缓。这是因为，一方面，政府在计划生育问题上长期坚持的高压政策使农民的多生意愿受到了相当的抑制，另一方面，新一代农民的生育观念也开始有所变化。此外，90年代中后期中西部地区农村人口大规模出外打工，也使人口流出地的基层政府难以有效地执行政策，减少了干群在这个问题上死磕硬碰的机会。

进入21世纪以来，计划生育虽然仍然是国家坚持执行的一项基本国策，但由于国家越来越强调依法治国，同时也由于维护社会稳定成了政府更为严峻的任务，因此，减少计划生育工作带来的社会不稳定因素，增强计划生育工作的法治性，就成了新世纪计划生育工作转型的重要特征。这种转型以2001年国务院出台的《计划生育技术服务管理条例》和2002年全国人大颁布的《中华人民共和国人口与计划生育法》为标志，国家开始强调要约束基层干部用各种违法的手段来推行计划生育的行为。与此同时，随着打工潮的愈演愈烈和城市化的不断发展，农民的生育观念也发生了很大的变化，由此大大降低了计划生育工作开展的难度。因此，计划生育虽然仍是新世纪国家对农村实行的一项专项治理，但其工作的难度、力度都较前降低了很多。

（四）通过死亡的治理

随着人口压力骤增、耕地日益减少，推行火葬、取缔土葬成为乡镇政府的另一项专项治理目标。1985年国务院发布《关于殡葬管理的暂行规定》，确定了推行火葬、改革土葬的政策，并在全国范围内划定了土葬区和火葬区。当时大多数农村还没有被划为火葬区。1997年国务院发布《国务院殡葬管理条例》，各地也制定了相应的实施办法，火葬区扩大到农村。葬法改革和葬礼改革成为农村基层政府的一项新任务。

国家实行殡葬改革，是出于节约耕地和革除陋习的双重目的。但是葬法和葬礼对传统农民具有特别的意义。因为，对于生活在祖荫下的中国农民来说，死者的尸体葬在墓地，而其灵魂却是留在家庭的神龛和宗族的祠堂里。死亡并没有彻底割断生者和死者的联系。死亡只是意味着告别人世，进入灵魂世界。葬礼的目的就是送死者平安地到达灵魂世界并在那个世界得以安享舒适；同时葬礼也是表达亲戚的悲痛和对死者的依恋之情，并保证这次死亡不引起任何灾难（许烺光，2001：35，131~132）。虽然葬礼的规模取决于死者的地位和家庭的经济条件，但葬礼的意义无论对穷人还是富人都是同样重要的。入土是能够让死者安息的基本条件，而国家的殡葬改革对传统农民的这些殡葬观念构成了严重的挑战。

在初期的正面激烈冲突之后，基层政府与农民似乎找到了某种妥协之道：基层政府就像处理计划生育工作一样，只要能够把土葬的规模控制在适当程度，他们更热衷于收取火葬押金；农民也不敢再像以往那样大张旗鼓地举办葬礼，而是常常采取偷埋的方式，或者采取先火化再对骨灰进行土葬的折中之道。基层政府和农民的这种博弈结果常常使国家节约耕地和革除陋习的双重目的都未能实现（董磊明等，2007）。

三　以项目为依托的专项治理

（一）农民负担问题的解决与"悬浮型"政权的形成

在以土地和家庭为依托的专项治理中，"通过调整的治理"只是在20世纪80年代存在的短暂现象，"通过死亡的治理"所引起的冲突尚不是非常普遍，"通过生育的治理"所引发的冲突在20世纪90年代中期以前一直相当激烈，而到中期以后已经有所缓解。只有"通过合同的治理"所引发的农民负担问题从90年代一直持续到了21世纪中期，成为改革以来国家与农民之间矛盾的最突出表现。

从农民负担问题在90年代开始凸显时，国家就为减轻农民负担做了大量的工作，出台了一系列文件，但当时效果并不明显，农民负担重成为一个顽症。这既和农村当时的税制有关，也和行政体制改革滞后有关。税制方面的问题，体现为税费不分、费出多门、费重于税，而且作为无底洞的罚款、摊派和收费满天飞。而行政体制方面的问题，体现为机构臃肿、人员膨胀，始终无法摆脱"食之者众，生之者寡"的局面。

21世纪开始的减负工作改变了原来只是强调税费收取比率的思路，而是从根子上着手——改革税制。2000年3月，中共中央和国务院发出《关于进行农村税费改革试点工作的通知》，按照"减轻、规范、稳定"的精神推进农村税费改革，并选取中国农村新时期改革的发祥地——安徽省为改革试点。21世纪开始的税费改革举措主要包括：取消乡统筹和农村教育集资等专门面向农民征收的收费和政府性基金；取消屠宰税；逐步取消统一规定的劳动积累工和义务工；调整农业税和农业特产税政策，规定新农业税税率上限为7%；改革村提留征收使用办法，以农业税额的20%为上限征收新的农业税附加，替代原来的村提留；村集体用资用工，不再固定向农民收取，而是实行"一事一议"的办法，由村民大会讨论决定，并实行上限控制。农民除了缴纳最高不超过7%的农业税和1.4%的农业税附加外，再也不承担其他任何费用了。同时，该文件还要求进行税费改革的配套改革，包括规范收费管理，精简乡镇机构和压缩人员，改革和完善县乡财政管理体制，建立健全农民负担监督机制（中央文献研究室，2001：1144~1153）。安徽省的改革试点初见成效后，各地也分别进行了局部试点。2003年农村税费改革在全国推开，收效良好。2003年农民负担减轻了30%，2004年下降了50%以上（陈锡文等，2008：245）。

2004年后，国家确定了"公共财政覆盖农村"的基本政策，如何彻底消除农民负担成为这种政策导向所要考虑的首要问题。其实，分税制后国家财力大大增强，农业税在国家财政收入中仅占很小的比例，而且，在农村征税成本还远高于征税收入，因此，国家下决心尝试免征农业税的做法。时任国务院总理温家宝在2004年十届全国人大二次会议上宣布了中央关于五年内取消农业税的决定。2005年全国人大常委会做出了废止《中华人民共和国农业税条例》的决定，中国社会自"初税亩"制度以来延续了2600多年的农业税从此退出历史舞台。

新世纪开始的税费改革虽然减轻乃至最后彻底取消了农民负担，但税费改革的另一个目的，即通过取消税费和加强政府间转移支付来实现基层政府财政的公共管理和公共服务职能，将国家—农民的"汲取型"关系转变为"服务型"关系却未能实现，反而形成了一些意外后果，其中最为重要的就是乡镇政府的职能迷失。如前所述，1997年开始的分税制改革已经使县乡财政陷入困窘的地步。取消农业税后，国家虽然实行了财政转移支付政策，但这并不足以完全弥补取消农民负担造成的乡镇财政缺口，使乡镇财政在税费改革后变得越来越"空壳化"，乡镇政府不得不四处借贷，向上"跑钱"。乡镇政府不但没有转变成政府服务农村的行动主体，而且正在和农民脱离其旧有的联系，变成了表面上看上去无关紧要、可有可无的一级政府组织，有学者称之为"悬浮型"政权（周飞舟，2012b：99~127）。农民负担的确得到了减轻，但由于不再在农民身上摊派费用，村庄内部的公共事务如教育、卫生、道路、水利和治安等资金来源发生了困难，农村公共服务出现了明显的缺位，而乡镇许多工作人员则变得无事可做，陷入"吃不饱也饿不死"的尴尬境地。

通过土地承包合同的治理形态随着农业税的取消而终结。不过，这时开始出现了一种新的专项治理形态。

（二）以项目为依托的专项治理

这种新的专项治理形态就是以项目为依托的专项治理。我们这里所说的"项目"是特指中央对地方政府或市级以上地方政府对基层组织的财政转移支付的运作和管理方式。项目制的兴起原因颇为复杂，但主要是在分税制的制度条件下，在收入愈加集权的体制下，资金的分配出现了依靠"条线"体制另行运作的情形，即财政转移支付采用行政层级体制之外的灵活处理方式。项目在执行过程中虽具有针对预期目标性加以临时组织的特点，但项目的制定、申请、审核、分配、变通、转化、检查与应对等一系列的环节和过程，已经超出了单个项目所具有的事本主义的特性，而成为整个国家社会体制联动运行的机制。国家治理正是通过实施项目的系统过程，逐渐确立了一种新的结构形态，有学者称之为"项目治国"（周飞舟，2012a）。这种项目制也是我们所说的"技术治理"的一种基本形式（渠敬东、周飞舟、应星，2009）。

从项目过程来看，这种看似由国家部门依照专业职能系统的分配权和管理权一统到底的机制，实际上产生了一种"分级治理"的效果，即项目制形成的"发包""打包"和"抓包"三种机制，可分别对应于国家部门、地方政府以及村庄或其他基层社会组织的项目行为。据不完全统计，以新农村建设为例，与此相关的支农项目多达94项。项目部门化及其"发包"，是将国家"大盘子"进行"条条"分割的过程，它所遵循的是自上而下的控制逻辑；而"打包"反映的是地方的应对策略，是将"条条"重新又做成"块块"或是"小盘子"的过程，它所遵循的可能是自下而上的反控制逻辑；而村庄的"抓包"虽是"打包"过程的延续，但也有可能是村庄加入自己的发展意图，借用外力组织自己的公共事务，提高村庄治理能力的过程，它所遵循的也是自下而上的反控制逻辑。在分级治理的框架里，控制与反控制表现为既互相对立又相互补充的关系（折晓叶、陈婴婴，2011）。

项目制在乡村的实施是新世纪国家实行的"城市反哺乡村""公共财政覆盖乡村"政策的具体体现形式。但国家的支农项目究竟要下放到哪些村庄里去，既要看村庄能够落实和运行项目的实际条件，也要看哪类村庄对于体现项目规划的政策内涵具有象征性意义。故此，项目最后进村的往往是两种类型的典型："示范村"和"薄弱村"（或"整治村"），它们分别代表处于富裕和贫困状态的村庄。然而就项目目标本身来说，本来是要追求一种平均绩效，促进基层社会整体状况的改善和各部分彼此均衡的发展，但这种平均往往最终只是两种极端典型的平均。而项目制中的这种典型性，其实恰恰是最不典型的，并不符合社会均等发展意义上的典型性。即便那些条件较好的村庄，也往往会借项目之势，在"让负债尽快产生回报"的压力下，协调各项目间的资金配置，综合投入村庄公共建设。项目制下的"配套资金"规则，实际上产生了一种逻辑悖论：基层社会必须首先将项目的公共性目标转换成盈利性目标，才能可持续地履行项目的公共义务；或者说，项目推行的公共建设，往往体现为一种"举债式发展"，如何利用项目资源获取最大收益，尽快还债，反而成为基层所追求的最大目标（渠敬东，2012；周雪光，2012）。

总体来说，项目制虽然体现了国家建设新农村的意图，使部分村庄和农民得到了实惠，但也造成了一些意料之外的后果，这些后果强化了县级政府以上的力量，却继税费改革后进一步削弱了乡镇政府的力量，使村庄和农民更深地依赖国家，无论是基层政府的自主性，还是村落社会的自主性，都受到了一定的抑制。

四　小结

我们可以对改革以来国家与农民的政治关系作以下几点简短的总结。

（一）治理的简化

改革前国家通过人民公社在农村实行的总体治理雄心宏大，事项繁多，既要通过农业集体化使农业和农村资源单向地、大量地流向非农产业和城市，完成工业化和现代化的原始积累，又要通过农业集体化把农民组织起来，并将其牢固地束缚在土地上；既要进行全面而深入的社会动员和控制，又要以"新德治"的理念铸造社会主义的新农民（应星，2009）。土地实行家庭承包制以后，农村治理的问题得到了简化，国家与农民的取予关系成为新时期农村治理最核心的问题，这就是本文所说的通过土地承包关系和人口生死控制体现出来的专项治理。农民对土地承包制的精要总结是："交够国家的，留足集体的，剩下的都是自己的。"其实这种总结也可以用于国家与农民的政治关系：按约交够税费，按法控制生育和丧葬，此外就是农民的自由天地。也就是说，农民在新时期摆脱了对国家的全面依附，赢得了相当的自由空间。

（二）治理的创新

既然国家与农民的取予关系成为新时期农村治理的核心问题，那么，如何解决 20 世纪 90 年代以来日益凸显的农民负担问题，就成为农村治理创新的重要课题，也成为衡量国家与农民的政治关系的良性程度的标志。从 90 年代后期开始，国家就开始不断探索农村税费改革的各种形式，努力减轻农民负担。进入 21 世纪以后尤其以 2004 年为分水岭，中央更确立了"公共财政覆盖农村"的基本政策，要求各地按照统筹城乡经济社会发展的要求，让公共财政的阳光逐步照耀农村。一个与社会主义市场经济体制大体适应，以全面建设小康社会为目标，以统筹城乡经济社会发展为方略，以确保国家粮食安全和农民增收、推进农村改革、加快农村社会事业全面进步等为主要内容的新型农村公共财政框架体系初步显现。2005 年国家正式废除了在中国实行了几千年的农业税。这是中国共产党对农村和农民的一大德政，是国家与农民取予关系发生根本变化的标志，是继包产到户后农村社会的又一次重大制度创新。国家与农民之间"多予、少取、放活"的新关系格局为中国农村改革持续释放"红利"奠定了坚实的基础。

（三）治理的难题

改革三十多年来，农村治理在不断创新的同时，也留下了一些有待解决的难题。就国家基层政权与农民的关系而言，一直存在着一种困境：一方面，如果像 20 世纪 90 年代那样将庞大的基层机构和人员成本以及庞杂的公共建设开支加载在农民头上，那么势必会加重农民的负担，以致恶化了国家与农民的关系，基层干部与农民陷入剑拔弩张的对峙状态；而另一方面，如果像 21 世纪那样，在开展税费改革直至彻底免征农业税的同时未能真正避免"财权上收，事权下移"的困境，那么，就可能出现农村公共服务缺位、基层政府呈现"悬浮型"的状态。通过项目的专项治理虽然可以使少数村庄和农民得到实惠，但这种抛开基层政府的治理形态更强化了基层政府的"悬浮型"状态。这种国家的惠民项目看似因摆脱了基层政府的牵绊而赢得了农民的民心，实则使国家与农民的政治关系因基层的悬空而陷入一种真正不稳定的危险境地。因此，我们需要深化乡镇机构的改革，精简机构和人员，转变基层政府职能，这样才能真正巩固税费改革的成果，有效克服基层政府的"悬浮型"状态，使农民与基层政府的关系进入良性的循环状态。

参考文献

艾云，2011，《上下级政府间"考核检查"与"应对"过程的组织学分析》，《社会》第 3 期。

波兰尼，2007，《大转型：我们时代的政治与经济起源》，冯钢等译，杭州：浙江人民出版社。

陈锡文等，2008，《中国农村改革 30 年回顾与展望》，北京：人民出版社。

陈心想，2007，《从陈村计划生育中的博弈看基层社会运作》，《社会学研究》第 3 期。

董磊明等，2007，《均衡与混乱的变奏——一项关于农村丧葬变迁的考察》，《华中科技大学学报（社科版）》第 4 期。

龚启胜、周飞舟，1998，《当前中国农村土地调整制度个案的分析》，《二十一世纪》第 10 期。

郭亮，2010，《"钟摆"效应：村庄计划生育三十年》，《中国乡村研究》总第 8 辑，福州：福建教育出版社。

黄季焜等，2008，《制度变迁和可持续发展：30 年中国农业与农村》，上海：上海人民出版社。

欧阳静，2011，《策略主义：桔镇运作的逻辑》，北京：中国政法大学出版社。

彭珮云主编，1997，《中国计划生育全书》，北京：中国人口出版社。

彭森等，2008，《中国经济体制改革重大事件》（下），北京：中国人民大学出版社。

渠敬东，2012，《项目制：一种新的国家治理体制》，《中国社会科学》第 5 期。

渠敬东、周飞舟、应星，2009，《从总体支配到技术治理》，《中国社会科学》第 6 期。

荣敬本等，1998，《从压力型体制向民主体制的转变》，北京：中央编译出版社。

斯科特，2007，《弱者的武器》，郑广怀等译，南京：译林出版社。

孙立平，2005，《现代化与社会转型》，北京：北京大学出版社。

许烺光，2001，《祖荫下》，王芃等译，台北：南天书局。

应星，2009，《村庄审判史中的道德与政治》，北京：知识产权出版社。

赵晓力，2000，《通过合同的治理》，《中国社会科学》第 2 期。

折晓叶、陈婴婴，2011，《项目制的分级运作机制和治理逻辑》，《中国社会科学》第 4 期。

中央文献研究室编，1995，《十四大以来重要文献选编》上卷，北京：人民出版社。

——，2001，《十五大以来重要文献选编》中卷，北京：人民出版社。

中央文献研究室、国务院发展研究中心，1992，《新时期农业和农村工作重要文献选编》，北京：中央文献出版社。

周飞舟，2002，《村干部和村集体》，载杨善华等编《社会转型：北京大学青年学者的探索》，北京：社会科学文献出版社。

——，2012a，《财政资金的专项化及其问题：兼论"项目治国"》，《社会》第 1 期。

周飞舟，2012b，《以利为利：财政关系与地方政府行为》，上海：上海三联书店。

周雪光，2008，《基层政府间的"共谋现象"》，《社会学研究》第 6 期。

——，2012，《通往集体债务之路：政府组织、社会制度与乡村中国的公共产品供给》，《公共行政评论》第 1 期。

邹谠，1994，《二十世纪中国政治：从宏观历史与微观行动角度看》，香港：牛津大学出版社。

（作者单位：中国政法大学社会学院）

中国政企关系变迁的社会学分析

李汉林　魏钦恭

摘要　本文将中国政企关系的变迁置于历史发展的脉络之中，以政府为中心阐述政企关系的演变。我们认为中国政企关系的变迁是在政府追求主导目标的内在动力与结构环境的外在约束两者合力的作用下，随着历史的推移而逐渐演变发展的。政府的制度安排则成为勾连政府主导目标与结构环境约束之间的桥梁。但从历史经验来看，政企关系的变迁很少是由规范性的结构环境或主导性的政府目标预先注定的，而是具有"非线性"的特征；这不仅是由于制度安排具有路径依赖性，而且因为制度安排的非预期性后果同样促进或阻碍着政企关系朝既定的方向发展。事实上，当政府为实现主导目标和适应结构环境而做出各项制度安排后，政企关系的发展取决于政府与企业具体、持续的互动，正因如此，中国的政企关系才呈现出如此驳杂的特征，或者说形成各种"不可能的可能"结果。

关键词　政企关系　主导目标　结构环境　制度安排

　　政企关系，是中国经济转轨、政府职能转变和社会组织变迁过程中社会关系调整的一个重要组成部分，并且在相当长一段时期内还会处于核心位置。政企关系的复杂性及其演变路径的多变性，都反映出中国总体改革经验的典型特征。从社会学的角度看，政企关系表达的是一种嵌入于总体社会结构及其关系的政治经济关系，其中可以提升为经验的带有结构、制度、机制和行为规则的内容极其丰富。对中国政企关系过程的追溯和总结，不仅是分析中国社会发展经验的必要部分，同时也有助于我们从组织和制度角度重新审视中国社会关系变革的基本路径。

　　需要指出的是，60年来中国政企关系的演变与发展，实质上是一种政企关系的"硬核"及内在的规定性不断地被坚持，其围绕这种"硬核"的"保护带"及相应的制度与政策不断地被调整的过程。两者之间不断地互动与博弈，形成了推动中国政企关系变迁与发展的内在动力。与此同时，我们还可以看到，分析中国60年来政企关系演变与发展过程的时候，特别需要研究其演变与发展的结构环境，因为这是政企关系变迁极其重要的外在约束，也是在政企关系上形成中国道路特色的根本条件。事实上，也只有在搞清楚不同发展阶段所呈现的不同结构环境，我们才可能进一步地去探讨，在不同的结构性环境下，政府为了实现其主导目标，会对企业采取哪些制度安排、这些制度安排会形成什么样的机制、这些机制如何影响与形塑政府与企业的关系，进而从根本上来理解中国政企关系的主要逻辑。

所以，在本文的分析过程中，首先，我们试图描述政企关系的"硬核"，即政府的主导目标实现；其后，我们对政企关系变迁的结构环境进行归纳与阐述；最后我们将对几十年来政企关系变迁的过程做一个历时性的分析与简单的总结。

一 "硬核"与"保护带"的互动：政企关系变迁的内在动力

英国科学哲学家伊·拉卡托斯在《科学研究纲领方法论》中提出了关于科学研究纲领（scientific research programmes）"硬核"与"保护带"互动的命题。他认为科学研究纲领的本质区别在于其"硬核"的不同，但是硬核本身并不足以确立一项科学研究纲领的进步性，或进步的问题转换。围绕硬核而形成的"保护带"对于硬核的稳定性和不可否证有着重要的作用，那就是"当硬核遇到反常或否证的时候，即当科学研究纲领与观察实验资料有矛盾的时候，就要调整作为保护带的辅助假说和理论，以保护硬核不受否证"（李汉林等，2006）。

相对于保护带，硬核是预先设定的，具有本质的规定性，而保护带之于硬核则是辅助性假说。"正是这一辅助假说保护带，必须在检验中首当其冲，调整、再调整，甚至全部被替换，以保卫因而硬化了的内核。这一切如果导致了进步的问题转换，那么一个研究纲领就是成功的；如果导致了退化的问题转换，它就是失败的。"（拉卡托斯，1986）从拉卡托斯的这一逻辑出发，硬核本身的正确性与否并不能因保护带的调整而定，相反，保护带的调整是为了让硬核的正确性进一步在实践中得以成立。牛顿发表万有引力理论之时，关于彗星的运动轨迹有着很大的争论，但牛顿科学纲领的后继者根据万有引力准确地预测了一些彗星会在某个确定的时间出现，这就是正确的科学研究纲领能够预见新颖现象的出现。而这一经过事实验证的假设则为牛顿科学纲领的硬核又增加了一重有效的保护带。

在这里，我们借用拉卡托斯"硬核"与"保护带"的概念对中国的政企关系进行分析。我们认为这种"变"与"不变"以及"中心"与"外围"的互动十分契合中国政企关系变迁的逻辑。我们将政企关系变迁中的某些稳定的部分看作"硬核",将维护这些稳定部分进行的各种制度安排与调整看作"保护带"。那么什么是我们所谓硬核意义上的稳定部分?我们感到,中国政企关系的变革以政府为中心,政府具有很强的资源组织、协调与动员能力,政企关系的变化过程是政府主导下的多重目标逐步实现过程,政府主体具有明显的相对于企业主体的支配和主导地位。这种支配和主导地位的获得和维系以及多重目标的实现并非政企关系本身所规定,而是凭借政府的权力(power),政府相对于企业所具有的权力,所以政府与企业关系的本质是一种权力关系,是支配与服从、主导与依附的关系。①

"权力"概念本身充满歧义,正如帕森斯所认为的那样,"不幸的是,权力概念在社会科学中——在政治学中或者在社会学中——并不是已经确定的概念"(转引自卢克斯,2008),因而当我们使用权力概念或者运用权力命题去分析社会问题之时,经常面对的一个问题便是,运用哪种"版本"的权力或者遵循的是关于权力的哪种理论传统?正是在对权力概念争论不休之际,卢卡斯在批判以行为为中心的权力观的基础上,提出了第三种面向的权力,即"作为支配的权力"。卢卡斯强调达尔(Dahl)的一维权力观,巴卡拉克和巴拉兹(Bachrach & Baratz)的二维权力观都不能提供一种令人满意的权力关系的分析,而三维权力观不仅关注决策的制定和不决策情形,而且强调对于政治议程的控制;不仅关注各项进入决策议程的关键议题,而且同样强调潜在的议题;不仅关注可以观察到的(明显的或隐蔽的)冲突,而且强调各种潜在的冲突;不仅关注主观利益,而且强调客观利益。因而,我们可以将卢卡斯的权力关系归纳为如下三个层面:第一个层面是关于决策控制的权力,即在具有争议性和冲突性的情形之下,一方在决策中占据主导地位;第二个层面是关于决策议程控制的权力,即在已经发生或可能发生具有争议

---

① 关于支配性问题,查尔斯·梯利有过一个经典的提问与回答。他提出:"如果从属者业已明确的利益,不断地受到支配者的侵害,为什么从属者不会抱怨,不会进行持续的抗争或者至少是对这种方式进行长期的抵制?"他认为答案可能包含以下方面:"一,这种提问的前提假设是错误的,从属者一直都在抗争,只不过抗争采取的是隐蔽的形式;二,从属者得到了某些东西作为地位从属的回报,从而在大部门时间内默认他们的从属;三,通过对诸如尊重、认同等方面价值的追求,从属者逐渐与剥夺或压制他们的体制关联了起来;四,由于可供的选择意识形态结构引致的神秘化、压制或者不可得,使得从属者不能认识到他们的真正利益所在;五,强制力与惯性使得从属者臣服;六,大多数从属者缺乏有效的手段进行抵抗;七,所有的上述内容。"(Tilly,1991;593-602)当然梯利所提供的这几种答案并不是互斥的,根据支配与服从的类型,可能是其中一种答案,也可能是其中几种答案的组合,当然也可能是所有答案。我们在此处引述这段话是想要表明,作为人类社会最为常见的一种关系形式,支配与服从或者主导与依附的权力关系同样存在于政府与企业之间,而且我们认为这是政企关系的一种本质属性,这种不对称权力关系的基础是掌握、动员和运用各种资源的能力(周旺生,2004;彭斌,2011)。当然,权力并不等同于权力的运用,不被运用时,权力也会具有其支配性的力量,甚至如卢卡斯所言"权力在最不引人注目的时候是最有效的"(转引自卢克斯,2008)。

性或冲突性决策之时，一方通过制定有利于自身利益的决策程序、仪式典礼、价值观念而占据主导地位；第三个层面是关于思想意识控制的权力，即在决策制定的过程中，一方通过塑造另一方的认知、偏好从而使其接受、相信或者自愿服从现有的秩序状态，进而避免具有争议性或冲突性决策情形的产生。事实上，这三个层面的权力涉及的内容分别是利益偏好、制度规制和思想意识。权力带来的影响会越来越深入，权力的形式也会越来越隐蔽。我们认为，在分析政府与企业关系的过程中，亦可以将这种权力关系划分为三个领域，分别是经济收益、政治控制和意识形态表达。更确切而言，政企关系的硬核是作为主导者和支配者的政府在上述三个方面目标的实现，而围绕这些目标实现所进行的制度安排与调整便是作为硬核的保护带。我们需要指出，这三个方面并不是纯粹的、离析的，而是相互交织在一起，在不同的历史阶段，这三种目标及其背后权力关系的组合方式不同，某种目标的实现相对于其他目标的显现程度不同。比如在计划经济时期，政府与企业的关系主要表现为单位制形式，政府将经济收益、政治控制和意识形态表达融合为一体。在推行市场经济体制之后，不仅企业的所有制形式发生了很大的变化，而且政府的主导目标及实现方式亦与改革前有所不同。

（一）政治控制

任何政府，其中的一个重要目标就是要维持政治的稳定，并会不遗余力地通过各种方式强化政治控制。在这个意义上，调整政府与企业间的关系是政府实现政治稳定的一种途径。从中国的经验出发，政府在调整与企业关系时一般会采取三种方式。第一种方式，是政治上的集权，由于政府具有相对于企业的主导地位，所以可以凭借支配性权力维护政治稳定。如有研究者所认为的那样，在中国传统的集权体制下，政府通过对市场进行垄断和对重要行业、关键领域进行控制来实现"经国治民"（曹正汉，2013）。第二种方式，是政府努力将政治嵌入企业组织之中，使得政治组织与经济社会组织融合在一起，从而实现政治控制，如"支部建在连上"的单位制度。第三种方式，是对现有政治制度进行某种程度的改革以弥合与经济社会发展之间的差距。如中国渐进式的市场化改革，保"存量"促"增量"的经济发展逻辑等都能实现政府对企业的变革性控制。[①]

[①] 有研究者在批驳西方新自由主义观点的基础上，提出中国无论是政治还是经济都取得发展和进步的隐含逻辑在于政治变革。首先中国快速的经济发展和巨大的经济增长是建立在广泛的经济权利（产权）从国家到公民的转移基础之上，这是政治变革逻辑的第一步；接下来，随着经济增长和收入水平的提高，对于经济权利行使而造成的个人和群体之间的冲突，反过来又要求政府对政治制度进行改革，并进一步促进了公民的政治权利，这是政治变革逻辑的第二步（张军，2013）。

无论在 1978 年以前还是之后，人们可以明显观察到的是，中国目前以国有经济形式存在的国有企业，除了具备和其他西方国家国有经济的一般特征以外，还具备中国所独有的制度性特征，那就是中国国有经济制度中的政治功能。在中国的国有经济制度中，首先通过由党和上级政府对企业主要领导人的任命来维持党和政府与企业互动过程中的主导地位。事实上，任何一个企业单位都会有党的组织存在，都会强调党对经济活动的全面领导，使企业中党的组织发挥着政治核心作用，把政治和意识形态用一种制度化的方式嵌入企业的经济结构中去；任何一个企业单位，都必须要努力地去贯彻党的指示，都必须要努力地去实现这种政治功能。这样的一些单位，就不仅仅是一种单纯的经济组织，她同时还体现着一种统治；或者说，是统治的一种制度化的形式。因为在中国包括企业在内的单位形态里，政治以及政治控制作为一种组织化的形态整合于单位，成为单位结构的一部分，或者说，单位核心结构的重要组成部分。

同样，无论在 1978 年以前还是之后，从政府的角度，仍然试图从结构上嵌入企业组织中去，使之在与企业的互动过程中能够始终处于一种主导和强势的地位。事实上，中国的国有企业始终处于一种完全的行政隶属关系体系之中。隶属于国家的各种单位组织，其主要职能是以国家和政府的名义管理国家所有的资源。改革所导致的变化，仅是它们"代表"国家进行统治的权力形式。另外，国家与政府仍然掌握着任免国有企业主要领导人的权力，这是国家在现有制度背景下、在社会转型中依然保持对国有企业组织强有力控制的基本统治和政治控制的手段，也是影响或决定这种类型的单位组织仍然依附于国家的最重要的直接因素之一。对单位组织领导人的单一人事任免权，既来自传统社会主义社会国家将两种统治权力合一的基本统治结构，也充分体现了中国的特色，构成了中国政企关系的最基本"硬核"。

(二) 意识形态

与政治控制不同，意识形态在很大程度上影响着一个政府的合法性水平，而政府的合法性水平反过来又影响着国家的政治稳定；甚至在一定程度上，一个国家主导的意识形态影响和决定着国家的行为选择。意识形态在构建政府合法性的过程中具有潜移默化的作用，也具有强大的抗拒性，也即主导的意识形态往往具有"排他性"和"稳定性"。排他性表现为在一个国家的一定时期，肯定是为一种主流意识形态所控制，它是一种由一个社会中占统治地位的利益集团所倡导和推动的主流思想文化，或者说是一个社会中占统治地位的思想文化（李汉林等，2006）。稳定性主要来源于三个方面：首先，当一种意识形态为集体中多数人接受后，符合意识形态的社会行为往往被看作合乎理性的，而挑战意识形态的行为则被认作非理性的；其次，一旦接受了某种意识形态，个体的价值或信念就不会轻易发生改变；再次，作为典型的公共产品，个别人或少数派很难改变主流意识形态（李汉林等，2005）。国家的主导意识形态作为政治文化的一部分，其抗拒变迁的惰性相对于政治、经济与社会目标都要强。[1] 根据曼恩关于意识形态来源的界定，其认为意识形态来源于人类社会的一项基本需求，即"人们需要对自己生命和周围世界的意义做出理解和解释，并在一个共同的价值规范和礼仪体系下生活"（赵鼎新，2006：136）。具体可分为意义（meaning）、规范（norms）和审美或仪式惯例（aesthetic/ritual practices）；当某种意识形态成为主导，其就具有了某种权力，这种权力与占主导地位的集团（政府）相关，当其垄断了意识形态之后，则会具有相当广泛而深入的权力，这样意识形态权力则具有了某种功能——得到对人民的支配权（曼恩，2007）。就政企关系而言，历史经验表明，中国在不同时期的主流意识形态影响和改变着政府与企业的关系模式，如"公有制为主体，多种所有制经济共同发展""必须毫不动摇地巩固和发展公有制经济"以及在改革中关于姓"资"还是姓"社"的争论等都是意识形态层面的表述。

我们在以往关于组织和制度变迁的研究中，一直重视意识形态的作用和影响，并认为意识形态在影响和左右主体的利益表达、主体的社会化过程，影响社会变迁的具体过程，节约主体在互动过程中的各种行为费用以及影响和改变主体的价值偏好等方面发挥着重要作用。如果将政企关系的变迁看作一种组织和制度变迁的过程，那么这一过程主要表现为一种新的制度安排逐步代替旧的制度安排、一种新的行为规则逐步取代旧的行为规则。在这一过程中，意识形态可以为制度变迁和革新过程提供合理性（变革的理性依据）、合法性（变革的秩序依据）和合情性（变革的情感依据）（李汉林等，2005）。

有研究者以国有企业的民营化改革为分析对象，通过构建中央政府意识形态演变与地方政府制度创新之间的均衡模型，得出中国的改革得益于两次重大的意识形态变革，即改革后的真理标准大讨论以及20世纪90年代初确立的市场经济理论，第一次转变造就了改革开放，第二次转变造就了中国的市场化（姚洋，

---

[1] 美国社会学家威廉·奥格本在其《社会变迁》一书中提出了"文化堕距"的概念，意指文化具有不同层次，物质文化的变迁速度总是快于非物质文化。当然其所指的是一种广泛意义上的文化，意识形态相对于物质技术则是非物质文化，其抗拒变迁的惰性更强。有研究者在总结关于文化变迁时，也强调"如果将整个人类文化划分为物质、制度和观念三个层次，那么，从变迁的速度上来说，物质和技术层面的变化速度最快，制度层次次之，变化速度最慢的是观念形态的文化"（孙立平，1991）。

2008）。当然，从逻辑关系出发，制度变迁与意识形态演变之间并不存在单向的因果关系，也就是说意识形态的演变既可能先于制度变迁，影响、促发了后期的制度变迁；也可能制度变迁先于意识形态的演变，选择、构建了新的意识形态。所以制度变迁和意识形态演变之间是相互影响、相互作用甚至互为前提的关系（刘少杰，2007）。理解了意识形态的作用，我们就能够更为深刻地理解意识形态在形塑政府与企业各行为方面所具有的举足轻重的意义。如果我们将公有制看作社会主义意识形态在经济所有制上的一种表达，那么中国在改革前后的公有制形式及实现方式的变化则成为政府与企业关系变迁的内在逻辑之一；同样，无论是十一届三中全会的召开，还是90年代初期邓小平同志关于"计划经济不等于社会主义，资本主义也有计划；市场经济不等于资本主义，社会主义也有市场"的论断，都从意识形态层面为中国的经济发展方向和非公有制企业的合法性定了基调。伴随着意识形态的演变①，中国的经济体制发生了从公有制到多种所有制经济共同发展，政企关系从政府全面、直接经营到管理与调控相结合的变化。

（三）经济收益

接下来，我们将谈论作为政企关系硬核的另外一个维度——经济收益，相比于政治稳定与意识形态，经济收益的层次更为外显，但这并非表明经济收益的重要性弱于其他两者。正如我们在前文所指出的那样，它们的性质和功能不同，在不同历史时期的主导地位也不同，从而影响政企关系变迁的作用力也不同。我们将政府对重要行业和关键经济领域的控制看作政府实现经济收益的一种途径，认为中国90年代中后期以来（尤其是十六大以来）的经济发展正是在国家对市场的主导下以公有制为主体实现了经济的不断跃迁。无论是90年代中后期国有企业进行的大规模产权改革还是新世纪以来国有企业的不断"做大做强"，坚持公有制的主体地位，强调国有资本在关系国家安全和国民经济命脉的重要行业和关键领域的支配地位从来没有发生过动摇，而诸如鼓励、支持和引导非公有制经济发展则是在这一前提之下进行的"同心圆"外围的经济调整。无论是"摸着石

---

① 我们需要强调，此处所谓的意识形态是指政府的主导意识形态（更确切而言是有关经济发展方面的意识形态），因为在一个社会的同一时期，意识形态的层次并不单一，内容并不一致，甚至意识形态相左的境况同样存在。当然，作为一种权力的表现形式，意识形态权力常常与政治权力相互交织，从而使得我们难以明确指出影响政企关系变革的权力究竟是政治控制还是意识形态灌输。但这恰恰表明，政府为了实现其多元化目标，会采取多种权力路径，这些权力由于性质和功能不同，只有组合才能形成政府有效的"权力网络"。我们还需要强调，政府的主导意识形态是政治文化的组成部分，其具有深入性、弥散性和稳定性的特征，纵观新中国成立之后主导意识形态的变动，虽次数无几，但对中国经济社会的影响作用深远。这也正是卢卡斯所强调的，作为一种隐藏的权力，虽看不见其运作，却能够最为有效地发挥作用。

头过河"的改革逻辑还是保"存量"促"增量"的经济逻辑，在不断扩大市场的基础上，政府一直注重保持国有资本的主导性地位。这种做法规避了大规模的所有制改革带来的社会政治震荡，将所有制的改革维持在较为稳妥的限度之内。当然国家在引入和扩大市场化的过程中通过制度的不断跟进来保证市场对资源的配置既有效率又有节制，在这些制度基础上运行的企业，不仅可以通过市场来有效配置生产要素，同时，由于国家放开了许多市场空间，因而对国有企业的经营生产积极性也起到了极大的促进作用。国有企业虽然仍背负着许多政策性任务，但亦通过不断逼近市场来硬化对其的约束，提高生产效率。国家巧妙地将市场机制引入国有经济之中，从而摆脱了国有企业对政府的完全依赖，促发其在国内和国际市场上进行竞争，逐步提高经济效益。

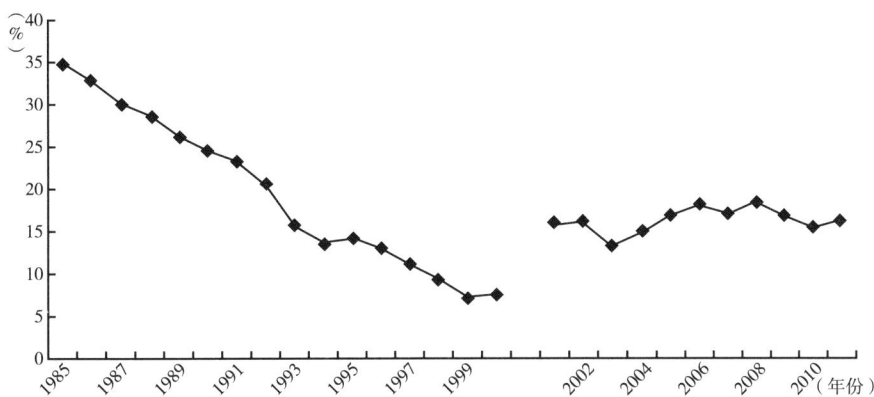

图1　企业所得税占财政收入比例

数据来源：《中国统计年鉴（2012）》。

至于企业在政府财政收入方面的重要意义，不言自明。图1反映的是1985～2011年企业所得税占政府财政收入的比例，可以看出，2000年之前企业所得税在财政收入中的比例呈下降趋势（1985年企业所得税占财政收入的比例达到1/3以上，2000年下降为7.5%），但从2001年开始，企业所得税在财政收入中的比重增加，一直维持在15%以上，企业所得税年均增加约21%。这在很大程度上是因为2001年之前的统计数据只包括国有企业和集体企业，2001年及以后在国有和集体企业的基础上增加了其他所有制企业的所得税。除了企业类别和基数的变化，还可能缘于以下方面原因：第一，随着90年代中期以后国有企业的转改制和优化重组，企业经营效益不断提高，纳税水平增加；第二，随着非公有制企业的不断发展，其对国家财政收入的贡献率也在增加。对于第一个方面，有研究通过实证分析，证实了国有企业民营化重组后确实提高了纳税水平（韩朝华、戴慕珍，2008），我们通过对历年统计数据的分析（见图2）发现，经过产权转改制等方式（企业户数从1998年的23.8万户减少为2011年的13.6万户，年均减少约3.9%），国有企业整体的利润水平确实得到了显著提高（利润总额从1998年的213.7亿元增加到了2011年的24669.8亿元，年均增加约65%），即使国有资本经营收益的上缴比例水平较低①，国有企业上缴税金总额仍不断增加，从2005年到2011年，年均增加约20.3%（见图3）。对于第二个方面，随着社会主义市场经济体制的不断完善，非公有制经济在国家经济结构中的地位不断上升，也成为国家税收的主要来源。对2005～2009年全国上规模民营企业的调查结果显示，无论是总纳税额还是户均纳税额都稳步增长。② 由于未能获得更为详尽的关于其他非公有制企业纳税状况的数据，我们不能准确描述非公有制企业整体对政府财政收入的贡献，但毫无疑问的是，除了企业所得税，诸如企业营业税、增值税、关税等，以及国有资源有偿使用收入、国有资本经营收益等非税收入等共同构成了政府财政收入的主体。

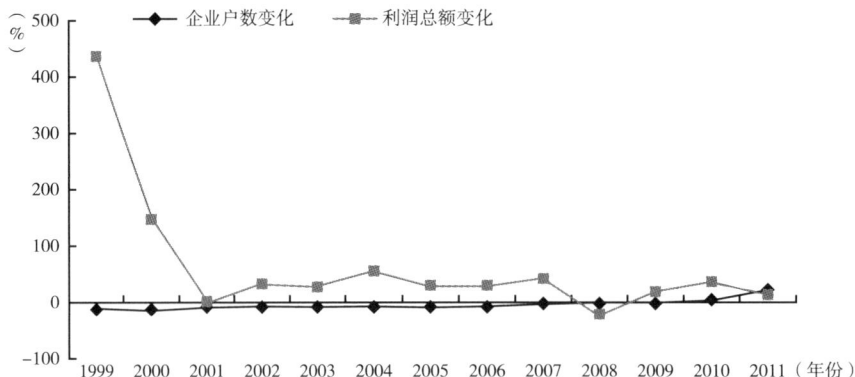

图2 全国国有企业户数和利润总额变动（1998～2011年）

数据来源：《中国财政年鉴（2012）》。

---

① 2007年，财政部、国资委联合发布的《中央企业国有资本收益收取管理暂行办法》规定，将国有资本收益具体划分为国有独资企业应交利润，国有股股利、股息，国有产权转让收入，企业清算收入和其他国有资本收益五项。按照类别，企业分别上交比例不等的净利润，其中第一类为烟草、石油石化、电力、电信等企业，上交比例为10%；第二类为钢铁、运输、电子等企业，上交比例为5%；第三类为军工企业和转制科研院所企业，暂缓三年上交或免交。2010年财政部企业司又发布了《关于完善中央国有资本经营预算有关事项的通知》，规定适当提高中央企业国有资本收益收取比例，按照类别分别上交比例不等的收益。其中第一类为企业税后利润的15%，第二类为企业税后利润的10%，第三类为企业税后利润的5%，第四类（中国储备粮管理总公司、中国储备棉管理总公司）免交国有资本收益。
② 2005年和2006年上规模民营企业的标准是年营业收入在2亿元（含）以上，2006年以后的入围标准为年营业收入在3亿元（含）以上。2005～2009年，上规模民营企业纳税总额年平均增长460.90亿元，户均纳税额年均增长0.095亿元（参见《中国私营经济年鉴（2008～2010）》）。

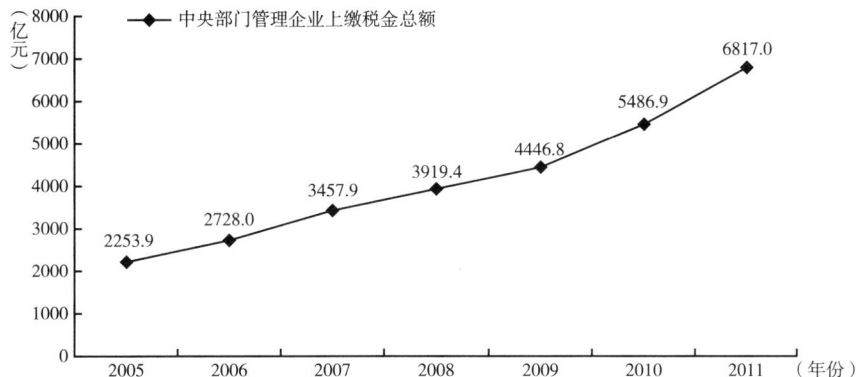

图3　中央部门管理企业上缴税金变化（2005～2011年）

数据来源：《中国财政年鉴（2012）》。

通过以上的分析和描述，我们了解了作为政企关系的"硬核"，即政治控制、意识形态表达和经济收益，分析了政企关系的"硬核"在政企关系变迁过程中所具有的稳定性。我们看到，六十多年来，中国政企关系的"硬核"，即政府通过政治嵌入的方式，强调党对经济活动的领导；利用意识形态的力量，通过社会化的方式，把社会主义的行为方式与观念嵌入人们自身的行为方式与观念中去；以及强调政府对企业的经济管理——这些基本的东西，都仍然在发挥着作用，并以不同的方式不断地和顽强地被坚持下来。真正在政企关系变迁过程中，随着不同的结构环境在不断调整的是各个不同时期所实施的制度安排和政策规定，即"保护带"的调整。所以，从实质上说，六十多年来，中国政企关系的变迁与发展，主要还是围绕着"硬核"，不断调整相应的制度和政策的社会过程。明确了这一点，我们似乎就可以抓住中国政企关系变迁的主线，抓住中国政企关系变迁的内在逻辑和内在规定性。

二　结构环境：政企关系变迁的外在约束

分析中国的政企关系变迁，除了要明确政企关系的硬核与保护带以外，同时也要清楚这种政企关系变迁的结构环境。中国六十多年发展的不同阶段，其所具有的结构环境有很大的区别，相互比较而言，发生了很大的变化。只有比较深刻地理解这一点，才能够理解政企关系变迁的外在环境约束，我们才可能进一步地去探讨，在不同的结构性环境下，政府为了实现其主导目标，会对企业采取哪些制度安排，这些制度安排会形成什么样的机制，这些机制如何影响与形塑政府与企业的关系，进而从根本上来理解中国政企关系的主要逻辑。接下来我们将从宏观环境、制度环境和关系结构三个层面阐述外在的结构环境如何影响并规约政企关系的演变。

（一）宏观环境

从宏观环境层面而言，一个国家的历史传统、政府的合法性水平、全球化下的国际市场都影响着政府与企业的关系，只是这些因素在不同历史阶段产生影响的强度和方式不同，其单独或者以交织的形式产生影响，其直接或者以间接的路径发生作用，其潜在或者以显现的功能促生变革。

1. 历史传统

中国历史传统对政企关系的影响主要表现在三个方面，即工业和经济的国家主导、传统社会的家族制度以及战争时期的军事共产主义模式。

关于第一个方面。在传统中国的历朝代，统治集团对市场采取管控的方式，对于重要的工业则采用官营（包括官商合营、官督商办、官僚资本垄断等）的方式来主导，通过庞大的自上而下的官僚集团对私营工商业采取限制的策略，以维护统治的稳定。[①] 这种历史传统或经济模式也深深地影响了后期中国政府与企业之间的关系。新中国成立之后，计划经济模式无论是受到苏联经济模式的影响还是出于实现国家赶超型工业化的目标需要，不容忽视的是传统国家的政治思维模式，即对经济社会进行全面而深入的控制，这种控制的社会结果便是我们所熟知的"单位化"。在这个意义上，单位制下的企业组织不是自发而生的，也不是市场意义上的经济组织，而是国家为了实现经济社会控制"制造出来"的，从而在资源分配、社会调控和组织管理方面形成以单位为基础的社会资源集中分配制度和高度一体化的政治体制（王沪宁，1995）。

关于第二个方面。从单位制度下个人对单位以及单位对上级组织的依赖性

---

① 在中国历史上，工业主要由官方主办，然后逐渐演化为民业。这其中有两个重要的原因，一谓之为"需用日繁，官不能给"，即随着人民生计的不断提高，对工业产品的需求逐渐增加，"人口之增加无限，生计之程度日高，工官所造势不能比例俱增，器用得给足，故四民之中，久有工"。另外一个原因则是人民日益增长的多元化需求刺激了民间工业的发展，且做工比务农获利更丰，"奇巧之物，官不肯造，则人民之需用者，不能不迫向自为"。相比于工业，商业的发展则更为自然，随着私有财产的出现，人们相互之间的交易便逐渐盛行起来，随着社会分工的细化，更进一步推动了交易的发达和商业的发展。所谓"然生事愈进，则分工愈密，分工愈密，则彼此之相资益深，而交易遂不期其盛而自盛"。但这并非意味着，民间的经济发展可以脱离官方（政府）的管控，事实是，对于古代的市场，"治理甚备，监督亦严"，"有胥师以察其诈伪，贾师以定其恒贾，司虣以禁其斗嚣，司稽以执其盗贼，胥以掌其坐出之禁令，肆长以掌其货贿之陈列，而司市总其成"（吕思勉，2005：17、18、23）。

出发，不少研究者认为这种组织化的国家统治体制，其意义类似于中国传统社会中的家族。不仅是因为单位组织为单位成员提供着类似于家族的各类资源保障，而且也有着情感的归属；不仅是因为单位组织的权力来自资源的集中分配，而且也如同传统社会的家族一样体现着国家自上而下的权威（李路路，2002）。所以，我们不仅可以从单位组织行为中的大包大揽、功能多元化的现象中寻觅到中国传统家族组织中的大包大揽、功能多元化的痕迹；同样也可以从单位成员对单位的依赖中观察到传统家族组织中家族成员对家族全面依赖的影子（李汉林，1993）。也正是从企业所需投入品的获得方式出发，科尔奈将传统经济管理体制下社会主义经济中政府与企业关系称为"父子关系"（科尔奈，1986：273~275），无论是其所谓的"实物给予–被动接受"还是"实物给予–主动表达愿望"，在计划经济体制下，主导者的政府享有着给予与分配的所有权力。

关于第三个方面。与上述两个方面的影响相比较，共产党在新政权建立之前的组织模式——革命战争年代所形成的命令动员体制，由于制度的依赖性而移入新体制之中。这种以"党的一元化"领导为先决条件的命令动员体制由于建立在广大的革命根据地通过土地均分而形成的群众（如农民协会和贫农团体的支持）基础之上，再加之以身示范、道德规劝和群众动员，形成了一种新的低层机构（黄仁宇，1997a），在革命战争年代保证了领导合法性和物资、人力供给，在很大程度上确保了共产党能够胜利夺取政权。新中国成立之后，由于内乏外困，百废待兴，如何调动一切资源建设社会主义新中国便成为领导人最为紧迫的任务。自然而然，以命令和服从命令为特征的军事共产主义模式所具有的高效性仍然被国家所采纳，表现为高度的计划经济体制和政府对社会全面而深入的控制，在企业层面，将经济、政治和社会功能合而为一，将政府与企业合为一体，从而实现对资源的占有和控制、动员和配置。

2. 合法性水平

在分析政企关系的过程中，我们发现，计划体制与市场体制下的企业不仅在所有制形态上发生了很大的变化，而且政府的管控方式亦明显不同。改革前政府重控制，改革后政府重绩效；改革前政府主要使用行政指令，改革后则需要借助市场调节；改革前政府可以通过社会动员集中力量办大事，改革后则需要法律规范明晰产权。究其根本之一则是中国在改革前后，已经从一个以意识形态和政治规训为合法性基础的国家变革为以经济绩效为合法性基础的国家，从而使企业地位也从国家控制和动员的单位变革为经济社会发展的微观组织。

　　新中国的成立，可谓中国历史上"千年未有之大变局"，这种新政权不是在旧中国的废墟上自发产生的，而是中国共产党通过不断的革命缔造形成的（冯仕政，2011），其不仅区别于苏联的政体，而且也不同于其他后发展国家。因为在一个几千年大部分时间是大一统农业帝国的传统之上，在百余年间为列强所凌辱的情况下，通过革命获得民族独立和国家解放，不仅颠覆了中国生存导向型的国家传统，而且也改变了中国的国家和社会性质，重塑了国家与社会之间的互动，也赋予了新政权不同于以往的合法性。1949年成立的新政权由于内平异己、外御强敌而赢得的革命功绩，加之在广大革命根据地的群众基础，获得了民众的广泛拥戴，无论是共产党还是毛泽东都享有着高度的意识形态上的和克里斯玛型合法性（Dingxin Zhao，2001）。新中国成立之后，为了改变积贫积弱的现状，不仅推进"赶超型现代化"，而且为了改变"一盘散沙"的社会局面而着手社会改造，通过社会改造来保证国家目标的实现，而实现国家目标则能进一步巩固国家的合法性基础。其中，赶超型现代化最为明显的做法就是"大跃进"运动；社会改造最为显著的结果就是在农村实现集体化，在城市实现单位化，在经济上实行全面的计划模式。在企业层面，新中国成立之后，中央一方面没收官僚资本，一方面对私营工业企业实行国家资本主义经济模式，到第一个"五年计划"完成之际，私营工业资本主义经济成分已被基本消灭，迅速建立了全面公有制的单位企业模式。如果说单位社会的建立在很大程度上是政治精英改造社会的抱负和理想，那么经济的全面公有制和单位制则是新政权对私营经济和市场意义上资本主义的全面摒弃（田毅鹏、刘杰，2010）。因为一方面，以工人阶级为代表、工农联盟为基础的共产党政权要显示其在意识形态上的纯正性和先进性，所有与"私利"和"资本"相关的东西都被认为是对社会主义路线的越轨；另一方面，为了巩固合法性基础，国家不仅要保证充分就业、财政收益，而且为实现赶超战略要保证比较优势较差的重工业优先发展，从而通过自上而下的单位化企业直接组织经营生产（张宇燕、何帆，1996）。

　　虽然改革之前，城市的国营企业和农村的集体企业在一定程度上都有了发展，但其低效率是为大家所共知的，国家的赶超型现代化不仅难以实现，而且整个国家的经济发展都在较低水平上前行。"文化大革命"结束之后，国家的经济近乎崩溃的边缘，而且建立在意识形态合法性基础上的国家政权也面临着危机。在此历史之际，党内政治精英打破重重阻挠，通过改革，逐渐明确了以经济为核心，并通过市场经济的发展逻辑取代计划经济的发展逻辑。改革的成效是显著的，不仅经济发展水平不断提升，而且乡村集体企业如雨后春笋般迅速崛起，私营企业和其他所有制类型企业也开始崭露头角。到90年代市场经济体制完全确立，党的领导人已经将道德和经济绩效作为执政合法性的主要来源（赵鼎新，2012），从上到下，不遗余力地促进经济发展。也正是在这种发展逻辑和合法性压力之下，中国的经济持续了30多年的快速发展，创造了世界发展史上的"经济奇迹"；不仅国有企业通过转改制和优化重组提升了经营效益，而且诸如外资企业、私营企业、合资企业等都有了蓬勃发展。在政府与企业的关系上，如果说意识形态合法性基础之上的政府能够凭借专断性权力进行自上而下的控制和改造，那么基于绩效合法性的政府则需要通过市场机制来调节企业发展，从而实现增收盈利和经济发展。

3. 国际市场

随着改革开放，市场经济体制的确立和加入 WTO，中国逐渐融入全球市场秩序之中，国际贸易的发展、外国投资的增长以及企业经营活动的国际化①，对中国的经济快速发展发挥了重要的作用，也给中国的政府与企业关系带来了巨大的影响。中国政府已不能完全按照传统的治理逻辑处理与企业的关系，而是要不断应对和调控国际市场与国内市场、国际规则与国内制度、跨国公司与本土企业之间的关系。纵然外资拉动和贸易出口对中国经济增长的贡献十分突出，但以廉价劳动力和资源的粗放式消耗为比较优势形成的"世界工厂"和"中国制造"并不具有可持续性（高柏，2005）。进入 21 世纪以来，政府不断强调增强企业创新能力，促进经济转型升级，鼓励企业"走出去"；同时，在企业的治理结构、社会责任和劳动权益保护等方面进行了深入的改革。

虽然中国参与到了全球经济秩序之中，并积极地调整自身的行为方式和政府与企业的关系模式，但不平等的国际市场不仅约束着参与其中的企业组织，同样约束着政府的行为。正如赫斯特所认为的那样，全球化并没有带来一个"公平的竞技场"，由发达国家和垄断资本形成的优势地位和规则制定权，使得国际市场极端不平衡，不仅真正意义上的跨国企业并没有出现（最为普遍的仍然是多国公司），而且大多数跨国企业仍然被束缚在民族国家基础之上（赫斯特、汤普森，2002：107～110）。在 WTO 多边贸易体制中，有些条约对发达国家和发展中国家提出不同的适用性，在经济实力和贸易能力具有差异的前提下，让发展中国家遵守适用于发达国家的法律规则具有明显的不公平性（赵维田，2006）。如《中国入世议定书》是第一个为单个成员规定的一套特殊行为规则的 WTO 法律

---

① 2012 年，中国大陆地区商品和服务出口总额达到 22434 亿美元，外国直接投资（FDI）对内达到 12108 亿美元，对外达到 8422 亿美元。参见联合国贸发会议数据库，www. unctad. org。

文件，这种附加条款的做法要求中国政府遵守"超 WTO"义务规则，不仅对中国的经济贸易行为产生了约束和限制，而且打破了 WTO 行为规则的统一性（Wayne，2003/2006）。出于同样的逻辑，为了实现贸易保护，发达国家将诸如工人集体谈判权、最低工资、工作时间等与国际贸易规则相挂钩，但由于每个国家的经济状况、劳动力供需状况等方面的差异，使得贸易规则的不平等性更加严重，而且实证的研究结果表明，推行不切实际的公平劳动权标准，不仅难以实现对劳动权的保护和改善，而且将导致发展中国家出现大量的剩余劳动力，最终损害工人的实际利益（刘敬东，2010）。

全球市场如同一把双刃剑，一方面，随着生产要素在全球范围内的流动与配置，利用得当，参与其中可以分享经济全球化的收益，加快国内经济的发展；另一方面，在国际分工体系仍为发达资本主义国家所主导的状况下，中国在全球市场中势必要不断应对因经济利益和国家利益竞争所带来的不利影响。如某研究所认为的，中国的经济模式由于是建立在以吸引外资和国际贸易急剧扩张为特征的世界工厂基础之上，那么不但整个中国经济在"美元本位制"和缺乏自主创新及自主品牌的结构性条件下有着巨大隐患，而且中国的政治稳定也将面临因经济发展增速降低而带来的隐患（高柏，2004）。如果说，改革开放之前，由于政府对企业进行自上而下的管控，对生产要素进行全面的计划配置，从而在没有市场信号检验和资本流动的状况下难以实现经济的效率性发展；那么，市场经济体制的确立和全球资本的释放在中国还没有形成内生竞争优势的情况下，则形成了跨国资本攫取超额剩余价值和大量中小企业沦为全球分工链低端的情势。当我们在强调政府应该退出市场、让市场自发调节生产之时，从全球市场来看，国家目标与企业收益是一个相互促进的关系：一方面，政府需要通过制度安排加快经济发展方式转型，打破体制性障碍，规范市场运行，完善金融体制，引导生产要素合理流动，加强对企业的监督；另一方面，企业主体需要增强自主创新，完善治理结构，履行社会责任，实现竞争力提升。实现这一过程可能会非常艰难：首先由于长期的惯性和制度依赖，政府为了实现经济收益和就业增加，可能会放任中国经济模式的发展或者延缓经济体制改革；其次，由于利益集团的阻挠，不同类型的企业还不能在短期内实现公平竞争；再次，企业主体的趋利本性使得它们在现行分工体系中还能获得收益的状况下难思创新；当然非常关键的是，全球市场所产生的巨大外部效应影响着中国政府在对经济体制是否进行改革、如何改革以及在多大程度上进行改革的决断，因为一旦旧的经济增长机制被打破，而新的经济体制还不能与结构环境相契合，那么改革不仅不能重振中国经济发展，而且会导致经济的停滞甚至倒退。

（二）制度环境

政企关系的演变是在不断的制度调整中行进的，无论是正式的法律规定还是非正式的文化观念，都有着一定的目标取向，并且其产生都是基于特定的历史环境。也就是说制度本身不是目的，而是主体追求目标的手段，但是由于制度本身所蕴含的矛盾，一旦结构环境发生变迁，既有的制度则会面临运作的挑战，在一般意义上，既有的制度规则也必须与结构环境的变化相适应。更为关键的是，由于制度的路径依赖特性，即使已经被调整或取代，原先的制度安排仍然会对主体的行为方式和取向产生影响，成为一种结构性的因素。在更为宽泛的意义上，新中国成立之后所实施的经济体制，即计划经济、双轨制经济以及市场经济都是一种制度安排，而诸如企业所有制、财政税收、治理结构等方面的改革，都是嵌套在宏观制度之中的；这种多层次、相互嵌套的制度环境不仅形塑了特定时期的政企关系模式，而且一旦某种制度发生了变革，那么新旧制度之间的协调与冲突、主体对制度环境的适应与排异，甚至整个制度系统本身的稳定与失序状况都会导致政企关系呈现出复杂的面向。

从制度环境出发分析企业的行为和结构演变不仅突破了新古典经济学的理论视域，同样也超出了韦伯理想类型意义上的理性组织框架。企业组织作为一系列生产要素的组合，其行为本质是追求经济收益最大化，从主体理性的观点来看，企业组织只需要解决技术环境的不确定，实现盈利，就可以不断发展。但现实状况远比理性主义者的预设要复杂，企业组织除了追求经济收益，还要求承担社会责任，非但很难依据自身的禀赋基础以及经济目标设计多变有效的组织模式，而且组织结构和行为方式趋同的现象比比皆是，甚至在一些情况下企业为了应对非技术性压力所耗费的资源已超出了实现经济收益的成本投入和产出获得，不得不"关门停业"。对于这些现象和问题，制度主义的解释认为，组织在发展过程中不仅面临着技术环境的压力，同样面临着制度环境的压力。技术环境主要指诸如成本收益、供需、技术、市场等因素，关乎组织的效率；制度环境则主要指组织所处具体环境中的法律制度、价值观念、文化期待等，关乎组织的合法性（Meyer and Rowan，1977：340-363）。也就是说，企业组织除了在市场上谋利之外，还要受到政治社会因素的规范约束，而这不仅与效率相去甚远，甚至在某些情况下与效率原则相悖。但正如不存在没有摩擦的理想状态一样，也不存在完全自由竞争的市场和只为经济收益存活的企业；企业既是经济载体也是社会微观组织，既承担着经济责任也具有政治社会功能，从而使制度环境的变迁与制度安排的调整从合法性层面约束着企业的生存和发展。

　　理解制度环境对政企关系的影响，首先应该强调我们国家进行制度变迁与创新的基础与初始条件，正是依托这些组织和制度基础，中国的制度改革才能按照既定的逻辑顺利推进，而基础条件和渐进式的变迁也决定了政府与企业的关系形态。回顾政企关系的变迁与改革历史，我们可以清楚地看到，许多新生的经济组织几乎都是直接、间接依托原有国有经济与乡村集体经济转型、延伸、嫁接并脱壳成长起来的，如公有制企业的产权转改制和国有企业下属的集体制企业产权私有化。非但如此，在相当长的一段时期里，许多在转型中新生的市场经济组织为了获得经营许可或一旦达到某种规模，也要挂靠或者寻找某种政府组织的保护，如改革初私营企业的"戴帽子"行为就具备市场体制下的政治关联特征（李汉林等，2006）。我们还应该指出，在中国的政企关系变迁中，有一条制度底线一以贯之，那就是公有制经济在关系国家安全和国民经济命脉的重要行业和关键领域的主导地位，无论是90年代中期的国有企业大规模产权改革还是21世纪以来国有企业的战略重组和"做大做强"，政府一直强调公有制企业的战略主导性。正是在维持公有制企业的控制力、影响力的基础之上，关于非公有制经济的鼓励、支持和引导才成为可能；失去了公有制企业的制度基础，遑论社会主义性质以及宏观调控与市场配置、国家主导与市场调节的结合。

　　当然，制度环境对政企关系的影响，更多的是通过制度对主体行为规范而发生作用的，这种作用一方面体现为强制性的制度安排，另一方面则在弱的"合法性"意义上体现为对资源的分配和对主体行为的激励（周雪光，2003）。我们在以往关于不同组织制度对人们的行为及行为取向影响的实证研究中，发现不同的组织制度会在一些根本问题上给人们的行为提供稳定的、被大家所认可并可不断重复的行为模式，通过制度规范行为，并以此来定义人们在特定组织制度中社会行为的条件。具体而言，在不同的组织制度中，由于资源的分配方式不同，其内部组织的结构不同，所强调的意识形态不同，因而诸如人们的满意度和相对剥夺感受也不同（李汉林、渠敬东，2002）。无论是社会个体还是企业主体，在制度规范行为的逻辑意义上具有一致性。我们知道，在传统的计划经济体制下，由于资源为国家所占有、分配方式为国家所规定，单位制度塑造了企业对上级组织的依赖性结构和企业间的同构性（李汉林、李路路，1999；李路路、李汉林，1999），当然这种依赖性和同构性由于是政府通过自上而下的外在制度安排所形成的，故而在"强"意义上解决了企业生存发展的合法性。改革开放以后，随着市场在生产要素配置方面作用的逐渐凸显，非公有经济组织的出现，乡村集体企业的发展壮大，形成了一种单位体制与非单位体制共存的局面。这种双轨制的经济形态既延承着计划体制的模式，又将市场嵌入总体经济结构之中，从而形成了政府和企业主体的不同行为逻辑和具有分割特征的政企关系。即"存量"意义上的国有企业仍然与政府保持着单位体制特征，自上而下进行管理和资源划拨；而"增量"意义上的非公有制经济，则在还不健全的市场机制下获取资源，进行生产和销售（渠敬东等，2009）。90年代市场经济体制确立之后，不同所有制类型的企业都程度不一地跻身市场之中；为了减轻政府负担、激励企业主体、提升经济效益，政府逐渐放开了对公有制企业的行政性管控，通过分离政企、明晰产权的方式，对国有企业和乡村集体企业进行了大范围的产权转改制。在此基础上，成立国资委对国有资产进行监督和管理，以质换量，寻求国有企业经济效益的提升。从制度规范行为的逻辑出发，与计划体制不同，市场化的进程正是利用其能够实现资源优化配置的基础作用，从而在"弱"意义上激励市场主体，实现企业的有序竞争和"市场导向型"发展。一方面通过对市场的不断引入和所有制改革，在公有制的基础上尽量扩展非公有制经济成分从而提高市场活力；另一方面将市场机制引入国有经济之中，从而摆脱国有企业对政府的完全依赖；与此同时，中国参与到世界市场之中和外资企业的引入，也通过制度竞争的方式改变着中国政府对企业的管控方式。在一定程度上而言，中国企业的不同所有制本身构成了对企业行为约束的不同制度环境，从而使得公有制企业、私营企业和外资企业的行为由于面临不同的制度环境，也导致了不同的行为取向；而在中国社会里，政府作为制度的主要供给者，政府与企业的关系也因制度环境的差异表现出不同特征。

在谈论制度环境之时，除了某项具体的制度对主体行为的影响和约束，现实的状况是，制度通常以某种组合形成规则系统而发挥作用。这种规则系统在具有强制性的外在制度层面一般体现为从一般规则到具体规则的层级结构，如法律制度系统一般是由顶层的宪法、中层的成文法和底层的政府条例组成；而在内在规则系统层面一般并不包含明确的层级规则和程序性规则，如社会习俗、文化观念等（柯武刚、史漫飞，2000：164～166）。制度环境无论是对政府行为还是对企业行为的规范和约束，更多的是通过正式的外在制度安排进行的；当较低层级的制度规则发生改变后，为了维持制度系统的连续性和协调一致性，就需要自下而上进行调整，以维持制度顶层基础的稳定。正是在这个意义上，从中国的经验出发，无论是宏观层面的制度调整还是中微观层面的制度改革，都沿循着政府主导和边际调整的逻辑路径，即依托原有的制度和经济基础进行制度的渐进式变革，较为稳妥地推进整个制度体系的变迁。如林毅夫等人所认为的，中国的改革是逐渐从微观向宏观逼近的过程，首先在微观层面实行经营机制的放权让利，逐渐改进激励机制、提高企业的经营效率；然后由于微观制度的调整，打破了原先制度系统的平衡和一致性，转而在资源配置和宏观政策环境方面寻找突破口，最后改变传统的经济发展战略（林毅夫等，2012）。虽然这种改革的弊端很明显，如双轨制时期的权力寻租、国有资产的流失、部门利益强化等，但在不危及整个中国经济体系的先决条件下，这种"先服药后手术"的做法比直接的"休克疗法"更为稳妥，政治风险也更小。

当然强制性的制度安排所具有的刚性特征，使得维系层级性的制度系统需要耗费大量的成本，并且为了实现对主体行为的规范，不得不在原先系统的基础上不断"打补丁"，甚至形成一种制度的"过密化"。也就是说当内在规则与外在制度不能有效契合的状况下，在低层级上的制度规范不仅难以实现长效的规范作用，甚至会导致主体行为与宏观层次上制度之间的冲突。我们知道，在计划经济体制下，经济秩序不是自发形成的，而是经过设计制定出来的。无论是生产资料的配置还是产品的生产与流通都需要政府自上而下的行政指令计划，横向的市场和企业间的生产交换被禁止；政府为了规范和约束企业的行为，不得不运用强制性权力进行全面而深入的控制。也正是为了实现全面的计划控制，政府设计出复杂的制度规则并进行直接的干预，但问题是，一项意图于促进某项目标达致的制度安排，由于外在环境的复杂性和多变性，其他效应可能随之变成主导因素，从而产生非意图性后果（柯武刚、史漫飞，2000：176）。譬如，为了实现对农村社会全面控制和动员的人民公社化运动，却在很大程度上为社办企业能够迅速兴起创造了制度上的可能性，无论是办企业所需的资金、厂房，还是劳动力和土地都可以凭借行政手段快速获得。

如果我们将计划经济体制下的政府与企业关系看作一种刚性结构，那么市场经济体制下的政企关系则更具弹性。与计划性封闭秩序相比，市场体制常被认为是一种自发性的开放秩序，正如哈耶克所认为的那样，由于"人类智识远不足以领会复杂人类社会的所有细节，我们没有充分的理由来细致入微地安排这样一种迫使我们满足于抽象规则的秩序"（柯武刚、史漫飞，2000：177，184）；也就是说，所有力图全面的掌控，到头来只会是适得其反。虽然我们对哈耶克所倡导的自由放任的经济学观点不敢苟同，但在制度规范的范围和程度上，过分的政府干预和市场管控只会矫枉过正，不仅损失了经济效率，也抑制了市场主体的创新活力。反观中国改革以来的经济发展，得到共识的是对市场制度的引入和完善，将企业之"鱼"放置于市场之"海"中，让市场在宏观调控的基础上实现自发调节。当然，如我们在前文所强调的，市场体制本身就是一种制度安排，也是整个经济制度系统的组成部分，只要让政府"有形之手"

和市场"无形之手"各得其所、各司其职,那么政府便无须耗费巨大的成本全面而深入地直接干预经济活动,就可以将企业行为和市场活动纳入可预见的秩序之中。

(三) 关系结构

虽然我们分析的是政府与企业的关系,但无可争议的是,这一关系不仅"嵌入"在诸如国家与市场、国家与社会等重大关系范畴之中,同样"嵌入"在政府与企业所形构的关系网络之中。图 4 是我们根据主体间是否发生关联而绘制的政企关系模式,看上去类似"一团乱麻",当然现实的政企关系更为驳杂,但这种复杂的关系模式并非无迹可循,而是类似于曼恩所言的"有规律的驳杂"(patterned mess),其中主要包括三种关系形式,分别是政府与企业、政府与政府以及企业与企业。

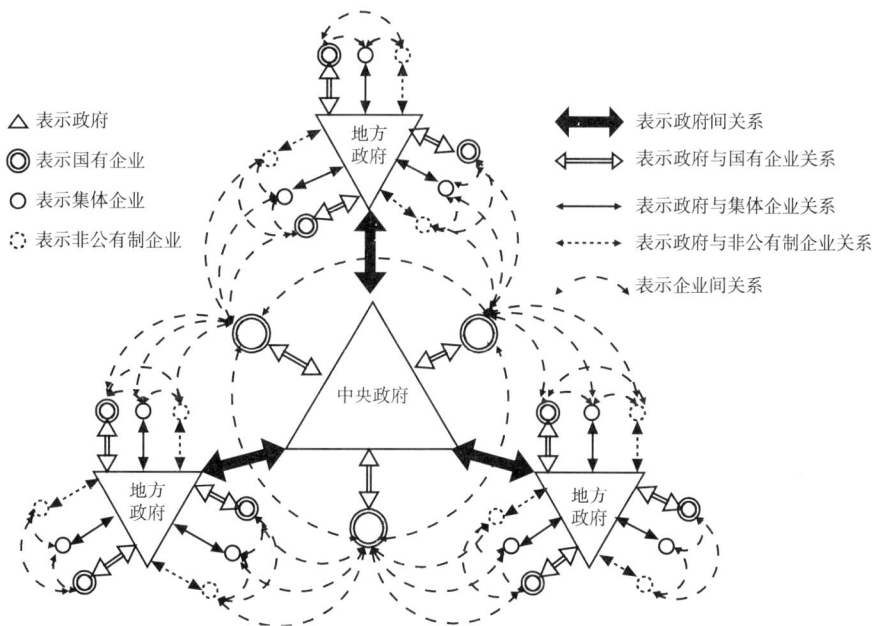

图 4　政府与企业的关系模式

关系网的研究依循着不同的取向,主要可分为将关系视作一种主体的建构过程和关系结构对主体的规约两种视角。与经济学的交易成本学派和制度主义学派对主体的关注不同,关系网的研究既反对陷入"低度社会化",又承认"过度社会化"的不足(Granovetter,1985:481-510)。"低度社会化"主要是指在经济学的研究视域中,认为人们的行动都是理性的,是受到利益驱动的,人们的任何行动和态度都可以从理性人的逻辑中进行解答。如认为政府与企业主体都是以利益最大化为取向，二者之间的关系模式及互动演变也可以看作建立在利益基础之上的博弈过程。这种视角在一定程度上将社会个体看作完全的理性主体而剥离了其社会性；与此相反，组织研究中的制度学派将社会个体的行动看作社会制度规范的结果，是个体为了适应法律规范或社会文化期待以解决合法性的结果，在一定程度上抹杀了个体的能动性，从而是一种"过度社会化"的体现。由于我们的研究并不是关注主体如何形构关系网络，而是将主体间的关系网看作政企关系变迁的结构性因素，因此主要分析政府间以及企业间的关系结构如何对政企关系产生影响。

1. 政府间关系

政府间关系的主轴是中央与地方之间的关系。毛泽东在《论十大关系》一文中便指出，"处理好中央和地方之间的关系，这对于我们这样的大国大党是一个十分重要的问题"（毛泽东，1956）。这个重要的问题不仅存在于中国历史上（辛向阳，2008），而且新时期的中央和地方关系由于既存在自上而下的"条条管理"，也存在横向的"块块结构"[①]，从而同样面临着信息不对称和权力不对称两个关键问题（胡鞍钢，2010）；也正是为了发挥两个方面的积极性，权力的收放变化或者说寻求分权与集权之间的平衡则成为突破现行体制的一种手段。由于企业归属的政府层级和区域差异，政府间的关系结构势必引致政企关系的变动。

前文从政府主导目标出发分析了中央－地方间的权力收放逻辑，即要实现经济收益，则需要分权；要实现政治控制和稳定，则需要集权，如此循环往复以寻找权力集中与权力分化之间的平衡点。而在关于国有企业和乡村集体企业的分析中，我们也可以清晰地看到，政府的权力收放（既包含行政性的也包含经济性的）在很大程度上影响了企业的发展模式。在传统的计划体制下，总体上呈现的是中央的集权特征，虽在此阶段也经历了1958年以"大跃进"为主的分权化运动和"文化大革命"期间的分权化运动，但是，国有企业作为计划的一部分，分权与集权主要是在中央和地方之间变化企业的管理权，并未触及企业的经营自主权；乡村集体企业则由于植根于广大的农村和社队基础之上，两次分权"意外"地促进了其发展，从农村集体的补充逐渐转变为乡村经济发展的重要动力。改革之后，最大的分权可以看作对市场

---

① 有研究者将这种条块分割的体制称作"M形"的层级制（钱颖一、许成钢，2008）。

体制的引入，在经济层面进行了广泛的分权，不仅对国有企业实行"放权让利"，而且乡村集体企业得到了快速发展，私营企业等非公有制企业也竞相蓬发。但随着分权化的不断推进，中央和地方之间的一项重要议题——财政税收也发生了很大的变化，"分灶吃饭"的财税体制使得中央政府的财政收入降到了"分权的底限"（王绍光，1997）。从而自1994年起，中央实行"分税制"改革。分税制改革首先是经济性的集权，但由于财力是政府进行各项安排的基础，从而在一定程度上也改变了政府的行为模式，进而影响了政企关系模式。首先税制的改革使得地方政府经营企业的风险增加，但是收益减少，发展企业的积极性受到了很大打击，90年代的国有企业和乡村集体企业转改制，很大程度上受到分税制的影响；其次，分税制对地方政府产生了"驱赶效应"，财政层层上缴的"压力型"体制使得地方政府谋求财政收入的方式从预算内转移到预算外，从预算外转移到非预算，加重对企业的乱摊派、乱收费（张闫龙，2006；荣敬本等，1998）。

当然除了政府间自上而下所形成的条条关系，横向的块块关系也影响着政企关系不同模式的形成。由于不同地区在资源禀赋、政策环境等方面的差异，在乡镇企业发展史上曾形成过诸如"苏南模式""温州模式""珠江模式"等不同的政企关系形态。改革后，为了利用外资、引进先进技术，在全国许多城市分批次成立了经济技术开发区；之后，为了推动内资小型企业的发展，又成立了众多的高新区。这些"超自主体制"由于享有特殊的优惠政策，从而成为地方政府争相追逐的对象。据统计，从1984年第一批经济技术开发区建立到2000年第三批建立，国家级经济技术开发区达到了46家；1991年和1992年两年共批准组建国家级高新区52个（鲍克，2002：63，67~68）。但由于基础设施、自然条件等方面的差异，沿海和东部的开发区在总体上吸引内外资的规模要远胜中西部地区，与此同时，地方政府在开发区建设中则扮演着招商引资的"开发商"角色，形成了新时期的"厂商政府"。这种以地方政府为主导，以开发区为基础，依托不同的城市平台，使得资本在区域间的流动和竞争，也建构了不同于传统体制下的政企关系模式。

2. 企业间关系

在传统计划经济体制下，由于企业归属于一定层级的上级组织，资源的获得和分配依靠的是自上而下的计划配置，从而割断了企业间的横向关联。市场化的推进打破了这种体制框架，企业横向的交易和资源横向的流动变得容易起来。但这种横向的关联并不是完全按照市场的逻辑展开，政府在中间一直扮演着主导者、调停者或者保护者的角色。比如改革后，随着乡镇企业的迅猛发展，地方经济过热，中央认为乡镇企业"以小挤大""与国有企业争能源、争市场、争资金、争原料"，束缚了国有企业的发展，对乡镇企业进行了多次整顿，甚至提出"坚决压制乡办企业，保国有企业"，把当时国有企业的困境归咎于乡镇企业的竞争，认为前期的改革是"捆住了老虎，放开了猴子"。而90年代随着国有企业的关、停、并、转，与国有企业有着上下游合作关系的乡镇企业由于严重的"三角债"问题，同样面临经营资金无法正常运转的困境，呆账、坏账出现，并在一定程度上导致了乡镇企业的破产和产权改革。

但这只是事实的一部分，伴随着90年代国有企业的大规模转改制，"存活"下来的国有企业由于国家的政策性偏好而形成一种既在市场中竞争获利又可在体制内获取资源的双重地位。国有企业的这种"二元属性"加之由于国家实行的"抓大放小"和"战略性重组"，形成了一批"限制介入性"的企业集团，阻碍着资源的横向流动（刘平、王汉生，2008）。尤其当主要行业的上游和下游都控制于国有企业之手时，民营企业只能去和政府、国有企业结合，以获得诸如订单、资源等企业发展所必需的要素，甚至成为国有企业的附庸。而企业扩大规模和投资所需的资金要想通过银行获得，则亦必须受制于金融领域的垄断国企。这种由国家政策目标主导和政策偏好形塑的企业间关系，也成为新时期理解政企关系的关键。国有企业由于其所具有的特殊地位在企业关系网中具有一种"结构自主性"，从而在资源调动和信息获得等方面较其他类型企业更具优势。

也就是说，企业主体在关系网中所处的具体位置和关系结构在一定程度上影响着企业的行为方式。由于没有企业是匀质的，在构建企业关系网的过程中，一方面，附着在企业身上的属性特征，如所有制类型、企业规模、行业属性等差异都决定着所形成关系结构的特征和属性；另一方面，一旦企业之间形成了某种结构性关系，如合作、竞争、依附等，又会进一步规约企业行为。国家在制度层面强调要"保证各种所有制经济依法平等使用生产要素、公平参与市场竞争、同等受到法律保护"（胡锦涛，2012），但这也恰恰说明，在当下的制度环境下，不同所有制的企业还不能平等使用生产要素，不能公平参与市场竞争，不能同等受到法律保护，那么在此基础上所形成的企业关系网对弱势企业的成长和发展也会造成不利的影响。与国内市场不同，一旦企业参与到国际市场之中，国家则经常扮演着扶持者或保护者的角色，以确保本国企业在全球企业网中能够具有较强的自主性，从而实现国家竞争力的提升。

三 政企关系变迁的一个节点模型

在上面的一些文字中，我们从政企关系变迁的内在动力和外在结构约束两个层面进行了论证与梳理。政府主体相对于企业主体所具有的自主性特征以及所拥有的主导性和支配性地位，使得政府多元目标的实现从内在驱动着政企关系的变革，但这只规定了政企关系演变的一个方面，另外一个方面——结构环境则既成为政企关系演变的外在压力，也同时规约着政府和企业的行为，成为理解中国政企关系变迁之所以如此而非那般的关键所在。在这个意义上，围绕着"硬核"而进行的"保护带"调整即政府的制度安排，成为勾连政府主导目标与结构环境约束之间的桥梁。但从历史经验来看，政企关系的变迁很少是由规范性的结构环境或主导性的政府目标预先注定的，而是具有"非线性"的特征（见图5），这不仅是由于制度安排具有路径依赖性，而且制度安排的非预期性后果同样促进或阻碍着政企关系朝既定的方向发展。

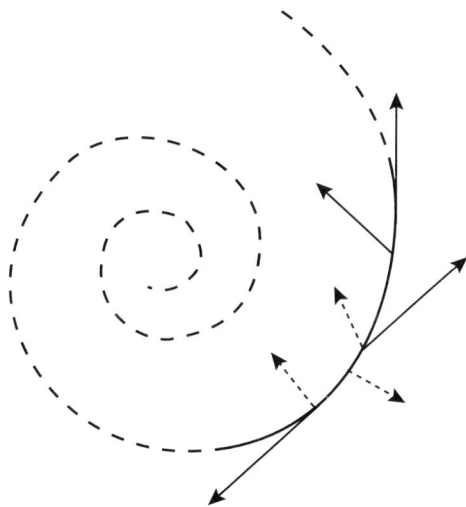

图5 政企关系的发展路径

我们借鉴黄仁宇关于人类历史发展的模式来表示政企关系的变动趋势，其中螺旋式的路径显示的是政企关系的发展变迁，实箭头表示政府为实现主导性目标而进行的制度安排（方向不同制度安排则造成的作用不同，或者朝预期目标发生作用，或具有路径依赖性，或产生非意图性后果），虚箭头则表示结构环境的约束（方向不同约束性质不同，或牵制或促进）。这两种力量的总和随着历史的推移（但正如黄仁宇所强调的那样，从历史的长河来看，时间也算作一种原因变量）持续影响着政企关系的变迁（黄仁宇，1997b）。

上文的论证是力图构建一个政企关系演变的分析框架。事实上，当政府为实现主导目标和适应结构环境而做出各项制度安排后，政企关系的发展取决于政府与企业具体、持续的互动；正因如此，中国的政企关系才呈现出如此驳杂的特征，或者说形成各种"不可能的可能"结果。从历史经验来看，政府与企业的互动具有鲜明的历史阶段性，我们将这种历史阶段称作节点（intersection），政企关系的变迁是一种经验性的节点模型。图 6 是我们根据中国经济社会发展的几个关键节点绘制的政企关系变迁模型，其中横轴表示政府对企业的干预程度，纵轴表示中国的市场化程度。可以发现，传统的计划经济体制、改革开放、市场制度的确立和新世纪中国融入全球经济秩序几个关键节点可以构成我们分析政企关系的着力点，也正是在这几个关键节点之间，不仅中国的经济体制不同，而且政府与企业的关系模式也有异。这几个关键节点之间政府与不同所有制类型企业的关系及变动我们在前面的章节已经有了详细的梳理，此处不再赘述。接下来，我们将在上述分析框架的基础上，对中国政企关系变迁的内在机制进行归纳与论证。

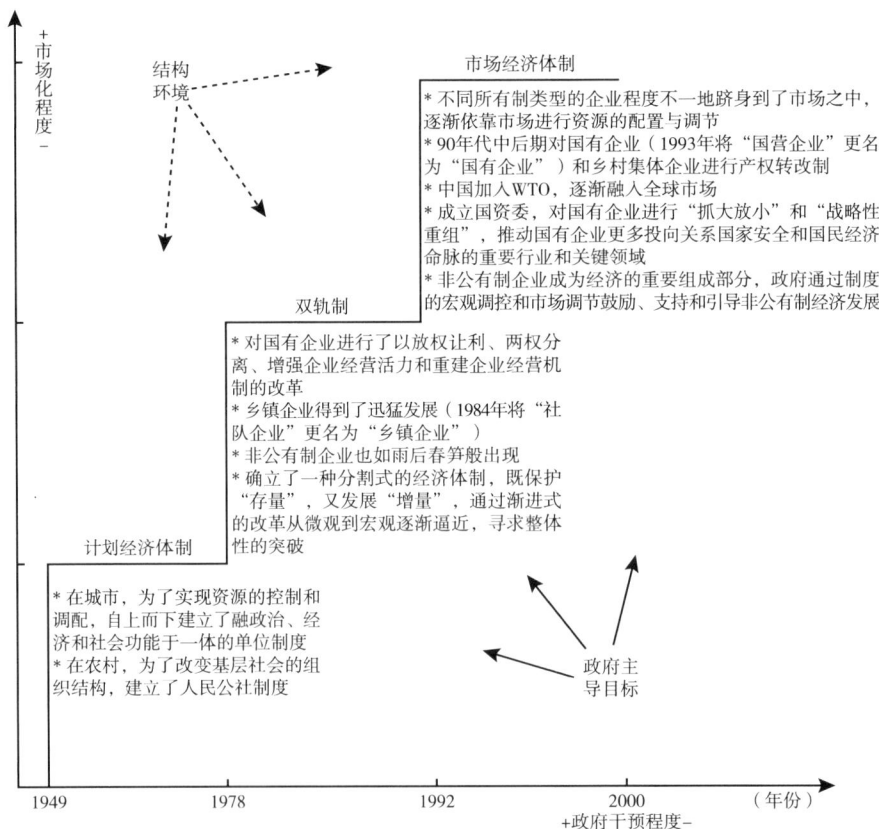

图 6 政企关系变迁的节点模型

四　分析与思考

在本项研究的过程中，我们试图按照历史发展脉络和不同的企业对象，对新中国成立以来政府与企业的关系进行简要的梳理，我们感到，下面的一些社会事实，值得我们在总结中国政企关系的时候进行进一步的分析与思考。

（一）中国的政企关系是嵌入中国特定社会、政治、经济环境之中的政企关系，离开了对中国不同时期政治经济社会等诸方面结构性环境的理解，就不可能真正理解中国的政企关系及其相互的行为互动。

（二）1949 年以后，中国实行的是社会主义制度，按照当时的理解，社会主义的优越性在于她的公有制，于是，在农村里，按照"一大二公"的原则，成立了人民公社；在城市里，推行"公私合营"逐步消灭私有制。在社会主义改造完成以后，在中国的城市和农村，基本实现了公有制。另外，在新中国成立以后，首先面临的是西方国家对新成立的共和国的全面封锁和隔离。在当时的条件下，苏联及东欧的一些社会主义国家是中国进行社会主义经济建设的主要参照群体，这些国家在经济建设上的制度安排、行为取向乃至经验与教训，都对新成立的共和国在经济建设上的行为产生了巨大的影响。在意识形态上，中国向苏联学习，明确提出社会主义就是公有制，同时用这种思想指导推动全国范围内的公私合营，开展社会主义改造运动。与此同时，中国利用政府的行政权威，集中配置资源，启动 156 项大型建设项目，并以此为龙头来推动中国的经济建设和工业化。上述社会、政治、经济等诸方面的状况，构成了在那个时期中国建设与发展的结构性环境。

（三）在新中国成立初期，政府与企业的行为互动过程中，政府的行为是主导性的，她是通过在特定意识形态的指导下所实施的一系列的制度安排来规范自身与其他经济组织的关系，并按照这样一种行为方式进行互动。在这里，政府主要完成了四个方面的制度嵌入，从而为政府与企业有效率的互动创造了良好的前提条件。

一个是经济嵌入。政府是通过下达指令性计划的方式来组织和指导企业的生产和经营活动。

一个是政治嵌入。在任何一个企业中建立党的组织，强调党对经济活动的全面领导，使企业中的党组织发挥着政治核心作用，把政治和意识形态用一种制度化的方式嵌入到企业的经济结构中去。

一个是组织嵌入。通过上级政府对企业主要领导人的任命来维持政府与企业互动过程中的主导地位。

一个是社会嵌入。主要是通过"企业办社会"的方式，使企业功能多元化。这样造成的一个突出结果就是使企业，尤其是使大型国有企业，不再仅仅是一个纯粹的经济组织，而逐步变成了集政治、经济、社会、教育等诸功能为一体的社会共同体和社会组织。

（四）1978年改革开放以后，党和政府拨乱反正，把工作的重心逐步转移到了社会主义的现代化建设上来。改革开放也使得中国经济建设的参照群体不再仅仅是苏联，还包括一些发达的西方资本主义国家，这就使得人们经济行为的模仿对象一下子变得丰富起来。在意识形态上，对计划经济的认识也逐步开始转变。1982年，在党的十二大上，人们提出了"以计划经济为主，市场调节为辅"；1984年，在党的十二届三中全会上，人们认为，"社会主义经济是公有制基础上的有计划的商品经济"；1987年，在党的十三大上，人们进一步提出了"社会主义有计划的商品经济体制应该是计划与市场内在统一的体制"。从中我们可以看到，随着人们对"如何进行社会主义经济建设"的认识不断提高，在处理政府与企业的关系问题上，也开始不断地反思。能够清晰地观察到的是，在80年代到90年代，从"扩大企业自主权"开始到着手制定一系列诸如"利改税""经济责任制""租赁制""股份制""分税制"的制度安排，都是在试图重新理解、定义和规制政府与企业的关系，规范企业的经济行为。

（五）改革开放以后，政府对企业的制度嵌入，表现出了不同的特点。

在经济嵌入方面，政府逐渐认识到要宏观指导，让政府主要去调控市场，让市场去引导企业。这样一来，政府直接的经济干预逐渐变成了间接。

在社会嵌入方面，由于强调了企业作为经济组织的主体地位，企业功能多元化的状况有了很大的改观。人们强调企业主要应致力于实现其经济功能以外，同时也强调了要履行企业的社会责任。

在政治与组织嵌入方面，人们仍然强调企业中，尤其是国有企业中党的领导以及党委领导下的厂长负责制。在大型国有企业，其主要负责人仍然是由上级任命，政府在与企业的互动过程中，仍然处于一种主导的地位。

（六）进入21世纪以后，人们对市场经济的认识又有了进一步的深化。建立社会主义市场经济体制的目标得到进一步的明确，要求按照市场经济的规律，建立产权明晰、权责明确、政企分开、管理科学的现代企业制度的呼声也愈来愈强烈；在这一时期，以公有制为主体，多种所有制经济共同发展也被明确为我们国家社会主义初级阶段的一项基本经济制度。在这样一种宏观环境下，这一时期的政府与企业的关系及其互动理应趋于更加理性，更加合理。但是，由于一个地区的经济发展水平与地方领导的政绩紧密地联系在了一起，所以，地方政府都无一例外地超乎热情地参与和关注经济的发展，这种情况具体反映在政府对企业的制度嵌入方面，表现出了一些不同的特征。在经济嵌入方面，政府的行为更多不由自主地变成了热情参与和帮助企业的经济行为。具体表现为政府替企业担保，为企业发展筹集资金以及提供优惠政策为企业招商引资，争取项目；政府直接参与经贸洽谈会；等等。总之在这一时期，庇护与依赖的行为特征在政府与企业互动过程中表现得非常明显。

（七）归纳以上的分析，我们同时感到，对政企关系的分析还应该考虑不同企业所有制的环境。换句话说，企业所有制不同，政府与其互动的方式也会有显著的差异。政府在与国有企业的互动过程中，不同的阶段呈现出不同的特征。改革开放到90年代，政府与企业的互动是在通过扩权让利、实行承包经营责任制、努力实现所有权与经营权初步分离的过程中进行的。2000年前后，扩大企业自主权主要表现在撤掉国有企业头上的诸多政府主管部门，试图用协会来管理行业，而不是直接管理企业，用宏观的调控替代以往的微观管理。最近十多年，国家成立"国资委"，使国有资产出资人初步到位，试图从政府机构设置上实现政企分开、政资分开，努力用市场化的手段与方式来管理国有资产。在这里，政府通过双重代理的方式实现对企业的管理与控制。一个是国家与政府通过"国资委"的代理，作为国有资产的出资人，以关心和考核投资回报的方式，用市场化的手段管理国有资产；另一个是通过对国有企业主要负责人的任命，一方面通过他们的代理，代表国家与政府来管理企业，另一方面国家与政府通过任命和考核来控制和鞭策他们努力工作，提高企业效率，使国有资产能够高水平地保值增值。

（八）为了更好地论证政府对国有企业的控制与管理，有人把国有企业更多地定义为"社会企业"，因为国有企业与其他所有制企业相比，要承担更多的国家与社会的责任。作为大型的国有企业和中央企业，它们要更多地提供"国家外部性"，即对国家的贡献；作为地方的国有企业，它们则要更多地为地方提供"地方外部性"，即对地方的贡献。正是由于有了这样的定位和原因，它们被国家和政府看作"共和国长子"，或自己的企业，这些企业在发展过程中具有了在政策、资金等诸方面得到国家与地方支持的双重优势（胡鞍钢，2012）。当然，不同的意见也论证到，中国的国有企业所拥有的不仅有资本权力，还有权力资本。在政府与企业关系的互动上，政府主导的以国有企业为基础的国家资本主义成为了中国经济长期以来发展的基本特征（张曙光，2013：92）。在这里能够形成共识的是，长期以来，中国的发展总是按照政府主导的经济增长方式来推动的，政府用极强的调动资源的能力，积极主动地用行政的力量和看得见的手来调控经济，同时用经济嵌入、政治嵌入、组织嵌入以及社会嵌入的制度安排来处理政府与企业的关系。

（九）此外，地方政府在与地方企业（包括乡镇企业以及非私营企业）的互动过程中，人们同时也可以观察到不同的行为方式与特征。我们曾经提到，在相当长的时期中，一个地方的经济发展水平，直接与这个地方领导的政绩挂钩。这种制度安排激励并规范了地方政府领导参与企业经济行为的热情。这样一种状况造成了一种具有中国特色的经济现象，即地方政府及其领导具有双重的行为角色以及双重的行为规范和取向。一方面，他们是政府或者代表着政府，具备政府在中国调度与动员一切政治、经济、社会资源的能力，并按照政府这种社会角色的要求，组织一个地区的社会经济与政治生活；另一方面，他们又扮演着企业领导人的角色，事无巨细地操持着企业发展的方方面面，在融资、投资、招商引资、产品销售，以及企业发展的征地、雇工等诸方面都能感受到政府行为的脉搏以及他们的热情参与，有时候甚至是直接的决策。在这里，政府在一定意义上逐渐演变成为公司化的政府，从而构成了一个具有中国特色的发展经验：不同的地方政府不仅要去调控市场，同时作为特殊企业或者说公司化的政府参与市场经济，不同的地方政府和其所属的地方企业一起，逐步成为相互竞争的主体，推动着中国经济的发展。恰恰在这样的一种发展过程中，实现了政府与企业的互动。

五　一些基本结论

我们认为，要对中国政企关系的变迁归纳出某些具有中国特色或中国经验的成分，至少以下方面在60多年实践中具有一定程度的稳定性和特殊性。

（一）在中国，政府具有极强的资源动员与组织能力。新中国成立以后，依靠着这种极强的资源组织与动员能力，"集中力量办大事"；政府在社会主义计划经济的条件下，为新中国的工业化打下了一个坚实的基础，也为按照计划的方式来协调政府与企业的关系，为组织社会主义的经济建设积累了经验。改革开放以后，政府仍然依靠这种强大的资源动员和组织的能力，通过诱致性和强制性制度安排的方式，在国家市场主义的逻辑下，来主导、实现和推动与企业组织的行为互动。

（二）中国企业组织与制度的变迁都是在与政府的互动过程中、在政府行为的强大影响下实现的。政府通过制度安排和资源分配的力量，用改变政策、改变行为、改变规范的方式逐步影响和改变企业组织的行为；用意识形态的力量，通过社会化的过程促使企业组织行为的转变；用政治、经济、组织与社会嵌入的方式，使政府自身在企业组织与制度变迁过程中始终处于一种主导的地位。所以，我们分析中国政企关系的时候，不能仅仅只在一般意义上去理解，而必须放在中国特定的政治、经济与社会环境中去分析，从而使我们能够从根本上以及从中国社会现实意义上把握中国这种独特的政企关系。

（三）在一般意义上，中国的企业组织，尤其是中国国有企业组织，都不是纯粹经济学意涵上的经济组织，而是或多或少地被赋予了政治和意识形态方面的结构与功能。不理解这一点，我们就不能从根本上理解中国的企业组织。

（四）在整个政企关系的互动过程中，企业受制于政府行为的影响，并在这种行为的影响下，完成企业自身结构调整和行为调整的社会过程。企业组织主要是通过以下四个方面的影响而使自身发生一些根本的变化。一是通过经济、政治、组织与社会嵌入的方式，使企业组织外部的意志与企业组织自身的结构融为一体，从而使企业组织的变化有了一个制度化和结构化的基础；二是通过意识形态的作用，使人们能够自觉地理解和认同在企业实施的各种不同的经济、政治、组织和社会的制度安排；三是参照群体的示范效应以及对以往所信赖的经验与行为的路径依赖，使人们能够愈加认同自己选择的合法性与正确性；四是再加上政府的诱致性和强制性的影响作用，使得企业组织尤其是国有企业组织的内核发生变化。这样一来，在中国，很多企业尤其是国有企业，已经不是经济学严格意义上的纯经济组织，更多地表现为嵌入到中国社会结构之中的经济、政治和社会的共同体，或者说，是一种社会企业。

（五）在我们国家，坚持有中国特色社会主义制度中最核心的东西有两个：一个是要坚持中国共产党的领导，一个是公有制的主导地位。这种政治上的坚持和诉求与单位社会以及我们国有企业的一些基本特征是一致的，即国家所有、领导上级任命以及"支部建在连上"。尽管进行了30多年的改革，经过了这么多年的风风雨雨，但是我们制度的这些核心的东西仍然深深地嵌入在各种不同的单位组织包括企业组织之中，这种社会主义制度的内核仍然没有根本的改变。共产党在中国不是一种抽象的概念和抽象的客观存在，她是通过组织的载体来贯彻其统治的意志。所以，恰恰在这个意义上，包括中国国有企业组织在内的中国单位将来的发展，她可能会变迁、异化和弱化，但是，只要不放弃我们这个制度这些最根本的东西，那么，在目前的中国社会里，包括企业组织在内的单位制度恐怕就不可能从根本上被完全放弃，她可能仍然会作为一种制度、一种统治的形式以及一种中国特有的社会结构方式起作用，仍然在根本上影响着中国的政企关系，并以此形成这种关系的中国特色和特征。

参考文献

鲍克，2002，《中国开发区研究》，北京：人民出版社。

曹正汉，2013，《经国与治民——中国历史上政府对市场的垄断及其政治原因》，《佛山科学技术学院学报》（社会科学版）第 1 期。

冯仕政，2011，《中国国家运动的形成与变异：基于政体的整体性解释》，《开放时代》第 1 期。

——，2005，《全球化与中国经济发展模式的结构性风险》，《社会学研究》第 4 期。

高柏，2004，《日本经济的悖论——繁荣与停滞的制度性根源》，中文版序，刘耳译，商务印书馆。

韩朝华、戴慕珍，2008，《中国民营化的财政动因》，《经济研究》第 2 期。

赫斯特、格雷厄姆·汤普森，2002，《质疑全球化》，张文成等译，北京：社会科学文献出版社。

胡鞍钢，2010，《论新时期的"十大关系"》，《清华大学学报》（哲学社会科学版），第 2 期。

——，2012，《国有企业是中国经济崛起的领头羊》，http：//www. aisixiang. com/data/58032. html？page = 1。

胡锦涛，2012，《坚定不移沿着中国特色社会主义道路前进　为全面建成小康社会而奋斗》，《中国共产党第十八次全国代表大会文件汇编》，北京：人民出版社。

黄仁宇，1997a，《中国大历史》，北京：生活·读书·新知三联书店。

——，1997b，《资本主义与二十一世纪》，北京：生活·读书·新知三联书店。

柯武刚、史漫飞，2000，《制度经济学：社会秩序与公共政策》，韩朝华译，北京：商务印书馆。

科尔奈，1986，《短缺经济学》，北京：经济科学出版社。

拉卡托斯，1986，《科学研究纲领方法论》，兰征译，上海：上海译文出版社。

李汉林，1993，《中国单位现象与城市社区的整合机制》，《社会学研究》第 5 期。

李汉林、李路路，1999，《资源与交换：中国单位组织中的依赖性结构》，《社会学研究》第 4 期。

李汉林、渠敬东，2002，《制度规范行为：对单位的研究与思考》，《社会学研究》第 5 期。

李汉林等，2005，《组织和制度变迁的社会过程——一种拟议的综合分析》，《中国社会科学》第 1 期。

李汉林等，2006，《组织变迁的社会过程——以社会团结为视角》，上海：东方出版中心。

李路路，2002，《论"单位"研究》，《社会学研究》第 5 期。

李路路、李汉林，1999，《单位组织中的资源获得》，《中国社会科学》第 6 期。

林毅夫等，2012，《中国的奇迹：发展战略与经济改革》，上海：格致出版社。

刘敬东，2010，《人权与 WTO 法律制度》，北京：社会科学文献出版社。

刘平、王汉生，2008，《变动的单位制与体制内的分化——以限制介入性大型国有企业为例》，《社会学研究》第 3 期。

刘少杰，2007，《制度变迁中的意识形态分化与整合》，《江海学刊》第 1 期。

卢克斯，2008，《权力：一种激进的观点》，彭斌译，南京：江苏人民出版社。

吕思勉，2005，《中国制度史》，上海：上海世纪出版集团/上海教育出版社。

曼恩，2007，《社会权力的来源（第一卷）》，刘北成、李少军译，上海：上海世纪出版集团。

毛泽东，1956，《论十大关系》，北京：人民出版社。

彭斌，2011，《作为支配的权力：一种观念的分析》，《浙江社会科学》第 12 期。

钱颖一、许成钢，2008，《中国的经济改革为什么与众不同——M 型的层级制和非国有部门的进入与扩张》，载张军主编《为增长而竞争》，上海：格致出版社。

渠敬东等，2009，《从总体支配到技术治理——基于中国 30 年改革经验的社会学分析》，《中国社会科学》第 6 期。

荣敬本等，1998，《从压力型体制向民主合作体制的转变》，北京：中央编译出版社。

孙立平，1991，《现代化不同因素之间的变化速度差异及其影响》，《社会科学研究》第 5 期。

田毅鹏、刘杰，2010，《"单位社会"起源之社会思想寻踪》，《社会科学战线》第 1 期。

王沪宁，1995，《从单位到社会：社会调控体系的再造》，《公共行政与人力资源》第 1 期。

王绍光，1997，《分权的底限》，北京：中国计划出版社。

辛向阳，2008，《大国诸侯：中国中央与地方关系之结》，北京：中国社会出版社。

姚洋，2008，《意识形态演变和制度变迁：以中国国有企业改制为例》，《江海学刊》第 5 期。

张军，2013，《中国政治变革的隐含逻辑》，《社会科学报》5 月 30 日。

张曙光，2013，《以国企改革推进社会公平》，《中国新闻周刊》2 月 25 日。

张闫龙，2006，《财政分权与省以下政府关系的演变》，《社会学研究》第 3 期。

张宇燕、何帆，1996，《国有企业的性质》，《管理世界》第 5 期。

赵鼎新，2006，《社会与政治运动讲义》，北京：社会科学文献出版社。

——，2012，《"天命观"及政绩合法性在古代和当代中国的体现》，《经济社会体制比较》第 1 期。

赵维田，2006，《制定专用于发展中国家的规则——评〈多哈新框架议定书〉》，载沈涓编《国际法研究》第一卷，北京：中国人民公安大学出版社。

周旺生，2004，《论作为支配性力量的权力资源》，《北京大学学报》（哲学社会科学版）第 4 期。

周雪光，2003，《组织社会学十讲》，北京：社会科学文献出版社。

Granovetter M. , 1985, " Economic Action and Social Structure：the Problem of Embeddedness ", *American Journal of Sociology*, Vol. 91, No. 3.

Meyer J. W. & Brian R. , 1977, " Institutionalized Organizations：Formal Structure as Myth and Ceremony", *American Journal of Sociology*, Vol. 83, No. 2.

Tilly, C. , 1991, " Domination, Resistance, Compliance...Discourse", *Sociological Forum*, Vol. 6, No. 3.

Wayne, 2006，《"超 WTO" 义务及其对 WTO 法律制度的影响——〈中国入世议定书〉评析》，李辉译，载沈涓编《国际法研究》第一卷，北京：中国人民公安大学出版社。

Zhao Dingxin , 2001, *The Power of Tiananmen*, The University of Chicago Press.

（作者单位：中国社会科学院社会发展战略研究院，

中国社会科学院科研局）

财政包干制、分税制与城市化

——中央地方关系与当代的社会经济发展

周飞舟

摘要 本文从历史角度考察了新中国成立以来中央地方关系的变化,重点分析了改革开放后财政包干制、分税制所形塑的中央地方关系对地方政府行为的影响的变化。这种变化使得地方政府由"大办企业"转向"经营土地"和"经营城市",经济增长一直在地方竞争下保持着较高的速度。但是,以新型城市化为主要模式的地方竞争逐渐独立于中央的宏观调控,中央地方关系正在走出"收权—放权"的摇摆模式。分税制以来的财政集权在一系列因素的作用下,导致了地方政府逐步发展为独立的利益主体,中央地方关系在一定程度上面临失控的危险,这是分税制改革的意外后果。

关键词 中央地方关系 财政包干制 分税制 城市化

改革以来,中国经历了持续的经济高速增长的过程。这个成就的获得是与中国政府的宏观政策与地方政府的区域竞争密不可分的。以公共政策与地方政府行为为主来解释中国的经济增长和社会发展,是国内外学术界研究的主流,这也与中国当前的经验事实基本吻合。但是,要理解地方政府行为,就要研究中央与地方关系基本框架的变化。中央与地方关系,在改革开放以来经历了从财政分权到集权的过程,这个过程又充满了复杂性,其对地方政府行为和区域竞争的影响也是非常复杂的,地方政府行为的变化又对中央地方关系的基本框架形成了一定程度的冲击,这使得未来的不确定性也正在迅速提高。

一 中央与地方关系引论

对地方政府行为的分析一直是理解当代中国社会与经济发展的关键要素之

一。从理论方面来看，理解政府行为主要是以公共选择理论和公共财政理论为基础（布坎南、马斯格雷夫，2000）。这两个理论的外生因素都与中央地方关系有关。对于公共选择理论而言，中央地方关系决定了地方政府行为决策的选择范围和监督程度，而对于公共财政理论而言，中央地方关系则与地方政府提供公共物品和公共服务的效率与公平性直接相关。其中，集权和分权是描述中央和地方关系的中心概念。

用制约中央和地方关系的一般原则来衡量，集权和分权的程度比较明显地体现在财政体制方面。财政分权的极端例子在古代是春秋战国时代的分封制；在当代，美国的"财政联邦主义"（fiscal federalism）则是比较典型的代表。在美国的财政联邦制下，各州政府享有比较独立的财政自主性。州政府有比较独立的权限来决定征收的税种、税率，对州内的公共支出有权进行安排和调整。中央—地方以及州际的转移支付比较多样化且比较规范和固定，中央政府通常有自己独立的税种和税收来源，不会过多干预地方政府的收入和支出。对于财政集权而言，极端的例子就是新中国成立后1949～1952年实行的财政"统收统支"体制。在统收统支的制度下，地方政府不但没有独立的财权，其财政收入完全归中央政府进行安排，而且其事权即支出权也由中央政府严格控制。

一个国家的财政体制倾向于集权还是分权，并没有决定性的一般规律可循。从经济效率的角度来考察，分权更加有利于形成地方政府间的竞争并且有利于提高公共支出的效率。但从公平性考虑，过度分权则容易带来地区间经济增长的不平衡，进而导致地区间公共支出水平的失衡。这种失衡应该由中央政府提供的纵向转移支付或者地区间横向的转移支付来进行弥补。但是，在过度分权的情况下，中央政府的调节能力相对比较弱，缺乏调动地方政府财政资源的能力。

与西方国家相比，中国自秦代以后一直到现在，在大部分时间里，实行的都是中央集权的政治体制。由于缺乏对中央绝对权力的制约制度，过度的集权和分权都容易带来政治上的不稳定。地方权力过大，容易造成中央的政令不通，在极端的情况下造成"诸侯政治"甚至地方割据和国家分裂；而中央实行过度的集权又容易使得整个政治和经济体制陷入僵化，难以对地方出现的问题进行灵活和适当的反应与处理，地方的小问题往往容易蔓延和发展成为全国性的大问题，从而也威胁到政权和国家的稳定。所谓"一放就乱、一收就死"指的就是这种状况。

关于财政集权和分权的讨论是近十年来政治经济学领域的热点。世界上大部分国家，无论其财政体制是联邦制的还是单一制的，都在致力于财政分权的改革，可以说分权是一个世界性的大趋势。一般认为，分权会给予地方政府更多的自主性，从而提高整个经济和政治体系的运作效率，同时分权引发的竞争机制也有可能使得资源分配更加平均①。但与此同时，也有学者发现了不同（或相反）的证据。例如 Davoodi 和 Zou 认为分权和经济增长间没有显著关系，而 De Mello 则发现分权会导致地区间的财力分配更加不平衡（Davoodi and Zou，1998：244 - 423；De Mello，2000：365 - 380）。有些学者指出，分权也是有条件和有代价的。在不具备一些必要前提条件的情况下，财政分权不但不能提高效率，反而会带来一些意外后果。这些前提条件都与政府行为模式有关。所以，最重要的并不在于分权还是集权，而在于政府行为。政府行为对于分权和集权来说，与其说是内生的，不如说是外生的，它是我们理解分权框架的前提而不是结果。

在这些前提条件中，最重要的是官员行为问责制（accountability）的不完备性以及由此带来的软预算约束问题（soft budget problem）。软预算约束是一个被普遍使用的概念②，在财政领域，软预算约束主要指下级政府的支出超过预算，而自己并不为其缺口负责，通常由上级政府的事后追加补助（Bailout）或者借债来填补。对于借债而言，下级政府相信自己没有或只有部分偿还责任，包袱最终还是由上级政府来背。软预算约束的存在，会鼓励下级政府超额支出或者支出预算不合理从而缺乏效率（Rodden，Eskeland and Litvack，2003）。过度集权导致的低效率当然与软预算约束有关（参见科尔奈的经典分析），不但如此，只要软预算约束问题严重，分权的后果也不是效率而是腐败现象的增长（Bardhan，2000：847 - 865；Gugerty and Migual，2000），而且也达不到有些分权研究者发现的资源均等化分配目标，反而会加剧不平等（Galasso and Ravallion，2001）。也就是说，政治领域并不像经济领域那样，靠私有化、分权化可以比较有效地遏制软预算约束。分权虽然会促进地方政府间的竞争，但是这些竞争并不一定会消除软预算约束。这些竞争可以表现为招商引资，也可以表现为大搞"形象工程"，因为效率从来都不是衡量地方政府表现的首要指标。由此可见，笼统地讨论分权和集权的利弊对于我们理解中央和地方关系、东部和中西部关系以及政府和企业关系是远远不够的，真正的分析应该进入政府行为的实证研究层面。

---

① 关于分权和集权的优缺点，可以参看王绍光《分权的底限》（1997）第三章"分权与集权的利弊"。此书之后，分权和集权讨论又有发展，观点与王不尽相同，可以参看 Qian and Weingast，1997：83 - 92；Litvack，Ahmad，and Bird，1998。

② 此概念由科尔奈提出，用于解释国有企业与政府的关系，见科尔奈，1986。

对于中国改革开放以来的政府行为，许多学者注意到中央—地方的财政关系对地方政府行为和中国经济增长的影响，也进行了大量的实证研究。

在这个方面，财政分权（Fiscal Decentralization）理论是研究的一个基本起点。该理论认为，在地方资源和生产要素可以自由流动且居民可以"用脚投票"的前提下，中央对地方的财政分权可能引发地方政府间展开良性的区域竞争，从而有效推动经济增长（Tiebout，1956：416－424；Oates，1972）。以戴慕珍为代表的一些学者较早开始关注地方政府在地方工业化中的积极作用，用"地方法团主义"（Local State Corporatism）解释乡镇企业和一些地方工业的兴起。她认为，在1980年代中期确立的财政包干体制下，地方政府一方面可以获得超包干基数的财政收入，另一方面还可以通过乡镇企业上缴利润的形式获得预算外收入，所以有极大的动力去兴办乡镇企业（Oi，1992：99－126）。

许多学者发现，1980年代中期以来的财政包干制实际上就是中央对地方的分权体制，这种体制对中国地方的经济增长有明显的推动作用，其基本机制就是基于财政分权的区域竞争（Qian and Xu，1993：135－170；Qian，1994：145－156；Qian and Weingast，1996：149－185；Qian and Weingast，1987：83－92；Qian and Roland，1998：1143－1162）。财政包干制对于地方经济的促进作用还表现在整个地方经济的快速增长方面。林毅夫和刘志强（Lin and Liu，2000：1－21）的分省定量研究表明，财政包干制对地方GDP的增长存在显著的促进作用。钱颖一（Qian，2003：297－333）等人的研究则表明，这种促进作用是通过地方政府的区域竞争模式实现的。有些学者更进一步发现，如果以财政支出法来衡量分权程度，那么无论是在财政包干制还是分税制体制下，中国改革开放以来的经济增长几乎都可以用财政分权的理论加以解释（Zhang and Zou，1998：221－240；张晏、龚六堂，2005）。

但是，这些研究没有回答一个重要的问题：分税制之后，中央地方关系实质上发生了颠覆性的变化。非常明显的是，从收入角度看，1994年的分税制改革是一个集权而非分权的改革。虽然以支出法衡量，中央地方的支出格局没有巨大的改变，但是收入分配无疑导致了中央和地方政府行为方面的巨大变化，这些变化使得地方竞争和地方政府行为的模式都发生了变化，我们应该如何理解这些变化与当前中国社会和经济发展的关系呢？

本文从历史分析和机制分析的角度入手，讨论中央地方关系从改革开放前到改革开放以来财政包干制、分税制和项目制的演变，力图为我们理解当代的城市化发展提供一条政府行为研究方面的线索。

二 改革前的中央地方关系

1949 年以后，新中国开始着手建立全新的社会主义经济和政治体制，在此基础上形成了全新的中央地方关系框架。这个框架虽然仍然延续了传统中国五级政府的行政关系，但是随着社会主义计划经济体制的建立和发展，迅速形成了中央高度集权的局面。

新中国成立初期，为了平抑物价、解决财政困难和支持抗美援朝，中央政府实行的是高度集权的财政"统收统支"制度，规定财政收入中除公粮 5%～15% 的地方附加以外，所有公粮的征收、支出、调度，全部统于中央。税收方面，除了批准征收的少量地方税外，所有关税、盐税、货物税、工商税，也都由中央政府调度使用。财政支出主要用于军队、行政和投资，也都由中央政府统一全国的编制和供给标准。

这种高度集权的体制在 1953～1957 年的第一个"五年计划"时期得到了进一步的发展。从 1953 年开始，新中国开始了对农业、手工业和资本主义工商业的社会主义改造，原定执行十几年的改造计划在五年时间里就迅速完成。

在财政方面，自 1953 年开始，财政体制由中央统收统支变为中央和地方财政划分收入。中央、省（市）和县（市）三级开始划分各自的财政收支范围。1954 年开始实行由中央统一领导、中央与地方财政中央和地方"分类分成"的办法，将财政收入划分为固定收入、固定比例分成收入、中央调剂收入三大类。地方预算每年由中央核定，如果其固定收入超出了地方正常支出，其剩余部分不再全部上解中央，而是按照剩余部分在地方固定收入中的比重与中央进行分成。分成比例一年一定。如果地方的预算支出首先用地方固定收入和固定比例分成抵补，不足部分则由中央调剂收入弥补。

这种财政体制划分表面上看起来给了地方财政独立的地位，但是由于：①地方固定收入实际上占总财政收入的比重不大；且②分成比例每年一变，每年都按照上一年收入和支出的差额进行重新计算（也就是说，如果一个省某年收入增长过快，其下一年上解中央的比例就会快速增长），所以这种体制只是初步划分了中央和地方财政的范围，并没有改变中央财政高度集权的状况。如果从中央和地方负责征收收入的范围来看，"一五"期间中央和地方财政收入分别占全国财政收入的 45% 和 55%，但是如果按照财政体制划分后的收入来看，中央和地方财政收入的比重就分别占 80% 和 20%，支出分别占总财政支出的75%和25%。随着"一五"计划和社会主义改造的完成，我国中央—地方间的基本经济和财政关系的结构框架已经建立起来。这种框架的基本特点是：中央控制了全国大部分的人力、财力和物力的管理和分配。这种控制是通过计划指标管理的形式，并通过建立在各个工业经济部门的"条条"系统来进行直接的、自上而下的控制实现的。具体而言，重要的企业几乎全部纳入"条条"系统直接管理，其他企业则通过"块块"系统间接管理，但是其税收和利润大部分归中央财政进行分配。

"一五"期间的管理体制将绝大部分权力集中在中央，不利于调动地方的积极性。早在1956年，中央政府就意识到了高度集权带来的问题。毛泽东在《论十大关系》的报告中提出："要扩大一点地方的权力，给地方更多的独立性，让地方办更多的事情。"1956~1957年，中央政府出台了一系列文件①，开始逐步有计划地下放企业、商业和财政管理权限给地方。

自1958年初开始，中央政府开始全面下放权限，这是新中国历史上的第一次大规模放权的变革。在行政管理方面，将原已虚化的大行政区重新加强，成立了东北、华北、华东、华南、华中、西北、西南7个大协作区，要求其分别建立大型的骨干企业和经济中心，形成具有完整工业体系的经济区域。此后不久又要求其下属各省也力争建立独立的工业体系。在企业管理方面，开始大规模下放中央直属企业。与1957年的9300多个中央直属企业相比，1958年中央直属企业只剩下1200多个，下放了88%，其工业产值占工业总产值的比重也下降到13.8%②。同时，各企业的自主性和管理权也迅速增加。国家对企业管理的指令性指标由原来的12个减少为4个，企业的财权和人事权也迅速扩大。在财政体制方面也进行了巨大的变动，地方的财政收入从"以支定收、一年一变"的体制变为"一定五年不变"的体制，同时地方的收入基数和支出权限也迅速增加。与这些方面的权力下放相配合，中央政府又在计划指标管理方面做出了彻底的变动。

1958年2月，在中共中央转发毛泽东的《工作方法六十条（草案）》中，提出了"生产计划两本帐"的要求，与这种制度相配套，建立起了"块块为主、条块结合"的计划体制，规定各省市自治区可以对本地区的工农业生产指标进行调整，可以安排本地区的建设投资和人力、财力、物力以及公共事业项目。在

---

① 这些文件包括1956年5月的《关于改进国家行政体制的决议（草案）》，1957年的《关于改进工业管理体制的规定（草案）》《关于改进财政体制和划分中央和地方对财政管理权限的规定（草案）》和《关于改进商业管理体制的规定（草案）》。

② 数据详见当代中国丛书编辑部，1984。

这种形势下，"二五"时期国家的工业生产计划中只剩下产品产量指标，"一五"计划中的其他五种指标①都被取消了。基建计划中也只管当年的投资和主要建设内容。工业产品中，国家计委统一管理的产品种类也大幅减少。中央直接征收的财政收入比重1959年下降到只占财政总收入的20%。在生产的其他方面，如基建审批权、物资分配权和招工计划也都全面下放。地方基本可以自主进行基建投资，中央统配和部管物资从1957年的532种减为1958年的429种，到1959年更减少为285种（中国物资经济学会编，1983：91～92）。职工人数和城镇居民数量大幅度增加。

这种全面放权一方面迅速刺激了经济增长，另一方面却带来了严重的问题。问题主要表现为严重的"浮夸风"以及经济结构的严重失调，其根源是伴随着全面放权出现的地方政府指标竞赛行为。1958～1960年，各种钢铁和粮食的"卫星"满天飞，浮夸风吹遍了大大小小的各级地方政府，指标竞赛竟然导致主要的产品产量指标完全失真。各地区纷纷追求建立独立的经济体系，各种工业项目遍地开花，每年上马的大中型项目都超过"一五"时期的项目总和。经济结构严重畸形。在此期间，重工业增长了2.33倍，轻工业增长了47%，农业下降了22.7%。最后的结果是国民收入和财政收入的大幅度下降，在农业上更造成了巨大的灾难。

饥荒之后的时期是国民经济的紧缩和调整时期。调整的主要标志是中央重新收回"大跃进"时期下放给地方的国民经济计划和管理的各种权力。所以说，1961～1966年，是中央在行政和经济管理上重新集权的时期。在财政方面，上收了地方财权和财力，中央与地方实行的是"总额分成"的财政体制。这种体制的特点是不再划分中央固定收入和地方固定收入，而是"一揽子"计算中央和地方的所有预算收入，各省区将自己所有的预算收入减掉预算支出之后，按照这个余额占预算收入的比重与中央进行总额分成。与"分类分成"体制不同，这个"总额分成"的比例不是固定不变的，而是每年一变，每年都按照上一年收入和支出的差额进行重新计算。也就是说，如果一个省某年收入增长过快，其下一年上解中央的比例就会快速增长。经济管理权限的集中有利于结束在"大跃进"期间造成的国民经济的混乱局面，对于国民经济的恢复作用是明显的。

"文化大革命"开始后，中央提出以"块块"为主的管理国民经济的基本思路，精简、合并中央机构，在1970年将国务院直属的部委机关由90个精简

---

① 其他五种指标是总产值、商品产值、主要产品产量、主要经济技术指标、新产品试制和生产大修。

合并为 27 个，编制只有原来的 18%。同时，将中央各部委直属企业大量下放到地方。1965～1970 年，中央部属工业企业由 10533 个减少到 1600 多个，占工业总产值的比重由 42.2% 下降到只有 6%。在基建方面，也扩大地方投资的管理权，按照国家规定的建设任务，由地方负责包干建设。到 1974 年，按4∶3∶3 的比例分配投资，即在国家投资总额中，40% 由中央掌握，30% 由地方掌握，30% 由中央和地方共同掌握。在物资管理方面，中央统配和部管物资由1966 年的 579 种减为 1972 年的 217 种，同时下放企业的物资分配和供应权限给地方。

60 年代后期开始的放权运动迅速扩大了固定资产投资规模，又一次刺激了地方追求指标和发展速度的热情。从中央到地方，"层层加码"的现象又开始出现。高指标和地方竞赛，又导致了国民经济比例失调等一系列问题。投资规模的迅速扩大，导致原料、设备和动力的供应跟不上，不但指标最后不能完成，还导致工业产品质量下降、设备损坏严重、劳动生产率下降等问题。

在财政体制方面，这段时期的中央和地方的财政关系复杂多变，但是总体上与经济管理权限的"收—放"逻辑相一致。1971～1973 年，在中央大规模下放经济管理权期间，中央政府与地方政府实行了一段短时间的财政收支包干体制，其内容是"定收定支、收支包干、保证上缴（或差额补贴）"。"定收定支"，是明确划分了中央和地方的收支范围，即财权和事权；"收支包干"则是指收入大于支出的省份包干上缴中央，收入小于支出的省份由中央按差额数进行补助。"包干数"一旦确定则保持不变，地方收入超收或者支出结余，全部留归地方支配使用，而发生短收的地方，中央也不再补助。

与前面的两类体制相比，这种体制是一种比较彻底的"定额包干"体制，非常有利于调动地方政府财政增收的积极性，却不利于中央集中收入。在 1971年实行了一年之后，1972 年中央即对这种体制做出了调整，规定各省超收部分在 1 亿元之内的全部留在地方，而超过 1 亿元的部分，一半上解中央，并且规定省对省以下的市县不实行预算收支包干体制。

1974～1975 年，财政体制改为"固定分成、超收另定分成比例"。中央和地方在基数以内的分成比例固定，超收部分的分成比例则不固定。这是综合了原来的分类分成体制与总额分成体制的"混合型"分成办法。在此之后，由于放权并没有达到经济和财政收入快速增长的目的，全国的财政状况都面对很大的困难，中央与各省又恢复了 1959～1970 年集权时期的"总额分成"体制。

从这种反复的"收放"实践中，我们可以总结出以下几点发现，这对于我们理解改革开放后的三十年非常重要。

第一，无论是收权还是放权，都有一个绝对的前提，就是国家经济资源的全面控制。在社会主义计划体制之下，市场和商品经济不存在，几乎所有的社会经济资源都归政府来管理和进行配置，因此"收放"实践可以被理解为国家通过行政手段来刺激、调整经济结构和经济发展速度的尝试。这种尝试的基本模式就是经济停滞时放权，过热和混乱时则集权。

第二，放权的核心手段是下放地方的投资权和企业的管理权。当然，鉴于计划经济的特点，伴随着投资权和企业管理权的下放，农业、商业乃至财权和事权也一般都出现下放的趋势。在放权过程中，关系国计民生的主要产品的产量成为推动、衡量地方竞赛的主要指标，而投资权的下放则是地方能够实现展开竞赛、追求目标的基本条件。

第三，无论是集权和放权都是在中央其他方面的高度集权下展开的，越是放权，则越要求在其他方面集权。放权和集权又是在小心翼翼的控制下进行的，这种控制表现在人事上，或者在意识形态、政治和军事上。地方政府也形成一定的利益主体意识，但是并不能理解成类似于西方分权体系下的独立利益主体。地方政府展开的竞赛是在高度集权下展开的政治竞赛，地方经济并不能从竞赛中再得益。

三 财政包干制与工业化

中国改革开放以后三十年的发展，可以以 90 年代中期为界，分为前 15 年和后 15 年两个阶段。而 90 年代中期的分税制改革可以作为这两个阶段的分界点。

前 15 年，随着农村改革的成功和乡镇企业的繁荣，中国兴起了改革开放后第一轮工业化的浪潮。前 15 年的工业化浪潮是以承包制为核心的制度变迁作为其基本推动力的。改革从农村实行"联产承包责任制"开始，是对农村基层生产经营制度的重大变革。农村改革并没有直接触动中央—地方关系，但是农村改革的成功得益于一个"包"字，则是全国上下的共识。承包制是在不改变所有权性质的情况下，将使用权和收益权让渡给经营者个人的一种所有权与使用权分离的产权结构。这种结构既维持了产权的公有或集体所有的性质，又能够有效地调动生产经营者的积极性，是一种典型的渐进式的改革策略。从 80 年代初到 90

年代中期，中国改革的主要手段就是承包制。承包制从农村开始，逐步扩展到企业以至政府间的中央地方关系。

我国自 1980 年就开始试行财政承包制，经过几次尝试，到 1988 年在全国推行开来。财政承包，其基本思路是中央对各省级财政单位的财政收入和支出进行包干，地方增收的部分可以按一定比例留下自用，对收入下降导致的收不抵支则减少或者不予补助。这与包产到户与企业承包制的方法基本是一致的。

由前面的分析我们知道，无论"分类分成"体制还是"固定分成"体制，虽然中央在制定体制的时候考虑了对地方的激励作用，但是在计划经济的调控系统之下，物资配置权和企业管理权在"条条块块"系统之间会经常发生调整，财政体制也经常相应地随之变动，中央经常不会遵守制定政策时对地方的"承诺"，地方也很难和中央进行讨价还价，所以财政体制对地方政府增收的激励非常有限。在这个意义上，中央对地方的权力下放只能称为"放权"而不能叫作"分权"。

财政包干制则更加接近于真正意义上的中央对地方的"分权"。包干制总的精神就是"包"，"包"的前提就是将中央地方各自的收支权限划分清楚，中央"包"给地方的是收支总数，而不对地方的增收、减支的权力多加干预。这种"一揽子"包干实际上赋予了地方政府相对稳定的配置物资、管理企业的权限，地方政府开始逐步变成有明确的利益和主体意识的单位，而不再是被"条条"系统不断分割的、相对零散的"块块"。

1980 ~ 1984 年，中央不断调整、改变财政体制，例如 1980 年文件中"原则上五年不变"的"划分收支、分级包干"的承诺实际上在 1981 年即因中央收入的减少而被抛弃，许多省又变成了"总额分成、比例包干"的办法。在此后，经历了包干制的试行、过渡阶段之后，1988 ~ 1993 年在全国全面推行了比较彻底的"分灶吃饭"的财政体制。在这个阶段，包干形式多种多样，全国 39 个省级单位（省、自治区、直辖市和计划单列市）共实行了六种不同的包干形式（见表1）。

虽然财政包干制的体制显得非常复杂，但是基本上可以概括为这样的四类：

（1）总额分成，但是分成比例每年都变化。

（2）固定比例分成，这种分成比例一定几年不变。

（3）比例上解或者比例补助。在包干的基础上，超收或补助的部分按一定比例上解或者补助，这个比例可能是固定的，也可能按一定的比例递增。

（4）定额上解或定额补助。这是俗称的"大包干"的办法，只要地方政府的收入超出了定额，就可以全部留归己用。

表1　财政包干制的变化过程（省级单位个数）

	1980~1984 年①	1985~1987 年	1988~1992 年
（1）总额分成	（15）		3
（2）固定比例分成	15*	17	3
（3）比例上解或补助			12
（4）定额上解或补助	4	9	11
民族地区体制	8	8	8

＊这 15 个省在 1983~1984 年实行的是总额分成。

①江苏省作为试验省份，自 1977 年起实行的是"固定比例包干"制度，到 1981 年和 15 省一样实行"划分收支、分级包干"的体制，这个省没有包括在此栏中。

从表中可以清晰地看出，财政包干制经历了一个复杂的变化过程。包干形式从（1）到（4），从总额分成到大包干的不同形式，对地方的增收激励越来越强。广东最早实行定额上解的"大包干"，其经济发展速度在全国也最快，变成了省级财政最充裕的省份，这对其他省份有明显的示范作用。包干制将地方的经济发展速度与地方政府的财政收入挂钩，使得地方政府为了增加财政收入，就要提高本地经济发展速度。随着实行大包干的省份越来越多，地方政府之间也就经济发展展开了区域间的竞争。值得注意的是，这种竞争已经不同于改革前"锦标赛"大规模放权时期的竞争：在"锦标赛"体制下，地方政府间的竞争更具政治目的；而在包干制下，由于地方政府的收入直接与经济发展相联系，这种竞争除了政治目的之外，也具备了实际的经济利益。这就是财政分权导致的地方政府"放水养鱼"的竞争模式。

地方政府通过何种途径促进经济增长？有些学者对这个问题的回答是工业化，尤其是这个阶段中乡镇企业的兴起和繁荣。乡镇企业是最具中国特色的企业形式，主要有两个特点：一个是这些企业不是坐落于有规模经济效益的城市，而是散布在农村地区，其劳动力以家有土地的农民为主；另一个特点是其产权是乡镇或者村集体所有，是一种"共有"性质的产权结构。这种独特的企业在 80 年代兴盛一时，成为中国经济增长的核心推动力量。

要搞清楚增加财政收入的动力之所以能够演变成大办企业的动力，其中的关键之一在于税收体制。自 1983 年实行"利改税"改革以来，财政收入的主要组成部分就变成了税收，后者成为预算内财政收入的主要部分，也是包干基数承包的主要部分。基数并不对各税种的比例进行规定，所以采用的是一定几年不变、"一揽子"的总量包干。超出基数越多，地方留成就越多，有些是 100% 留在地方。所以要完成基数和超额完成基数，关键在于税收的增长速度。

税收体制沿用的是新中国成立以来传统的税收划分办法，主要税收来源就是企业。企业所得税按照企业的隶属关系划分，流转税（以产品税及后来的增值税为主）按照属地征收的原则划分。其中流转税是主要税类，是所得税的2~4倍。这样，工商税收与地方政府的财政收入紧紧地结合在一起。只要多办、大办"自己的企业"或是自己属地内的企业，经济总量和财政收入就能双双迅速增长。

在诸工商税收中，规模最大的是产品税。产品税自1984年起设立[①]，征税范围包括几乎全部工业产品，其计税依据就是产品的销售收入额。国家根据不同产品在生产、销售链条上的位置调节相应的税率，以实现企业间的税负公平。产品税按销售收入征收，并不考虑企业的成本、盈利情况。增值税由产品税演化而来。从1986年起，国家决定把原征收产品税的部分工业产品陆续改征增值税。截至1991年4月，在产品税的原260个工业品税目中，已有174个税目划入增值税范围，只保留卷烟、酒等86个税目继续征收产品税。增值税的计税公式是：

一般纳税人的应纳税额 = 当期销项税额 - 当期进项税额

由于增值税的税率是全国统一的（17%），所以上述公式中的应纳税额实际上就是销售收入和进厂原料成本的差价乘以17%税率的结果，即对于增值的部分而非产品销售收入的征税。

产品税和增值税作为流转税有这样的特点，即不论企业是否有盈利，只要开工生产，有销售收入，就要进行征收。增值税的税基中包含了除原料之外的生产管理成本。对于企业而言，即使不赚钱，出厂价也会高于入厂价，因为出厂价中包含了工人的工资、生产设备折旧等成本。另外，企业规模越大，即产品流转（Turnover）规模越大，增值税越多，产品税更是如此。

产品税和增值税都属于流转税类，不但是流转税类中的主体税种，也是所有税收的主要部分。在80年代，产品税和增值税一直占我国总税收收入的1/3以上。相比之下，以企业净利润为税基征收的企业所得税到1991年只占税收总额的19%。与国有企业不同，对于乡镇企业的所得税，国家在1994年之前有一系列的减免政策，而且乡镇企业的税前利润可以进入多项分配[②]，这其中有各种避税、漏税行为。所以对于地方政府增加财政收入而言，产品税、增值税更加重

---

① 国务院1984年9月18日发布《中华人民共和国产品税条例（草案）》，同年9月28日财政部颁发《中华人民共和国产品税条例（草案）实施细则》，这两个法规从1984年10月1日起实行。

② 有八项之多，包括了税前还贷等规定，具体见胡力陆、胡有琪，1994。

要，不仅量大而且易于征收，只要掌握销售发票即可。

税收体制与财政包干体制结合在一起，为地方政府推动基层的工业化提供了巨大的激励。在 80 年代的税收体制下，增加财政收入最为直接和有效的手段就是创办地方企业，而企业上缴的产品税和增值税就是财政收入增长的主干力量。1985～1991 年，全国的税收总额年均增速 7.7%，产品税和增值税的增长速度年均为 8%，而全国企业所得税的年均增速只有 1.8%。前两个税种与企业的规模相关，而后一税种与企业的盈利相关。由此可见，地方工业尤其是乡镇企业的迅速发展是国家财政收入增长的一个重要动力，但是这种增长与企业的效益关联甚小。

与乡镇企业蓬勃发展的态势不同，国有企业改革走的是一条典型的"渐进式"和"摸着石头过河"的道路，经历了复杂的制度变迁的过程，先后实行过"企业基金制""利润留成制""利改税""承包制""股份制"等。总的来说，是从企业的利润分配改革扩展到经营体制的改革，再扩展到产权制度改革。产权制度的改革发生在改革开放的第二阶段，而利润分配、经营体制的改革大部分按先后顺序发生在第一阶段。根据学术界对于国有企业改革研究，我们可以看出包干制所起的重要作用。在包干制下，企业规模的扩大是地方政府的主要关注点，而企业的效益对于地方 GDP 和财政收入增长来说作用相对次要一些。

财政包干制是和乡镇企业的兴起以及国有企业的改革紧密结合在一起的。地方政府在财政包干制的激励下，逐步与地方企业结合为紧密的利益共同体。与改革前的局面相比，发生了这样几个显著的变化。

首先，以前"条块分割"或者以"条条"为主的管理体制逐步变成了以"块块"为主的管理体制。地方与中央、地方各级政府之间几乎每年都会就此与中央政府进行讨价还价。各方的利益边界在讨价还价中逐渐明确；有研究发现，下级政府在谈判中的筹码就是地方的经济发展，形成了"放水养鱼"的财政包干与地方经济发展的基本逻辑，地方政府的利益主体意识逐渐明确起来（张闫龙，2006）。

其次，在中央—地方—企业三者的关系中，中央政府逐步放弃了通过直属部门对企业的直接管理，变成了地方政府和企业的委托人。税制改革与企业承包制的实施，使得地方政府也变成了企业的委托人，不再直接干预企业的生产、经营和销售，在一定程度上做到了"政企分开"。但是，在财政包干制的增收压力下，地方政府和地方企业在利益上紧密联系在一起，形成了一定程度上的利益共同体。虽然没有直接干预企业，但是地方政府主动帮助企业获得银行贷款，企业的固定资产规模、生产规模得以迅速扩大，由规模扩大而带来的流转税收的增加成为地方政府完成财政包干任务的主要依靠。

最后，虽然中央地方关系发生了很大变化，地方政府刺激经济的方式也由直接干预变成了"放水养鱼"，但是仍然与市场经济中的经济增长有很大的差别。"放水养鱼"，是指地方政府通过各种途径向企业"注"水，以行政或者半行政手段动员地方资源来扩大企业生产规模，而不是建立真正的市场机制，使企业真正增强在市场竞争中的活力。

根据学界的研究，在财政包干制期间出现了"两个比重"的迅速下将，即财政收入占 GDP 的比重与中央财政收入占总财政收入比重的下降。财政预算收入占 GDP 的比重由 1981 年的 24% 下降到 1993 年的 12.3%，而财政总收入占 GDP 的比重由 1981 年的 36% 下降到 1992 年的 27.2%，1993 年由于预算外收入出现了急剧下降，所以财政总收入占 GDP 的比重变成了 16.4%。而在"就地收入、就地支出"的局面下，中央收入和支出的比重呈现下降的趋势，而地方的收入和支出比重在逐渐上升。这主要是因为在财政包干制下，全国财政增量的部分大多留在了地方。根据 1984～1993 年的数据，我们可以计算出下面的关系：

$$中央财政收入 = 509(亿元) + 0.12 \times 财政总收入$$

也就是说，全国财政收入每增加 1 元钱，中央财政收入增加 0.12 元，地方财政收入增加 0.88 元。如果按这种趋势发展下去，中央财政收入的比重会持续下降，而在包干制的协议下，中央财政也无法集中地方的收入，所以支出比重也不会提高。这构成了中央试图结束财政包干制、推出分税制改革的基本背景。

四　分税制与土地财政

中央政府于 1994 开始推行的分税制改革可以看作对财政包干制的全面否定。分税制作为一次全新的财政改革，既体现了中央在财政领域内对中央与地方、政府与企业关系的重新调整的努力，又是对从根本上改变政府干预经济的方式、建立全面的社会主义市场经济的尝试。从这个意义上看，分税制不但是我们理解中国经济从计划向市场过渡的关键，也是我们理解政府行为的关键。改革进展到今天，政府和市场的力量双双增长，权力和金钱的结合也日益紧密，这都与分税制改革有关。所以，理解今天中国治理问题的起点不只是三十年前的十一届三中全会，更重要的是 15 年前的分税制改革。

广义的分税制改革①主要包括两个方面的内容：一个是税制改革，即税种的重新划分和调整；另一个是财政体制的改革，即中央和地方重新划分和调整各自的财权和事权。我们先来看税制改革。

税制改革主要有这样几个方面。

首先也是最重要的是流转税制改革：实行统一的在生产和流通环节征收增值税并实行价外计税的办法，规定了统一的增值税率（17%），这样，以前复杂烦琐的产品税被简明的增值税所代替；在征收增值税的基础上，对少数消费品②再征收一道消费税；调整了营业税的征收范围，主要以三档不同税率对9个行业征收营业税③。

其次是所得税类改革。对于企业所得税，改变原来对国有企业、集体企业、私营企业的不同政策，实行统一税种、统一税率（33%）、统一计税标准、取消税前还贷的政策；统一征收个人所得税。

第三，对其他一些税种如资源税等进行了调整，并开征土地增值税。

在中央和地方的财政体制方面，进行了以下的改革。

第一，根据中央和地方支出责任的划分，按税种来划分中央和地方的收入。税种划分为中央税、地方税和共享税三大类。中央税主要包括消费税、关税、海关代征的消费税和增值税，中央企业所得税、铁道、银行总行、保险总公司等部门的主要税收（营业税、所得税、利润和城市建设维护税）、中央企业的上缴利润。地方税包括营业税、地方企业所得税和上缴利润、个人所得税以及其他各种规模较小的税种。总的原则是除增值税、资源税、证券交易税外，中央企业的税收归中央，地方企业的税收归地方④。中央和地方共享税种是增值税（中央75%、地方25%）、资源税（海洋石油资源税归中央、其他资源税归地方）、证券交易税（中央地方各50%）。

第二，实行税收返还和转移支付制度。为了保证税收大省发展企业的积极性和照顾既得利益的分配格局，分税制规定了税收返还办法。税收返还以1993年为基数，将原属地方支柱财源的"两税"（增值税和消费税）按实施分税制后地方净上划中央的数额（即增值税的75% + 消费税 - 中央下划收入），全额返还地

---

① 一般而言，学术界通常将狭义的分税制改革称为"分税制财政体制改革"，这只局限于中央地方间财权事权的划分。但是由于财权划分实际上采用了分税种划分的办法，所以必然和税制改革结合在一起。本文因此将税制改革与财政体制改革合在一起分析。

② 包括烟、酒、化妆品、鞭炮焰火、贵重首饰、小汽车、摩托车、燃料油等。

③ 9个行业是交通运输、建筑、金融保险、邮电通信、文化体育、娱乐、服务业、转让无形资产和销售不动产，三档税率分别为3%、5%和5% ~20%。

④ 消费税则不论中央企业或地方企业都归中央。

方，保证地方既得利益，并以此作为税收返还基数。为调动地方协助组织中央收入的积极性，按各地区当年上划中央两税（增值税和消费税）平均增长率的1∶0.3的系数，给予增量返还。在分税制运行两年后，中央财政又进一步推行"过渡期转移支付办法"。即中央财政从收入增量中拿出部分资金，选取对地方财政收支影响较为直接的客观性与政策性因素，并考虑各地的收入努力程度，确定转移支付补助额，重点用于解决地方财政运行中的主要矛盾与突出问题，并适度向民族地区倾斜。税收返还和转移支付制度旨在调节地区间的财力分配，一方面既要保证发达地区组织税收的积极性，另一方面则要将部分收入转移到不发达地区去，以实现财政制度的地区均等化目标。

第三，分设中央、地方两套税务机构，实行分别征税。同时，初步开始改变过去按企业隶属关系上缴税收的办法。按分税制的设计，所有企业的主体税种（主要是增值税、消费税和企业所得税）都要纳入分税制的划分办法进行分配。在分税制改革以前，地方政府的税务财政不分家，而分税制改革将税务系统独立出来并且"垂直化"，各地的税务系统直接对上级税务部门负责。由于税务部门直接隶属国家税务总局，所以这种做法不但能够保证中央财政收入随着地方财政收入的增长而增长，而且能够保证财政收入在 GDP 中的比重随着地方经济的发展而不断提高。

分税制无疑是一次中央推动的财政集权改革。这次改革，一方面将原来大量的地方财政收入集中于中央，另一方面也将税收权力和安排支出责任的权力集中于中央。

首先，通过"财税分家"的改革，将征税的权力直接集中于中央。改革以前，税务是作为财政系统下的一个部门而发挥作用的，而财政部门是地方政府的"钱袋子"，是控制和管理最为严密的部门。为了地方利益，地方政府可以通过操纵税收部门而方便地"藏富于企业"。除了在企业承包制之下税前还贷之外，地方政府还大量使用减免税和税收优惠政策。这导致减免税的范围不断扩大，许多地区擅自越权减免税收。分税制明确划分了中央税、地方税和共享税，对于中央税、共享税和一些重要的地方税种，税收立法权收归中央，重要的税目税率的调整权、开征停征权以及减免税的审批权也被收归中央。权力集中是和"财税分家"结合在一起的。税务部门直接隶属于国家税务总局，由过去的"块块"变为现在的"条条"，税务部门的人员、工资、设备、业务都由上级税务部门管理，与地方财政"脱钩"。这种行政体制上的调整有力保证了税务部门对地方财政系统的相对独立性，保证了中央的税收政策能够在基层得到有力的贯彻和执行。

其次，分税制最为明显的效应还是收入向中央的集中。对中央财政收入的比重而言，1994 年前后有天壤之别。这主要是通过两税（增值税和消费税）被划为共享税和中央税造成的。1994 年这两项税收总计 3089.7 亿元，占当年财政收入的 53.6%，其中增值税尤为重要，计 2308.3 亿元，这一个税种就几乎构成了国家税收的半壁江山。这是中央财政收入比重迅速上升的主要原因。

最后，分税制后中央和地方关系的另一个重要变化是中央政府每年向地方政府拨付规模巨大的财政转移支付以弥补地方政府的支出缺口。转移支付显然会体现中央政府对支出责任的意志，影响地方政府的财政自主性，其中专项的转移支付尤其如此。专项转移支付是一些规定了支出用途的财政资金（Earmarked Funds），俗称"戴帽资金"。地方政府在使用这些资金时，不但要严格遵循其指定的用途，而且要接受中央政府的审计。我们将会看到，转移支付的拨付和使用正是中央财政集权的体现。

分税制改革在将税务征收与财政分开之后，更进一步规定中央和地方政府共享所有地方企业的主体税种——增值税。也就是说，中央和地方对企业税收的划分不再考虑企业隶属关系——无论是集体、私营企业，或者是县属、市属企业，都要按照这个共享计划来分享税收。而在此之前，中央和地方是按照包干制来划分收入的，只要完成了任务，无论是什么税种，地方政府可以保留超收的大部分或者全部税收。由于中央并不分担企业经营和破产的风险，所以与过去的包干制相比，在分税制下地方政府兴办、经营企业的收益减小而风险加大了。而且，由于增值税属于流转税类，按照发票征收，无论企业实际上赢利与否，只要企业有进项和销项，就要进行征收。对于利润微薄、经营成本高的企业，这无疑是一个相当大的负担。再者，增值税由完全垂直管理、脱离于地方政府的国税系统进行征收，使得地方政府为保护地方企业而制定的各种优惠政策统统失效。在这种形势下，虽然中央出台的增值税税收返还政策对于增值税贡献大的地区有激励作用，我们可以合理地推想地方政府对于兴办工业企业的积极性会遭受打击。

经验现实也与此推想互相符合。国有企业的股份制改革自 1992 年发动，到 90 年代中期开始普遍推开，而此时也是地方政府纷纷推行乡镇企业转制的高潮时期。到 90 年代末，虽然国有企业的改革并不十分成功，但乡镇企业几乎已经名存实亡，完全变成了私营企业。

与私有化浪潮相伴随的重要现象是地方政府的财政收入增长方式发生了明显的转变，即由过去的依靠企业税收变成了依靠其他税收尤其是营业税。从分税制实行十多年的情况来看，对于县乡级的财政而言，增值税收入在财政收入中的比重是呈下降趋势的。对比增值税和营业税的变化情况，我们看到这两者呈现出一种替代关系：1994年改革之初，两者的比重差不多，增值税占22%，营业税占20%；到2003年，营业税已经上升到占地方财政收入25%的比重，而增值税下降到18%（周飞舟，2006）。

与增值税不同，营业税主要是对建筑业和第三产业征收的税种，其中建筑业又是营业税的第一大户。所以，地方政府将组织税收收入的主要精力放在发展建筑业上是顺理成章的事情。这种状况在2002年所得税分享改革以后尤其明显。此项改革使得地方政府能够从发展企业中获得的税收收入进一步减少，同时使得地方政府对营业税的倚重进一步加强。从经验现象上看，地方政府在2002年以来对于土地开发、基础设施投资和扩大地方建设规模的热情空前高涨，其中地方财政收入增长的动机是一个重要的动力机制。

除了预算内财政收入的结构调整带来的地方财政增长方式的转变之外，分税制改革对地方政府的预算外和非预算收入也有极大的影响。乡镇企业转制之后，地方政府失去了规模巨大的"企业上缴利润"收入，其财政支出受到巨大的压力。分税制作为一种集权化的财政改革，使得地方政府开始寻求将预算外和非预算资金作为自己财政增长的重点。预算外资金的主体是行政事业单位的收费，而非预算资金的主体是农业上的提留统筹与土地开发相关的土地出让收入。与预算内资金不同，这些预算外和非预算的资金管理高度分权化。预算外资金虽然需要层层上报，但是上级政府一般不对这部分资金的分配和使用多加限制。而对于非预算资金，上级政府则常常连具体的数量也不清楚。分税制改革以后，为了制止部门的乱摊派、乱收费现象，中央出台了一系列预算外资金的改革办法，其中包括收支两条线、国库统一支付制度改革等，力图将行政事业性收费有计划、有步骤地纳入预算内进行更加规范的管理；但是对于非预算资金，却一直没有妥善的管理办法，因此非预算资金也开始成为地方政府所主要倚重的财政增长方式。

分税制和所得税分享改革对地方政府造成的压力迫使地方政府通过发展建筑业和增加预算外的收费项目以及非预算资金来寻求新的生财之道。伴随迅速发展的城市化而兴起的"经营城市"的模式正与这种需求密切相关。

按照《中华人民共和国土地管理法》的规定，只有地方政府有权将农业用地征收、开发和出让，供应日益紧缺的城市建设用地，并且征收农业用地的补偿费用等成本远低于城市建设用地出让价格。地方政府低价征收农业用地，进行平整、开发后，可以招拍挂等形式在土地二级市场上出让。在东部沿海地区，地方政府通过这个过程迅速积累了规模巨大的土地出让收入。根据一些调查，在东部的一些县市，土地收入的规模相当于甚至大于当地财政预算收入的规模。利用大规模的土地出让收入和已征收的大量城市建设用地，地方政府可以通过财政担保和土地抵押的方式取得更大规模的金融贷款来投入城市建设。这样一来，土地收入—银行贷款—城市建设—征地之间形成了一个不断滚动增长的循环过程（刘守英等，2005；周飞舟，2007）。这个过程不但塑造了东部地区繁荣的工业化和城市景象，也为地方政府带来了滚滚财源。

这些财源除了包括在土地征收、开发和出让过程中直接得到的土地收入之外，还包括城市建设过程中迅速增长的以建筑业、房地产业等营业税为主的预算财政收入，这些收入全部属于地方收入，无须与中央政府共享。所以说，随着城市化的迅速发展，地方政府的预算收入和非预算资金（土地收入）呈现出双双平行的增长态势。因此，21世纪激烈的城市化过程是与地方政府"经营城市""经营土地"行为取向密不可分的。这也成为我们理解21世纪地方政府行为和中央—地方关系的关键所在。

首先，地方政府作为利益主体的角色和追求独立利益的行为非但没有减弱，反而随着经济的迅速发展而日益增强。在这种以"土地财政"为中心的发展模式之下，整个国民经济和国家财政收入的要害集中在城市化和土地开发上面，这个过程一旦停滞，不仅直接威胁到地方经济和地方财政收入的增长，也威胁到整个国家GDP和财政收入的增长。在当前金融和经济危机遍及全球的情况下，地方的城市建设和房地产业对整个中国的经济和财政来说性命攸关。

其次，由于土地收入属于非预算范畴，而营业税属于地方财政收入，中央政府通过财政手段调控地方政府行为的努力见效甚微。非但如此，由于土地收入存在高昂的信息成本，而且是地方城市化和工业化中最为关键的因素，所以中央政府即使利用传统上"一试就灵"的行政控制手段来进行干预也往往无济于事。实际上，一方面，自2004年以来，中央政府为了保护耕地和农业权益，就力图使用行政和政策手段来遏制地方政府大规模征地的态势，但几年的实践表明此举收效甚微。另一方面，由于土地财政和城市建设投资是经济增长的关键，经济增长又被认为是社会稳定的保障，在"保增长、保稳定"的战略目标之下，任何强力遏制土地开发的政策也往往是投鼠忌器，无法得到有效的落实。所以说，中央对地方的干涉既有能力上的限制，又有意图上的顾忌，陷入了既不能又不为的双重困境。

最后，这种以地方竞争模式为基本形式、以土地开发和城市建设为中心的发展战略实际上又存在极大的风险，不但威胁到长期的可持续经济增长，而且还严重威胁到社会稳定。毋庸置疑的是，这种发展模式是以损害耕地和剥夺农民利益为代价的。在近年来的上访案例中，由征地引发的案例占绝对多数。在收入分配的效应下，这种发展模式无疑在造就一个规模巨大的失地农民的社会群体。在城市内部，土地和房地产价格的飙升虽然带来的 GDP 和财政收入的迅速增长，但也造就了一个规模庞大的城市低收入阶层。从地区上看，东部地区的迅速工业化和城市化使得区域之间的差异迅速加大，中央政府力图通过转移支付来平衡区域差距的努力随着这种发展模式的推进而变得无济于事。从政府和社会的关系上看，"经营城市、经营土地"的发展模式使得政府的公共服务职能得不到发展，社会保障滞后，教育、医疗等关系民生的服务体系不能有效地涵盖大部分社会群体，公共服务水平不但在区域之间，而且在同一地区的贫富居民之间也差距甚大。总体而言，地方政府在这种发展模式主导之下的行为已经从 20 世纪 80 年代的"放水养鱼"转变为以损害低收入群体为代价的"竭泽而渔"的行为模式。

五 结论和展望：城市化与中央和地方政府关系的演变

土地财政虽然构成了地方政府的收入主体，但是地方政府并不能直接利用贷款资金进行城市建设，政府机构既不能直接向金融机构贷款[1]，也不能作为担保人实行政府担保贷款[2]。在实际运作中，地方政府通常的做法是利用财政资金作为注册资本金成立一些政府国有的城市建设投资公司，利用这些公司进行融资。这些公司一般包括城市建设投资公司、城市交通公司、城市水务集团、土地储备中心等，它们由地方政府的国资委管理，以公司方式运行，利用政府划拨的国有建设用地从银行获得土地抵押贷款进行城市建设。这种运作方式 21 世纪初就在东部沿海地区的城市实行（周飞舟，2007），西部地区最早有重庆的"八大投"模式（赵朝霞，2012）；到目前全国各地市、县普遍都有这些城市建设公司，统称为"地方融资平台"。按照国发〔2010〕19 号文件《国务院关于加强地方融资平台管理有关问题的通知》，地方融资平台系指"由地方政府及其部门和机构等通过财政拨款或注入土地、股权等资产设立、承担政府投资项目融资功能并拥

---

[1] 自 1996 年 6 月 28 日起实施的中国人民银行《贷款通则》第十七条规定："借款人应当是经工商行政管理机关（或主管机关）核准登记的企（事）业法人、其他经济组织、个体工商户或具有中华人民共和国国籍的具有完全民事行为能力的自然人。"

[2] 自 1995 年 10 月 1 日起施行的《中华人民共和国担保法》第八条规定："国家机关不得为保证人，但经国务院批准为使用外国政府或者国际经济组织贷款进行转贷的除外。"

有独立法人资格的实体"。这些地方融资平台通常以国有土地为抵押物，按照土地评估价值的 70% 获得土地抵押贷款用于城市的基础设施和公益性项目的建设。需要指出的是，虽然按照《中华人民共和国担保法》，地方政府无权进行财政担保贷款，但是根据 2010 年证监会对地方融资平台的清查情况，截至 2010 年 8 月，融资平台贷款 7.66 万亿元余额中仍有将近一半（3.6 万亿元）为财政担保贷款（史进峰，2010）。

对于地方政府融资平台土地抵押性质的贷款，银行面临的风险相对较小。在实际运作中，银行可以实施动态抵押率，实时对土地价值进行动态评估。这样一来，一旦房地产价格下跌，借款方就需要补充抵押物。而在房地产价格上行的时候，借款方可以通过置换抵押物的方式，将以前的抵押物出让或开发。在这种条款下，房地产价格变动带来的风险和额外的收益大部分都由地方政府的融资平台承担了。事实上，自有融资平台以来，土地价格一直在上行，我们所说的风险并没有成为现实。土地抵押贷款相对于其他贷款而言，对银行这类商业机构无疑是最为优质的贷款。因此，只要融资平台有国有土地抵押，就会相对顺利地获得土地抵押贷款。

我们可以看到，城市扩张背后有着强大的土地、财政和金融方面的支持机制：地方政府通过土地征用、开发和出让一方面获得国有建设用地用于城市建设，另一方面获得大量的土地财政收入，并在地方融资平台的运作下，从银行获得土地抵押贷款用于支持城市建设的资金，也用来支付新征土地的成本。这构成了由土地、财政、金融三个要素组成的循环机制，这个机制不断将土地和资金吸纳进来，造就了日新月异的繁荣城市。我们可以将其称为"三位一体"的新城市化模式。

回顾这种发展模式的形成原因，我们可以发现，正是 20 世纪 90 年代中期分税制的集权努力将地方政府驱赶上了这样一条发展道路，而 21 世纪中国加入世贸又为这种模式的建立和发展提供了规模巨大的经济需求。从当前的发展局面来看，中央政府已经很难通过集权或者是收权的方式控制地方政府展开的以"三位一体"为模式的城市化，中央地方关系已经走出了过去"集权—分权"的摇摆模式，中央存在对地方失控的危险，而这种危险也正随着经济的持续增长而不断扩大。

参考文献

布坎南、马斯格雷夫，2000，《公共财政与公共选择：两种截然对立的国家观》，类承曜译，北京：

中国财政经济出版社。

当代中国丛书编辑部，1984，《当代中国的经济体制改革》，北京：中国社会科学出版社。

胡有陆、胡有琪，1994，《也谈乡镇企业的税前利润分配》，《中国乡镇企业会计》第 6 期。

科尔奈，1986，《短缺经济学》，北京：经济科学出版社。

刘守英等，2005，《城市化、土地制度与经济可持续发展：以土地为依托的城市化到底能持续多久?》，世界银行研究报告。

史进峰，2010，《地方平台财政担保近五成贷款清理攻坚》，《21 世纪经济报道》11 月 2 日，http：//www. 21cbh. com/HTML/2010 - 11 - 2/2MMDAwMDIwNDA2Mg_ 2. html。

王绍光，1997，《分权的底限》，北京：中国计划出版社。

张闰龙，2006，《财政分权与省以下政府间关系的演变》，《社会学研究》第 5 期。

张晏、龚六堂，2005，《分税制改革，财政分权与中国经济增长》，《经济学（季刊）》第五卷第 1 期。

赵朝霞，2012，《重庆发展的投融资模式研究》，《商业经济》第 5 期。

中国物资经济学会编，1983，《中国社会主义物资管理体制史略》，北京：物资出版社。

周飞舟，2006，《分税制十年：制度及其影响》，《中国社会科学》第 5 期。

——，2007，《生财有道：土地开发和转让中的政府和农民》，《社会学研究》第 2 期。

Bardhan, Pranab, 2000, "Irrigation and Cooperation: An Empirical Analysis of 48 Irrigation Communities in South India", *Economic Development and Cultural Change*, 48 (4).

Davoodi, Hamid and Heng-fu Zou, 1998, "Fiscal Decentralization and Economic Growth: A Cross-Country Study", *Journal of Urban Economics*, (43).

De Mello, L. R. , 2000, "Fiscal Decentralization and Intergovernmental Fiscal Relations: A Cross-Country Analysis", *World Development*, 28 (2).

Galasso, Emanuela and Martin Ravallion, 2001, *Decentralization Targeting of an Anti-Poverty Program*, Mimeo. Development Research Group, World Bank.

Gugerty, Mary Kay and Edward Migual, 2000, *Community Participation and Social Sanctions in Kenyan Schools*, Mimeo, Harvard University.

Lin Justin Yifu and Liu Zhiqiang, 2000, "Fiscal Decentralization and Economic Growth in China", *Economic Development and Cultural Change*, vol. 49, no. 1.

Litvack, J. , J. Ahmad and R. Bird, 1998, *Rethinking Decentralization*, Washington: World Bank.

Oates, Wallace E. , 1972, *Fiscal Federalism*, New York: Harcourt Brace Jovanovich.

Oi, Jean C. , 1992, "Fiscal Reform and the Economic Foundations of Local State Corporatism in China", *World Politics*, vol. 45, no. 1.

Qian Yingyi, 1994, "A Theory of Shortage in Socialist Economies based on the 'Soft Budget Constraint'", *American Economic Review*, vol. 84, no. 1.

Qian Yingyi, 2003, "How Reform Worked in China", in Dani Rodrik, ed. , *In Search of Prosperity: Analytic Narratives on Economic Growth*, Princeton, NJ: Princeton University Press.

Qian Yingyi and Barry R. Weingast, 1996, "China's Transition to Markets: Market-Preserving

Federalism，Chinese Style"，*Journal of Policy Reform*，vol. 1，no. 2.

QianYingyi and Barry R. Weingast，1997，"Federalism As a Commitment to Preserving Market Incentives"，*Journal of Economic Perspectives*（Fall），11（4）.

Qian Yingyi and Gerard Roland，1998，"Federalism and the Soft Budget Constrain"，*American Economic Review*，vol. 88，no. 5.

Qian Yingyi and Xu Chenggang，1993，"Why China's Economic Reform Differ：The M-form Hierarchy and Entry/Expansion of the Non-state Sector"，*Economics of Transition*，vol. 1，no. 2.

Rodden，Jonathan，Gunnar S. Eskeland and Jennie Litvack（eds.），2003，*Fiscal Decentralization and the Challenge of Hard Budget Constraints*，Cambridge：The MIT Press.

Tiebout，Charles M.，1956，"A Pure Theory of Local Expenditures"，*Journal of Political Economy*，vol. 64，no. 5.

Zhang Tao and Zou Hengfu，1998，"Fiscal Decentralization，Public Spending，and Economic Growth in China"，*Journal of Public Economics*，vol. 67，no. 2.

（作者单位：北京大学社会学系）

城乡关系演变的研究路径

——一种社会学研究思路和分析框架

折晓叶　艾　云

摘要　本文主要以新旧世纪之交前后六十余年为背景，以城乡关系转型得以实现的制度路径为线索，描述和分析了过往关于城乡关系演变的种种研究路径。本文将分析的重点放在城乡关系演变各阶段所面临的主要问题，以及在面对这些问题时理论和现实提出的新的研究需求。本文尝试提出一个有关城乡关系变迁的制度研究取向的分析框架，其中对应着城乡关系转型的主要问题，反映着基层的和上层的、乡村的和城市的、权力的和市场的等两方互动和博弈的复杂过程，特别包含着乡村一方的回应策略和规则。这一分析框架把研究的着重点带入到多重制度逻辑相互作用下"机会结构""互动机制"和"行动策略"之间的相互关联中来。据此本文提出了相应的研究议题和分析概念。

关键词　城乡社会　制度路径　机会结构　互动机制　行动策略

自1978年改革开放以来的30余年中，国家统计数据显示，中国的城市化率经历了一个由前二十年缓慢提高，到后十年特别是近三到五年快速提高的过程。也就是说，在前一个过程（1978~1999年）中，城市化率提高约12个百分点（17.92~30.89）花了20年的时间，而在后一个过程（2000~2010年）中，城市化率提高14个百分点（36.22~50）却只花了10年的时间；特别是2008年之后提高的速度更快，不到三年时间就提高了5个百分点（国家统计局，2011）。2011年底据政府部门、专业研究机构发布，中国城市化率已超过50%，城市人口历史上第一次超过乡村人口（姜伟新，2010；李培林，2011；温家宝，2012），已达到世界平均水平。依据政策判断和预期，中国已经进入城市化快速增长时期。

城市化率之所以受到特别的重视，实在因为它是问题的一个显性且简明的反映，而问题的另一个面相，却暗藏在它的背面，隐性且复杂，这就是城市与乡村之关系。城市化作为城乡关系的演进动力，其水平的高低实则反映出城乡关系结构的变化，因而上述过半的城市化率才会受到人们从城乡关系角度引出的一些质疑。质疑的焦点集中在，涉及城乡关系的暂住流动农民工是否应该被统计在城市人口之中。

有研究认为，各种"农村剩余劳动力转移"的数据，都只能说明农民工的不稳定流动性质，而不能说明这是一种永久性转移。认为现有的统计数据是"有水分的"，原因是有大概接近 2 亿的农村户口居民被统计在内，但他们并没真正实现城镇化（陆学艺，2010）。如果除去这部分人，中国真正的城市化比例不到 30%，大概是 28%（华生，2009），因而加快城市化进程，需要尽快解决农民进城的体制性问题。政策部门针对突增的城市化率也提出，在积极稳妥地推进城镇化、提高城市规划水平、加强市政基础设施建设、完善城市管理、改善人居生态环境的同时，要以综合系统的规划来提升城市融资能力，代替地方"摊大饼"式、依赖卖地增加财政收入的旧思路。当然，这也只是从体制和建制角度考虑的视角，如果从实质性的城市化内涵来观察，改革之后各地方所发生的"自然城镇化"过程，又可以从反向上对"行政建制城镇化"提出不同的质疑。因为在以行政建制为标准的城市化视野里，并没有考虑那些在无建制无户籍形式背后已经发生的实质性的社会变迁；比如，在生活样态、行为方式、阶层关系、组织治理模式特别是社会结构形态等方面，已经发生了从以"乡"为主向以"城"为主的社会转型（折晓叶、陈婴婴，2000）。

可见，关于城市化率的争议，不管视角有多大分歧，都有一个共同观照，牵动的都是城乡关系中最为敏感的神经——城乡空间关系结构、人口关系结构、公共政策关系结构和乡村城镇化等重大的社会结构变迁问题。如果我们将城乡关系看作城和乡之间的，由于经济、社会和政治关联及分工而发生互动和结合的制度化形式，那么，大概可以断言，它正是新中国成立 60 多年来包括改革开放前后，都存在的一个基本问题和重要命题，甚至表现为中国问题中最严重的结构"双重失衡"（华生，2009；华生、罗晓鹏、张学军、边勇壮，2008），成为实现发展的最为困难的症结之一。

因而，城市化进程中所引发的城乡关系的演变，实为研究的重点，而其中社会关系结构的转型更是一个重要的方面。

一　城乡关系的几个研究视角

城乡关系概念的宽泛性，使得研究的着眼点特别分散，从产业关系上涉及工农业关系和结构、工农业之间的产业关联及其对城乡关系的影响；从社会关系上涉及职工、农民及其中间形态——农民工等阶层关系；从组织方式上涉及城市的行政等级和大中小城市空间的社会政治关系，还涉及中央和地方的一系列公共政策之间的相互关系。

近现代中国社会的历史变化跌宕起伏，朝代更替繁复，治国方略迥然不同，使得近现代关于中国城乡关系的看法十分对立，我们着重于梳理其中与制度路径依赖相关联的几组研究论说，并从中找到有启发性的研究视角。

（一）冲突－融合论

在民国时期的城乡关系研究中，费孝通有关城乡冲突与合作的论说，具有一定的代表性。

20世纪40年代，费孝通对于中国的城乡关系有着热切的关注。他指出那一时期关于中国乡村和都市的关系，有两种明显的观点，一种认为乡村和城市互补互利，另一种则恰恰相反，认为二者相敌对。从理论上来讲，一个国家的乡村和都市本是相关的一体，工农业产品和原材料的持续交换，是一种使双方生活水平都能得到提高的城乡间贸易。城乡互补的理论之所以能够被接受，是因为如果要提高中国人民的生活水平，那么加强城乡经济联系是首要的。大多数中国人仍生活在乡村，以农业为生，要提高他们的收入，就要增大对都市的农产品输出，并发展都市工业以扩大农产品市场。但这种理论只适应于正常情况下的经济关系。

从20世纪40年代中末期的中国历史来看，中国城市的发展似乎并没有促进乡村的繁荣。相反，都市兴起和乡村经济衰落并行。在抗日战争最初几年，大多数现代沿海城市被占领，城乡经济联系被封锁、中断，这却使中国农村得到一度的喘息（如果不是说繁荣），这像是证明了在中国城乡之间的联系对乡村是不利的。如果这种观点正确，那么对乡村人口来说，城乡联系越少，对乡村越有利。

费孝通在进一步分析了抗战时期的乡村经济衰退之后，指出在某种程度上，城市和乡村常常互相敌对。如果将来没有巨大变化，这种敌对将会持续下去，也就是说，乡村仍旧会处在经济上的不利地位。在这种情况下，切断城乡联系对乡村有利而对城市有害。这样我们就能理解，为什么在抗日战争时期，中国内地的一些乡村有过繁荣阶段，以及为什么乡村合作社会飞速发展。这也说明了为什么共产党占领的地区并不担忧城乡联系的割断及内战时城镇经济的混乱。

不过，费孝通对于城乡之间在非正常情况下的这种分离，有着深切的担忧：

城乡分离直接威胁着那些从乡村获得收入并赖以为生的人，也影响了城镇经济的传统结构。为了继续保持城乡的传统关系，食利阶层有必要甚至会利用武力来打通障碍。费孝通认为，中国经济不能处于城镇破产、乡村生活倒退，总之是经济衰退的状态中。他给出的，也是城乡携手合作期许的路径是"恢复城乡关系"；复原的方向很明确：城乡在生产和消费上互补。他很清楚，达到这个目的比构思这一目的要难得多。根本问题是如何将市镇和城市转变成可以维持自己的生产中心而不用去剥削乡村。对于乡村来讲，问题是如何通过发展乡土工业或专门的经济作物来增加收入。他坚持认为，乡村和城市同等重要，应携手合作，但是变革的动力必须来自城市。最为根本的是，传统城镇的特点应从一群寄生的消费者转变为一个生产社区，人们从中可以找到收取高地租和高利息以外的其他收入来源。换句话说，主要的问题还是在于土地改革。费孝通关于农村工业化的主张，基本上就是本着土地使用制度和家庭组织原则来设计的（费孝通，2006：131～151；1999）。

那一时期，乡村建设学派所尝试的乡村自成一体的建设运动，与费孝通的"乡村强大于城市""乡村要远离城市""乡村自身工业化"等论说大致相似；只不过他们中的"村治派"更加强调了"从乡村入手之义"，在涉及城乡关系问题时，也更加强调工业与农业、乡村与城市之间在关联和融合上的合理性，并且他们更着重于将其理论付诸实践。

梁漱溟作为其代表人物，认为"中国这个国家，仿佛是集家而成乡，集乡而成国"，因此要"从乡村入手，由理性求组织，与创造正常形态的人类文明之意正相合"；并说明"我们讲从乡村入手，并不是不要都市，我们是要将社会的重心（无论是政治的还是经济的等）放在乡村。更明白地说，讲乡村建设就包含了都市，我们并不是不着意都市，因为着意于本，则自然有末；乡村越发达，都市也越发达"。按照他的设想，乡村建设在政治上是由散而合，在经济上是由农而工。也就是说，中国的工业化道路不是直接办工业，而是先制造出工业的需要来，从农业生产和农民消费两个方面刺激工业，从农业引发工业，更从工业推进农业，农业工业互为推进，实现"工业向农业分散，农业工业相结合，都市乡村化，乡村都市化"的理想。梁漱溟认为，这种工业化的道路，与西方国家近代的工业化道路是不同的，"西洋近代是从商业到工业，我们是从农业到工业；西洋是自由竞争，我们是合作图存"（梁漱溟，1998：508～515；李培林、渠敬东、杨雅彬，2009：20～22）。

梁漱溟的城乡关系理论实践，以他的"新乡村组织"设想和在山东邹平县开办的"乡村建设研究院"为代表。新乡村组织是一种政治和教化合一的自治组织，倡导从办乡学村学开始，通过乡学村学改造乡约村约，并进而从乡农学校中分化出乡村的监督教训、行政和立法的自治组织，以取代原有的乡公所、区公所，从而成为新的社会制度的基础；他的乡村建设研究院除设研究部外，还设乡村服务训练部和乡村建设实验区，进行建设实验，实现其实验理想。其他乡村建设学派，如晏阳初的定县"平民教育促进会"、李景汉的定县调查和实验等，都在实践上推动了乡村建设学派的发展（李培林、渠敬东、杨雅彬，2009：21～27、255）。

不过，乡村建设学派从乡村出发研究城乡关系的理论和实践，不仅引起与同时期其他学派，如以吴景超为代表的"都市救济派"的激烈争论，而且受到革命派的尖锐批评。薛暮桥对"知识分子的乡村改良运动"专门撰文提出批评，他指出，"乡村改良运动"这派别中间，比较著名的有梁漱溟先生所领导的邹平的乡村建设运动，晏阳初先生所领导的定县的平民教育运动，高践四先生所主持的无锡教育学院等；尽管他们的理论不同，方法各异，可是他们的来源和基本精神大致相同，但"单靠它来改造农村，复兴民族，那末我们不得不承认它是已经失败了"，因为乡村改良既"不能抵御帝国主义者的经济侵略"，也"不能阻止地主豪绅们的剥削农民"，所以必须纠正过去所犯错误，"使它成为一个民族解放和乡村改造运动"（薛暮桥：1980，112～121，转引自李培林、渠敬东、杨雅彬，2009：26）。

从理论和实践的双重视角上来说，如何看待中国近现代农业与工业的分离或都市与乡村的联系，其实质都是如何把握中国农村的社会性质。如果说，上述民国学术研究中学者们对中国城乡社会性质的把握还有待讨论，其理论尚具有理想化的色彩，那么，中国共产党的革命理论中关于"农村包围城市"的论说，则独树一帜，成为城乡关系的"冲突—融合"论中具有"革命实践性"的一种论说。

毛泽东在深入研究和分析近代中国国情，尤其是近代中国城乡关系的基础上，创立了"农村包围城市，武装夺取政权"的革命道路理论。

与前述理论不同的是，这一理论建立在对于中国由封建社会演变为半殖民地半封建社会性质的判断之上。毛泽东指出："经济上城市和乡村的矛盾，在资本主义社会里面（那里资产阶级统治的城市残酷地掠夺乡村），在中国的国民党统治区域里面（那里外国帝国主义和本国买办大资产阶级所统治的城市极野蛮地掠夺乡村），那是极其对抗的矛盾。"社会性质的这种冲突特征，使城乡关系必然出现对抗性矛盾，只能以"武装的革命反对武装的反革命"。离开了武装斗争，就没有无产阶级的地位，就没有人民的地位，就没有共产党的地位，就没有革命的胜利。而"红军、游击队和红色区域的建立和发展，是半殖民地中国在无产阶级领导之下的农民斗争的最高形式，半殖民地农民斗争发展的必然结果；并且无疑地是促进全国革命高潮的重要因素"（毛泽东，1991：97~108）。

这一理论还建立在"农村革命根据地"战略基地的实践基础之上。中国革命必须走"农村包围城市、武装夺取政权"的道路，以建立农村革命根据地为战略基地。毛泽东在比较了半殖民地半封建中国与资本主义国家在经济结构主体和社会基础上的不同之后，特别指出二者在城乡关系上有质的不同。近代中国的城乡关系，主要反映帝国主义官僚买办大资产阶级与广大农民的尖锐对立，是半殖民地半封建性质的。它表现的是一种阻碍社会生产力发展的落后的生产关系。城乡的地位和作用也不同：在半殖民地半封建的中国，由于政治、经济发展极不平衡，乡村自给自足的封建自然经济在社会经济生活中占绝对优势，乡村可以基本上不依赖于城市经济而独立存在。

除此之外，这一理论还建立在"中国革命有在农村区域首先胜利"，进而实现"农村包围城市"的理论和实践目标设定上。毛泽东在分析城乡政治经济状况和阶级力量对比的基础上，指出中国革命有在农村区域首先胜利的可能，这是由近代中国城乡关系的落后性和特殊性所决定的。在政治上，中国的反动势力在消费性的城市比较强大，而生产性的农村则是它们统治的薄弱环节。在经济上，土地所有权高度集中、使用权分散的落后土地关系，使广大的农民日益贫困破产，农业生产不断衰落，社会生活停滞不前，农民与地主之间的矛盾愈加尖锐。在阶级力量的对比上，农民是中国革命的主力军，农村地域广大，这就为革命力量的存在和发展提供了空间的有利条件；而乡村中以小农业和家庭手工业相结合的自给自足的自然经济，又为革命力量的存在和发展提供了经济基础，为乡村战胜城市提供了必要的物质条件。毛泽东由此判断，近代中国城乡关系的这些特点，决定了中国革命的道路只能是：发动和领导农民进行武装斗争、开展土地革命、创建农村革命根据地，确立起革命力量深厚的社会基础，以革命的农村包围反革命统治的城市，最后战胜城市，夺取全国政权；同时决定了半殖民地半封建中国城乡对立的结局，是敌人统治薄弱的广大农村战胜反革命力量最集中、最强大、对革命防范最严密的城市。

"农村包围城市"的思路，不仅贯穿中国共产党夺取政权的新民主主义革命、抗日战争、解放战争等的每一个阶段，而且也体现在社会主义建设的若干历史阶段中。比如农村土地改革、农业合作化、人民公社等，都为城市工业化、国有体制和集体体制、城乡二元体制等的建立提供了积累，奠定了基础，只不过以"非对抗性矛盾"界定了城乡关系，行动纲领改变为"农村支援城市""农业支援工业"；甚至改革也从农村开始，比如家庭联产承包制、乡镇企业兴起与改制、农民工流动等，都为后起的城市改革提供了经验和条件。总之，农村作为政治斗争、意识形态争夺、经济体制改革的实验场和发源地，每一次都先于城市而行动，都以农村的经验助推城市的变革。这也为我们观察和梳理新中国成立60余年中的城乡关系，提供了某种确认制度路径及其红利存在的依据和思路。

其实，关于城乡"冲突－融合"的理论渊源，还需要追溯到马克思主义的思想库中去。

马克思主义关于城乡对立的理论，同样根植于对资本主义社会的基本判断。从城乡关系来说，把城市和乡村的对立作为整个社会分工的基础固定下来，是文明时代的一个重要特征。城市的发展加剧了城乡之间的对立，它贯穿全部文明的历史并一直延续到现在。一切发达的以商品交换为媒介的分工的基础都是城乡的分离。资本主义社会同样是城乡对立的，城市在政治上统治乡村，在经济上剥削乡村，"农业服从于工业，乡村服从于城市"。但是，马克思和恩格斯认为城乡对立是可以被消灭的。在城乡关系的发展趋向上，城乡的分离对立也就是社会的不协调，是社会进一步发展的障碍，未来的社会不是固化城乡的分离，而是实现城乡融合；达到城乡融合是一个漫长的社会历史过程，要通过大力发展社会生产力以及伴随着工业化和现代化的发展而发展的城市化来最终实现城乡融合（李泉，2005）。这就是"由社会全体成员组成的共同联合体来共同而有计划地尽量利用生产力；把生产发展到能够满足全体成员需要的规模；消灭牺牲一些人的利益来满足另一些人的需要的情况；彻底消灭阶级和阶级对立；通过消除旧的分工，进行生产教育、变换工种、共同享受大家创造出来的福利，以及城乡的融合，使社会全体成员的才能得到全面的发展；这一切都将是废除私有制的最主要的结果"（恩格斯，1995：243）。

总之，在马克思和恩格斯所设想的消灭了阶级对立的社会主义时期，重视生产力的发展、工业和农业的结合、发挥城市化的积极作用、重视科学技术对城乡关系的影响，都将会对消除城乡对立和达到城乡融合，起到积极作用。

但是，马克思和恩格斯将这种融合理解为社会制度更替的必然结果；然而，社会主义在中国的实践，并没有证明存在这样一个必然的结果。就中国的实践而言，城乡关系的矛盾、冲突和调整贯穿社会主义实践以及社会发展和改革的全过程中，如何消除对立、冲突而走向融合，仍然是未能解决的理论和实践问题。

（二）社会结构转型论

在结构转型理论中，二元结构理论具有奠基的作用，包括经济二元结构论、地理二元结构论和社会二元结构论。它们都与城乡关系的研究有着不解之缘，其中经济二元结构论对中国社会科学研究城乡关系产生的影响最为广泛和深远，成为相关学科讨论中国城乡关系的一个基本范式。学术研究中对于经济二元结构论和地理二元结构论已有成熟的研究，对于社会二元结构论的研究相对薄弱，这里我们对此着重加以梳理。

对于城乡关系而言，经济的和地理的二元结构论已经为城乡二元结构的研究提供了一些基本框架和思路，只不过关注的角度有所不同。经济学的二元结构分析模型，主要是建立在工农业间、城乡间要素流动的成本 - 收益比较和发展效益比较基础之上，由此而带来的社会结构和人的社会需求层面的变化，并不是它的研究重点。

其实，最早运用"二元结构"概念分析人类社会经济现象的，是荷兰经济学家和社会学家伯克，他在对荷兰政府于1860年企图在其属地东印度推行经济自由政策而遭失败的反思中发现，当时的印度社会是一个典型的二元结构社会，即殖民主义输入的现代"飞地经济"与资本主义社会以前的传统社会并存（李泉，2005）。这一研究使人们得以发现在经济二元结构之外，还存在着社会二元结构，即"双二元结构"重叠的现象。由于在发展中国家，现代与传统社会常常以城市和乡村为分界，因而这也对理解城乡二元社会结构具有极大的启发。

城乡二元社会结构的分析，对中国社会学研究城乡关系的影响是潜在而深远的。有学者提出"双二元社会结构"议题，认为城市与乡村不仅是一种地理、空间、人口和产业上的分割，而且在社会组织原则、社会"职业 - 身份"、社会生活形态上也存在一种结构性的差异。同时，这种结构性差异在城乡关系演变过程的不同阶段中一直不断地发生着变化（张兆曙，2010）。还有学者认为，"一国两策，城乡分治"（陆学艺，2000），使农民处于"二等公民"的不平等地位，由此形成的二元社会结构，是改革以来仍然存在严重"三农"问题的根源所在。

特别是由于中国的工业化过程是在计划经济体制下进行的，为了解决工业化过程中因城乡差别所引起的农村人口向城市的大量流动，通过行政和法律手段把全体社会成员划分为城市户口与农村户口两大类，将其职业和居住、生活空间固定化，二者之间有一条不可逾越的鸿沟，由此又形成了只有中国等个别国家才有的二元社会结构。中国的农业、农民和农村都是在这种二元社会结构的大背景下生存和发展的。中国二元社会结构的形成，是建立在二元经济结构的基础之上的，但又不同于刘易斯等人所描述的发展中国家的城乡对立与差距，它具有明显的中国特色，这就是通过户口对社会成员的身份进行划分和凝固并且建立有各种社会待遇差异的规定。户籍制度把全体社会成员划分为农村户口和城市户口两大类，这两种户口并不仅仅是指人口居住地点及从事职业的差异，更重要的是指他们在就业、收入、购物、住房、医疗、教育及其他社会福利方面和社会地位的差异，城市户口在这些方面拥有农村户口所不能比拟的优惠待遇，它实际上是以法律形式对工农城乡差别的认可、肯定和维护。也正是这种二元社会结构，导致了农民社会地位的低下及各方面权益的被严重损害（夏永祥，2006）。

这种二元社会结构不仅存在于城乡之间和工农之间，而且伴随着农民工大量进城，在城市内部也复制出同城内的本地居民与外来人口两种权利不平等的制度体系和城乡关系。

有学者将这种形态称为由静态和动态构成的另一种"双重二元社会结构"；认为我国静态二元社会结构形成于20世纪50年代，是在计划经济体制下基于农民与市民两种不同的户籍身份，以此建立城市与农村、市民与农民两种权利不平等的制度体系，是政府主导的制度安排的结果；动态二元社会结构形成于20世纪80年代，是基于本地居民与外来人口（主要是农民工，但不只是农民工）两种不同的身份，以此建立城市本地居民与外来人口两种权利不平等的制度体系，它是市场化改革的产物，是市场力量和政府行为双重作用的结果。后者是在前者基础上形成的，换言之，城市中的动态二元结构是对静态城乡二元结构的复制与异地再生，二者共同构成了当代中国的双重二元结构。凡是有外来人口的城市和城镇都存在双重二元结构，在外来人口大量集聚的大中城市，这种双重二元结构表现得尤为突出（张英洪，2011）。

毫无疑问，二元社会结构的视角对于梳理和考察中国城乡关系具有理论上的启发和实践经验上的引导意义。不过，"结构"分析的范式应用在城乡关系研究上时，尽管加入了动态分析，但是对于城乡差距越来越大以及由此产生的困境作为城乡关系的一个基本事实，结构分析更多地指向一些重大的制度性安排及其背后的资源配置方式。有研究指出，政学两界普遍寄希望于对这些关键的制度性安排进行改革，从而缩小城乡差距。但是相关的制度改革在悄然进行了30年之后，仍然没有对城乡差距的缩小产生多少实质性的贡献。同时，中国工业化的道路也已经告别农村和农业支持城市和工业的历史。进入21世纪之后，政府采取了多项惠农政策，诸如税费改革、减免农业税、对种粮农民直接补贴、增加支农投入等，农民收入也确有增加，但城乡差距还是在不断地再创新高。从制度安排上理解城乡关系，毫无疑问是一个基本的前提，但是在这个前提下不能忽视了城乡关系动态的运作过程。也就是说，我们不能超越具体的人和事、过程与逻辑，对城乡关系进行静态的理解，否则将会造成一种认识论的误区，使城乡关系与卷入其中的社会实践相脱节。因而，以城乡之间的动态实践为视角和研究案例，发掘城乡关系的实践内涵，将是非常必要的（张兆曙，2010）。

这也是我们将行动者引入分析，注重"机会结构""互动机制"和"行动策略"的分析思路所在。

在社会结构转型论中，三元结构论的出现对二元结构论的解释框架提出了某些挑战。二元结构论，不论是经济的、地理的还是社会的，虽然侧重点有所不同，但其共同的结论，都是将现代部门的一元化作为最终的或者理想型目标。"三元结构论"的出现，在分析上虽然也承认一元化的终极目标，但更加注重对现代化经验和中国国情的把握，重视介于二元结构之间的中间结构存在的长期性及其历史作用。

先来看有关近代历史上农村商品性工副业的研究工作。

持这一视角的历史学家，特别关注到近代农村商品性工副业发展对于改变城乡二元结构的影响。早在 20 世纪 30 年代后，中国就有一批学者高度注意了大工业在中国兴起对农村经济和农民家庭工副业的影响。费孝通在周密论证的基础上，提出利用电力和内燃机，一部分工业可以分散生产，从而避免蒸汽机时代工业过分集中于都市的弊端。他还以他人的研究为证，提出机器大工业、乡村作坊工业、农民家庭手工业相互联系、平衡发展在技术上是完全可行的。在当代中国经济学界，吴承明明确反对经济现代化过程中将传统经济与现代经济完全对立的观点，认为应该高度重视中国小农经济的积极因素，小农经济可以和大工业优势互补，相互促进，走一条土洋结合、工农业协调发展的中国工业近代化之路（转引自林刚，2000）。

后来的学者林刚认为，千百年以来，中国传统小农经济都是以单独的农户为单位进行的，呈一盘散沙之状（林刚，2000）。用新的合作方式进行蚕桑生产，要求"共同催青""共育稚蚕""共同烘茧""共同运销"，离不开一个"共"字，这就提出了一个通过合作经营改革分散经营的任务，可以说是在社会结构上从"传统"向"现代化"演进的启动点。在长江三角洲农村的蚕桑生产中，出现了一个既不同于农业传统部门，又不同于现代部门，但又兼有二者共同点的新型经济类型。于是，我们看到，在中国近代长江三角洲地区，出现了以自给性粮食种植业为主的传统农业部门、以机器大工业为代表的现代部门，以及具有两部门共同点的新型农村商品性工副业共同构成的三部门结构。我们把这类新型经济结构称为近代三元结构。将新型农村商品性工副业部门称为三元结构中的"中元结构"。近代三元结构之中的"中元结构部门"的内涵是，传统部门中运用资本进行的、与现代部门有直接经济联系的（如原料与产品关系）商品生产。它主要以近代出现的新型农村商品工副业为主，但也包括城镇中和现代部门有关联的各类手工业。

他认为，上述事实向二元经济论的基本理论提出了重大挑战：在经济现代化过程中，在传统部门的剩余劳动力不可能被现代部门大部分吸收的状况下，传统部门可以在现代部门的有利作用下通过自身的发展和改革，形成一个新型的经济部门。这个部门是传统部门与现代部门的中介。正是通过中介部门的纽带作用，在自身的更新发展中，传统部门可以提高生产规模和生产效率，吸收消化自身的大部分劳动力，并以最符合中国资源拥有特征的生产方式配置资源，以最低成本和代价从事经济活动，从而在保持和发扬自身优势的同时向现代化迈进。中国经济的现代化不是必须通过现代部门"消亡"传统部门，通过农民工人化、农村城市化、农业工业化的途径实现，而是有可能通过三元经济结构的途径，在传统部门和现代部门相互支持、相互补充、共同繁荣的基础上前进（林刚，2000）。

再来看乡镇工业视角的当代分析。

二元经济结构的核心问题是剩余劳动力的转移，三元结构论者正是以此为突破口，提出了具有挑战性的看法。20世纪80年代中后期，我国理论界开始陆续提出"三元结构"概念。

三元结构概念被首次使用，是吴伟东等（1988）依据乡镇企业在工业经济结构中的特定位置来界定的。他们指出，二元经济结构是发展中国家的普遍现象，其本质是在国民经济中存在着生产力差别巨大的现代工业部门和传统农业部门。发展中国家在经济发展过程中面临的共同任务就是消除二元经济结构，实现城乡一体化。但在我国，特殊国情决定了二元经济结构的消除需要一个中间环节，不是二元经济结构直接一元化，而是要经历三元经济结构这样一种过渡形式。农村改革和发展冲击了原有国民经济的二元结构，以乡镇工业为主体的乡镇企业已经形成一支初具稳定形式的经济力量。乡镇工业与城市工业虽然同属工业部门，却受不同的体制制约，有其不同的利益冲动，生产力水平也有明显差异；其与传统农业虽然地处一域，相互之间有着千丝万缕的联系，但分属不同的产业部门，生产过程和技术特点有着本质的差别。这种三元经济是指分散在广大农村的传统农业、集结在众多集镇上的乡镇工业和位于大中城市的现代工业。虽然它们的生产力水平存在明显的层次性差异，但在国民经济中鼎足而立，使国民经济呈现三元结构（吴伟东、冯玉华、贾生华，1988a；1988b）。

对中国"三元经济结构"进行理论分析的代表人物之一李克强（1991），则基于对中国农村剩余劳动力转移特点的基本认识，指出与其他具有二元经济结构的发展中国家相比，中国农村中存在的剩余劳动力的问题更为严重，不仅以潜在方式存在，而且数量巨大。这一基于对中国国情和历史经验的思考，对于二元结构是否可以按照经典理论所说直接向一元结构转换提出了质疑。他指出城市现代工业的容纳力和吸引力要比预想的小得多，而且城市也不仅存在现代工业部门，同时存在城市传统部门。虽然一些发展中国家确有大量从农村流出的劳动力被这些传统部门和贫困部门所吸收，并且是在农业部门和工业部门间劳动力转移尚未展开条件下，提前开始了农村与城市间的人口转移；但这种人口向城市传统部门的集中形成了城市贫困社会，二元结构固然因此得到了某种程度的改变，但并非向良性循环的方向发展，从一定意义上说，是恶化了。如果中国走上述道路的话，后果将更加严重。这样做在客观效果上不可能将两种经济部门有机地联结起来，反而会深化二元结构转换的复杂性。乡镇企业的崛起使中国农村工业部门逐渐生成，它既不同于现代工业部门，又有别于传统农业部门，成为介于两者之间的新兴部门，从而使中国的二元经济结构发生了历史性的变革，中国国民经济呈现出了三元结构的新局面。乡镇企业的崛起，标志着中国农民开始了直接进入工业化的进程。同时也表明，农村工业部门既具有推行工业化的特征，又不具备现代化的条件，因此可以把农村工业部门看成具有近代工业性质的部门。这样，中国国民经济的总体结构就呈现出三种系统并存的局面，即传统农业系统、近代工业系统和现代工业系统。

这一理论同样预期了一元化的前景，指出由二元结构转换为三元结构并不意味着距离国民经济结构一元化的道路更漫长了，恰恰是使向一元结构的转换在中国条件下成为可能与现实，加快了结构转换的进程。基于主要在农村就地转移劳动力、推动农村城市化的给定条件，农民要大规模地直接参与工业化进程，只能通过进入农村工业部门来实现，只能走从农业部门到农村工部门再到城市工业部门的转移路线；因此，走三元化道路就成为中国国民经济结构转换的唯一选择。

对中国"三元经济结构"进行理论分析的另一组代表人物陈吉元与胡必亮（1994），从中国经济结构具备一些与其他发展中国家不同的特点出发，基于农村工业的异军突起，提出了包括农业部门经济、农村工业部门经济、城市部门经济构成的三元经济结构理论。他们认为20世纪50年代初期阿瑟·刘易斯首先系统地建立起了用于分析发展中国家经济发展问题的理论模型——二元经济模型，对创立发展经济学和制定发展中国家的有关经济政策产生过重要影响，但是正如费景汉、拉尼斯、托达罗等经济学家指出的那样，这一理论模型又有很大局限性。刘易斯将发展中国家农村劳动力从农业部门的转出及城市现代工业部门对这部分劳动力的吸收，看成一种毫无障碍的相互作用的过程，与一些发展中国家的现实经济生活相去甚远。20世纪50年代末，中国的经济结构就已经开始具备一些与其他发展中国家不同的特点，即农村工业部门从传统农业部门中成长并逐渐独立出来，初步形成与农业部门及城市现代工业部门既相互联系又相互分离的另一支独立的经济力量，由此构成了我国"三元经济结构"的历史起点。1978年实行改革开放以后，农村工业（乡镇企业）迅猛发展，成为国民经济的新生力量，已不容将其置于附属地位来看待。因为除了中国乡镇企业所具有的强大经济实力外，最根本的原因在于它所具有的不同于农业部门及城市工业部门的制度特征。

当代三元结构论在理论上对于二元经济论是一种突破，可称为向建立中国本土经济学迈进了十分重要的一步。有学者指出，虽然上述各种三元结构观点不尽一致，但共同点是：第一，在我国农村人口总量极大的国情下，城市现代部门吸收劳动力能力有限，难以从传统经济直接过渡到现代经济的一元结构；第二，根据乡镇企业大发展已形成重要经济力量，并吸收了大量农村劳动力的实际状况，认为农村工业已构成传统农业与现代工业之间的新工业系统，我国经济已形成三元结构；第三，中国经济从二元结构向一元结构转化，应该并只能通过农村工业的发展作为中间环节或过渡阶段来实现。通过农村工业可以将农村剩余劳动力汲尽，从而实现农村城市化和现代经济的一元化（林刚，2000）。

但是，我们也要看到上述三元结构论存在的局限性。首先，上述理论是建立在对乡镇企业发展鼎盛时期的观察之上。那一时期的乡镇企业促进农村劳动力就业的功能不断增强，吸纳农村剩余劳动力的人数逐年增多。虽然在某些年份有所波动，但总体上增加农村就业的趋势没有变化。1979～2001年，据测算，乡镇企业增加值每增长1个百分点，就可以安排20万～25万人就业（曹宗平，2009：117）。但这之后在20世纪90年代中末期，特别是2002年二次分税制改革之后，乡镇企业大批转制或倒闭，对于农业剩余劳动力失去了吸纳能力，这些理论尚未能够追踪这一变化而给出新的观察和解释。

其次，史学研究者指出，当代三元结构论对中国传统经济的分析基本限于1949年新中国成立后甚至更迟时期，对持续数千年的构成中国传统经济实质内涵的部分置而不论。这不能不影响到对传统部门与现代部门关系的认识和分析。它对中国百余年前已经形成的二元结构的近代状况更未涉及，这也不能不影响到它对传统部门与现代部门间关系的全面认识。当代三元论最突出的不足，就是未认识到中国传统经济是自给性生产和使用资本的商品产生密切结合的，它自身就含有直接向现代经济转化的基因，因此在现代化过程中必然会产生与西方国家不同的"两部门经济"关系。①

最后，还有研究者对是否产生了"三元"提出质疑。比如，一些学者认为上述我国"三元经济"结构模型中的"第三元经济"，或者是农村产业经济即通常所说的乡镇企业，或者是信息产业经济等，都还不太适合被视为与前二元经济——农业部门、工业部门经济相同地位的一种经济部门，即还不太适合使用"元"字。因此，三元经济结构论的提法值得商榷，如乡镇企业虽然在我国经济发展中起到了重要的作用，但是以乡镇企业为代表的农村工业是现代部门与传统部门的交叉，既有传统部门的性质，也有现代部门的特征，不能作为独立的一个经济元，只能算半个经济元（李庆梅，2010）。

另外，还有研究者针对农民工进城的实际境遇，指出使用"结构断裂"比"三元结构"更加切实地反映出社会二元结构的变化，认为遵循三元结构逻辑的分析，可能造成一种误解，似乎解决了户籍等制度上的问题，城市中贫富的二元对立现象就会消失，至少是部分消失。其实根本的问题是，目前的中国不仅是一种二元结构的社会，同时更是一种断裂的社会。这种断裂社会对城市化过程构成的挑战远比一般的二元结构造成的挑战要大得多。将二元结构理论应用于目前中国的流动人口，很容易将其描述为城市化进程中的"过渡形态"。于是就出现了一种三元结构的说法，即城市居民、农村居民，并由城市中无法定居的流动人口构成三元结构中的第三元。乐观的学者将这些流动人口看作二元结构社会城市化过程中的"过渡形态"，即把这些流动人口看作正在走向城市的过程中，在结构上处在介于城乡两端之间的位置。但这种结构性位置是很表面化的，民工荒现象告诉人们，进入城市的农村流动人口，仍然是临时进城的打工者，而不是处于从农村进入城市途中的移民者（孙立平，2005）。

上述质疑，涉及对于"中元形态"特性的认识。一般来说，中间形态缺少稳定性，总会偏向两边中的这个或者那个极端。但是对于转型中的社会结构而言，在一个相对较长时期都会存在的中元结构，无疑是具有重要意义和作用的。

最后，再来看边缘社区（中介社区）视角的分析。

采用这一视角的分析，将城乡边缘区作为一个独立的结构有机体，其在性质上是亦城亦乡，又非城非乡，城乡兼而有之的社区。这些社区的经济活动特点、居住特征、人口规模、生活方式和价值观不同于城市，也异于农村，其独有的特征主要表现为地域空间结构上的动态、过渡性，人口在社会学特征上的

---

① 参见林刚，2000。在理论观点上当代三元结构论与近代三元结构论的不同，详见该文。

多元化，经济结构的复合型，以及土地利用的竞争性和多样化等。研究者认为，这一类社区与城市和乡村共同构成了一种新型的三元结构的地域体系，即城市、城乡边缘区与乡村，其中边缘社区也是"中元结构"，具有连接城市与乡村的中介作用。

这一类研究，对于地域空间结构上的动态变化特别敏感，将空间理论引入农村城市化问题的研究中，主要分析城市与农村的相互关系及转变趋势，多将城乡边缘区作为城市和乡村之间的过渡地带，或是城乡关系协调发展的桥梁以及城乡矛盾的缓冲地带（李泉，2005）。

从20世纪80年代末期开始，特别是2000年之后对中国"郊区化"的研究，具有代表性。

研究者指称的"郊区化"，是城市在经历了中心区绝对集中、相对集中和相对分散以后的一个绝对分散的阶段，是城市中心区的土地稀缺地价昂贵、交通堵塞拥挤、居住人口密集、环境质量恶化，致使城市中心区人口和企业外迁到郊区，使城市中心区的人口增加低于郊区，形成相对中心区而言的离心化现象。研究者将"城市郊区化"与"郊区城市化"看作中国城市化过程中一个主题的两个方面。有所不同的是，城市郊区化是人口、就业岗位和服务业从大城市中心向郊区迁移的城市离心化现象。城市的郊区化是城市地理区域上的自发延伸，而郊区的城市化一般都有整体规划，有居住、服务、工作等多种功能，在生产生活上形成新的有吸引力的"反磁力"城市，是中心城市的外围新核。二者之间是一种良性的互动关系，如果说郊区城市化是城市化在尚未实现阶段所必然经历的一个主要过程，那么城市郊区化就是推动郊区城市化的重要动力（夏延芳、李学林，2012）。

中国郊区化的情形，目前表现为产业和人口的集聚及扩散效应同时并存，产业与人口双向流动。研究者指出，一方面，我国城市处在集聚发展阶段，中心区仍保持着强大的吸引力，依然是城市经济活动的核心。经过产业结构调整，城市原有的中心区工业特别是劳动密集型、污染较重的工业迁至郊区，而向心性很强的商业、金融业等第三产业集聚中心区，加强了中心区的城市现代化功能。同时，大量资金投入旧城改造，并且推行土地有偿使用制度，城区特别是市中心的各项建设获得了生机。中心区不但没有"空心化"，反而更加繁荣。另一方面，由于产业的外迁以及开发区的建设，我国城郊地区获得了飞速的发展，出现了一些新的产业带。随着我国对人口迁移政策的放松，城市化进程进一步加快，富裕起来的私营企业家和个体工商从业人员从乡镇和农村迁往大城市，在城区从事工商业活动；同时，为了方便就业和子女上学等原因，一些中产阶级和富裕阶层甚至迁往中心城区，从而形成了我国独特的人口双向流动现象（李争，2008）。

如此的"乡村城市化"和"城市郊区化"两个过程的汇合，使得中国"郊区化"的社区在性质上具有亦城亦乡，又非城非乡，城乡兼而有之的特征，成为城乡之间具有边缘性质的过渡地带。

20世纪90年代中末期对"超级村庄"的研究，也在边缘社区问题上进行了深入探讨，提出了"城乡之间的第三领域"议题。研究者认为，超级村庄作为边缘地带的"发展极核"，形成了从乡一方反向推动城市化的力量。其首先加快了乡一方自然城镇化的速度，诸多正在自然城镇化的社区散布在乡村，并且经济正在向城市渗透，与宏观社会经济体系发生更广泛深入的联系，必然促使乡村建设向着有利于城市化的方向发展。其次，形成了既与地方建制城镇竞争又在财力物力和人力上支持其发展的格局，一些地方还形成了以超级村庄带动乡镇乃至区县发展的城市化格局。从上述意义上来说，"边缘"对中心已经产生了不可忽视的影响和反作用。超级村庄就其自身的特性来说，已经不再属于"边缘"，实际上是在边缘地带产生的一个"半边缘"区域，或者说是城乡之间的第三领域。这说明在地域组织和空间结构上，已经出现了一类农业活动和非农业活动并存且进一步融合的地域类型，带有非城非乡又亦城亦乡的"灰色地带"的特点。它的存在和发展，在诸多方面已经改变了现有的城乡关系和格局，以它作为中介打破城乡间分割的局面，进一步实现城乡一体化，也已经是实践之中需要理论探讨和政策观照的问题了（折晓叶，1997）。

2000年之后对于"城中村"的研究，也主要将其定位于城市中的"边缘社区"。城中村主要形成于城市化过程中，包括两种类型。一种聚居区是在城市中心地带，由一些具有"同乡"身份的农民群体自发聚集而成，其形态和体制都具有跨越城乡边界的特点。这一类城中村产生在改革开放后农村人口大规模向城市流动的背景之下，大部分由具有某种地域特征的农村流动人口组成，其居住户的身份、职业、生活习惯、文化水平、生活质量及心理状态都明显不同于城市主流社区的居民，其社区具有生产和生活双重功能。另一类聚居区，从其形态特征上指那些在城市化过程中被扩展进城市又未被消化吸收的农村聚落，已经没有或基本没有耕地，四周完全被城市建成区包围的村庄。内部急剧建设，但违背城市建设总体规划，形成一道独特的飞地景观。城乡之间宏观二元社会体制的存在，催生出城乡边缘聚居机制，使得城中村取代了传统的城市边缘的棚户区，担当了为外来打工者提供聚居地的特殊功能。这样的聚居地是市场经济型的，形成在城市，但生活方式和人际关系更加接近乡村，以至于造成城乡二元结构在城市内的复制与竞争（项飙，2000；李培林，2002；蓝宇蕴，2005：71；李志刚、顾朝林，2011；李俊夫，2004）。

有研究指出，由农村流动人口和"农转非"人员汇成的庞大的城市新增人口大军，在改变城乡人口格局的同时，也重新规划了城乡的社会利益格局。以往隔离在城市和农村的两大群体——市民与农民，现在却在一座城市中持续碰撞和相互浸染，这一过程逐渐在城市与农村两大板块之间推起了一个另类板块，这是一个不城不乡、非此非彼或亦此亦彼的边缘带。观察当今中国的每一个城市，几乎都可以看到这个赫然镶嵌于两者之间的第三板块。由于中国地域性社会的差异，不排除各个城市的第三板块有其各自的特点，不过，与传统的两大板块既明显不同并且同在共生，是第三板块的共同特征（杨敏、王娟娟，2013）。

这些研究思路虽有不同，但都有着消除城乡二元结构的期许，认为城乡关系的变化必然会影响处于二者之间的城乡边缘区，而边缘社区的发展和改造，将有助于消除城乡之间的差别，促使城乡边缘区经过最初相对独立发展的阶段后，完全与城市和乡村的发展相融合，最终实现城乡一体化。

（三）统筹和一体化论

上述研究视角，实际上已经在空间结构模式的自然生成上提出了城乡一体化的某些议题，虽然在理论抽象上贡献不多，但其实践对于城乡关系的局部影响极大。作为国家战略和发展模式的统筹和一体化议题，则是在21世纪初才提出的。较比前者，它具有改革20余年国情特点变化的基础条件，还具有意识形态、制度和政策的倡导和支持，其影响则是全局性的。

先来看国情变化和政策转向提供的条件。

进入21世纪之后，国家已经有能力将过去长期实行的农业支持工业、乡村支持城市的城乡关系，转变为工业反哺农业、城市带动乡村的新型城乡关系。2002年11月召开的中共十六大，将城乡经济关系的认识推向了一个新的高度。大会明确提出解决"三农"问题必须统筹城乡经济社会发展，跳出了传统的就农业论农业、就农村论农村、就农民论农民的局限，将解决"三农"问题放在了整个社会经济发展的全局和优先位置来考虑。2004年3月，国务院总理温家宝在十届全国人大三次会议上提出了五年内逐步减免农业税的计划，并提高国家对农村基础教育的财政支出。同年胡锦涛总书记强调："我国现在总体上已到了以工促农、以城带乡的发展阶段。我们应当顺应这一趋势，更加自觉地调整国民收入分配格局，更加积极地支持'三农'发展。"根据中共中央对工农关系、城乡关系的新认识，政府在2005年对城乡关系作了重大调整，提出工业和城市要

"反哺"农业和农村的设想，宣布："我们已经开始进入第二个阶段"，"第二个阶段，就是实行城市支持农村、工业反哺农业的方针，对农民'多予、少取、放活'"。在 2003～2007 年的 5 年里，国家财政用于"三农"的支出达到 1.6 万亿元，是改革开放前 1950～1978 年 29 年间的 10 倍，是 1979～2002 年 24 年间的 1.3 倍。财政部的统计资料显示，2008 年中央财政预算用于"三农"的资金达到 3917 亿元，比 2007 年增加 520 亿元，增长 15.3%（武力，2009）。

有研究指出，尽管改革打破了城乡二元发展的结构，但城乡二元发展的路径不可能很快改变。经过改革开放 20 多年的发展，国家经济实力迅速增强，但城乡发展处于严重不均衡状态。农业基础仍然薄弱，农村发展仍然滞后，农民收入仍然较低，农村需求严重不足，这一状况又严重制约着整个国民经济和社会发展。2003 年后中央提出科学发展观，由重点发展走向统筹发展，第一位的是统筹城乡发展。统筹城乡发展的思路是通过重点支持农业和农村发展，实现工农、城乡的协调均衡发展。其背景是中国已经进入一个"以工支农、以城带乡"的时代。根据这一战略思路，新世纪以来，国家高度重视解决"三农"问题，连续发布多个 1 号文件。随着统筹城乡发展战略的实施，深层次的矛盾日益显现，原有的体制性障碍愈益突出。2010 年中央一号文件将解决"三农"问题、实现统筹城乡发展的重点转向消除体制性障碍问题。这既是针对性的现实战略选择，也标明国家着眼于从制度上保障统筹城乡发展战略的实施，将统筹城乡发展的思想、政策和行为提升到立国制度层面。例如制度层面强调"多予少取"：废除农业税，实行农产品补贴和加强农业投入制度；"国民待遇"：强化农村公共物品供给的国家责任的制度；"城乡互动"：实现生产要素合理流动并向农村倾斜的制度；"城乡一体"：改变城乡分割的社会管理体制；"农村城镇化"：形成以城镇为中心的社会体制；等等（徐勇，2010）。

再来看其中的理论取向和实践中可能遇到的难题。

在城市化高速发展阶段提出统筹城乡发展的目标，是经典城市化理论和其他国家的发展经验都不能够印证的，因为后者提供的思路是，城市化是统筹城乡协调发展的根本出路。中国的统筹和一体化论说，虽是基于对发展中国家的历史经验和中国现阶段基本国情和突出问题的一种反思，但是也同样会遭遇到理论和实践的诸多难题。

首先，从国家战略的角度看，它是将干预主义经济政策应用于调节城乡经济关系。

"统筹"即统一筹划之意。统筹城乡发展就是将城市和乡村的发展纳入整体的目标体系中，通过适当的制度和政策安排，干预城市和乡村的社会经济运行，以扩大效益，降低损失，防止二元结构的无限扩大，并最终消除城乡二元结构，实现城乡协调发展。统筹城乡发展正是干预主义经济政策应用于调节城乡经济关系的表现和基本思路（赵保佑，2009：41）。而干预主义政策在政府虽然是轻车熟路，但是若因单纯依靠城市化来消除城乡差异需要太长的时间，或为解决快速城市化带来的某些积重难返的问题而超前实施统筹和一体化，这个美好的愿景同样会遭遇比城乡二元结构更为复杂的难题。在这里，市场失灵和政府失灵的问题都会存在，对另一个决策单位——"社会"的选择，就具有了重要的意义。在这里，认识到社会是独立于国家和市场之外，但又与前两者紧密相关的一个制度空间和行动领域是重要的。相对于国家的"公民社会"和相对于市场的"能动社会"构成了社会的两个基本面向（清华大学"社会建设课题组"，2010）。社会层面的参与，将有利于对干预主义政策的社会绩效进行监督和制约。

其次，它意在破解城乡二元结构困境。从国家战略的政策目标来看，城乡统筹和一体化是针对我国城乡之间的户籍、劳动用工、社会福利、住房政策、教育政策以及土地使用制度等不同政策形成的城乡二元经济社会分割格局而提出来的。其理论上的目的在于，打破城乡二元结构，改革城乡之间政治、经济、社会发展的制度隔离，创建城乡之间政治、经济、社会运行的融合机制（段雪梅，2006）。

统筹，源自对城乡二元结构造成的结构分割的调整，其目标即是通过政策干预达到结构的一体（一元）化。社会学者对这一议题保持有学术的敏感性，较早地提出了城乡融为一体的思路，指出相对发达的城市和相对落后的农村要打破相互分割的壁垒，逐步实现生产要素的合理流动和优化组合，促进生产力在城市和乡村之间的合理分布，城乡经济和社会生活紧密结合与协调发展，逐步缩小直至消灭城乡之间的基本差别，从而使城市和乡村融为一体（张雨林，1988）。从理论上可以说，统筹和一体化论，抓住了统筹城乡发展、消除城乡差别的有效切入点，即要素合理流动与优化配置，这正是消除二元结构模型研究的核心议题之一，试图通过影响二元结构转换的要素流动机制来寻求理论解释（谢培秀，2008：24~28）。

最后，统筹和一体化理论，秉承了城乡关系结构最终走向"一元化"的理想型思维，与其他诸如强调二元结构暂时还具有稳定器作用、三元结构在中国国情下具有合理性等理论思维相比较，几者之间在对城乡关系的发展趋势上并没有实质性的不同，差别在于对实现"一元化"现实条件或实践基础的判断上。

如何看待城乡二元结构基本体制矛盾及其长期性，是理论和实践都难以回避的问题，不同的回答将引出不同的战略和政策设计。在我国国情下，城乡二元结构不只是计划经济的产物，改革开放也为其增加了新的问题。比如，改革开放以来，我国工业的迂回生产程度和中间产品使用大幅度提高，但农村的分工和专业化程度仍然较低。由于农业分工水平赶不上工业，导致二元经济结构难以顺利转化（高帆、秦占欣，2003）。同时，我国城乡二元结构同样也源于改革开放以来实施的一系列农业和非农政策，包括价格政策及工商业、财政、投资、行业管理政策等（黄坤明，2009）。因此，二元结构的破除，不应被看作只是城市化政策的问题，或者认为是如何将城市规划和政策直接延伸至农村的问题，而应是一个总体性体制改革以及城乡互容发展的长期性改革议题。

总之，实现城乡一体化，对造就新型的城乡关系，包括城乡统筹，加快城乡在空间布局规划、经济发展、基础设施、公共服务、就业保障、各项改革等方面的一体化进程，具有重要的理论和实践意义。但是，也不能因此就排斥乡村生产方式和生活方式的存在，更没有必要错过城乡统筹和现代城乡格局中被淹没的某些传统经济和社会结构的优越性，如家庭组织进行的低成本劳动力密集型生产（包括农场的和工业作坊式的、有顽强生命力的新的生产力和生产方式），完全可以让它们继续对城乡一体化做出更加独特的贡献。

上述研究，对于城乡关系自新中国成立以来60余年特别是改革以来30余年的演变，提供了多样化的视角，不过现实经验的变化和复杂性，却总是超越理论预设，成为摆在理论面前的难题，迫使我们不断去重新探索问题的症结，找出分析及解释难题的路径和破解方法。

二 演变过程中的几个重要议题

当我们将分析的重点，放在城乡关系演变的各阶段所面临的主要问题，以及在面对这些问题时变迁主体所采取的对策（既包括国家和地方政府的制度和政策设计，也包括城乡基层单位和民众的应对策略）时就会发现，这些对策相互交错，包含有"多重的制度逻辑"（周雪光、艾云，2010），提供出不同的"机会结构""互动机制"和"行动策略"，既为城乡关系的演变带来一定程度上的推进，又给其发展带来新的更为复杂的难题。正是在这些新旧问题和压力的交替作用下，城乡关系进入了一个新的阶段，而每一次后边都拖着一条长长的问题尾巴，展示出诸种与一般城市化和现代化理论不相一致的路径和实践。它们的背后有很多的特殊性和路径依赖，因此，我们将它们称为经验和实践，而不称为模式和道路。

（一）破除城乡二元结构的难题

在新中国城乡关系的历史经验里，城乡二元结构开启于 1958 年初人大会议通过的《中华人民共和国户口登记条例》，其中第十条规定了农民前往城市的条件即必须有城市劳动部门的录用证明和学校录取证明或城市计划准入，从而以法规的形式限制农民进城，限制人口在城市间流动，国家正式步入城乡二元分割体制。之后伴随分割体制的全面完善，这一体制最终演变成为"城乡对立二元结构"。

在经济层面，有研究指出，这一基本体制矛盾，首先表现为过量提取小农剩余导致社会矛盾激化。20 世纪 50～70 年代的中央政府以社会主义国家和全民所有制为名的工业化，相对成功地完成了资本的原始积累，但粮食总产量中商品粮占比仅仅提高到约为 30%；一般年景国家占有的粮食仅占总产量的 15% 左右。80% 小农所从事农业剩余太少的问题，不仅并未随工业化而根本改观，反而随人口增加而恶化。改革开放以来在中央追求高增长目标下，地方政府主导的"地方工业化"既促进了经济增长，提升了综合国力，又造成严重的资源环境问题。其中的制度安排，首先在客观上仍然取决于如何解决政府在控制资源、提取农业剩余时与农民的交易成本问题。其次表现为国家工业化的"资本原始积累"难以在商品化率过低的小农经济条件下完成。劳动力过剩的小农经济条件下，农民进行积累的方式是"劳动替代资本投入"，这使城市工业品几乎占领不了农村市场，工农两大部类无法实现交换。于是，在农村，推行统购统销和人民公社这两个互为依存的体制；在城市，建立计划调拨和科层体制；通过占有全部工农劳动者的剩余价值的中央财政进行二次分配，投入以重工业为主的扩大再生产，终于以最短的时间跨越了工业化的"资本原始积累"阶段，形成了维护国家独立所必需的工业基础（温铁军，1993；2001）。

虽然这一问题在新中国成立后某些阶段仅仅是工业化过程的伴随之物，但是主要依靠内部农业积累和农村支持而形成的"以农支工"的发展战略，却使二元结构的体制矛盾逐渐从经济层面扩展到社会层面。有研究认为，在这一过程中，城乡发展呈二元结构，并使之制度化：一是统购统销制度将城乡居民区分为享受不同待遇的人群，国家通过工农产品价格剪刀差汲取农村不多的剩余；二是国家和集体两种所有制使农民无法享受城市居民均等的社会保障。尽管发展中国家都有一个城乡二元发展的阶段，但是在中国，这一二元制度却结构化，将人们的生活固化在城乡区域内，使之难以自由流动。尽管农业和农村有较大发展，但与城市发展相比却较为落后。更重要的是城乡二元制度的黏性严重阻滞着农村的发展（徐勇，2010）。

更为独特的是，我国的城乡二元结构不仅表现为以工业为代表的现代部门和以农业为代表的传统部门之间的二元经济结构，还表现为城市社会与农村社会长期分割所造成的二元社会结构。前者形成于农业全面支持工业的赶超型发展战略，后者则形成于以户籍制度为核心的城乡分割制度。这样，二元经济结构和二元社会结构共同构成了我国独具特色的"双二元结构"（王国敏，2004；朱志萍，2008）。

现阶段中国典型的"三农"问题，就是城乡经济社会"二元结构"的集中体现。其实质是城乡之间、市民与农民之间的严重不平等发展问题，其真正根源是中国历史上长期积淀形成的社会等级制度在20世纪的延续（段雪梅，2006）。

不仅如此，从扩大内需以求增长和发展的角度，也有学者指出，增加农民收入，对城市经济也会有促进作用。中国经济出现通货紧缩的现象，主要指城市生产过剩，而在广大的农村还是有市场的。因此，唯有农村实现现代化才能促进中国工业的现代化（林毅夫，2006）。还有学者指出，二元结构的存在其实已经影响到国家宏观发展格局，从面上看是对农民不利，但最终实际上是对国家不利，对解决城市的经济和社会发展不利，同时对城市的老百姓也不利。中国城乡二元结构不解决，国家发展不起来（陆学艺，2009）。

进入21世纪以来，中央提出科学发展观，国家战略由重点发展走向统筹发展，第一位的是统筹城乡发展。统筹城乡发展的思路是重点支持农业和农村发展，实现工农、城乡的协调均衡发展。其背景是中国已经进入一个"以工支农、以城带乡"的时代（徐勇，2010）。从这一制度转型的视角来看，城乡统筹作为一种制度机制，其预设目标在于打破城乡二元结构，推动"城乡一体化"。因而，无论从国家治理体制还是从制度变迁的视角看，这一转型无疑都具有重要的战略意义。但是，实践中的"城乡一体化"是否可以解决二元结构问题？二元结构的破除又是否能够使"三农"问题迎刃而解？制度变迁必然引发的利益矛盾和冲突又如何得以调节和解决？其间的制度逻辑关系中还存在哪些断点呢？

破解这样的问题，还得从城乡二元结构内在的基本体制矛盾着眼。二元结构在体制上的矛盾多种多样，有各种表述，比如："重工轻农、以乡养城""城乡分割、工农分割""城乡割据、二类公民""偏爱市民、吝啬农民""重工轻农、城乡分治"等。这些基本矛盾对国家战略中如何确定新的发展动力机制，提出了如下一些难题和挑战。

其一，城乡二元结构基本体制矛盾将长期存在还是可以短期解决。

如何看待城乡二元结构基本体制矛盾及其长期性，是理论和实践都难以回避的问题，不同的回答将引出不同的战略和政策设计。在我国国情下，城乡二元结构不只是计划经济的产物，改革开放也为其增加了新的问题。比如，改革开放以来，我国工业的迂回生产程度和中间产品使用大幅度提高，但农村的分工和专业化程度较低，农业分工水平赶不上工业，导致二元经济结构难以顺利转化（高帆、秦占欣，2003）。同时，我国城乡二元结构也源于改革开放以来实施的一系列农业和非农政策，包括价格政策及工商业、财政、投资、行业管理政策等（黄坤明，2009）。因此，二元结构的破除，不应被看作只是城市化政策的问题，或者认为这只是如何将城市规划和政策直接延伸至农村的问题，而应是一个总体性体制改革以及城乡互容发展的长期性的改革议题。

特别是当城市化的潜在目标是摄取乡村土地的情况下，问题的解决就更加复杂和困难。有研究认为，虽然城乡二元结构是导致"三农"问题产生并且日益严峻的重要体制症结，但在各地政府主导下的利益集团更多占用农村资源的机会结构之中，却越来越不具备打破这个体制矛盾的条件。如果无视现阶段的客观约束条件，即便主观上具有良好意愿，最终也只能导致成本由全社会尤其是并无多少资源应对动荡的大众来承担。因此，需要承认并强调城乡二元结构作为基本体制矛盾的长期性，现代化进程中的中国农业发展的方向并不是城市"化"农村。

其二，前文已经指出，乡村社区的综合发展是现代化中不可或缺的社会战略，其意义在于，发展农村社区共同体，使其真正成为乡村社会的稳定结构。这里还要指出的是，二元结构的内在矛盾对于"增长/发展"和"安全/稳定"是一把"双刃剑"，它作为社会"稳定器"的长久性，也不能依靠城市化"运动"的激进方式来消除。

有研究指出，城乡二元结构基本体制矛盾将长期存在，这个基本体制矛盾对于发展和稳定是把"双刃剑"：既是"五项统筹"之首——"城乡统筹"所针对的主要体制矛盾，又是一个时期内保持国家历经多次周期性经济危机仍能维护安定的"稳定器"。从社会稳定角度看，以往历次危机中，广大农村地区都是国家经济实现"软着陆"的载体，其中很重要的原因就是农村这个数亿劳动力的"蓄水池"的池底还没有被完全打破，不仅执政党的农村基本制度没有被改变，2.4亿农民家庭大多数还有"一亩三分地"，而且300多万个村社也还有机动地、村办企业、多种经营等内部化处理严重负外部性问题的回旋余地；失业返乡的农民工除了农活，还可以参与很多力所能及的家庭和村社内部多种经营工副业

（资源极度短缺或条件极为恶劣地区除外），而不至于使失业危机集中爆发在城市（温铁军，2010）。

也正是从这个角度看，城乡"三元结构"论的提出，具有一定的理论和现实意义。在二元结构难以在短时期内消除的条件下，发育出二元之间的"中元结构"来承载和平抑其中的矛盾和冲突，既是城乡关系发展经验提供的借鉴，也是城乡一体化现实提出的要求。

这种结构的历史作用，在现时期显得颇为重要。首先，是因为土地和乡村社会性资源还有保障农民基本生存的基础性作用。现时期需要解决的，是如何通过保护性的乡村建设，从社会战略的角度真正让乡村在宏观社会结构变迁中发挥稳定器的作用。其次，从社会结构的层面看，由农村流动人口和"农转非"人员汇成的庞大的城市新增人口大军，在改变城乡人口格局的同时，也重新规划了城乡的社会利益格局。本地市民、本地农民和外来流动人口这三大人口群体在"身份—权利—待遇"体系中的位置具有巨大的分割和差异。随着城乡二元化结构不断进入到城市空间中，在城市生活的农业户籍人口形成了一个新社会群体。这个群体越来越表现出非城非乡或亦城亦乡的特点，与市民群体和农民群体一起重构了城市的群体关系，同时也改变了城市的利益格局。原有的城乡二元关系也随之发生了一种转变：在有限的城市空间中经过浓缩聚变，城乡差距获得了一种新的样态，这就是同城差距。一种具有三元化特征的社会结构，或者说三元化特征的社会利益格局正在同城差距中显现出来（杨敏、王娟娟，2013）。

尽管"三元说"中的"中间（中元）结构"形态缺少稳定性，总会偏向于两边中的这个或者那个极端，但是对于转型中的社会结构而言，一个相对较长时期都会存在的中元结构，无疑还是具有重要意义和作用的。

（二）城市化还是城镇化的纠结

城乡一体化的急剧推进，使得城市化还是城镇化的选择问题，显得重要又迫切起来。城镇化与城市化虽然出于同源英文单词（urbanization），但其中译文的差异，并不只是词意上的差别，而是在于强调的重心有所不同。城市化是以城市为出发点，从城市的视角和逻辑看待问题并制定规划，侧重于将城市发展延伸到乡村，甚至由此推演出城乡一体的设想。城镇化则是以城乡结合为出发点，侧重于较低层次的城市化阶段如小城镇发展，以及它们在推进总体城市化格局中的位置，带有"使……变成城市的过程、使……具有城市属性"的意思（谢文蕙、邓卫，2002：26；曹宗平，2009：61）。而农村城镇化，更是以广大农村为背景的城镇化，强调农村居民在城镇能够享受城市人口的物质和文化生活方式（陈宝敏，2000）。城镇化的思路承认城乡统筹发展的理念，但主张反向思维，以矫正城市一方的霸权。在中国实践中，这两种战略思路在学界争议了几十年（赵新平、周一星，2002；卫珑，2002；冯兰瑞，2001；杨学成、汪东梅，2002），既是一个理论问题，也是一个难以处理的实践问题。

那么，从城乡关系的角度看去，城乡两极相遇，是否一定需要城市化的中介形态或过渡地带——建制城镇和自然城镇化的社区呢？强调"三农"问题特别是农民问题重要性的学者，更容易从"城"和"乡"互容的视角，特别是从乡村一方的视角看待"一体化"问题，因而主张通过"农村城镇化"形成以城镇为中心的社会体制，认为我国之所以为发展中国家，在于农村人口太多。迄今城乡人口还是对半，城市无法带动农村。更重要的是城市结构不尽合理，特大城市与特大农村并存。特大城市规模愈来愈大，生活成本愈来愈高，其带动力和影响力却有限。所以，中国要走出一条以中心城镇带动农村的城镇化道路，需要大量发展中等城市、中心城镇、中心村庄（徐勇，2010）。中国这样的农民人口大国不可能如西方那样单靠加速城市化就能解决"三农"问题。一般发展中国家以打破"城乡二元结构"为名的激进的城市化往往是"空间平移、集中贫困"，进而成为社会动乱成规模发生的基础条件；很多发展中国家确实有比中国高得多的城市化率，但其城市化往往是依靠贫民窟实现的（温铁军，2011）。

本文也贴近上述视角。由此观察，发生在一些经济发达地区的城市化过程虽然还没有出现那样的极端状况，但是城市化的主要关注点放在"三集中"上，即"居住向社区集中、企业向园区集中、土地向规模经营集中"，并且以行政的力量加以推动，使集中成为"拆并"的代名词，其主要目标显然在于退土地。因而，这并不是通常意义上由非农化产业带动的城市化过程，遗留下的往往是资源上"要地不要人"，形式上"农民转居民""村委转居委"，而实质上并不能够增进城市化的内涵和质量。

从乡村发展的角度看，改革以来，多层次乡村治理模式发展的精华有两个，一个是"统分结合的双层经营体制"，另一个是以发展"中等城市—小城镇—中心村社区"为核心的城镇化模式。就后者而言，破除城乡二元结构困局时，城镇作为发展的中介区域，是非常必要的。以往缺乏乡村的视角，在农村城镇化进程中已经形成了这样两个倾向：一是"空心城镇"，即没有产业支持，只有人口聚集的城镇；二是"空心农村"。有学者指出，农村城镇化不是不要农村，恰恰是通过减少农村人口而形成农业产业规模，做强农业；更不是以牺牲农村和农民利益为代价（徐勇，2010）。城镇化不是简单的城市人口比例增加和面积扩张，而是要在产业支撑、就业机会、身份权力、社会保障、人居环境、生活方式等方面，都实现由"乡"到"城"的转变。

完成这个转变，需要多个经济社会条件的支撑，其中选择适宜的组织结构和空间结构，具有重要的战略意义。早在乡镇企业担当这一转移重任时，就有学者指出："假如在未来的几十年里中国的农村居民要完全分享中国高速经济增长的成果，那么每年就必须新创造出数以千万计的非农就业机会。随着农产品需求的缓慢增长以及农业劳动生产率的显著提高，农业部门的劳动雇佣量必将大大下降；为了吸纳农业部门所转移出的劳动力以及为新进入劳动力市场的年轻人提供工作，需要创造出众多的非农工作职位。乡村的乡镇企业是否能够创造出这么多新的工作职位令人怀疑。一个替代性的发展战略是鼓励在小城市和城镇里发展工业企业，以便使得多数农村人仍可继续生活在乡村但每天能够乘车往返于家庭与上班单位之间。这与通过把劳动力从农村迁移到城市来转移农业劳动力相比，会大大减少吸纳这些转移出劳动力所需的投资量。"（约翰逊，2004：148）

这便是一种以乡村为出发点，侧重乡村建设的城镇化路径。同理，小城镇的生长，也可以作为国家区域发展战略的落脚之处，支持农民就近得到非农收入，并且不需支付大规模转移成本。这些已经在中西部新的经济发展战略地区得到了体现：那些地区的外出农民工已经减少了外出，在就近的城镇找到了工作。

当然，即便这样，也还存在如何实现城镇化的问题。我们在研究20世纪80年代后期至21世纪初的农村城镇化问题时曾经指出（折晓叶、陈婴婴，2000），如果将城镇化只看作是一个"行政城镇化"的过程，或是一个以行政建制和级别直接影响和决定城镇化的进程，即单纯以建制城镇增加、非农户籍人口增长为标志的城镇化过程，就会在城市化的统计和判断工作方面造成两个政策滞后的问题，一是没有将实际上已经在城镇长期从事非农工作的"暂住人口"统计在内，二是没有将已经非农化但没有城镇建制的发达乡或村考虑在内。相应的，也就忽视了另外两个"同步发展"。第一，非农人口的增长与经济增长同步。尽管城镇人口在总人口中的比重增长滞后于经济增长，但非农劳动人口的增长与经济高速增长大致是同步的。第二，非农人口的增长与非农社会经济区的增加和扩展同步。这两个同步发展至少提醒我们，不能简单地套用一般西方城市化的理论、命题及指标来分析和解释目前中国的城镇化与工业化关系问题。由这两个同步发展我们看到，中国目前农村的发展过程中，存在非农产业和人口向小城镇和乡村"工业点"集中的趋势，并且存在"自然城镇化"的可能性。农村中心社区形态向城镇的转化与乡土社会结构的延续同时并存，说明在"乡社会"与"城社会"之间存在"中间形态"的社区生存和持续发展的空间，而且是一个大有可为的空间。

中国历史上不乏自然城市化的地方经验，自宋以降，自发"市镇化"具有两个明显的特点：其一，城市化的动力来自经济的拓展，而不是权力的命令；其二，城市化的进展跟市镇自治的发育是同步的。毫无疑问，由此形成的城市才是充满活力的。传统"市镇化"的这两个特点，也应该成为今后"城镇化"借鉴的历史经验（吴钩，2013）。

即使从政府（权力）与市场的作用来看，现代城市的出现和发展也是不以人的意志为转移的人口迁徙的自发过程，市场主导的城市化也可称为原始自发性的城市化过程。在这个过程中，市场会自发形成分层的城市结构和合理的城市规模，但并不排斥政府在城市化过程中的作用（杨小凯、张永生，2002）。只不过在目前中国城市化的过程中，政府的作用大于自然演化的作用，过于强势的"行政推动"，打破了自然城镇化的基本规律，使得城市化过程伴随行政意志时续时断，大起大落。

进入 21 世纪之后的新农村建设，作为国家战略，内含了乡村建设和发展的"城镇化"道路。新农村建设总体框架中，发展以"小城镇"为核心的城镇化模式，仍然是农村一方的动力机制。那些"春暖鸭先知"的发达地区，已经将这一议题重又提上了议事日程。

在破除城乡二元结构困局时，城镇作为发展的中介区域，是非常必要的。小城镇的生长，可以作为国家区域发展战略的落脚之处，支持农民就近得到非农收入，并且不需支付大规模转移成本。对小城镇地位和作用的认识也不能停留在其发展的初期阶段。现阶段中国的小城镇不仅担负着联系城乡的任务，同时也承担着完善城镇体系的功能。小城镇不仅与农业和农村有着较强的联系，而且与城市及其产业部门也比较接近。小城镇作为农村工业产品的集散中心和一部分乡镇企业发展的空间载体，在与广大农村社区保持密切联系的同时，其城市特征也在逐步增强。小城镇的大量涌现和迅速发展，弱化了原有城乡隔离的二元格局，奠定了城市化快速发展的基础（韩俊，2009）。

从"城乡互容性"发展的视角看，发展大中小城市和小城镇的确是一个相互带动的问题，强调城镇社区的综合发展也是现代化中不可或缺的社会战略。从党的十六大提出"统筹城乡发展"到十八大提出推动"城乡发展一体化"，其中一个突出特点，即确定了城镇化政策取向，强调工业化与城镇化、农业现代化和信息化良性互动，同步发展，并将"城乡发展一体化"作为解决"三农"问题的根本路径，主张"加快完善城乡发展一体化体制机制，促进城乡要素平等交换和公共资源均衡配置，形成以工促农、以城带乡、工农互惠、城乡一体的新型工农、城乡关系"。

实际上，如我们在前面章节中已经涉及的，围绕新的战略意图，国家在政策上以及地方在实践上，都已经做出过种种布局，比如减弱户籍控制，放农民进城；分权的重点移向中小城市，"扩权强县""县改市"；产业转移向中小城市与小城镇倾斜，农业逐步回归规模化产业化，土地政策倾向于为农民确权，使其有可能将土地变为可以移动带走的资产等，都与城镇化有实质性的关联。它们所释放出的巨大能量和需求，绝大部分都将作用于中小城市与小城镇。

除此而外，在这种宏观制度背景下，改变城乡关系还将面临另外一些新的机会结构。

其一，国家和地方的公共财政有了增长和富余之后，不能再错过发展基础城镇的机会。根据《全国城镇体系规划（2006～2020年）》对未来十年中国的城市化的预测："到2020年以前我国城镇化水平以年均提高0.8～1个百分点为宜。按照这样的发展速度，2010年和2020年城镇化水平分别达到47%和56%～58%，城镇人口分别达6.4亿和8.1亿～8.4亿，平均每年转化和吸纳农村人口1500万左右。"这项规划提出，促进农村人口向城镇有序转移，充分发挥城镇对农村发展的辐射带动作用，是健康城镇化的重要内容。目前，中国有2.1万个集镇和313.7万个村庄，平均人口规模分别为2500人和250人。2020年，中国在农村居住和生活的人口为6.1亿～6.4亿，按照目前村庄和集镇的平均人口保守估计，2020年中国集镇和村庄大约比现在减少70万个。未来随着农村人口的转换和迁移，城市周边的集镇、村庄在中心城市的发展过程中将成为中心城市的组成部分；随着农村非农产业的发展，以集镇为主体的地区将自主发展成为新的城镇（李兵弟，2011）。

其二，大城市发展的内部困境"反推"或"倒通"中小城市（镇）的发展。大型城市因为地域扩张和人口的急剧增长，其内部不断复制出新的二元城乡结构：比如"城中村"的存在，大量滞留的农民工不能融入城市，面临就业、社会保障、住房等较多困难，以及城市和工矿还存在不少棚户区和困难户等。环境问题、交通问题、治安问题日益突出，大城市实际上已经不堪重负；同时中型城市也开始面临这些问题，发展小型的城镇就显得更为重要更为迫切。加之未来十年，有两亿多农村人口需要进城，中小城市如何具有吸引力，将是城乡关系调整中的大问题。除去经济增长之外，建设绿色的宜居的城镇化，也将是大城市、环境困境反推的机会。

其三，非农化过程中农民问题的尖锐化，以及农民进城后由于"一国两策"（陆学艺，2000）身份而复制的"二元结构"，迫使"人的城镇化"议题又被摆上重要的位置。城市化一直是现代化模式的核心内容，但是过往城市化的加速，一方面源于经济结构内在的升级动力和城市为经济活动提供的效率和便利，另一方面则源于土地"农转非"的利益驱动。若干年来一些地方以实现"现代化目标"为题，过度放大了城市化指标，使城市化成为获取乡村土地、增加财政收入的一个机会主义手段（周飞舟，2006）。一些市、县、区的土地出让金收入占到财政收入的一半，有的作为预算外收入甚至超过同级同期的财政收入；与此同时，人口城市化的比例和速度却远远落后于此。这样制造的城市化成为一种"暴力"，一方面以行政手段强制性征地，另一方面"要地不要人"，留下大批失去土地、就业不稳、"无处落根"的边缘人（折晓叶，2008）。这些问题的积累，都使新的城镇化过程的风险加大，如何在就业机会、身份权力、社会保障、人居环境、生活方式等关切"人"的诸多方面，都实现由"乡"到"城"的转变，将成为政策和实践都不能回避的问题，这其中既包含着挑战，也蕴含着机遇。

其四，拉动内需的冲动，需要新的投资、消费和空间载体，其关键点应放到中小城市和镇，小型城镇可能成为新的战略转移地。这一转移的理论依据是，小城镇及中小城市起来了，大城市的产业转移就有了基础牢靠的承接点；其经验数据依据是，如以每年1%的城镇化速度计算，可拉动5.2万亿元内需，约等于国内生产总值39万亿元的13%，但其中还缺乏对于民生问题作为底线的慎重考虑。在这个机会结构中，需要特别重视的是对以民生和保障议题作为拉动经济引擎的风险的估计和谨慎。已有有识之士提出异议，认为城镇化的出发点不应是拉动消费，不应盲目搞集中居住的"中心社区"，不能脱离农业现代化，并且要重视农村的制度和组织建设（杜德印，2013）。

其五，非中心的边远地区大开发战略，有可能带动新的小型城市和城市群。城市群对区域发展具有战略引领和支撑作用，在政策层面已关注到全面推进现代化建设和空间均衡发展的要求，抓紧制定城镇化发展中长期规划，研究实行差别化政策，促进大中小城市和小城镇协调发展，特别是要提高中小城市集聚产业和人口的能力；在促进东部地区提升城镇化质量的同时，对中西部发展条件较好的地方，要研究加快培育新的城市群，形成新的增长极。在协同推进工业化、城镇化和农业现代化协调发展的格局中，工业化处于主导地位，是发展的动力；农业现代化是重要基础，是发展的根基；而城镇化更是具有不可替代的融合作用，能够一举托两头，有利于促进工农和城乡协调发展等。在这种机会结构中，同样需要创造出政策和行动者相遇的关键条件，比如政策为参与者所提供的机会具有怎样的结构条件和参与的空间，哪些人才有可能参与其中，等等。边远地区的城镇化，不能够再简单复制发达地区的模式，更不能扩张后者对前者的转移霸权，如何避免城市化先进地区在人的城镇化、宜居城镇化等方面的经验和教训，将成为边远地区城镇化面临的重要问题。

（三）主体性建构和农民自组织参与的困境

城乡关系及其统筹的行动主体是谁，采用不同的视角会有不同的答案。在城乡互容的统筹框架里，进入分析的主要有政府、公司和农民及其社区三个行动主体。所谓主体性，指他们作为主动的行动者在社会中的行为能力，体现人对于结构的能动作用（沈红，2006：55~56）。

在集权体制和国家主义的意识形态下，政府始终是推动城市化的主导力量，政府行为具有巨大的能动作用，并且其作用大于"自然演进"的市场作用。正因为如此，政府主体性建构中，需要解决的是如何由经营性政府转变为服务型政府，如何借助市场的特别是社会的力量来约束过度裁量权的问题。

公司资本在城市化过程中的能动作用，也是在政府力量强大于市场，或曰政府权力主导市场的背景下发挥的。因此国有资本或其他大资本就有可能借助和政府的关系，甚至是和政府"共谋"而获得超越市场规制的巨大能动力量；它们的主体性建构中，需要解决的是如何约束资本的贪婪本性，如何建设其社会责任，如何借助法律法规特别是社会监督来规范其投资行为。

农民及其社区集体的能动作用，依靠分散的个体是难以完成的，因而农民群体是否具有自我组织的行为能力，以及是否在机会结构形成过程中具有自主选择的可能，便直接关系到他们在参与城市化过程中，能否坚守自己的权益并分享城乡统筹的果实。

这三大主体各自的利益如何实现，特别是作为弱势一方的农民及其社区的利益实现机制是什么，是统筹不能不筹划的议题。重视乡村一方的视角，强调宏观城乡结构变迁与农民主体性之间的相互建构，前提是村社区集体和农民的主体地位和利益得到承认和保护，并且农民群体的自组织能力加强，具有参与利益分享的主体意识。

这三大主体之间实际上的利益冲突已经随处可见。比如，政府如成为土地"经纪人"，压缩农村宅基地后以地获利，增值收益分配不让农民参与，就会在利益分配中与农民争利，引发各种矛盾。开发商/资本持有者如与政府合谋，利用公益项目侵占农民和集体的资源、财产及其产权，赚取土地转招后的暴利，同样会激发商农矛盾和官民矛盾，引发农民向其追索收益权。农民及其社区集体作为行动主体，一方面以保证生活水平不低于现状作为底线，接受现有的政策性补偿；另一方面又将追索土地产权的权力握在手中，把分享土地非农化后的增值收益作为预期，不断地追索新的更高的补偿标准。

农民作为城乡关系建构者的主体身份和意识，虽然是潜在和隐蔽的，但是在他们的日常生活和组织化行动中都或多或少地顽强存在着，实在是因为城乡关系直接涉及他们的生计和命运。只不过他们大多数时候采用了隐忍而坚毅的"非对抗性"抵抗，或曰反控制的方式，也即我们所称的"韧武器"。正如我们的研究所表明的（折晓叶，2008），这种方式与其他抗争方式如公开对抗的集体行动和群体纠纷不同，也与分散的"日常反抗"不同，虽然它在性质上更贴近于后者，但采用集体参与的合作框架，选择"不给被'拿走'（剥夺）的机会"的做法，可以说是农民抗争智慧的另一种运用。非对抗性抵制行动，表现的不是个体的自助形式，而是社区的互助形式，它借助合作组织和村民民主参与机制相结合合而重新凝聚的"合作力"。这种合作行动不仅意在形成"法不责众"的社会行动，更为重要的是，它让处于弱势地位的农民能够以集体参与的方式，来解释自己的现实处境，确定自己问题的性质，制造社区集体的共识，对所面临的问题做出一致的道德判断，并采取合作行动使问题公共化，从而获得行动的合法性。在大多数情况下，这种参与的举动，在合作组织的框架庇护下更容易取得成功。由于它采用合作组织的合法框架，更易于与政策框架相互沟通，也更易于对地方政治发展产生实质性的影响。而且，它避免了公开反抗的风险和对公正结果遥遥无期的等待，又保持了集体诉求所能形成的张力和压力，取得更为有效和实际的结果，即在非农化和城市化过程中，转换生计、持续保障、守护资产、互惠交换。本文所涉及的农民合作组织，虽有地方政府的助推，但农民及其社区集体的自我组织意识在合作过程中已经表现出越来越强的趋势。

当然，不能不看到，这种合作的功能和力量是有限的，合作并不能够帮助农民规避制度和政策以及变迁的"系统性风险"，比如政府征地、城市化规划、强势力量的挤压等，但是它至少有可能帮助农民实现"有组织的互惠"（斯科特，2001），不至于在变迁中输得一塌糊涂。其实，面对巨大的变迁趋势，农民抗争的实质不是"抗拒"，而是争取"参与"的权利，"以合作求参与"才是他们政治诉求的核心内容；而目前社区合作的各种方式，已经有可能帮助他们参与非农开发项目和城市化进程，帮助他们满足对现有正式秩序进行修正的要求。

三　探索新的研究路径和分析框架：一个"机会结构—互动机制—行动策略"的分析框架

城乡关系演变中始终纠缠着的上述问题，提示我们在反思中探寻和尝试新的研究路径和分析框架。

（一）日常生活情景和逻辑中的"结构—机制—行动"

纵观新中国成立后60余年中，城乡关系的演变，明显地或主要地受到国家和地方自上而下的控制，其中的计划和规划以及制度和政策，都全面而深刻地影响和制约着这一关系。因而，关于中国城乡关系发展的宏观解释，大都比较偏重于宏观体制模型方面，展开应对性的和政策等规范性的研究，而缺乏对其内在制度机制和结构演变的解释；同时对于由不同历史阶段的制度和体制变化而带来的影响，也探讨得不够深入。因此，进一步的研究就需要回到具体的制度逻辑和日常生活逻辑之间的张力，回到机会结构与主体互动机制的关系上来，深入地思考城乡关系变化的实践和经验过程。

对于社会学研究者来说，"实践—经验"最重要的特征并不是直接相对于"理论"而言，而是首先相对于现实的即时即地的意识形态和日常生活逻辑而言的。从这层意义上来说，城乡关系变迁的实践，主要不是经典理论或国家意识形态单方面的落实，也不是官方行动或体制、制度和政策单方面实施的进程，而是各种行动者在日常生活活动中对此做出回应的进程。

"即时即地的意识形态"，不适宜用"正式－非正式"两分法来理解，可以从正式制度里包含非正式要素、正式制度寄生于非正式制度过程的角度来理解问题（斯科特，2004：7）。那些具有非正式制度特征的意识形态会借助强权力量，所发挥的作用是社会伦理道德规范不可比拟的，它们也构成社会转型理论之要点（马耀鹏，2010：345）。

以往对于城乡关系的研究，多注重宏观体制和制度安排所起到的作用，而对于日常生活或实践逻辑的作用缺乏足够的了解和认识。本文既重视"从上到下的结构化过程"即国家宏观建构视角，也注意"从下到上的结构化过程"即地方的、村庄的、农民的日常建构视角，以便深入揭示城乡关系的重要面向（斯格特，2010：224）。本文既着重于"制度化事件"，也着重于"日常生活事件"，讨论这二者交叉出现的条件及生存和变化逻辑；既着重于发现并揭示自上而下的"控制"逻辑，也重视"反控制"逻辑与其之间形成的张力，讨论这种张力存在的基础及其为制度和政策变革所准备的条件。在这种视角下，"制度之意外后果"，就绝不是偶然发生的结果，而是非制度因素长期生长发育促成的结果。从上而下地看，它们可能是意外的东西；从下而上地看，它们却是合情合理的东西，因为它们是由层出不穷的基层实践所建构出来的。

我国城乡关系的实践也一再提醒我们，在注重制度安排的作用时，要特别警惕国家或地方"规划"工程和项目所具有的双面作用，因为社会规划或计划（如城市支配性规划）具有政治意义，且有主观价值目标，主要关注资源的最高利用及经济完美的平衡原则，而忽视社科原理注重的最大平等与自由（蔡宏进，1989：400）。同时，在"集中力量办大事"的国家主义意识下，也容易以计划和规划等掩盖由于主观意志偏差而造成的危害。

实际上，在城乡关系演变和发展的过程中，国家制度和政策相对于行动者的行为，包括国家/地方政府或上层/基层政府、城乡企业、集体和社区组织以及城乡居民的行为，它们之间所产生的相互作用至关重要。经典的组织和制度理论对于"制度约束行为"或"行为建构制度"，都有相对成熟的研究（周雪光，2003），但是制度（或政策）与行为之间如何发生作用，即发生作用的中间机制却没有受到足够重视。当我们关注关系的结构化及其演变过程时，这个中间机制就格外地凸显出来，也就是说，在"制度和政策"与"行动者行为和策略"之间存在一个"机会结构"[1]，实际地发挥着勾连二者的作用。

可以观察到，国家所提供的外部制度环境并不能直接影响和制约行动者的行为，而是通过制度和政策所营造的机会结构而对人的行为产生作用。这取决于制度和行动者如何才能相遇的两个关键条件：一是制度为参与者所提供的机会具有怎样的结构条件和参与的空间；二是哪些人才有可能参与其中。制度和政策并不能自然提供均等机会，这还与政策利益相关者动员制度资源的能力、参与的可能性和参与的空间有密切的关系。机会结构反映的是不同人群和阶层之间的关系，较之社会结构分析更为具体并且能提供解释社会结构形成的制度机会。

---

[1] 这个观点受到与夏传玲等教授讨论的启发，这也接近制度可以提供"激励结构"和"政治机会结构"的讨论。

关于"机会结构"的解释，我们可以通过一个实例——"土地换社保"来讨论，看看这一涉及城乡关系的制度政策提供了怎样的机会结构，对行动者产生了哪些实质性的影响。"土地换社保"作为一项制度和政策，在一些地区其实已经成为地方政府规避短期财政支出的手段。

> 一些地区"土地换社保"甚至成为地方政府规避短期政府财政支出的手段——通过承诺在未来给予失地农民一定的社会保障，地方政府在本期支付给失地农民的现金补偿可以进一步下降，政府则可以一次性收取40~70年的土地收益，而把社保支出的责任推后（陶然、汪晖，2010）。

显而易见，这样形成的"机会结构"，政府占到了大便宜，而农民则失去了长远利益，只占有一些眼前微利。在这种情形下，只讨论制度约束人的行为是没有意义的，甚至是在讨论"假问题"。我们只有将其中的机会结构揭示出来，才能够对制度与行动者的关系做出更为恰当的解释；同时，也才能够对体制改革和制度变迁有如下的理解：改革应是一个释放制度潜力，调整机会结构，从而激发相关者积极行动的过程。

在机会结构发生作用的过程中，制度和政策的"否决点"发生在哪里非常关键。例如，涉及城乡关系的"统收统支"制度和政策，就曾选择了适当的机会退出：

> 当"统收统支"无法维持时，中央政府作为经济主体，采取了从严重亏损领域中逐步撤退的政策，如1）拨改贷、利改税；2）政府垄断条件下，支农产品强行投入，农业成本大幅增加，于是政府退出了农业领域，导致家庭联产承包制；3）分灶吃饭，地方有了自己的财权（温铁军，2001）。

可见，否决点的选择之所以非常重要，是因为它可以帮助我们了解到，既有的战略、制度和政策解决了什么问题，是怎样解决的，带来或遗留下了什么问题，在什么条件下会转换成为问题的症结，从而引发出什么性质的制度变迁，为行动者创造出哪些新的机会结构。

在我们讨论制度所提供的"机会结构"时，还有一个与之相关联的"互动机制"分析，也不能够被忽视。

我们知道，结构演变构成发展的实质，而城乡关系的变化恰恰又构成发展中国家社会经济结构变化的根本。所以，城乡结构的变动会受到更多的重视。城市与乡村的静态关系往往可用结构表示，如城乡二元结构、城乡一体化等，但我们更关心这种结构是怎样结成的，即二者的动态关系特征。这就需要走出结构视角，转而注重关联城乡的互动机制。这样可以将我们的注意力从"什么事情正在发生"的过程研究转向"事情如何发生"的机制研究，通过关注环境机制、关系机制、认知机制所促进的各种过程，揭示结构与行动相互作用过程中存在的能动性的根源（斯格特，2010：222）。具体到城乡关系的研究，这种将宏观历史力量转变为具体社会结果的机制研究，其实质性的工作，是通过分离出这些机制，让分析性的叙事更加有助于结构性的解释。

虽然，我们这里所说的"机会结构"，还不是城乡关系结构本身，但是也具有上述结构性的特点。机会结构展示的是一个动态且充满调整机遇的，并且虽然提供机会但不能必然作用于行动者的结构。因而透过机制而发现在结构形成过程中的那些实际执行的制度逻辑和解决问题的方式，是"互动机制"分析最为关键的环节。也可以说，制度和政策所提供的"机会结构"，是通过各种关键的"互动机制"及其相互转换来发挥作用的。就是说，制度或政策并不能挑选（或给机会予）参与者，它们与参与者之间的互动即相互适应甚为关键。只有在正确的理论指导下，对现实进行灵活分析、对政策反复进行试验和修正并诚心汲取群众智慧，才有可能真正动员群众参与。

关于互动机制在解释上的意义，可以用农民工再生产机制来加以说明。

我们从观察中了解到，外部制度环境对于行动者行为的影响和制约，是通过关联机制而产生作用的。农民工难以成为实质性城乡关系的载体（王春光，2009），因为身份阻隔，他们成为无根的边缘社会人口；城市化变成了城市人口并未实质增加的自我循环，但是农民工的再生产机制具有连接城乡关系的实质性作用。有研究表明：

> 农民工劳动力的维持和更替存在着分割，劳动力的更替被城市"外部化"给乡村，形成一种拆分型的劳动力再生产模式，劳动者个人的劳动力再生产在城市完成，而子女的抚育则放在乡村，如留守儿童的生存景况，从而形成工业化和城市化时期农村流动人口的劳动力更替模式。此外，农民工劳动力的更替还有一个非常特殊的形态：孩子随父母流动到城市，但是只能居住在城乡结合部或城中村，只能接受体制外的教育或者处于边缘地位的体制内教育。对于中国的农民工而言，这种劳动力更替模式却是独特的，因为虽然居住在城市（其实很多孩子就在城市出生和长大），父辈工作在城市，这些流动儿童却成为了被城市社会隔离的一群。他们不能享受到作为城市居

民应该享受的权利，他们也不属于所流出的乡村，因而成为了在城乡的夹缝中生长的一群人（周潇，2011）。

可以看出，城乡分割的体制和制度，为农民工及其子女所提供的机会结构，只能是非城非乡或钟摆式流动的境遇，而拆分型的劳动力再生产机制，则使他们只能选择让子女或"留守"农村或"流动—暂住"城市的行为，继而将新生代农民工不断再生产出来。

至于在"结构—机制"分析（渠敬东，2007）中加入"行动"，是因为研究城乡关系中的"机会结构"和"互动机制"，需要放入具体的社会情景中才能加以把握。换言之，只有将行动者及其行动引入观察和分析中心，才能够再现具体的社会情景，才有可能把握变迁中的结构和机制在具体经验中的作用和重要性。

在这里，"结构—机制—行动"分析的目的之一，是揭示制度的实践形态。因为只有通过"机会结构""互动机制"和"行动策略"的关联分析，才能对制度和政策的实践形态有所揭示，才可能对"好政策难以贯彻，坏政策也未必行得通"有所解释，也才可能关注到制度空隙留下多少变通余地。目的之二，是解释城乡关系的诸种现象在何种制度安排下可以达到何种程度，以及它们如何延续，又如何一浪推一浪地发生阶段性变化？

依据上述分析，我们可以图 1 来表达本研究的基本分析框架：

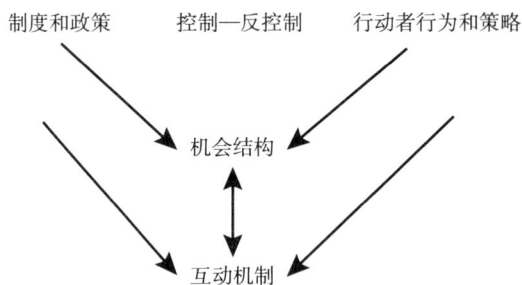

图 1　本研究基本分析框架

这一分析框架沿袭了制度分析的某种创新，那就是强调研究者的一个重要任务，是识别解释参与制度变迁过程的多重制度逻辑，在理论上把握宏观制度逻辑与微观行为意义之间的联系，从而为研究制度变迁提供坚实的实证基础（周雪光、艾云，2010）。同时更进一步地揭示这些逻辑相互作用所依据的具体的"结构—机制—行动"之间的关联性，也将为研究宏观制度变迁提供扎实的微观基础。

在这个"结构—机制—行动"分析框架中，存在国家主义被地方主义、城市单边主义被城乡互动解构的可能，也存在制度和政策所具有的控制作用与行动者的"反控制"作用之间的张力；存在城乡之间的制度和非制度关联，还存在"从上到下"的与"从下到上"的结构化的交叠过程。这些都构成研究城乡关系演变的基本关照点。

采用这种分析策略，我们对于城乡关系的研究和分析才有可能更加贴近于60余年的中国实践和经验。如果我们只是着眼于简约化了的要素、关系、结构或机制，虽然有利于让分析在多个前设和假定下更加清晰和明了，但是这样的理论模型却有可能回避了现象和实事原有的复杂性和模糊的本色，可能得出片面甚至错误的结论。对于"机会结构""互动机制"和"行动策略"互动关系的把握，将引导我们从更为广阔丰富的宏观背景和具体社会情景的关联上来认识和理解制度变迁的脉络、渊源和过程。当然，这样也就有了分析和解释上的困难和瓶颈。本文只是提出了解释的方向，进行了一些探索性的尝试。

（二）研究视角的转换

1. 在总体性结构和制度变迁的历史中涉及城乡关系问题

城乡关系是中央与地方关系、工业与农业关系、中心与边缘区域关系、市民与农民、富裕与贫困等关系问题的一种综合表达。因而，宏观体制、结构和制度的每一次重大变动都会引起城乡关系的变化，引发它们对总体性的问题做出反应。社会学的视角，强调贯穿于当下与历史、个体与整体、微观与宏观之间的想象力（米尔斯，2001），恰恰可以对研究城乡关系提供微观领域与宏观总体性问题、现实与历史勾连的想象力。

对于1949年新中国成立以来60余年，特别是改革开放30余年来城乡关系及其结构如何在国家总体性制度变迁中发生演变，其演变的动因、路径、推演和结果等进行机会结构和互动机制的分析，我们也会注意到路径依赖向更纵深历史的延展。

2. 从"乡"一方的视角或乡村的逻辑，检视城市化和"城乡统筹""城乡一体化"等现代性问题

从国家宏观视角看去，中国乡村发展在以往很长时期内都没有定位在国家发展的较高优先次序上，以往的国家规划设计都有偏于城市一方的倾向。"城乡二元结构"和城乡收入差距不断扩大，也都与国家赶超战略、不平衡增长密切相关。对政府而言，首先要保证工业化基地的正常运转，也就是要保证城镇居民的就业和生活，影响国家政策的是"城镇群体"，而不是"乡村群体"。其次，经

济的增长主要来自城镇的非农产业，城市的资金回报远高于农村，地方财政占GDP的比重越高，城市从地方政府支出中所得的好处越多，城乡差距优越大。决策者更倾向制定出"城市倾向"的经济政策，例如：财政支农在各地比重均在下降，而城市却拥有了良好的基础设施建设，农村居民并没有获得与城市居民同等的经济增长成果，要素市场扭曲和城市偏向政策造成城乡差距越过了改革初始的水平（王德文、何宇鹏，2005）。

然而，城乡关系本身反映的是"城"与"乡"双向的关系，忽略了其中任何一方，从理论和实践上都会带来新的难题。特别是在发展主义的增长导向下，乡村原本处于弱势，在理论上亦被视为落后的必然被消除的一方，就更容易被急剧的或激进的城市化浪潮所"化"掉。以往的理论和政策恰恰主要从城的一方考虑问题，统筹运作也自然出于"乡"服从"城"的思维，甚至主张以强制的力量牺牲、压制和忽视乡村一方。即便是新近在一些地方出现的"城乡统筹"和"城乡一体化"政策，在推行过程中，也常从城市的视角和逻辑看待问题，并且由此自然推演出城乡一体的设想。本文把乡村社区作为微观视角的窗口，提出与国家机构、地方政府相对视的基层视角和问题。比如，乡村一方的视角，承认城乡统筹发展的理念，但主张反向思维，以矫正城市一方的霸权。乡村一方的反向视角，解构"增长即发展"的发展主义，主张"城乡互容性"发展；乡村一方的视角，强调乡村社区的综合发展是现代化中不可或缺的社会战略，凸显的将是农民再组织和再合作的议题；等等。

3. 将农民、社区和土地等问题重新引入分析的中心

从乡的一方看问题，农业的持续、乡村的利益、农民的意愿和参与才是问题的核心，而其中农民问题更是核心中的核心（秦晖，2006；温铁军，2004），与农民问题直接关联的农村社区发展和农村土地问题，更是城乡关系中的关键议题。讨论这一主题，离不开农民、社区和国家三者之间的关系，这似乎是一个极其一般的或者常规性的思路。但是，将分析的重心落在何处事关重大，不同的落脚之处往往引出完全不同的理论和视角。

农民及其社区和土地问题，作为社会结构问题在宏观经济改革中特别是城乡关系议题中被滞后解决，已经引发出一系列体制改革和社会转型的难题，这已成为改革30年中积淀下来的不争的事实。然而，改革设计中，通过市场化而促进"三农"发展的目标却难以达到，"三农"问题逐渐浮出水面。问题发生在几个层面，其中之一是权力和市场发生了意想不到的融合。过去认为权力在市场中会受到限制，现在恰恰是市场的出现使得权力有了更大的发挥之间。市场是权力在

当中起作用的市场，权力是在市场当中行使的权力。这是造成中国问题的原因之一（孙立平，2006）。其中之二是集体制的解体和国家及基层政府公共服务责任的弱化，导致社会性基础设施及基本公共品的提供出现问题，最终消解了家庭联产承包制带给农民的那部分利益。其中之三是低廉且单向的要素流动模式严重阻碍了乡村一方的发展。

正如有研究指出的，改革开放以来，农村三大生产要素——资源特别是土地、劳力和资本只是单向地向城市流动，且这种流动是以牺牲农民利益的方式完成的，如低廉的农民劳动力和土地。这种单向且低廉的要素流动必然造成农村社会发展的"空心化"，即农村发展需要的要素严重短缺。不仅农村自有的优质劳动力大量外流，而且农村市场化发展所需要的资本更是十分紧缺（徐勇，2010）。

甚至有研究者判断，经过改革开放30多年的发展，国家经济实力迅速增强，但城乡发展处于严重不均衡状态。农业基础仍然薄弱、农村发展仍然滞后、农民收入仍然较低、农村需求严重不足，这一状况又严重制约着整个国民经济和社会发展。

如何统筹城乡发展，将农民及其社区和土地问题真正纳入分析的和政策的中心，已经成为重要的发展议题。而如何破解这个难题，首先与地方治理能否转向注重基础秩序密切相关，其次与国家责任中能否给予农民"国民待遇"密切相关，同时还与研究方法论上是否注重"从当事人的经验出发"密切相关，与农民是否具有再组织和再合作的可能性密切相关。

4. 将政府行为的制度特征纳入城乡关系演变的分析主轴[①]

无论我们从什么角度来透视中国60余年城乡关系的变化过程，强大的国家机器都是驱动这一进程的主导力量。如何认识和解读国家这一强大推动力及其长远影响，正是我们破解城乡关系难题背后的一条主要线索。城乡关系的国家建构体现在政府行为上，而政府行为提供了国家建构的微观基础，是认识、解读国家作用的一个尺度。

新中国成立60余年的历史所提供的主要制度线索，每一个都是国家运动和政府行为的体现，如土地改革、统购统销、资产国有化、集体化、计划经济、单位制、户籍制等，这些制度设施的出台兴起体现了国家行政权力延伸到城乡关系各个领域、层次和角落的历史进程；在这个过程中，城乡关系和结构也走向了一个历史上前所未有的高度集权控制的组织化体系。这一体制的利弊在1978年前

---

① 参见周雪光、刘世定、折晓叶，2012。

已经逐渐展露出来，导致了70年代末的改革开放。在随后的30余年，农村土地家庭联产承包、市场经济发育、非国有经济组织的出现、传统单位制和集体制演变、双轨制实施、乡村工业化、小城镇建设、农民工流动、融入国际市场等，都对过去的城乡关系产生了巨大的冲击，推动城乡关及其建设进入了一个摸索、试错的阶段。随着20世纪90年代以来国家财政能力的增强，各级政府正重新进入各个不同的社会角落，承担起越来越多的自上而下的社会管理功能，城乡关系也进入了一个"统筹"和"一体化"的新阶段。

无疑，国家的主导地位结合市场机制，是中国现有制度安排的总特征，也是中国在30年时间里取得经济迅速发展的制度原因。国家主导的比较优势在城乡关系发展的各个阶段都有持续，但其问题和弊端也不断暴露和恶化，并且给下一阶段的改革开启契机，留下余地。在坚持市场经济条件下，如果可以（事实上也如此）同样扩张政府势力，推进民生工程即惠民政策，似乎有望"双赢"，但是可能的双重后果是什么？它为下一阶段都留下了怎样更为复杂的难题？

我们注意到，在近些年新一轮的城市化行动策略中，理解地方政府行为的关键，在于发现其动力机制的转变。注重政府特别是地方政府的经营性行为，是我们分析20世纪90年代以来城乡关系演变的主要入手处。研究政府经营机制转换的基本思路，是着重分析地方政府如何一步一步从"经营乡镇企业"转换到"经营土地"，再转换到"经营（城市化）项目"。

5. 从历史和制度"红利"如何被"激活"的机制上谈论经验或实践过程

新中国成立60年的历史所提供的主要制度线索，每一个都可以从历史的制度路径中追溯到承前启后的关系。从城乡关系演进的阶段划分上可以基本认定，这一阶段发生的是上一阶段的宏观制度布局所决定的，那么下一阶段将要发生的，一定可以从这一阶段的宏观制度布局中找到预测的线索。这种"路径依赖"最重要的特征，不仅是有可能减少制度成本，而且会从制度历史的延续中产生"红利"。这正是依赖的动力所在。

然而，历史和制度的"红利"需要被激活，才能发挥其作用。激活的机会和力量，可能不止来自国家或政府，而且来自基层和民间。需要关注的是，什么机制激活了什么样的具体制度，政府和民间双重的需求和力量又使得被激活而产生的"红利"如何发挥作用？

从60余年城乡关系的历史经验来看，具有路径依赖特点的制度和政策虽然不断出台，但是"国家思路和政策文本"与"实际执行状况或实践"之间存在很大的差距，国家制度和政策相对于地方实际，总体政策相对于具体政策之间也都存在矛盾。注重制度和政策思路与实践经验之间的差距，是我们研究城乡关系变化的立论基础，挖掘出其中起关键作用的制度机制和行动策略，是打开城乡关系实践形态的钥匙。

6. 在县域层面研究城乡关系的地方经验并与总体性变迁过程进行比较

县域问题历来是中国社会发展的基本问题之一，在社会转型的背景下，它更处于正确处理中央与地方、城市与乡村、工业与农业、市民与农民、富裕与贫困等问题的关键环节。这种重要性在经验层面有着直接的反映，在理论和政策研究层面，县域问题也越来越受到研究者的重视。

县域问题为什么会成为关注焦点进而成为发展的主题呢？我们曾提出过以下几个论据：①中国地域分化以县为单位的分析具有重要意义；②中国政府分权的临界点在县（市）；③中国社会转型的基本问题交汇在县（市）；④中国地域社会发展模式的主要创新点发生在县（市）；⑤中国地域社会结构的稳定支架设立在县（市）（折晓叶、陈婴婴，2009）。

这些特点使得县（市）在处理城乡关系上具有其特殊的条件。众所周知，地方的发展战略，大政出自中央，具体运作则落实在县域；特别是就城乡一体化而言，县（市）级政府的作用就更为突出。首先，县域是城市和乡村、市政和农政实际的结合之处，"统筹"在这个层面才有可能作为。其次，中国社会转型的其他基本问题也交汇在县（市），在县域处理好中央与地方、城市与乡村、工业与农业、市民与农民、富裕与贫困等关系，城乡关系才会有一个全新的局面。而且从统筹治理的角度来看，县（市）较之其上的省和其下的乡镇都更具有稳定性和可操作性。可以说，城乡统筹和一体化战略赋予了县级政府前所未有的独特权能和运作空间，如同乡镇企业发展时期赋予乡镇政府比其他层级政府都大的运作空间一样。反之，县域的综合性和相对独立性，也使得问题在县域最容易积累和激化；一旦地方政策出现偏差，问题就可能被放大，以至于出现基层社会的安全和稳定难题。这样正反两方面形成的张力，使得县级政府在这方面的制度和政策创新层出不穷，也就为研究提供了丰富的经验资料。

参考文献

蔡宏进，1989，《乡村社会学》，台北：台湾三联书局。

曹宗平，2009，《中国城镇化之路——基于聚集经济理论的一个新视角》，北京：人民出版社。

陈宝敏，2000，《"农村城市化与乡镇企业的改革和发展"理论研讨会综述》，《经济研究》第12

期。

陈吉元、胡必亮，1994，《中国的三元经济结构与农业剩余劳动力转移》，《经济研究》第 4 期。

杜德印等，2013，《城镇化的出发点不应是拉动消费》，《北京晨报》3 月 9 日。

段雪梅，2006，《从城乡"二元"到城乡一体》，《商场现代化》11 月（中旬刊），总第 485 期。

恩格斯，2008，《共产主义原理》，载《马克思恩格斯全集》第四卷，北京：人民出版社。

费孝通，1999，《乡土重建》，载《费孝通文集》第四卷，北京：群言出版社。

——，2006，《中国绅士——城乡关系论集》，赵旭东、秦志杰译，北京：外语教学与研究出版社。

冯兰瑞，2001，《城镇化如何城市化》，《经济社会体制比较》第 4 期。

高帆、秦占欣，2003，《二元经济反差：一个新兴古典经济学的解释》，《经济科学》第 1 期。

国家统计局，2011，《中国城市化率历年统计数据（1949 ~ 2010）》，http：//wenku. baidu. com/view/d4a365f4f61fb7360b4c6560. html。

韩俊，2009，《中国城乡关系演变 60 年的回顾与展望》，《改革》12 月 19 日，中国改革论坛，www. 21Gwy. com。

华生，2009，《中国经济最大的结构失衡是城乡关系的失衡》，凤凰网财经，6 月 29 日，http：//finance. ifeng. com/topic/stock/tpyxjlt/hybd/20090629/857197. shtml。

华生、罗晓鹏、张学军、边勇壮，2008，《内需不足、结构失衡的主因与城乡统筹的主线——中国改革开放三十年：回顾、反思与前景（经济篇）之四》，http：//huashengblog. blog. 163. com/blog/static/10688684520081129043563。

黄坤明，2009，《城乡一体化路径演进研究：民本自发与政府自觉》，北京：科学出版社。

姜伟新，2010，《中国城市发展报告》，转引自《21 世纪经济报道》1 月 14 日。

蓝宇蕴，2005，《都市里的村庄——一个"新村共同体"的实地研究》，北京：生活·读书·新知三联书店。

李兵弟，2011，《下一个十年》，载《瞭望》（新闻周刊）3 月 12 日，http：//www. lwgcw. com/NewsShow。

李俊夫，2004，《城中村的改造》，北京：科学出版社。

李克强，1991，《论我国经济的三元结构》，《中国社会科学》第 3 期。

李培林，2002，《巨变：村落的终结——都市里的村庄研究》，《中国社会科学》第 1 期。

——，2011，《中国城市人口首次超过乡村新型城乡关系正在形成》，中国新闻网，www. news. cn。

李培林、渠敬东、杨雅彬主编，2009，《中国社会学经典导读》（上册），北京：社会科学文献出版社。

李庆梅，2010，《超二元经济理论国内研究述评》，《商业时代》第 32 期。

李泉，2005，《中外城乡关系问题研究综述》，《甘肃社会科学》第 4 期。

李争，2008，《我国城市化进程中郊区城市化问题分析》，http：//blog. sina. com. cn/s/blog_c1e55dfd0101df39. html。

李志刚、顾朝林，2011，《中国城市社会空间转型》，南京：东南大学出版社。

梁漱溟，1998，《乡村建设理论》，《梁漱溟全集》第二卷，济南：山东人民出版社。

林刚，2000，《关于我国经济的二元结构和三元结构问题》，《中国经济史研究》第 3 期。

林毅夫，2006，《基础设施建设是切入点》，《农民日报》4 月 11 日。

陆学艺，2000，《一国两策，城乡分治》，《读书》第 5 期。

——，2009，《破除城乡二元结构，实现城乡经济社会一体化》，《社会科学研究》第 4 期。

——，2010，《专家预测今年我国。城市化率达 50%　住建部着手防范伪城市化》，转引自《21 世纪经济报道》1 月 14 日。

马克思，1995，《共产主义原理》，《马克思恩格斯选集》第一卷，北京：人民出版社。

马耀鹏，2010，《制度与路径——社会主义经济制度变迁的历史与现实》，北京：人民出版社。

毛泽东，1991，《星星之火，可以燎原》，《毛泽东选集》第一卷，北京：人民出版社。

米尔斯，2005，《社会学的想像力》，陈强、张永强译，北京：生活·读书·新知三联书店。

秦晖，2006，《权利问题是农民问题的核心》，http：//ncdcw. net/Article_ Show. asp? ArticleID = 688。

清华大学"社会建设课题组"，2010，《十字路口的选择——重建权力，还是重建社会》，《南方周末》9 月 16 日。

渠敬东，2007，《坚持结构分析和机制分析相结合的学科视角，处理现代中国社会转型中的大问题》，《社会学研究》第 2 期。

沈红，2006，《结构与主体——激荡的文化社区石门坎》，北京：社会科学文献出版社。

斯格特，2010，《制度与组织——思想观念与物质利益》，姚伟等译，北京：中国人民大学出版社。

斯科特，2001，《农民的道义经济学：东南亚的生存与反抗》，程显、刘建等译，北京：译林出版社。

——，2004，《国家的视角》，王晓毅等译，北京：社会科学文献出版社。

孙立平，2005，《城乡"三元结构"的挑战》，载《21 世纪商业评论》2 月刊。

——，2006，《警惕权利与市场的结合》，http：//www. china-review. com/gao. asp？ id = 18007。

陶然、汪晖，2010，《土地制度改革：一个系统性的解决方案》，《国际经济评论》第 2 期。

王春光，2009，《改革开放三十年来中国城市化与社会结构变迁》，中国社会学网，http：//www. sociology. cass. cn/pws/wangchunguang/default. htm。

王德文、何宇鹏，2005，《城乡差距的本质、多面性与政策含义》，《中国农村观察》第 3 期。

王国敏，2004，《城乡统筹：从二元结构向一元结构的转换》，《西南民族大学学报（人文社科版）》第 9 期。

卫珑，2002，《关于我国城市化问题的讨论综述》，《经济学动态》第 6 期。

温家宝，2012，《短短几年中国城市化率超过 50%》，中国广播网，3 月 14 日，www. cnr. cn。

温铁军，1993，《国家资本再分配与民间资本再积累》，《新华文摘》12 月。

——，2001a，《"三农问题"的世纪反思》，《科学决策》第 1 期。

——，2001b，《资本积累、区域发展与地方政府行为》，在中国体改研究会 2001 年年会上的发言，http：//www. aisixiang. com/data/47530. htm。

——，2004，《中国的问题根本上是农民问题》，载《北京党史》第 5 期。

——，2010，《中国农业发展方向的转变和政策导向：基于国际比较研究的视角》，《农业经济问题》第 10 期。

——，2011，《城市化没有成功先例城镇化才是中国路子》，凤凰网，1 月 12 日。

吴钧，2013，《城镇化的两点历史经验》，《南方周末》5月9日。

吴伟东、冯玉华、贾生华，1988a，《我国三元结构问题初探》，《农业经济问题》5期。

——1988b，《我国三元经济结构转换过程中的矛盾与冲突》，《农村金融研究》第8期。

武力，2009，《城乡关系两次转向》，《乡音》第6期。

夏延芳、李学林，2012，《中国郊区城市化研究述评及展望》，《学术研究》第6期。

夏永祥，2006，《中国的二元社会结构与农民权益问题》，《中国改革论坛》5月24日。

项飙，2000，《跨越边界的社区——北京浙江村的生活史》，北京：生活·读书·新知三联书店。

肖明，2010，《专家预测今年我国城市化率达50%　住建部着手防范伪城市化》，转引自《21世纪经济报道》1月14日。

谢培秀，2008，《城乡要素流动与中国二元经济结构转换——可计算一般均衡（CGE）模型实证分析》，北京：中国经济出版社。

谢文蕙、邓卫，2002，《城市经济学》，北京：清华大学出版社。

徐勇，2010，《从"以农立国"到"统筹城乡发展"：中国发展道路——历史制度主义的视角》，《华中师范大学学报》第4期。

薛暮桥，1980，《旧中国的农村经济》（原名《中国农村经济常识》），北京：农业出版社。

杨敏、王娟娟，2013，《三元化利益格局下"身份—权利—待遇"体系的重建——走向包容、公平、共享的新型城市化》，《学习与实践》第4期。

杨小凯、张永生，2002，《新古典城市化理论》，载《新兴古典经济学与超边际分析》，北京：社会科学文献出版社。

杨学成、汪东梅，2002，《我国不同规模城市的经济效益和经济成长力的实证研究》，《管理世界》第3期。

约翰逊，2004，《经济发展中的农业、农村、农民问题》，林毅夫、赵耀辉编译，北京：商务印书局。

张英洪，2011，《不能忽视双重城乡"二元结构"》，《农民日报》5月9日。

张雨林，1988，《试论城乡一体化》，《社会学研究》第5期。

张兆曙，2010，《"大树进城"中的城乡关系》，《人文杂志》第4期。

赵保佑主编，2009，《统筹城乡经济协调发展与科学评价》，北京：社会科学文献出版社。

赵新平、周一星，2002，《改革以来中国城市化道路及城市化理论研究述评》，《中国社会科学》第2期。

折晓叶，1997，《村庄的再造》，北京：中国社会科学出版社。

——2008，《合作与非对抗性抵制》，《社会学研究》第4期。

折晓叶、陈婴婴，2000，《社区的实践》，杭州：浙江人民出版社。

——2009，《县（市）域发展与社会性基础设施建设——对太仓新实践的几点思考》，载《江苏模式与太仓实践》，北京：社会科学文献出版社。

周飞舟，2006，《分税制十年：制度及其影响》，《中国社会科学》第6期。

周潇，2011，《反学校文化与阶级再生产："小子"与"子弟"之比较》，《社会》第5期。

周雪光，2003，《组织社会学十讲》，北京：社会科学文献出版社。

周雪光、艾云，2010，《多重逻辑下的制度变迁：一个分析框架——以村庄选举领域为例》，《中国社会科学》第 4 期。

周雪光、刘世定、折晓叶主编，2012，《国家建设与政府行为》之"导言"，北京：中国社会科学出版社。

朱志萍，2008，《城乡二元结构的制度变迁与城乡一体化》，《软科学》第 6 期。

（作者单位：中国社会科学院社会发展战略研究院）

组织变革和体制治理

——企业中的劳动关系

渠敬东　闻　翔

摘要　劳动关系是中国百年现代史的重要主题。近代中国经济组织（比如企业组织）的出现及其带来的社会关系的变迁和重组，产业阶级关系的兴起以及随之形成的新的社会风习和变革浪潮，是我们理解现代社会发展进程的一个重要枢纽。本文以占有、经营与治理三维框架为分析工具，着重考察了 20 世纪 70 年代末到 90 年代初这段时期，国营企业（包括作为其"二级产权单位"的集体制企业）劳动关系的一般特点。分析表明，虽然国营企业在 80 年代逐步试图突破计划体制，开始运用市场化的办法来解决企业经营和管理等问题，但这种改革因在占有、经营和治理等三个维度上的复杂变化，使得企业并没有全面完成市场化的调试，同时也在一定程度上削弱了组织团结的基础，导致国营企业在 90 年代的全面市场化过程中面临更为严重的问题。

关键词　国有企业　劳动关系　占有　经营　治理

一　劳动关系作为中国百年现代史的主题

中国社会发展的现代进程已历经了一百余年，对于如此巨变的认识和理解，近代人士曾从器物、制度、思想等各项社会改造的角度来加以阐发，当下的学术界亦从思想流变、政治更迭、社会演进、制度变迁或文化转型等方面做了大量研究。事实上，如果从社会结构的演化看，再从比较微观的细处看，近代中国经济组织，如企业组织的出现及其带来的社会关系的变迁和重组，产业阶级关系的兴起以及随之形成的新的社会风习和变革浪潮，也是我们理解现代社会发展进程的一个重要枢纽。

自洋务和维新运动始，社会组织领域的革新便已肇发，这种变化反映在政治和社会经济诸领域中，比如在政治上，晚清以"合群立会"等形态形成的政治共同体和新党，逐渐改变了中国社会原有的皇权和朋党政治格局；而无论是官办还是商办的企业组织，则一改中国原有的以封建制或家产制为核心的社会经济结构，在原有的"家""国"体系之间，开始构造一个新的群体组织系统。由此角度来看，中国的现代化历程，恰恰表现为这一中间组织形态的出现，在传统的"亲亲""尊尊"之结构之内，又加了一层以现代观念为基础的人民共和体制，社会组织作为其中的纽带，在上表现为政党组织，在下则表现为企业组织或基层自治共同体的民间秩序。可以说，从清末民初起，中国现代的整体社会格局开始呈现出基本的雏形，这一点，无论在康有为、梁启超的"合群立会"说，还是在严复"群学"意义上的新民思想，或是在孙中山的"民权"和"民生"等政治理念中，群体或组织性的新社会形态，都起到了由传统向现代的社会结构变迁中的动力作用。而由此形成的"国家"与"民众"、"劳动"与"资本"等社会关系的基本矛盾，逐渐成为中国政治与社会未来百年演化的主旋律。

20世纪20年代，随着乡土工业的破产和农村地权的集中外流，农工互补的经济结构面临瓦解（费孝通，2001），大量农村劳动力因此流入城市、进入工厂，中国传统社会已然发生了重大结构变化，以资本为核心组成的新的社会经济领域，开始成为决定政治关系和社会关系变革的根本力量。[①] 在这股力量的背后，始终渗透着几个根本问题：一是帝国主义的殖民，往往表现为资本市场对中国的征服；二是封建势力也常常调动资本资源，通过买办等形式强化了政治经济关系的深刻变化；三是资本主义生产方式必然在促生产业组织的同时，造成资产者和无产者的阶级分化。在这个意义上，劳工问题的社会学意义越发凸显，构成了中国现代化进程中的核心矛盾之一。

对于反映在劳工阶级问题上的社会急剧变迁，不同学者和不同流派有着不同的认识。这些不同的判断，并非仅限于对于雇主与劳工、资本与劳动之关系的单向认识上，而多是从现代化进程中凸显出来的劳工问题出发，来揭示中国社会结构变迁的深刻根源、影响和未来社会建设的方案。可以说，从20年代有关中国社会性质的三次论战起，劳工问题的研究不仅成为认识中国的一门显学，也构成了此后二三十年间开启学术和政治不同道路的一个重要起点。此后，马克思主义、无政府主义、民族主义、民粹主义、保守主义、西化论、进化论和历史循环论等观点，都登上了历史舞台，都深刻反映在对于劳工这一新兴阶级的不同认

---

① 陶希圣认为："中国社会是含有封建要素的前资本主义社会，现正在外国资本统治之下，由资本主义化尤其是金融资本与商人资本结合剥削之中，转化为依国民革命而实现的民生主义社会。"（参见陶希圣，1930：32~33）。

识上。

首先，随着工业化和资本化的社会发展趋势，中国社会的基本结构，已经不可避免地从家族本位结构转向以劳工阶级核心家庭为基础的小家庭社会。这意味着，这些分散的小家庭不再受传统社会中庞大的家族关系网络所构成的多重社会保护，反而进一步削弱了传统社会结构的基础。同时，以微薄的货币收入为主要来源的劳工家庭基本经济结构，突破了小农经济的机制，开始使更多的民众直接面临更大的市场和金融风险，很容易陷入赤贫化的破产境地，从而形成庞大的城市贫民阶级[①]。陶孟和在《北平生活费之分析》中通过 48 个工人家庭的家计统计数据显示，工人家庭以每家四五口人为主，约占总数的五分之三，且家庭结构一般为夫妻二人及其子女。这表明，"工人家庭实与现代之小家庭制度相符"，由此陶孟和推断，"中国之旧式大家庭，现仅通行于乡间及富户，而新式小家庭则常见于城市及贫民阶级"（陶孟和，2005）。可以说，正是产业组织的形成，弱化了传统家族的整体社会功能，并通过改变其结构，使得产业阶层越来越倾向于构建核心家庭，却丧失了传统大家庭的保护，从而构成了社会变迁的矛盾焦点。

其次，随着产业组织的兴起和产业工人队伍的壮大，而且缺乏有效的疏通机制，致使劳资矛盾迅速升级，社会底层兴起了广泛而激烈的社会运动（徐思彦，1992）。1926 年，陈达发表《近八年来国内罢工的分析》，1927 年又发表《民国十五年来罢工的分析》。与正统的工人运动史研究将罢工视为工人阶级对资本从自在到自为的反抗不同，陈达对罢工的研究则更为关注罢工与政党政治、民族意识和帮派斗争之间的关联（陈达，1929：140～249）。在陈达看来，劳工运动不是孤立的，而是和别种社会运动有连带的关系，后者包括国民革命运动、社会主义运动、学生运动、农民运动、爱国运动等等（陈达，1929：578）。由此可见，中国产业组织中发生的事情，已经远不限于企业内部或单向度的劳资关系。产业组织内部的矛盾，已经逐步演化为劳工阶层与整体社会的关联，及其所带动的社会运动方向。并且，产业这种新的经济组织形态与政党这种新的政治组织形态密切结合在一起，在更大程度上决定了中国社会的未来走向。

在劳工立法方面，陈达对于国民政府 1929 年颁布的《劳工法》提出批评，认为法律制定在理念上远远超出了社会现实可适应和容纳的范围，造成了两者之间的脱节。陈达引证德国法学家萨维尼的观点指出，法律与民风之间必须建立比较恰切的关系。"沙氏（萨维尼）的见解切中我国的通病"，"我国近二十年来的

---

① 有关当时贫困人口的统计和分析，详见柯象峰，1937。

社会立法，有许多地方俱系模仿他国的成文法，但因我国的立法者未曾精讨我国的民风，所以这些法律，不能施行"。具体到《劳工法》，陈达指出，南京国民政府的"劳资争议处理法关于调解及仲裁，采取海洋洲、加拿大、英吉利的制度。工厂法关于最低工资部分采取海洋及国际劳工局的办法；关于工厂会议采取苏联的制度"。（陈达，1946：241）这些劳工立法是"先有法律，然后希望工业和趋势和立法的旨趣相符"。陈达提出，"法律须随社会习惯而变迁，随工业制度而变迁，如此法律可与社会情形迎合，不致先有法律，然后又社会或工业的变迁。"（陈达，1929：557~558）"以后的努力，分明是要尽先研究人民的习惯，由习惯编定法律，庶几法律可在社会里畅行无碍。"（陈达，1946：241）与陈达的立场一致，方显廷也批评《工厂法》"与我国现在之工业实况毫不相关"，因而"碍难实施，只可堆积案头，以壮观胆耳"（方显廷，1933：1447）。

产业组织形成的基础，以及劳动关系的最终载体，是"工厂制度"（factory regime）的确立。从微观的视角来考察工厂这种组织形态，既可以看到社会整体急速变迁所产生的结构和机制效应，也可以窥察到这种新型组织扎根于本土社会中的一些突出特征。这一时期，学者对于工厂制度的认识，在学理上表现为两个方向。一是对于传统封建制因素与现代资本剥夺相结合的工厂制度的批判；二是对于如何通过结合传统制度资源来确立一种适合中国情势的产业组织形态而做的探索。前者以对"包身制"的研究批判力度最强，孙冶方将包身制视为"现代中国社会的各种前期资本主义的劳动形式之一"（孙冶方，1998：27~36），陈翰笙对上海日本纱厂包身制的调查也指出包身制"实为现代劳动雇佣制度在中国特有之征象"。[1]

与此思路不同，吴知和方显廷在1930年代对河北高阳乡村织布业的研究，旨在探讨乡村工业的产业模式在中国现代化发展中的可能性。他们的研究指出，一方面，高阳的商人雇主制度，富于伸缩性，能够适应环境变迁，因而每每能度过危机；另一方面，又具有个人主义的特点，"每遇公共利益之事，则极度缺乏组织能力与一致行动"（方显廷，1933：515），且无论商人之间还是织户之间都缺乏组织。因此，他们主张以合作制弥补商人雇主制的缺点，从而使得此种乡村工业生存和维系下来，且发挥对于地方社会的整合功能。上述主张与费孝通的"乡土工业"说有很多切合之处。有趣的是，在"魁阁"深受费孝通影响的史国衡，于1940年代对于昆明某军工厂进行实地调查研究，提出新式工厂组织并不

---

① 韩起澜在1980年代的研究则质疑了这一点，她认为上海青帮的势力及其对劳动力市场的把持才是包身制产生的根本原因（参见韩起澜，1987：129~138）。

能形成传统的社会团结。费孝通将这种现象称为"因新工业兴起而发生的社会解组"。在费孝通看来，"工业建设不只是盖厂房，装机器；而是一种新社会组织的建立。……在这工业组织中一切参加的人必须有高度的契洽"。费孝通认为，这种高度契洽的关系在农工互补的传统社会中是存在的，"在过去传统社会中确曾发生过契洽，每个人都能充分领略人生的意义"，但是"这种传统组织并不能应用新的技术。新技术已因分工的精密，使我们互相依赖为生的团体范围扩大到整个人群"。"新兴的工厂组织并不能形成传统的社会团结。"（费孝通，1946：223）由此看来，两人的这种判断，着实为中国的现代转型提出了一个经典难题：任何一场社会变革，若不能将组织制度与其中的参与者形成全面的高度契洽关系，任何全新的社会体制若不能与本土的社会配置形成有效整合关系，就无法走上适合自身发展的道路。

不过，在那一时期的马克思主义学者看来，上述旨在从劳资矛盾出发而提出的诸种社会建设方案，只是基于产业组织及其结构效应的分析而做出的判断，所见的只是树木，还未见森林。中国现代产业组织的出现，以及依据雇佣关系而形成的阶级关系，其根源并非仅仅缘于企业这种组织形态之内，或者仅仅归结为传统社会结构的崩坏。陈翰笙在《帝国主义工业资本与中国农民》一书中，就曾通过具体考察英美烟草公司对于中国原材料市场生产和交易的布局、对于烟农工资和烟草价格的操控，以及对于国际烟草市场的垄断经营，描述了一个国际托拉斯如何将国家主权、地方封建势力、商业市场、地租等因素绑架起来，获取最大程度的政治和经济利益的过程（陈翰笙，1984：82）。在此意义上，陈翰笙认为毛泽东在《论联合政府》中对时局的判断是正确的："政治不改革，一切生产力都遭到破坏的命运，农业如此，工业也如此"；"在一个半殖民地、半封建的、分裂的中国里，要想发展工业，建设国防，福利人民，求得国家的富强，多少年来多数人做过这种梦，但是一概幻灭了"。（毛泽东，1953）

反封建主义也是政治革命的题中之意，即要建设社会，就必须革除一切遗存的封建因素，通过土地革命和生产资料的重新分配，将劳动价值而非资本提升为全新的生产关系的基础。由此，毛泽东提出了一个革命化的社会建设方案。在"新民主主义的经济"一节中，毛泽东指出："大银行、大工业、大商业，归这个共和国的国家所有"；"这个共和国将采取某种必要的方法，没收地主的土地，分配给无地和少地的农民，实行中山先生'耕者有其田'的口号，扫除农村中的封建关系，把土地变为农民的私产"。总言之，"中国的经济，一定要走'节制资本'和'平均地权'的路，决不能是'少数人所得而私'，决不能让少数资本家少数地主'操纵国民生计'，决不能建立欧美式的资本主义社会，也决不能

还是旧的半封建社会。谁要是敢于违反这个方向，他就一定达不到目的，他就自己要碰破头的。"（毛泽东，1953）

由此我们可见，虽然清末民初以来，很多人一直致力于在新兴的劳动关系中将传统因素与现代因素融合起来，但历史的轨迹却竭力碾过一切封建的、资本的因素，而朝向一个单向化的劳动关系努力迈进。然而，一切历史都是全体的历史，即便有强大的体制，很多被抑制的因素仍会潜伏着，一旦有了时机，就会焕发活力，发挥它们特有的作用。

二　从占有、经营和治理的视角看劳动关系的演变

从占有、经营和治理三个维度，对中国特定的政治体制下企业组织与其成员之间的关系作一分析，是一种带有理论意义的尝试。在我们看来，从最基本的理论层面出发，企业作为一种特定的组织形式，可看作按照占有、经营和治理三个维度来构成的，并透过这三个维度表现出其特有的政治性、经济性和社会性特征，并由此形成其特有的权利结构、权力关系及其运作的机制。事实上，由这三个层面决定的企业的性质，不仅会对企业的组织结构、制度安排和资源配置做出规定，同时也会影响到企业成员的身份资格、权利形态和行为模式，而所有这些，都构成了决定企业内部员工参与的重要因素。此前，曾有过针对乡镇企业的分析（渠敬东，2013），本文则多少着重国有企业作简要的分析。

"占有"有三种形态：私有制、公有制和共有制。[①]

以私有制为基础的占有形态，是通过财产获得和继承的所有权定义，肯定了财富的不平等占有前提，并由此确立了企业组织的私人性占有主体（参见科斯，1994；埃格特森，1996：139～142）。法权上企业归私人所有，所有者的权利和权力让渡均由所有者决定，也可通过代理委托等方式实行，但最终的权利主体仍为所有者。在这种形态中，企业中占有权具有独占性质，而且具有严格意义上的排他性，并由此确立典型的自由企业制度及法人治理结构。

以公有制为基础的占有形态，是将社会全体的生产结构纳入合理化的资源再分配结构之中。因此，公有制的权利结构是以全体占有为基础的，一般不以资本积累为优先原则，而以所有人的平等权利及其保护机制为优先原则，权利让渡仅

---

① 关于这三种理想型，许多经济学家都有论述，参见阿尔钦，1992；德姆塞茨，2007。

或以代表制①或以集权制的方式进行，由此确立企业的基本权利结构和最高权力机构。因此，公有制经济的核心是分配运动和再分配运动，即资本—物通过中央机构逐层划拨。塞勒尼认为，再分配体制的特征与自由经济体制不同，它不像市场经济那样最大限度地扩大生产，而是最大限度地减少个人消费，并保证集体消费。因而，消费决策权才会从个体消费者那里转移到政府手中，并将剩余从利润好的企业重新分配给利润差的企业，从而保护企业间的平等权利（塞勒尼等，2010：42~43）。科尔奈认为，再分配者通常试图将他们所能控制的剩余数量最大化，从而扩大其再分配权力（Kornai，1959）。

相比于私有制和公有制，共有制一般强调共同体意义上的传统习惯和文化资源，认为企业组织多少具有传统上的教会、团契、行会、村落或家族共同体的结构特征，建立在共同占有的基础上。共有制即是一定意义上的集体所有制，尤其强调组织内部的社会连带因素，如习俗、仪式、情理和亲密关系等传统上的道德纽带，即成员对组织的归属和认同。这种企业组织反映出非资本主义的特征，而将企业的性质更大程度地落实在职业分层上。在企业间，上述模式容易将企业的一些权利让渡给行业间的社会性组织，通过行业合作来降低竞争风险，确保组织的归属和认同继续维持下去，强化社会纽带的团结力量（涂尔干，2001，2003）。"在共有财产体制下，共有产权在最大化时没有考虑许多成本。一个共有权利的所有者不可能排斥其他人分享他努力的果实，而且所有成员联合达成一个最优行为协议的商谈成本非常高。"（德姆塞茨，2007：267~268）

经营是企业为实现自身的效益目标而形成的制度和人员安排结构。这是企业与其他一般社会领域的根本区别。企业是一种营利性组织。营利，作为经营活动的一个根本特征，就是争取机会获得对财务的处分权；理性的经济性营利所持有的货币计算形式，叫作资本计算，即对营利机会与营利损益所做的估算和监控。一般而言，经营者都位于企业中上层，即决策者和各级执行及其监管者，这与企业的效用特征有紧密关系。企业的经营结构是一种纵向的指令性结构，是一种科层化体制。②

---

① 新中国成立后三十年间国有企业的职工代表大会制度就是名义上的代表制。在理想情况下，企业内部完全是靠各层级的参与关系、制度及机制来保证运行的，职工作为权利主体，可在经营和治理上将权利让渡给他的代表，即由被选举出来的职工代表来执行企业的最高决策。

② 在这个意义上，马克斯·韦伯对资本主义制度有着一套独特的理解：①企业家独占货币经营手段，以作为预付劳动者的办法，企业家拥有基于生产信用和对生产物的处分权而掌握财物生产的管理权；②基于先前对市场知识的独占，资本家占有生产物的买卖权，并根据独占性团体秩序占有市场机会的货币经营手段；③劳动者发生内在的纪律化；④劳动者与生产手段的分离；⑤所有物质性生产手段都转化为资本。管理者也与生产手段分离，而在形式上转变为官僚，企业拥有者实际上则成为信用提供者（银行）的代理人（参见韦伯，2005a：123~124）。

我们大体可从威权型的、法理型的和代理型的三种结构来把握经营活动的类型。

威权型的经营一般在资本主义初期和企业创业阶段出现，即企业占有者本身作为经营者，以其个人（或群体）的理念、动机、资本实力和个人能力为核心，来支配或实现企业资本运作和生产经营。占有者将占有的排他性扩展到经营的一切领域，而实施企业组织内部的专制性垄断。威权型经营模式中命令和纪律所产生的效用是最大的，但法理型的经营体制所贯彻的是事本主义原则：并非完全按照占有权的结构来安排经营权的结构，而是根据理性的、技术的、专业的和知识的要求来合理配置企业资源、组织形态和经营渠道，从生产流程、工艺、流通、销售等环节内在要求的合理秩序出发，来设计分工组织和管理制度，从而完成总体的经营目标。科层制强调形式理性的精神，努力将全部经营人员都理解成为知识型和技术型的专业化人才。这种明显的形式化特征，使得不受个人因素影响的精神取得主导地位，其责任亦与个人的情感与意志无关（韦伯，2005b：307 ~ 322）。

委托—代理关系的形成，是指委托人将占有意义上的权利转化成为代理人经营意义上的权利，事实上实现了一种权利的让渡。这种经营模式的前提，是占有者仅具有占有的权利，而将占有所决定的资产使用权委托给（一般不具有占有权的）代理人，即企业的经营决策权交由代理人执行。在委托—代理关系中，两者的身份和权利是明晰的，因为占有权与经营权发生了事实上的分离，而且，经营权是占有者通过合约方式自愿让渡的。占有者之所以要委托，经营者之所以能代理，是因为代理人具有明显的管理、专业或信息等方面的比较优势（Grossman & Hart，1983：7-45）。因此，在委托—代理的权利结构中，便出现了明显的信息不对称问题，一是逆向选择（adverse selection），即在交易前，信息居于劣势的委托方不一定能够正确选择具有较高素质的代理方；二是"代理风险"（agency hazard），即在交易发生后，有信息优势的代理人可能利用信息不对称而故意采取有利于自己而损害委托人利益的行为。

治理（governance）概念的提出，意味着我们不能将企业组织理解为一个纯粹自足的系统。相反，它嵌入整个社会结构及其国家制度环境之中，特别是在一种未规范化、未定型化的变迁状态中，其占有关系和经营关系，在更大程度上会受到体制、意识形态和社会习俗的影响。

体制（regime），是指国家在政治、经济、意识形态上的一种受到国家意志及法律界定的规范化的治理制度。在组织活动与国家体制的互动中，既要借助体制资源的配置，又要通过构建一种对体制的对张关系来保持自身的独立性

（Polanyi，1951）。这本质上是一种嵌入关系。不过，嵌入关系并不是一种依附关系。波兰尼的经济史考察毕竟是有其政治体制之前提的，即 19 世纪英国宪政政体为产业的个体占有权和经营权留出了生存空间，为自由市场的意识形态留出了散布空间。相比而言，塞勒尼则充分发展了波兰尼的"再分配"理论："事实上，用波兰尼的术语来说，这样描述中国也许最为准确：在中国这种社会型构中，通过一个中央再分配等级制以及各种省级和省内市场，地方国家社会主义社会得以整合起来"（塞勒尼等，2010b：53）。波兰尼和塞勒尼的研究意味着，任何一个系统都不是独立存在的，无论是市场体系、企业组织体系，或者是庞大的国家体系，都需要与其他系统相互嵌合而存在。不过，这种嵌合过程还是个动态的过程。正如波兰尼所揭示的那样，市场体系与国家体制之间实际上是一种"嵌入"和"脱嵌"的关系，不仅其形成过程需要国家等非经济因素的有效配给，而且还会自发产生社会的保护性反应，通过社会运动来维持自身系统的存在。同样，在社会主义体制中，国家在常规的科层制治理外，还需要不断掀起各种体制性的运动机制①，来调动和控制各类社会性因素。

嵌入性概念的提出，一方面，意味着任何单一体制的治理并不是自足的，它必须始终在"嵌入"和"脱嵌"的动态过程中辗转腾挪，形成一种多重的治理体制；另一方面，体制治理的不自足性还表现为，这种治理之所以能够有效运转，所依赖的不仅仅是强制性的制度作用或制度规范，而需要一整套的程序、技术和知识。换言之，无论是常规性的治理，还是运动性的治理，都需要治理双方用一种可内化的知识技术甚至由此达成的合意性认同，才能从意识形态上实现治理的效能。现代体制将治人与治事复合起来，确立了一套把人的财富、资源和谋生手段，习俗、习惯、行为和思维方式，乃至饥荒、流行病和死亡等事故通通统合起来的治理系统，进而将私人生活和组织生活都置入"公共效用"（public utility）的范畴之中（参看福柯，2001；2010：84）。

在《论法的精神》中，孟德斯鸠曾提出一个富有创见的见解：如果我们从"法"，即"来源于事物本性的必然关系"出发，要探究国家运行的基本规则，就不仅要考察政体的性质，即一个体制的制度结构，更要考察这种政体的本原，即那些能够让政体运动起来的人们的情感构成（孟德斯鸠，1993：19~29）。换言之，构成社会秩序的，既缺不了恰当的治理体制，更少不了与这种体制相适应的情感基础，这即是社会学家们常说的"民情"或"民风"（mores）的概念。

---

① 冯仕政认为，"国家运动"的含义非常广泛，包括国家各级部门和政府为了完成特定政治、经济或其他任务而发起和组织的所有运动（参见冯仕政，2011）。

在体制治理与民情治理的互动中，社会学家往往采用"变通""非正式制度""准正式程序"等说法，来描述基层政府或社会在解决实际问题时偏离官方话语体系或正式制度安排的做法，但这种论证方法既容易忽视民情结构中的制度枢纽（如严格的宗教仪轨、祭祀礼仪和乡约族规等），也容易忽视所谓文化中隐藏着的主导治理结构的逻辑链条。[①]

可以说，体制、知识和民情等不同维度上的治理机制，从不同方向上拓展了不同的治理逻辑，并相互作用成为一个多元复合的治理结构。它们不仅可重新界定经济活动中的占有和经营关系，同时也可在不同的地域、文化和历史传统中，形成主导这些经济关系的不同尺度和准则。乡镇企业发展中曾出现的不同模式，其形成彼此差异的根源，不仅在于各种占有关系的不同组合方式，以及经营上不同的合约和代理关系，也在于在不同治理面向上表现出来的治理关系的差别。

从上文可看到，占有、经营与治理构成了我们考察企业性质及其结构的三个重要维度，而且，在每一个维度内，从理论和历史的角度都可以找到不同的类型划分，由此足可发现企业组织本身的复杂性。更为复杂的是，根据社会政治经济环境的生态效应，以及不同的具体历史情势，这些类型反过来又在三个维度上彼此穿插组合，构成了各种各样的企业类型及其属性。事实上，不同企业组织的构成要素不同，这些要素的组合方式不同，决定了不同企业的不同性质，同时也决定了企业与其成员间的各种复杂关联，企业组织内部在三个维度上的权利结构及其在三个维度上所配置的权力关系都是与之相应的。而权利结构和权力关系的形成，也直接决定了企业的行动机会、行为选择、资源配置等结构性要件，而所有这些共同决定了企业与其成员之间的性质及其运作机制。

三 承包制下的国有企业治理

借用占有、经营与治理这样的分析工具，本文着重考察20世纪70年代末到90年代初这段时期，国有企业劳动关系的一般特点。1978年，是当代中国史的一个分水岭，整个社会一改前三十年因循一种以总体性支配或将这种支配动员为群众性运动的方式来实现治理的局面，而是在改革的不同阶段中采取了不同的策略，使社会经济诸领域得到不同程度、不同范围的发育和发展。在改革的前十年，以双轨制为核心机制的二元社会结构占据着主导地位，在农村和城市广泛采

[①] 参见杜赞奇的研究给出的启示，见 Duara，1988。

用的承包制，既培育了来自基层社会的社会经济力量，也运用了集体制这种模糊产权的模式来解决原有计划经济体制存在的结构问题；随后，自 90 年代以来，中央政府广泛推动市场化改革，催生了中国民营经济的迅速发展，而其间的分税制改革从根本上改变了中央与地方政府之间的关系，从而使社会结构开始在市场与权力的互动过程中形成了新的格局。

自 20 世纪 70 年代末起，从广大农村全面铺展的家庭联产承包责任制，到社队企业的承包制改革，到国营企业放权让利所推行的厂长（经理）承包经营责任制，再到从中央到地方按照"下管一级"逐级分包的财政包干制①，甚至是经济特区战略的实施，无不是用承包话语来统领上上下下掀起的改革浪潮。这其中，国营企业的承包制改革对于改革后二十年的影响是极其深刻的，不仅关系到国营企业的转制走向，关系到大批国家职工的身份转化和劳动关系调整，甚至关系到整个国家治理体制的未来转变。

承包制改革的政治性意涵是非常明显的。双轨体制的政治含义，是在这样一种判断上得以体现的：仅靠存量体制的常规治理，无法有效实现改革目标，只有通过扩充增量才能突破存量体制的束缚，凸显体制改革的方向。在这个意义上，"摸着石头过河"，首先在增量上"解放思想"，大胆探索，才能逐步明确政治治理的新方向；通过搁置姓"资"姓"社"问题，看看哪一种发展路径更有成效，才能有机会进一步确立改革体制的政治正当性。邓小平曾经这样说过："我们的改革和开放是从经济方面开始的，首先是从农村开始的。……农村改革的成功增加了我们的信心，我们把农村改革的经验运用到城市，进行了以城市为重点的全面经济体制改革。"② 对于要不要改变农村家庭联产承包责任制这样的政策，邓小平说："我说不能动"，因为，"一动人们就会说政策变了，得不偿失"。（邓小平，1993：371）③

就此而言，承包制改革颇像是一场内含着一种新的国家治理理念的政治运动，而率先在农业或乡村工业领域实施的试验，则是这一体制改革的序幕。不过，掀起这场政治运动的路径，是遵循双轨制的原则来进行的。它不像以往的政

---

① 财政包干制的雏形从 1980 年就开始形成，中央与 15 个省实行的是"划分收支、分级包干"的财政体制，到 1985 年得到进一步完善和推广，实行的是"划分税种、核定收支、分级包干"的财政体制。

② 参见邓小平同志 1987 年 6 月会见南斯拉夫共产主义者联盟中央主席团委员科罗舍茨时的谈话（邓小平，1993：164）。

③ 1983 年 1 月，中央印发《当前农村经济政策的若干问题》，指出党的十一届三中全会以来，我国农村发生了许多重大变化。其中，影响最深远的是，普遍实行了多种形式的农业生产责任制，而联产承包制又越来越成为主要形式。联产承包制是在党的领导下我国农民的伟大创造，是马克思主义农业合作化理论在我国实践中的新发展。同月，邓小平在同国家计委、国家经委和农业部门负责同志的谈话中说："农业搞承包大户我赞成。现在放得还不够。农业文章很多，我们还没有破题。"

治运动那样，通过专断权力（arbitrary power）从个人或中心体制的单向意志出发来实施全面动员和全面参与（周雪光，2012），而是从边缘而非中心，从体制外而非体制内起步，在体制内外之间的建立一种循序渐进的突破与制衡、刺激与反应的转变次序。具体来说，就是将农业领域联产承包的成功经验推进到乡镇企业的工业化改革，从乡村工业的承包制改革推进到国营企业的承包制改革，再进一步推进到行政体制改革的范围（财政包干制改变了原有的中央与地方的单向治理关系），甚至最终专门拿出几块地来，在经济特区另搞一套体制来推行改革意志①。在每一次承包制改革的节点上，增量部分都从体制外出发实施制度创新，引发对相应的存量体制的剧烈刺激，同时又在另一方面依托相应的存量体制来获取资源，借助市场化途径获得竞争优势。

中国的国营企业改革的起步并不比农村改革晚。事实上，在十一届三中全会之前，四川的国营企业改革便已经开始。② 国营企业的改革，实则是中央政府实施全面经济体制改革的重要突破口，也是试图逐步通过分权的方式克服原有的计划经济模式的最初努力。③ 改革开放初期的国营企业改革正是本着克服国营企业长期以来政企不分、效率低下、人浮于事、呆板僵死的状况而实施的。特别是1979年和1984年国务院两次下达的有关扩大国营企业经营管理自主权的规定，从生产经营计划权、产品销售权、产品定价权、物资选购权、资金使用权、资产处置权、机构设置权、人事劳动权、工资奖金使用权、联合经营权等十个方面开

---

① 杨小凯认为，经济特区实际上是对中国台湾地区和其他资本主义国家出口加工区和自由贸易区的直接仿效（参见杨小凯，2000）。

② 1978年10月，经国务院批准，四川省以重庆钢铁公司等六家地方国营企业为试点，率先进行"扩大企业自主权"改革，其主要内容是：逐户核定企业的利润指标，规定当年的增产增收目标，允许企业在年终完成计划后提留少量利润作为企业基金，允许企业给职工发放少量奖金，允许企业从事国家指令性计划之外的生产，允许出口企业保留部分外汇收入自主支配。1979年1月，四川省将六个试点单位增加到一百个，同时在国营商业企业中也进行了扩大经营管理自主权的实验。同年，首都钢铁公司也纳入试点计划之中，这是具有标志性意义的（郑海航，2008：30~31）。

③ 1957年中国自社会主义改造后，基本上建立的计划经济体制，几乎所有企业都成为了国有企业，不再有私人企业等各种所有制形式。在这种体制下，所有企业都被纳入国家政府高度集权的计划下，企业的人事权、经营权、分配权以及职工的各种收益和福利皆有国家按照统一标准任免、调拨和规定，企业完全成为没有独立权利、独立利益和独立责任的附属性组织；或者更准确地说，企业成为一种政府安排下的完成指令性任务和经营目标的下属行政组织。在管理体制上，国家对企业"统一领导、分级管理"，国有企业基本上分为中央管理和中央与地方共同管理的两类，其中中央直管的企业占工业总产值的一半。在计划配置上，国家计划几乎规定了企业所有的经营活动，在产值、产量、产品、技术、资金、劳动生产率、工资总额和平均工资等各方面，均采用主管行政部门每年下达的计划指标来规定，企业按规定填写40多种报表及时上报。在投资管理上，国家严格审核和批准各投资项目，企业无任何投资决策权。在财务管理上，国家对企业实行"统收统支"的管理制度，企业所需要的规定资金完全按照企业的隶属关系由中央政府和地方政府财政无偿下拨，国家财政部门和企业主管部门对国营企业的流动资金计划定额核定，企业则按照隶属关系将全部折旧基金和大部分利润上缴中央和地方政府。在产品流通上，国家对企业产品和原材料实施"统购包销"，进行分配和定价的统一管理。

起了为国营企业分权的第一次浪潮。

80 年代，企业改革采取了放权、包干和承包的三部曲。围绕"扩大企业经营管理自主权"的改革，乃是突破计划体制下企业困境的一种努力。这种改革的步骤，是从两个方向上展开的，一是通过将企业经营与计划指令逐步分开，来扩大企业的自主性，提高企业的生产效率；二是通过改变企业内部的分配制度，以企业的利润提成为基础，按照"多劳多得"的原则改变企业以往在计划体制下平均主义的分配体制，从而实现劳动激励。这里应该注意的是，由于国营企业改革采取的是渐进的方针，并未触及企业内部的治理结构和企业外部的制度环境，因此国营企业在总体上依然按照计划经济和单位组织的形式来运行，企业的社会福利化并未从根本上发生改变。广大职工在现有国家分配的体制上，会在企业一定范围内的包干经营上以奖金的形式分得更多的收入，尽管这种收入十分有限，而且更大部分的企业利润都通过承包制和集体制的方式被企业代理人转移出去了。但从统计数字上看，职工的平均收入在十年内确实有一定幅度的提高，在收入获得上，这个时期大体也可以说实行了"双轨制"意义上的分配机制。

1985 年，国家开始实行生产资料价格的"双轨制"，允许企业完成计划后，自行安排增产国家建设和市场需要的产品。在生产价格方面，工业生产资料属于企业自销和完成国家计划后的超产部分，一般在不高于或低于 20% 的幅度内，企业有权自定价格，或由供需双方在规定的幅度内协商定价。[①] 同年，在财政管理体制上实行了"划分税种、核定收支、分级包干"的制度。这些制度连同下年所实行的"厂长（经理）负责制"和企业破产法，将国营企业改革推进到了一个新阶段。

放权、包干和承包，在占有关系上虽然并没有改变国营企业的产权结构，但三种形式对占有关系的影响却是不同的。这种不同主要反映为经营上代理关系的不同。在国务院当时下发的《关于扩大国营工业企业经营管理自主权的若干规定》中，只是对企业经营进行了局部的松绑，规定"在完成国家计划的前提下，允许企业根据燃料、动力、原料、材料的条件，按照生产建设和市场的需要，制订补充计划。企业按照补充计划生产的产品，首先由商业、外贸、物资部门选购，商业、外贸、物资部门不收购的，企业可以按照国家规定的价格政策自行销售，或委托商业、外贸、物资部门代销。企业的生产能力有富余时，可以承担协作任务和进料加工、来料加工"。这仍然是在计划经济的架构下，赋予了企业在规定范围内的一些经营弹性，特别是在企业留成上，规定

---

① 参见《国务院关于进一步扩大国营工业企业自主权的规定》，1984 年 5 月 10 日。

"实行企业利润留成。改变目前按工资总额提取企业基金的办法，把企业经营的好坏同企业生产的发展和职工的物质利益直接挂起钩来。根据不同行业、不同企业的具体情况，确定不同的利润留成比例"。这一改革，虽首次给企业在市场、工酬和用工上释放了一些空间，但在预算约束上并没有灵活处理，典型意义上的公有制结构没有改变。

后来的企业包干制，实际上开始开放了预算约束。这种情形非常类似于中央与地方财政包干制的情形。所谓包干，即主管上级部门对企业收入实行以固定基数为基础的收入承包制度，基数内的部分按照一定比例在上级部门与企业间进行分配，超基数的部分大多留归企业。包干制，目的是将原来计划经济中严格的预算控制软化，加大了企业与上级部门谈判的空间。但这个空间，仅在于收入分配上，对于企业本身的人事权、交易权等并无太大的影响。但包干制的实施，却为几年后的承包制奠定了基础。在承包制中，占有权与经营权的分离以及其中代理关系的转变，均发生了实质性的变化。

从 1986 年开始，随着"政企分开"政策的推行，承包制在国营企业迅速展开，而这其中以单位制为基础的行政体制格局和以集体制为基础的模拟价格市场，成为企业运行的两个基本制度架构。最初在城市出现的企业改革，并未突破国家公有的权利结构，企业管理层的人事任免权、企业生产的资源配置权、产品交易的价格议定权，皆不由企业本身来决定；然而，政企分开虽然没有在产权方面做出任何改变，却明确了行政厂长负责制，为其赋予了一定范围的经营权。

从 1987 年起，全国掀起了第一轮企业承包的热潮。承包的主要形式有：①"双保一挂"，即保上缴税利、保批准的技术改革项目，工资总额与实现利税挂钩；②上缴利税递增包干；③上缴利润基数包干，超收分成；④行业投入产出包干等，即"包死基数、确保上缴、超收多留、欠收自补"。很显然，承包制在扩大国营企业经营管理权方面推进了一步，但由于产权不明晰、制度不规范、信息不对称等多种条件的限制，企业承包者往往以短期行为来进行企业运作，通过各种方式努力将国有资产据为己有。直到 20 世纪 90 年代，大中型国营企业必须以低于市价向政府交售生产定额（Yang Xiaokai, Wang Jiangou and Ian Wills, 1992: 1-37）。他们收到补贴投入品作为补偿，如果补贴投入品的数量高，这种定额制度将给企业产生高的租金；根据有些学者的估计，一个在定额生产之上有市场利润的国营企业，在 1986～1988 年收到其市场利润 2.7 倍的租金，官僚制的讨价还价远远比市场竞争更有利可图。

国营企业改革的尝试基本上落实在了旨在促进国营企业经营权和占有权分离的承包制上（吴敬琏、黄少卿，2008）。虽然中央政府在不同时期进行过企业下放的实验，但由于整体体制从没有发生实质的变化，上述实验基本上陷入了"一统就死、一死就放、一放就乱、一乱就收"的循环。

为什么如此？是因为国营企业的占有主体即是抽象程度非常高的国家，而乡镇企业的占有主体则是非常具体的以土地为基础的集体经济。与乡镇企业相比，国营企业的占有结构缺少农村集体土地所有制这一重要维度。乡镇企业在占有关系上虽然很复杂，但由集体土地所有制所确定的共同体及其成员结构非常清晰，其实质的作用是，将企业嵌入具有较清晰边界的共同体中，成员的占有权和追索权范围较为明确。在这个意义上，企业的承包经营者除了重视经营业绩并寻求行政庇护关系外，还必须充分考虑集体占有关系所确立的权利要求。

当国营企业的承包制得以实施的时候，国家退隐后却没有改变占有性质，当原本人们可看到的行政统辖关系也减弱了后，国营企业在占有关系上变得更加抽象了；人们只知道企业是国家的，却在具体生活中无法认知企业与国家的具体联系。相反，当占有权与经营权暂时分离后，企业中最具体的就是厂长（经理）说了算，虽然这种决定权只是在代理经营意义上存在，但职工无法获得作为占有主体的权利。

对于国营企业来说，由于在占有关系上只有全体人民才是真正主体，国家部门及其逐级任命的企业主管者仅为代理关系上的主体，占有权的设置仅具有理论和象征的含义，因此，企业职工的权利追索是完全无法找到明确的指向。特别是在承包制将占有权和经营权分离的情况下，职工权利的追索变得更加困难，占有权利主体的进一步退隐，无疑进一步强化了经营权的权力。事实上，国营企业的这种占有权结构，除了行政约束外，根本无法对企业承包人形成自下而上的任何权力约束：一方面，公有制的占有主体仿佛是一个幽灵，永远无法捕捉到他的身影；另一方面，承包者也无须考虑任何具体意义的占有权利，从而使经营权缺乏任何集体意义上的权利主体的制衡。

四　承包制下劳动关系的重组

20 世纪 80 年代初，国营企业的职工大体上依然处于单位制的襁褓之中，他们的基本收入按照国家根据不同行业、不同工种、不同级别设立的统一标准发放，他们低薄却又全面的福利（他们子女出生、入托儿所和就学，他们的住房、看病、丧葬）都通过"企业办社会"的办法来由国家企业承担（李汉林、李路路，1999）。由于缺乏有效的激励机制，以及意识形态的德治能力持续下降，国营企业中大量存在着消极怠工、违反纪律的情况；职工代表大会成为纯粹的仪式形式。

虽然 1981 年中华全国总工会等制定了《国营工业企业职工代表大会暂行条例》，规定职工代表大会是企业实行民主管理的基本形式，是职工群众参与决策和管理、监督干部的权力机构，次年亦开始倡导"厂长行政指挥，党委统一领导"，在国营企业内部全面建设以职工为本的"职工之家"活动，但最初的十年间职工问题并没有成为改革的主要议题。在很多企业中，职工代表大会仅流于形式，职工仅依循公有制企业历史沿革下来的一些福利性社会活动，或组织性的生产竞赛等活动来小范围地参与企业活动，并未触及涉及职工各种根本利益的基础性权利，职工的权利依然采用国家代理的方式来统筹确定和安排。

国营企业的权利结构，若从占有权关系上来考察，是一个很有趣的过程。首先，依照以全民所有制为基础的公有制的规定，国营企业首先归全民所有。这个意义的占有权，并不为企业所有职工所分享，而为所有国家公民即人民所分享。因而，国营企业的占有主体实际上是极抽象的主权概念。作为主权的占有权，其人格基础是全体人民，需要一种超级理性（hyper-rationality）作为权利所有和行使的能力（塞勒尼等，2010）。公有制的单一人格，难以靠中央政府的计划理性来承受庞大经济体的良性运行。在这个意义上，国营企业的经营只能依靠行政体制的逐级代理机制来确认企业的各级代理人，而国营企业员工的身份，首先是作为全体人民的一部分而分有占有权利；其次，才作为企业成员来行使权利。因此，国营企业职工的占有权实际上是分离的，即在国体上享有抽象的人民占有权，在组织中则不表现为直接的占有权，这意味着职工是代表人民在这个企业工作，并行使占有权所规定的权利。

我们看到，国营企业的这种占有权结构，首先，确认了广大职工的身份认定是国家职工，因而在计划体制下，在劳动工资方面，国家对国营企业用工进行统一分配，工资管理和各项福利保障也完全集中在中央政府的劳动部门中，工资的增加和福利的调整都必须由国家统一进行。其次，才是企业职工的认定，职工在企业组织中行使权利，始终是以国家为中介的，而这里的国家，在实际权利的落实中则体现为行政体制的逐级代理关系。由于职工身份首先是国家的，因此其权利的追索必须指向抽象的国家体制，而由于这一体制层级关系极其复杂，每一级代理皆可向上向下推卸责任和义务，因而权利的追索极其难以实现。这种情况，我们在 90 年代末期企业下岗职工艰难的权利追索中可以看得很清楚。正因为职工的首要身份认定是国家，所以企业组织并不构成其权利行使的全部基础。这种情况，极有可能在意识形态的刺激下强化他们的劳动热情，但同时也有可能产生消极作用。改革后，在公民意识逐级淡薄的情况下，企业职工逐渐丧失了对企业的认同，对权利行使造成负激励作用。

企业职工在占有权利上所遇到的挑战，来自承包制改革对这一权利结构的改变。承包制将占有权与经营权分割开，弱化了占有权的正当基础，在实际经营中，厂长（经理）享有很大程度的生成组织、产品定价、绩效评估和奖金分配等权力，大大弱化了抽象国家的权利保障和行政体制逐级认定的合法性；同时由于职工的国家身份认同受到了损害，因而降低了企业内部组织团结的程度。这一时期，国营企业的职工参与权利所遇到的一个实质的理论瓶颈，乃是改革后国营企业经营权的代理问题。虽然企业依然属国家所有，但企业的经营则似乎是通过经营意义上的委托代理制度来实现的。改革前，国营企业是"大锅饭"，基本上采取了循行政级别、循工作资历的利益分配模式，但承包制推行以后，尽管固定工资的分配依然按照原有的办法分配，但增量部分（即奖金及各种名义下的福利待遇）的分配，则开始完全交由承包人（厂长经理）的垄断经营权，谁发多少奖金，谁享有增量部分的权利和权力，完全是承包人说了算。

这样，这种制度就演变成了一种事实上的双轨制：职工代表大会的参与权或相关权利皆由国家规定，大多像原来那样有一些形式主义的特点；而职工对于企业效益的分享权利，则全凭承包人的专断，这些增量部分的分配曾一度通过完全信息阻断的方式来发放（如"红包"），职工全不知情。事实上，后一种分配机制与前者是完全以悖谬的形式并存的，广大职工完全被抛到一边，严重挫伤了职工参与的积极性，并反过来对原有职工代表大会制度构成了反讽。劳动关系表现在分配上，造成了一种二重意义上的关系：一是国营企业作为国家的占有主体，赋予了广大职工在国家范围内制定的标准化的分配权；二是在承包制经营中，所谓绩效考核过程中多劳多得的增量分配权。特别是在 20 世纪 80 年代后期，在一些企业中，在第二部分的分配权（即表现为收入所得）远高于第一部分的分配权的情况下，企业的国有性质开始遇到了挑战，其国有属性开始在现实中逐渐弱化。而一些厂长（经理）也由于企业收益远高于国家标准，而逐渐将经营权再次扩大，削弱国家主体的控制力。

与此同时，在国营企业承包经营的过程中，由于行政权力的寻租愈演愈烈，企业承包人和代理人在自主分配的领域内权力过大，没有明确的法权限制，国有资产在灰色区域中开始逐渐流失，再加上各经济特区经济发展和职工收入的对比落差，诸多因素集合起来，开始使很多内地国营企业的职工产生了相当程度的相对剥夺感（李汉林、渠敬东，2005）。更重要的是，这一时期企业权力的改革，基本上都沿着占有权和经营权的分权模式来推展，并没有涉及广大职工的权利。而且，随着承包人的自主权力越来越大，原有意识形态下的职工作为企业主人的

权利意识也开始受到现实的挑战。在 80 年代中期，一些国营企业开始出现消极
怠工、违反纪律的情况；而与此同时，一些企业员工也开始纷纷以停薪留职的方
式转变为个体经营者，或向东部沿海地区及经济特区流动。

特别是，当增量分配的额度远远超出了存量部分时，当承包人通过下一级的
集体制企业来进行国有资产的隐蔽操作时，来实施除工资和奖金之外的灰色分配
时，改革前的那些权利制度的合法性便遭到了广大职工的彻底怀疑并流于形式。
事实上，国营企业承包制推行几年后，虽然一些企业的经营有所改观，并在经营
性收益上有所增加，但企业组织内在劳动纪律和权利维护等方面则出现了大范围
的消极倾向，职工参与形同虚设，很多企业的职工代表大会已经名存实亡。这种
情况在很大程度上影响到了企业内部的职工关系。由于意识形态的弱化，以及职
工内部在收入分配和外部流动上的分化，原有的协作制和师徒制中的那种亲密连
带关系也逐渐弱化。

基于占有权利的层级差别，以及占有权与经营权分离的程度不同，它们对于
劳动关系的影响是不同的。一些没有纳入改革之中的国有大中型企业，企业治理
还依然维持在改革前社会主义体制下的单位制形态，企业员工的工资福利严格依
照行政等级和资历划定，甚至从摇篮到墓地的整个生命历程都由单位统一安排，
企业中也依然留存着较为完备的职工代表大会制度以及在劳动、技术、生产活动
中的各种参与渠道，尽管参与的途径和层级是由行政权力严格限定的。在某种意
义上，这些大中型国营企业依然像一个行政性的组织，组织运行的基本模式基本
上是一种权力由上至下逐级控制的总体性的官僚制系统。对于那些被纳入承包制
改革的国营企业来说，虽存在着单位制意义上的路径依赖，尚不能革除原有的劳
动关系形态，但这种劳动关系与以往相比是松弛的，虽然承包制的分配办法较为
灵活，暂时会产生激励作用，但劳动关系的所有制度依据都被弱化了，在意识形
态上也威胁到了所谓社会主义全民所有制的根本逻辑。值得注意的是，这一时期
在东南部沿海的开放特区，开始引入了单纯依赖资本逻辑而运行的外资和合资企
业，特别是在一些加工企业中，资本的原始剥夺已经开始赤裸裸地呈现出来，企
业的劳动关系完全展现为一种纯粹的雇佣关系，这些企业资本至上和效率优先的
原则，对内地诸类型的企业组织产生了强烈而复杂的影响。

五　集体制：国营企业的二次转变

从国家政策来看，企业承包制改革显然贯彻了计划与市场的双轨逻辑：在存

量上"包死基数、确保上缴",在增量上"超收多留、歉收自补",既通过"上缴利润定额包干和递增包干"来完成行政指令任务,又通过"利润比例分成"赋予企业一定的自主性,实现工资总额和实现税利挂钩(郑海航,2008:34~35)。事实上,企业承包制改革并没有完全实现同一时期中央所强调的"政企分开"的改革目标,而是产生了双重效果。为国营企业放权让利,一方面将企业活动落实到经营核心上来,并通过适当的收入调节实现了一定程度上的管理和劳动激励;但另一方面,这一改革并没有改变国营企业以单位制为基础的行政构架,反而因为有了一定的自主经营和利润空间而成为权力干预的场所。因此,以单位制为基础的行政体制和以集体制为平台而运行的模拟市场①,成为企业承包制运行的两个基本机制。

中国城市社区中的集体制企业,主要有厂办集体企业和社办集体企业。70年代末,大批知青返城,国营企业和社区街道为解决本单位或本区域职工家属及子女就业问题,扶持开办了一批"安置型"的集体所有制企业。改革初期,集体制企业多少具有一种"养子"的身份,国营企业既对集体企业提供了一些行政性的扶持,如办理集体企业开办及投资项目和经营手续等;也提供一些经济性的扶持,如出垫底资金,出旧设备、厂房、场地,派管理和技术人员,或为集体企业担保贷款等(廉莉,2009),成为企业"办社会"或"福利化"的又一种形式。

但从占有关系的角度看,集体制可看作单位制国营企业的"二级产权";企业职工在身份上也有差别,被明确区分为"全民职工"和"集体职工"。与乡镇企业具有村落共同体意义的集体制相比,国营企业厂办集体制不具有任何自然权利的性质,亦非真正意义上的集体所有权,更类似于国营企业的下级行政所属单位。集体企业始终处于一种悖谬的处境:它在产权和经营上具有极强的行政依附性,属于国家单位支配下的企业组织,但职工在身份上不属于国家职工,因而在实质上不具有"公有权利"的意涵,在产权和身份上都是极其模糊的。

随着企业承包制的运行,特别是厂长经理负责制的实行,国营企业事实上开始按照计划经济的存量逻辑和市场经济的增量逻辑来运转,虽然在单位制内企业管理层的人事任免权、资源配置权、价格议定权都依然受到行政指令性的制约,但在负责承包经营的厂长经理的行政权限内,特别是像集体企业这样的"二级产权单位"内,则具有充分的控制权。企业承包在集体制内并没有彻底实现集体所有的共有权利结构,与此同时,厂长经理作为行政委托的"代理人",其权

---

① 有关有计划的社会主义商品经济中"模拟市场"的讨论(参见徐桂华,1990;罗卫东、蒋自强,1994)。

利也不是独立的：一方面他的任免和任期皆由上级部门决定，另一方面他也不享有任何剩余权，因而承包制下的合同并不具有完整的约束效力（Yang, Xiaokai & Ng, Yew-Kwang, 1995：107 - 128）。

在单位制委托—代理不充分、集体制产权模糊不清晰的条件下，企业代理人很容易为了摆脱计划经济的重重束缚而加大下属集体企业的控制和操作来实施模拟市场运营。80 年代后半期，集体企业，特别是厂办集体企业在城市经济体制改革中发挥了潜在的巨大作用。在价格双轨的条件下，国营企业在存量逻辑上可利用单位体制中的行政优势协同权力或利益的相关行政部门与主管上级乃至中央政府讨价还价，争取在生产额度、生产资料价格、行业垄断和财政补贴等国家资源上尽可能获得指令经济中的政策性利润，同时也可利用增量上的准市场原则，与企业内外的各种经营性单位形成各种交易活动。而这其中，那些国营企业具有绝对控制权的厂办集体企业，便成为了滋养此类活动的最便利的交易平台。

这一时期，国营企业与乡镇企业等非公经营性组织建立起了广泛密切的联系，特别是在相关产业领域，国营企业往往采取外包制将一些初级产品的加工发包给乡镇企业，并在生产资料计划价格、生产工艺和技术人员上提供支持，以尽可能换取乡镇企业市场经营所得的利润。相比而言，在国有大中型企业占有绝对地位的地区，集体企业则发挥了模拟市场运作的强大功能。这一时期的集体制与70 年代末期有所不同，自国营企业施行承包制后，厂办集体企业成为被所属国营企业牢牢控制，并将触角伸向各种交易领域的重要载体。由于缺乏有效的法律和民主监管渠道，企业代理人往往在"二级产权"的集体企业安插自己的亲属和朋友，将这些生产和销售实体作为与非公经济单位私下接触、秘密约会的据点，通过计划价格和市场价格间的差价来直接赚取利润，或将有价值的资产转移到集体企业来暗箱操作。由于集体企业创办初期，没有与兴办单位、投资单位、主管部门及出资职工明确投资、借贷或扶持关系，因而与所属国营企业之间并无规范清晰的权利关系。正是在这个意义上，集体企业成为所属国营企业盘整、优化、隐匿和转移资产的首选场所。

事实上，在承包经营中，国营企业的集体制是一个重要的灰色地带，其一方面有效利用了国营企业在国家资源配置上的优势，另一方面则在一定范围内规避了行政体制制约以及国家对职工权益的某些规定。对于那些仅具有集体身份的职工来说，虽然在改革开放初期与全民身份职工在工资、待遇和福利上并无多少差别，但随着承包制的深入展开以及固定用工制度的松解，并缺乏一级产权或占有关系的保护，在权利内容上他们与全民职工的差别变得越来越大，并逐步丧失了剩余权的追索空间。事实上，在后来的企业转制过程中，最先被抛弃的，就是这个职工群体。

六 小结

若将中国企业建设的历程放在百年左右的时间看，我们会发现，企业组织对于中国现代化进程来说不仅是一个新形态的组织关系，同时与总体社会经济史乃至政治文化史的变迁也有着极其密切的关联。在最早的一段时期里，中国的企业家和思想家试图努力将传统的因素与资源融合进现代企业组织的建设中，其间也有着成功与失败。共产主义体制的确立，则试图在国家意义上确立一种一元化的企业组织模式，运用超级理性来有计划地确立总体性的经济体制，以及组织化的行政体制。虽然，这种体制中依然存留着各种非体制化的因素在有效地协调和润滑劳动关系，但一体化的经济体制毕竟最终出现了体制运行的瓶颈。

改革开放，就是要通过双轨制的办法，培育增量，以逐步弱化一体体制的存量刚性，释放企业自身的活力。从放权、包干到承包，国营企业在20世纪80年代逐步试图突破计划体制，开始运用市场化的办法来解决企业经营和管理等问题。但这种改革因在占有、经营和治理等三个维度上的复杂变化，使得企业并没有全面完成市场化的调试，同时也在一定程度上削弱了组织团结的基础。这种情况，使得在20世纪90年代的全面市场化过程中，国营企业面临着更为严重的问题，不得不接受更大的考验和改革洗礼。

参考文献

阿尔钦，1992，"产权"，载于《新帕尔格雷夫经济学大辞典》（第3卷），王林译，北京：经济科学出版社，第1101～1104页。

埃格特森，1996，《新制度经济学》，吴经邦等译，北京：商务印书馆。

陈达，1929，《中国劳工问题》，北京：商务印书馆。

——，1946，《浪迹十年》，上海：商务印书馆。

陈翰笙，1984，《帝国主义工业资本与中国农民》，陈绛译，上海：复旦大学出版社。

德姆塞茨，1999，《所有权、控制与企业：论经济活动的组织》，段毅才等译，北京：经济科学出版社。

——，2007，《关于产权的理论》，载罗卫东编选《经济学基础文献选读》，刘守英译，杭州：浙江大学出版社。

邓小平，1993，《邓小平文选》（第 3 卷），北京：人民出版社。

方显廷，1933，《我国工厂法与纱厂业之关系》，《纺织周刊》第 3 卷第 48 期。

费孝通，1946，"书后"，载史国衡 1946，《昆厂劳工》，重庆：商务印书馆。

——，2001，《江村经济——中国农民的生活》，北京：商务印书馆。

冯仕政，2011，《中国国家运动的形成与变异：基于政体的整体性解释》，《开放时代》第 1 期。

福柯，2001，《治理术》，赵晓力译，未刊稿。

——，2010，《安全、领土和人口》，钱翰等译，上海：上海人民出版社。

韩起澜，1987，《解放前上海的包身工制度》，《史林》第 1 期。

柯象峰，1937，《中国贫穷问题》，南京：正中书局。

科斯，1994，《企业的性质》，载《论生产的制度结构》，盛洪、陈郁译，上海：上海三联书店。

李汉林、李路路，1999，《资源与交换：中国单位组织中的依赖性结构》，《社会学研究》第 4 期。

李汉林、渠敬东，2005，《中国单位组织变迁过程中的失范效应》，上海：上海人民出版社。

廉莉，2009，《关于厂办集体企业的专题研究》，http：//www. ccgzw. gov. cn/zhxxcontent. jsp？id =
　　1767&&catalogID = 23。

罗卫东、蒋自强，1994，《兰格模式与社会主义市场经济理论——社会主义市场经济理论的历史渊
　　源》，《学术月刊》第 5 期。

毛泽东，1953，《论联合政府》，北京：人民出版社。

孟德斯鸠，1993，《论法的精神》（上卷），张雁深译，北京：商务印书馆。

渠敬东，2013，《占有、经营与治理：乡镇企业的三重分析概念》，《社会》第 1 ~ 2 期。

塞勒尼等，2010，《社会主义经济体制》，载《新古典社会学的想象力》，吕鹏等译，北京：社会
　　科学文献出版社。

史国衡，1946，《昆厂劳工》，重庆：商务印书馆。

孙冶方，1998，《上海纺织厂中的包身制工人（上、下）》，载孙冶方全集编辑出版委员会编《孙
　　冶方全集》第 1 卷第 27 ~ 36 页，太原：山西经济出版社。

陶孟和，2005，《北平生活费之分析》，载李文海编《民国时期社会调查丛编（城市生活卷）》
　　（上），福州：福建人民出版社。

陶希圣，1930，《中国封建社会史》，上海：南强书局。

涂尔干，2001，《社会分工论》，渠东译，北京：生活·读书·新知三联书店。

——，2003，《职业伦理与公民道德》，渠东译，上海：上海人民出版社。

韦伯，2005a，《经济行动与社会团体》，康乐、简惠美译，桂林：广西师范大学出版社。

——，2005b，《经济与历史支配的类型》，康乐等译，桂林：广西师范大学出版社。

吴敬琏、黄少卿，2008，《改革 30 年之四大变通性制度安排》，http：//www. ceibsonline. com/
　　column/index/news_ show/id/32。

徐桂华，1990，《兰格"模拟市场"模式评析》，《世界经济文汇》第 2 期。

徐思彦，1992，《20 世纪 20 年代劳资纠纷问题初探》，《历史研究》第 5 期。

杨小凯，2000，《百 年 中 国 经 济 史 笔 记》，引 自 http：//wenku. baidu. com/view/
　　40bd924dfe4733687e21aaa0. html。

郑海航，2008，《中国国有企业改革 30 年历程和思考》，载张卓元、郑海航编《中国国有企业改革 30 年回顾与展望》，北京：人民出版社。

周雪光，2012，《运动型治理机制：中国国家治理的制度逻辑再思考》，《开放时代》第 9 期。

Duara, Prasenjit, 1988, *Culture, Power, and the State: Rural North China*, 1900 – 1942. Stanford, CA: Stanford University Press.

Grossman, S. and O. Hart, 1983, "An analysis of the Principal-Agent Problem", *Econometrica*, Vol. 51, pp. 7 – 45。

Kornai, J., 1959, *Over-Centralization in Economic Administration: A Critical Analysis Based on Experience in Hungarian Light Industry*, trans. by J. Knapp, London: Oxford University Press.

Polanyi, Karl, 1957, *The Great Transformation*, Boston: Beacon Press.

Yang, Xiaokai & Ng, Yew-Kwang, 1995. "Theory of the firm and structure of residual rights", *Journal of Economic Behavior & Organization*, Elsevier, vol. 26 (1), pages 107 – 128, January.

Yang, X., Wang, J., and Wills, I., 1992, "Economic Growth, Commercialization, and Institutional Changes in Rural China, 1979 – 1987", *China Economic Review*, 3, 1 – 37.

（作者单位：中国社会科学院社会发展战略研究院）

国家能力增强与社会活力激发：
当代国家—社会关系的变迁

高　勇　吴　莹

摘要　本文主张将国家与社会的议题置于中国百年来的近代史发展视野当中，研究国家力量增强和社会活力激发这两个进程之间的动态关系和内在张力，而不是仅仅将国家与社会视为业已形成的两个实体。建设现代国家与激发民众活力的过程，包括了在实践中密不可分、彼此支撑的三个方面：塑造民众的身份认同，以这种身份认同来勾连国家与民众；调整社会的组织体系，以此促进国家动员能力，建立社会激励体系；确立国家与社会互动的主导策略和手段，以此解决社会治理问题。本研究从以上三个方面认真梳理了中国近代特别是在改革开放之后，在建设现代国家与激发民众活力的曲折进程中展现出来的逻辑脉络。

关键词　国家与社会　民族国家　社会活力　社会认同　组织空间　运作手段

中国百余年的近代史，既是国家逐步走向独立富强的历史，也是社会力量成长和社会活力得到激发的历史。从清末的维新派开始，爱国志士就认识到"民弱者国弱，民强者国强"，只有激发出民众的热情和自主性，才能真正奠定国家基础。中国共产党之所以能够取得中国革命的胜利，重要的原因之一就在于，通过群众路线这一创造成功地激发了民众活力，增强了自身力量。在新中国成立以来的不同历史时期内，国家—社会关系的外在取向虽然不断发生改变，但是基本精神追求是一以贯之的群众路线和群众观点。本研究从社会认同、组织空间、运作手段三个方面细致梳理了中国近代特别是在改革开放之后，在建设现代国家与激发民众活力的曲折进程中展现出来的逻辑脉络。

一　中国历史情境下的"国家—社会" 问题：强国与新民

进行"国家与社会"分析时，首先会遇到的一个问题是，"国家与社会"是源起于西方的理论分析框架，且只是在近二十年来才在中国社会科学中立足，它能否用来描述和分析中国近百年来的社会变迁经验？这里是否存在将西方理论话语强加于中国现实经验的粗暴？上述问题也正是在"国家与社会"分析框架引入之初，中国学者时时加以反思和警惕的问题（梁治平，2003）。邓正来在20世纪90年代初论及当时的"市民社会研究"时就指出，应当力图避免"把西方发展过程中的问题及西方理论旨在回答的问题虚构为中国发展进程中的问题"，避免"在西方的理论未经分析和批判以及其理论预设未经中国经验验证的情况下就视其为当然，进而对中国的社会事实做非彼即此的判断"（邓正来，1994）。

"国家与社会"分析的研究框架之一，是将国家与社会视为业已形成的实体——民族国家与公民社会，研究的核心议题是这两个实体之间的关系与互动。如吉登斯重在解释如何从国家与社会相分离的格局，经历重大历史变动转变为国家—社会糅合的民族国家格局，或哈贝马斯重在解释公共领域如何成为两大实体之间承上启下的中间地带。但这些研究的前提是国家与社会两大实体业已形成。如魏昂德所言，中国研究从20世纪60年代中期开始，就同对苏联、东欧政治体制的研究密切相关（魏昂德，1999），中国研究是在与西方社会以及苏联和东欧社会的比较中获得位置的。在当时的时代背景下，西方学者对于传统社会主义体制下集团的利益争夺和斗争产生了兴趣，他们看到传统社会主义体制尽管缺乏西方的竞争制度，但是同样包含了许多利益集团的竞争和冲突，存在隐形的利益集团和利益斗争，存在普通公民通过种种自下而上的方式影响政府决策的途径，存在种种讨价还价。特别是在1989～1991年，苏联和东欧的社会变革被认为是这一斗争过程的必然结果和变迁顶峰。"国家与社会"分析的这一研究框架，即研究国家与业已形成的公民社会实体之间的互动竞争关系，因此被引入中国研究当中，学者们试图在中国社会内部也寻找到公民社会兴起的迹象与萌芽。

这样一种视角下的研究的意义在于，其揭示了中国社会体制中诸多利益冲突的解决机制与内在限制。但是，这样一种研究框架也因此有其天生的局限性，如"在研究中往往是在中国的现实经验与西方的概念之间做简单的比附，其突出表现是根据西方的定义在中国的复杂经验中选择与之相符的那些方面进行意义放大的研究，从而忽略了某些对于中国发展具有实质意义的方面"（邓正来，1994）。梁治平也指出："中国的学者、官员和民众，作为历史的参与者和社会行动者，有他们自己关于'社会'以及国家与社会关系的理解和观念，而这种理解和观念并不能简单由'civil society'一类概念加以说明，更不能被它所取代。由于这种对行动者观念世界的忽略，把一个具有西方起源的概念'强加'于一种异质的社会现实的情形便益发突出了。"（梁治平，2003）换言之，这种研究的危险在于，依托西方的历史经验和政治类比，在中国进行"按图索骥"式的对照，将种种现象或行为贴上"公民社会"的标签，而未能顾及其中的运作逻辑和内在规律。

除此之外，这种研究框架的更大缺陷在于其历史视野的局限。如果说上述研究框架对于晚近的中国现实有一定说服力的话，那么研究视野越是放远，其解释力也就越显得捉襟见肘。究其原因，首先在于，中国近代历史也正是国家与社会两者的形成史，而远不是两个业已形成的实体的互动史。其次在于，国家与社会两者的形成史本身，又远不是用抽象出来的两者互动模式（或斗争或妥协或合作）能够解释的，而往往是由更为宽广的因素和问题决定的，这些"大问题"最终同时形塑着国家与社会两者。使用前述研究框架，我们的历史视野将很容易局限于两者已经相对成型化之后的较窄范围内，而看不到两者共同形成和形塑彼此的更宽广时间段。正因为上述局限，虽然早有研究者指出"国家与社会"研究中应当强调"中国特点"，但这一特点始终未能在研究中完全体现出来。

尽管有上述局限和缺陷，但是无论实践者还是研究者事实上又都无法回避"国家与社会"这样一种论说和思维方式。这说明，"国家与社会"的确是中国社会生活中的一个的重要现实问题，只是这一现实问题需要回到中国的真实历史情境当中，进行认真而切实的梳理，追根溯源，知晓问题的来历与症结。研究者需要努力回到中国近代的现实经验中，去洞察国家与社会两者的形成史，并讨论这种形成史对于国家和社会本身特点的形塑作用：哪些因素和特点决定了中国国家和社会的形成轨迹（尤其是其中的曲折与弯路）？这些因素使得中国国家与社会关系有着什么样的既定约束条件？又使得中国国家与社会关系有着什么不同于西方的独特品性？上述问题的答案都必须回到中国切实的历史情境中去寻求。

我们主张将国家与社会的议题置于中国百年来的近代史发展视野当中：这百年来的历史发展正是国家建设的历史，也恰恰是社会力量自觉、公民社会初步萌发的历史。简而言之，我们一直面临的是自晚清中国"数千年未有之大变局"以来，就提出的一个核心问题：如何同时激发社会活力（新民）和进行国家政权建设（强国）。事实上，中国学者在开始引入"国家与社会"的分析框架时，即将其置于近代现代化转型的现实视域中，将其用以理解中国历史进程中面临的困境与挑战（邓正来、景跃进，1992）。在这一历史情境中，国家与社会都不只是名词，更是动词——强国与新民。两个进程的统一和张力，而不是两个实体间的统一和张力，更能够准确刻画历史的真实进程。国家面临的主要问题，不是在既定框架下如何应对作为其对立体的市民社会；而是如何进行相当幅度的政治结构规划和社会结构调整，来为现代化发展立定框架。在这一动态过程中，国家和社会得以诞生和形塑。在这样一个框架之下，国家与社会关系的变迁就不只是受到两者互动过程的影响，而是两者本身以及两者关系都是在受到更大的变迁因素影响之下形成的。这种视角不再局限于描述国家与社会关系的类型和特点，而是关注国家与社会关系的变迁动力问题。回答这样的问题，就必须要将视野置于中国百年来的近代史发展进程中。

这样一种分析框架，最早由邹谠先生提出。在1986年他即指出："在探究中国积弱的原因，寻找消除危机，促进国家富强的道路的努力中，中国知识分子和政治领导从本世纪初开始逐步意识到发展与调动个人和社会团体活力、能力与创造力的紧迫性。……此后，激发并发展人民的活力、能力和创造力，一直是中国在重建国家与社会过程中必须面对的最重要的两个问题之一。"而在这样的一种进程中，"尽管人们尚未完全意识到，但是，对一个充满活力的政治共同体的需求可能会而且事实上已经与另一需求发生冲突。这就是重建一个强有力的、集权的政治权力，以便能够重新统一中国，保持政治稳定，同时也能够增加其渗透与控制社会经济的能力。事实上，第二种需求总是被置于优先地位，在五四运动后更是如此。而第一种需求则被视为实现更优先目标的手段"。（邹谠，2002）

这种强调激发民众活力和创造力的取向，固然与当时从西方引入的大量思想资源紧密相关，但同时和中国传统观念中对于"民"的理解也有关联。"'民'的概念具有一种矛盾的二重性。一方面，由于'官'被古人视同于'公'，通常与'官'相对的'民'的概念便当然地具有'私'的意蕴。……然而在另一方面，抽象的'民'的概念本身又具有强烈的'公'的意味。……作为'公'的渊源，'民'被视为国家的根基，统治合法性的基础。"（梁治平，2003）在这样一种传统观念的支持下，激发民众活力绝对不是一个与国家相对的"私域"中的问题，而是国家建设问题中的一个必然内容。激发民众活力的过程中，不仅不排斥国家介入，而且可能内在地包含着对于国家介入的期待。从清末的维新派开始，爱国志士就认识到"民弱者国弱，民强者国强"，只有激发出民众的热情和自主性，才能真正奠定国家基础。但是直到中国共产党在中国革命进程中创造出了群众路线，才真正形成了比较成熟的激发民众活力和增强国家力量的方案。

然而无论是从思想上还是在实践上，这种对强国与新民之道的探索从一开始就有着其内在张力。例如，当我们细察梁启超的《新民说》时，不难看出其理路上存在的矛盾与张力，这也正折射出了当时知识分子和政治实践者在此问题认识上的深层困境。"新民"一开始就与"强国"密切联系在一起，甚至是作为"强国"之手段而存在的。"新民"不仅仅是一种思想启蒙，其内部必须包括社会改造的因素。在理论上，强国和新民是统一的，而不是冲突的，唯有新民，才可强国；唯有强国，新民才会有保障。但是另一方面，在实践操作中，新民往往成为强国的手段；后者在现实的压力下成为最重要的目标，前者只是这一目标的手段。这构成了强国与新民的深层次张力。再如，当我们考虑民国时期国民党政权对于社会的渗透与改造时，也会看到与初衷相悖的意外后果。1934 年，国民党政权在农民社区中开始推广"保甲制度"，力图通过行政手段进入传统乡村社区当中，这导致了乡村社会秩序的较大改变。一般而言，保长均非传统社区中承认的乡贤，而是被县镇政府看中的地方代理人。家族作为一种村政制度被新的政区和权力结构所取代，政府对村落的直接干预大大增强，不仅对村落的税收增加，专业化警察开始深入村落，而且对传统风俗文化也进行大力改造，取缔传统"私塾"，兴建"新学"。但是在实施社区改造的政策时，政府依赖的仍然是地方士绅的力量，因此家族的组织、区域、网络、经济功能和仪式相当大部分得以保存（王铭铭，1997）。但是，国民党的乡村政权建设并没有取得预想效果，反而摧毁了在社会运行中重要的"双轨政治"设置，更加恶化了乡村的社会生态（费孝通、吴晗，2012）。学者杜赞奇称为"乡村政权的内卷化"，即乡村领袖由保护型经纪向营利型经纪过渡。国家权力的扩大，一方面极大地侵蚀了地方权威的基础，另一方面反而导致了国家深入乡村社会企图的失败（杜赞奇，2003）。

二 认同形塑—组织空间—运作手段

在梳理中国近代史情境下建设现代国家与激发民众活力的曲折进程中的逻辑脉络时，社会认同、组织空间、运作手段三个方面的变迁是最重要的内容，国家与社会在这一过程中通过这三个方面彼此得以形塑。以毛泽东为领导的中国共产党在激发民众活力完成革命目标的实践中，形成了自己的方案和传统：群众路线。不可否认，群众路线是中国共产党在战争环境下争取群众政治拥护、获取人力物力资源，进而取得全局性胜利的成功手段。但是，并不能仅仅将群众路线视为一种政治竞争中的实用性需要，它的背后既继承着中国近代以来仁人志士在消除民族危机、促进国家富强过程中对于"改造社会"的急切诉求，同时也结合了马克思主义意识形态中对于社会自身主体性的价值要求，即强调社会自身来改造自身。群众性的自发组织、自发活动加以改造之后，赋予其新的意义和实质内容，与革命大局融为一体，便可以得到延续和发展。群众路线本身兼有中国共产党人的理想诉求和现实考量，它对于中国社会的影响也因此至为深远。邹谠先生指出，

"中国社会革命引起数千年以来政治生活或政治社会的一个根本变化，表现在人民大众参与政治和参与政治运动的形式上，农民及贫苦人民下层阶级都变成政治生活或政治社会内的重要角色，这是共产党战胜国民党最根本的原因。"（邹谠，2002）"群众路线"之所以能够成功，最重要的一点在于它不仅仅是一种抽象的意识形态，而且包括了认同形塑、组织建设、机制运作方面的系统行动路线。

在建设现代国家与激发民众活力的过程中，一项基础的内容就是塑造民众的身份认同，以这种身份认同来勾连国家与民众。邹谠认为，近代中国与西方国家建设中的重要差别之一就是，西方国家的建立是由"公民"的概念决定的，而新中国的成立则是以"群众"的观念为指导思想的。"群众是从阶级的观念引申出来的。……群众不是孤立的个人，而是有一定社会联系的。群众要求的不是抽象的人权，而是社会经济上的权利。"（邹谠，2002）正是在这种核心认同和观念的基础上，国家与社会关系的组织形式、运作方式得以建立。首先在解放区时期的群众路线工作中，利用阶级出身和阶级觉悟对群众进行合理定位和划分，辨别敌友，辨别支持者和动摇者的做法开始大规模使用。在提出"从群众中来、到群众中去"的《关于领导方法的若干问题》中，毛泽东指出："任何有群众的地方，大致都是比较积极的、中间状态的和比较落后的三部分人。故领导者必须善于团结少数积极分子作为领导的骨干，并凭借这批骨干去提高中间分子，争取落后分子"。只有对于群众进行合理区分，依靠群众中的积极分子，才能够对于群众意见进行正确的系统集中，形成经得起考验的正确决策。这开启了让阶级政治介入社会结构调整的进程（张静，2012）。新中国成立之后，阶级划分使得每个人都要对应某一个阶级标签，使得国家政治与个体生活前所未有地紧密结合起来。阶级划分不仅是一种对现实阶级群体关系的判定和划分，而且是要落实到每个个体头上，借此进行社会改造和社会动员的重要激励机制和动力机制。国家层面的各种政治运作不再是抽象的，而是具体到每个个体，与日常生活息息相关的。社会主义与资本主义不再是遥远的、与己无关的国家话语，而是通过阶级划分变成了每个个体的日常生活话语。旧有的各种身份、利益、矛盾、冲突都被纳入新的阶级身份、阶级利益、阶级冲突框架中进行定位和重组，人们的行为方式和情感也用新的阶级话语，如阶级立场和阶级感情，来进行阐述。

国家与社会之间关系的变迁的最外在体现莫过于社会组织空间的变化。所谓组织空间，既包括有形的单位组织、社会组织的发展，而且也应包括"言论的传播、意见的交换等渠道而实现的公共空间的拓展"（梁治平，2003）。群众路线与中国共产党的基层组织建设有着密切联系。群众参与的最大力量就是来自基层组织，从基层发动群众，并建立起各类与政权相联结的组织，与政权进行对接，然后积极有效地参与到政权建设中来。在提出"从群众中来、到群众中去"的 1943 年，毛泽东又在招待陕甘宁边区劳动英雄大会上发表了《组织起来》的讲话，号召"把群众组织起来，把一切老百姓的力量、一切部队机关学校的力量、一切男女老少的全劳动力半劳动力，只要是可能的，就要毫无例外地动员起来，组织起来，成为一支劳动大军"。毛泽东把将群众力量组织起来作为贯彻群众观点和群众路线的重要方针："把群众力量组织起来，这是一种方针。还有什么与此相反的方针没有呢？有的。那就是缺乏群众观点，不依靠群众，不注意把农村、部队、机关、学校、工厂的广大群众组织起来，而只注意组织财政机关、供给机关、贸易机关的一小部分人"，"目前我们在经济上组织群众的最重要形式，就是合作社"。新中国成立之后，中国社会的组织体制在国家的强力干预下进行了巨大改组，形成了独特的城市单位体制和农村人民公社体制，并借此大大促进了国家的社会动员能力和资源动员能力。从国家的角度来看，城市单位体制和农村人民公社体制是国家动员机制的重要载体。正是通过这些覆盖几乎所有社会成员的组织体系，前述阶级意识形态和常规的思想政治动员才得以贯彻到社会基层；在组织内部的各种评比和表彰通过对积极分子与落后分子的区分，将国家政策的外在意图转化为个体行动的内在动力；通过单位组织的福利制度，国家既使得社会成员对国家统一控制的资源形成了制度性依赖，也实现了社会成员的个人利益和国家利益的对接，国家的合法性进一步得以巩固，人民进行社会主义建设的积极性和热情也得以调动。

运作手段是国家与社会互动过程中双方的主导策略和手段。民众与国家之间的认同联系正是通过运作手段中的不断互动得以建构起来的，运作手段也是国家与社会在既定组织空间中互相形塑的主导规则。群众路线的大规模展开是在解放区的土地改革时期，它是对战争环境中政治竞争现实的反应，它的使命在于了解和满足多数群众的需要和利益，争取多数群众对于政权的政治拥护，最大程度地降低党和群众发生隔阂的危险。群众路线的运作实践包括从群众中来的分散意见—集中起来—到群众中去并坚持下去的辩证过程。这一辩证过程之所以重要，不仅在于可以使决策更加符合群众利益、更加符合客观实际，而且也在于对群众进行教育和引导。群众既有进步需要尊重的一面，也有落后需要进行引导的一面。新中国成立之后，群众运动已经不仅仅是一种进行社会改造的方式，它逐渐成为解决社会中种种治理问题的一种常态。在社会主义建设中，通过群众运动，基层群众中的具体做法被有选择性地吸纳到国家政策体系中，被视为群众活力和群众积极性的体现，然后再借助于阶级斗争和组织体系对基层工作进行强力推动。以党组织体系为核心、单位体制和人民公社体系为主体的组织体系使得群众运动得以迅速推广。群众运动不仅仅具有推动工作这样的一种功能，它同时又承担着化解国家与民众之间在实践中可能发生的矛盾冲突的功能。每当国家政策在具体实践中出现失误时，这种失误往往可以归因于对群众自愿性的忽视和对群众觉悟程度的高估；群众运动又可以通过强调对于群众自愿性的尊重，使得实践中存在的矛盾冲突得以部分化解，工作中的错误也在一定程度上得以纠正。

国家通过政治整合实现社会整合，对于社会领域进行强力改造和渗透，这是改革开放前国家与社会关系的主导逻辑。回头来看，这一过程既有深刻的历史必然性，同时也充满了艰辛和曲折。通过阶级划分，民众以前所未有的方式卷入国家政治当中，国家政治与个体生活、国家发展与个体现实利益被高度紧密地结合在一起。通过组织重建，民众真诚地相信自己的工作与国家的富强在利益上和价值上都息息相关。通过各种运动，国家对于社会资源的动员能力和民众对国家的认同与归属都大大加强。但是与此同时，国家权力向社会领域几乎毫无限制地扩张，也起到了适得其反的作用。阶级话语与现实层面的脱节，使得民众对于阶级话语只局限于工具性接受，而在理性和情感层面的接受日渐消解，阶级话语逐渐丧失了其塑造社会认同、激发参与活力的功能，相反成为加大社会矛盾、抑制积极性发挥的阻碍。单位组织和人民公社的严格控制和深入渗透，在诸多方面妨碍了个人和社会群体的主动性和创造性的发展，对于民众参与形成不了有效激励，也无法消除事实上广泛存在的各种自我利益寻求行为。群众运动被认为是引导和激发群众积极性进行社会主义建设的有效方法，但最终使得群众生产生活受到巨大损害；群众运动被认为是化解人民内部矛盾（尤其是干部与群众之间的矛盾）的有效方法，但最终使得人民内部矛盾更为激化和加剧；群众运动被认为是克服官僚主义的灵丹妙药，但是最终群众运动往往与派系之间的权力斗争结合在一起。在频繁的群众运动中，群众本身对于运动日益感到厌倦，甚而认为"群众运动就是运动群众"，群众运动作为一种治理方式已经不再有效。在社会认同、组织基础、运作方式上，国家强力渗透控制社会的"全能主义"模式都面临严峻挑战，而这正是改革开放之后国家与社会关系进行调整的基础。

三 改革开放之后国家—社会关系的演变

（一）1978～1992 年：国家的放权让利与社会的利益萌发

发轫于 1978 年的改革开放，不仅是中国经济发展过程中的里程碑，也是国家—社会关系的重要转折点。党和人民认识到，切实改善人民生活水平是社会主义优越性的最直接体现和证明，为此必须进行思想解放和经济改革。要提升人民的生活水平，就需要从利益入手，激发个体在利益上的能动性。这种强调激发个体利益能动性的发展战略，与以往强调阶级出身和阶级觉悟的话语截然不同。它不仅极大地激发劳动者的积极性，促进了劳动生产率迅速提高，也使得群众利益在社会生活中的地位迅速提升。事实证明，生活水平的迅速提高成为人民拥护改革开放的重要原因。居民私人消费水平的提高，在国家重建合法性的过程中扮演了十分关键的角色（王宁，2007）。"允许一部分人先富起来"成为影响这一阶段国家与社会关系的"基调理论"，新的政策和口号与过去形成了强烈反差，而且以最实际有效的方式改变了社会关系的内涵。在这样一种通过利益来激发社会的积极性和基层活力的运动中，通过开放社会空间、释放社会资源，社会中出现了如个体户、私营企业主等新的利益主体，社会关系以及基层政府和各级单位组织也开始出现利益化趋向。社会各部门开始程度不等、或快或慢地从依赖国家合理分配生存转为在市场中实现自身利益。伴随着基层政府和各级单位组织的利益化，体制内与体制外的利益区分和利益关系逐渐形成，使得国家与社会关系呈现出更复杂的图景。

在组织空间上，对于个体利益能动性的强调，使得一些重要的社会新要素和社会新主体开始萌生、发展和壮大，如城市个体户、私营企业主、家庭农民、进城务工者、经商者等。除了体制外发生的重要变化，体制边缘甚至体制内部也在发生潜在的变化。尽管单位体系的整体结构没有发生改变，社会成员对单位的依赖性甚至在某些方面有所加强，但是单位组织的运行机制已经发生了深刻的改变。在单位与国家之间的责权机制尚未能够清楚划分、"软预算约束"仍然存在的前提下，单位日益发育成为重要的利益主体。伴随着经济改革的深入，社会关系以及基层政府和各级单位组织都开始出现利益化趋向。在农村，联产承包责任制的推行不仅是把单独的家庭农户变成生产的基本单位，而且将以往村庄掌握和管理的资源都尽可能地分配和落实到农户，包括某些大型生产工具和生产资料。在农村改革之后，自然村不再担负生产和管理功能，在农村生活的作用越来越弱。行政村控制了农村最重要的生产资源——土地，成为农村集体土地的所有人，农民需要与行政村签订土地承包合同，行政村相对于自然村的地位上升。虽然单位等组织构件本身仍在延续，政府管控社会的某些既有手段和形式依然保留，但是这些国家—社会关系的构件和手段都处在了一种新的整体安排之下。

在新时期，国家对于社会的治理手段发生根本改变，传统上作为社会控制手段的"群众专政"彻底消失。在反思教训的基础上，为了维护国家稳定和社会秩序，加强法制成为一种重要的治理思路和手段。群众运动的惨痛教训使人们认识到，没有法律是不行的，法律是恢复并重建社会秩序、管理社会和经济的重要手段。伴随着法制化的进程，规则治理的意识逐渐建立，这是巨大的进步。但是，这一时期法制的功能仍然主要是服务于政府对于社会的管理秩序，法律主要是政府"控制社会和管理经济的一种工具和手段"（蔡定剑，2008），而不是从法治理念和价值观出发。除此之外，国家还进行了从转变政府职能入手、促进政府的规范化和透明化的改革探索，提出了"建立社会协商对话制度"，以此作为正确处理和协调各种社会利益和矛盾的重要途径。但是，与此同时，在社会治理实践中，盛行的逻辑却是种种"变通"措施，甚至基层民众通过种种手段化解和"架空"国家政策中不符合自身利益诉求的部分（王汉生等，1997；项飚，1998）。这种"变通"的制度运作方式无疑使得基层社会的积极性和自主性得到了生长发展的空间，成为当时制度运作和制度变迁的重要机制之一。事实上，"变通"机制生动地刻画了这一时期国家与社会彼此交织、基层政府与单位组织兼具双重角色等重要特征。这种深具制度变迁特色的运作机制，以"处于正式制度制定程序之外"的操作方式或者"看似无足轻重的日常行为"，最终导致了重要的结构性变迁。但是，这种社会治理运行机制也潜藏了危机和问题。在"变通"与"架空"之中，国家既有体制与社会新生要素进行沟通和联系的制度化渠道迟迟不能构建，甚至有分离趋势。如果说这一时期社会要素尚未壮大、社会分化尚未充分发育，这一问题可能还并未构成真正危机，那么随着社会独立性的日益增强，社会治理机制中的制度化渠道构建就亟待提上议事日程了。

（二）1992～2002年：国家的调整转型与社会的多元分化

90年代之后，伴随着市场经济体制的建立，国家在社会治理方式、社会组织结构等方面进行了自觉的调整。经济所有制形式进一步多样化，社会流动程度进一步加速，个体在适应这种体制转型的过程中获得了意识的解放、自由度的提升和自主性的增强。由于身处结构变迁过程中的不同位置，基于不同的资源、权力、生活形态和意识结构，阶层分化开始出现，阶层意识逐渐自觉。"下海"的热潮和私营企业主的崛起增加了新的精英产生路径。传统国企工人被一步步纳入劳动力市场，原先在产业社区中形成的工厂自豪感和现实情境中的困境之间的冲突触发了他们的阶层意识。从农村流动出来的大量农民工群体，在进入城市和工厂过程中也被锤炼和锻造为工人。个体与原先所属单位或村落的依附隶属关系进一步松动，这为社会成员的个体意识和能动性成长提供了机会。个体必须重新审视和评估自身的资源，包括人力资本、体制资源、社会关系网络等，努力在国家提供的政策制度框架下谋求各种机会。即使是那些没有受到改革直接冲击的社会成员，也在下岗事件和与之相关的个体的生计实践中看到，个体不再受到国家的全面控制与保护，当市场形势发生变化时，他们可以也必须依靠自己的自主性和能动性来寻求生存和发展的机会。面对市场竞争必然带来的阶层体系分化、不平等加剧，对社会平衡与矛盾消解机制的制度需求日益凸显。

社会组织结构基础发生了巨大变化，私营企业等体制外单位组织大量涌现，国企和乡镇企业在改制之后从业人员减少，大量人员从"单位人"转变为"社会人"。大量劳动力精英离开乡村，也给农村社会带来巨大改变，基于地缘、亲缘的村庄自治、社区信任、居民互助等方面受到冲击，村庄空心化问题普遍存在，村民的集体行动难以开展。为了承接单位解体后溢出的社会管理和服务功能，保持国家的组织和动员能力，以社区建设为主的基层组织治理创新开展起来。社区建设是在单位制解体、社会转型过程中基层社会管理面临严峻挑战的情况下提出的应对策略，其核心是明确和健全国家权力重心下移的组织基础，在政府职能转型过程中管理和服务能力相对欠缺的情况下，系统地推进对社区内各种社会组织、企事业单位、群众资源的组织与动员。在此定位下，社区建设强调的是国家与社会双向互动的治理。社区建设一方面通过"自我管理、自我服务、自我教育"的原则促进了社区居民和社会组织的社会参与能力，另一方面也增加了国家对于基层组织的管理和动员能力。与此同时，社会团体大量出现，这一方面拓展了人们社会交往的空间，使得正在萌发的社会成员的自主性和能动性得到有效组织和发挥，促进公民之间的信任与合作，有助于社会资本和"能动社会"的生长；另一方面，在新的治理环境和多样化的社会需求下，政府也需要社会团体作为合作治理的伙伴和咨询对象，因此对社会团体的成立采取鼓励和培育的态度，以实现政府角色从"全能"向"有限"的转变。另外，村民自治是国家适应农村治理需要，鼓励农民自我管理、自我教育、自我服务，建立良好、稳定的社会对话机制的一种努力，也是一个社会自主性和国家政权建设能力相互加强的过程。加强民主政治，推行民主选举，既提高了村民民主决策、自我管理的能力，促进地方公共产品服务的供给和公共责任的提升；也减少了干群矛盾，将乡村精英整合到体制中，巩固现有政权的合法性。但是，社会流动性的增强和利益主体性的多元化，也使得很多群体的社会生活和利益诉求往往溢出至现有的各种组织形式之外。他们或者成为组织化结构的盲点，或者成为新的组织结构的生长点。这些现象要求社会的治理方式也必须有进一步调整，以应对上述种种问题。

在建设社会主义市场经济的过程中，社会治理方式的改革成为新的探索任务。这一阶段国家与社会运作方式的调整核心是一种"适应"性策略。政府行为的市场化和企业化趋向在某些领域表现明显,"经济发展"和"招商引资"成为地方政府工作重点,而公共管理和社会管理职能被忽视。在转变政府职能的旗号下,住房、医疗、教育等领域被纳入市场化改革进程中,"甩包袱"一度成为社会治理中的关键词。但同时,国家也试图通过一些制度建设来缓解社会民众在社会变迁前的困难与焦虑,例如社会保障制度的建设成为调适国家和社会关系的焦点领域。在新的福利制度建立过程中,原本潜在的各种不平等和新的各种社会差异又被显现出来,成为社会问题的新来源。国家在这一阶段,也进一步调整了政府机构的组成和职能,同时有所侧重地鼓励社会自我管理和自我服务能力的成长,并为其提供制度保障和规范引导。新的社会精英通过入党和当选人大代表或政协委员等方式,被有选择性地吸纳到体制当中。国家依据社会组织所具有的潜在挑战能力、其所提供公共物品的需求程度来决定对其发展采取的态度是直接支持、间接控制、放任不管抑或坚决取缔(康晓光、韩恒,2005)。这样一种"分类控制"策略使得社会组织能够辅助政府提供公共物品,同时又不致形成一种挑战力量。但是,这种"分类控制"策略也在一定程度上制约了社会力量的自主性,并且在事实上形成了社会组织体系的多轨并行态势。

(三)2002年之后:国家的民生战略和社会的参与诉求

进入21世纪之后,城乡流动加速,阶层分化加剧。2002~2011年,我国城镇化率以平均每年1.35个百分点的速度发展。城市化扩张过程中出现的新移民不仅在生活方式上与普通市民日益趋同,而且也发展出逐渐清晰的权益意识,积极争取合法权益的保护和平等市民待遇的获得。随着市场原则的深入,社会分化越来越显著,社会的利益格局、价值观念、生活方式、群体认同等已发生了深刻的变化,阶层之间的界限开始逐渐形成。民众的权利意识日渐增强。除了底层社会在缺乏利益表达机制的情况下采取各种行动维护自身权益外,作为中产阶级主体的业主群体等其他多类社会群体也参与到维权行动中。"维权"已经成为近十年来广泛出现在各个领域的现象,不同的维权者有着各自不同的诉求,采取的行动策略也各具特色。伴随维权行动在各个社会群体中的广泛开展,公众关于权利的意识获得了具体化,也进一步认识和强化了自身的行动能力。

各种社会群体都在自发地寻求制度化的利益表达渠道,公众的行动能力得以增强。进入21世纪之后,中国社会组织空间中最大的发展变化就是社会组织在数量上和活动空间上的迅速发展。尽管目前中国的社会组织发展中存在诸多体制和机制上的障碍,但是应当看到在多个领域中大量富有创造力的社会组织已经涌现出来，它们在促进人们彼此联结、培育社会资本方面起到了重要作用。国家管理社会组织的方式延续了其"分类控制"策略，对于不同的社会组织采取不同的管理方式。随着参与意识的提高和参与渠道的拓宽，个体也积极地参与到各类社会事务中。中国在民众的诉求渠道方面进行了一系列制度化的努力，从而使得中国体制表现出了令西方观察者大感意外的"韧性"。中国公共政策议程设置的模式已经多元化。社会参与方面出现了诸多新要素，越来越多的行动主体和因素进入决策过程当中。基层官员、新闻媒体、社会组织都可以成为"政策创新家"，努力参与到决策过程中并改变政策本质。他们也体现出了极强的创造力和适应能力，特别是逐渐创造出了可与政府沟通的、能够有效进行动员的议题框架。互联网的迅速发展也为公民的组织化和社会参与提供了另一个新型空间——虚拟社区。除了通过虚拟社区扩展公民的非制度化社会参与渠道之外，互联网对公民的制度化政治参与和政治发展也产生了积极影响。面对利益主体的多元化和社会流动性的增强，国家强调社会和公民在社会管理中的协同作用和主体地位，以此来激发和促进公民对于国家事务和社会管理的参与。在建立健全党委领导、政府负责、社会协同、公众参与的社会管理格局的指导思想下，一方面传统的各种组织资源（党组织和单位组织）等积极参与到社会生活的管理过程中，重新发挥党组织在基层社会的核心作用，强化了在新型社会管理体制中的领导地位；另一方面也努力吸纳各方面的社会参与热情和能力，形成社会管理和社会服务的合力。

科学发展观成为处理国家社会关系的重要指导理念。科学发展观是国家意识到社会发展过程中出现的一系列问题之后提出的整体解决思路，体现了政府行为由经营性向以公共服务为本方向的转变。在构建和谐社会的战略下，社会公平正义成为社会和谐的基本条件和核心价值。国家通过加快推进以改善民生为中心的社会建设，推进社会体制改革，扩大公共服务，试图解决以往发展过程中的"经济腿长，社会腿短"的问题，增强社会凝聚力和整合度。以改善民生为重点的社会建设，是国家在新的历史条件下建立社会认同和正当性支持的重要战略。国家承诺给社会各阶层成员带来实惠，承诺要在经济增长的同时强调公平分配，承诺确保基本公共服务的普惠。大幅度地改善民生，成为保持和增强执政基础的重要手段。但是，在贯彻民生战略的手段上，项目制成为主导运作方式，中央通过大量转移支付资金促进地方基本公共服务的供给。然而，嵌套于行政体制之中的项目制运作往往又成为以经营理念促进地方发展的渠道，基层社会共同体的基础反而被削弱。在实践中，"行政吸纳政治"的逻辑以及技术治理的思路，虽然能够缓和社会治理中的诸多压力，但是并不利于多元治理格局的根本形成。

四 当下的挑战与问题

（一）公民性建构的困境

在革命时期，阶级划分和阶级性曾经一度成为进行社会改造和社会动员的重要激励机制和动力机制。改革开放之后，党和人民认识到切实改善人民生活水平才是社会主义优越性的最直接体现和证明，因此在"让一部分人先富起来"的著名论断下，激发个体利益的能动性成为主导性的动员方式。进入 21 世纪之后，在构建和谐社会的战略下，社会公平正义成为社会和谐的基本条件和核心价值。面对利益主体的多元化和社会流动性的增强，单纯通过利益动员已经不能再实现有效的社会动员。在新的历史时期，必须大力倡导富于中国意蕴的公民性，以此来激发和促进公民对于国家事务和社会管理的参与。富于中国意蕴的公众参与方式和公民性建构必然会对中国社会产生深远的影响。

很多社会调查数据表明，目前公众参与公共事务的意愿仍然不足。一份关于上海市居民社区参与意愿的分析指出，居民社区参与的基本状况可以概括为"总体参与意愿不强"，仅有 15.7% 的被访者表示很想参与（马卫红、黄沁蕾、桂勇，2000）。一些研究表明，尽管现有社区选举中的投票率仍然很高，但是其中委托投票占有相当大的比重，"是否参与社区选举，首要的考量不是公民的权利与义务，而是私人利益与私人关系，社区选举成为私人关系再生产的一个环节"（熊易寒，2008）。人们一度对于新生的中产阶级的公民性抱有厚望，认为中产阶级将会成为公民性生长的重要基础。但是也有研究者指出，虽然中产阶级的权利意识和行动能力都有提升，但是这并不一定能够促进他们参加公共行动，也不一定能够决定公共行动的成功可能性（陈映芳，2006）。由于种种核心资源仍然是由政治权力控制的，市民对于政府权力仍然存在着较强的依存关系，因此那些有权利意识和行动能力的中产阶级可能根本不会参与到公共维权行动当中去，或者会选择中途退出。即使他们参与到公共行动当中，权利意识和行动力对于维权成功与否也不是那么具有决定意义。决定公共行动成功与否的是另外的因素，即涉及的权力意志和权力考量。权利意识、行动力与运动效果之间即使存在一定的相关性，但外在社会机会结构的约束才是最终的决定因素。如果参与渠道的制度化建设不能跟上，如果外在的各种结构约束条件不变，公民性未来的成长空间也将是十分有限的。也有学者表示了谨慎的乐观态度，如朱健刚通过个案研究表明，现有的组织化参与过程越来越能够培育出居民的志愿参与精神、基于居住利益基础上的权利意识以及公共领域的交流和讨论习惯。在它们的相互作用中可以产生不同的公民性，这类公民性虽然与西方情境中强调自由、独立以及民主的公民性不同，但是也同样表达出对权利的尊重、对平等的向往以及对社会公平的追求。这种公民性的形成与社会主义传统、传统的家庭伦理以及与全球权利价值观的传播息息相关，在它们的共同作用下，这类参与正使得社区发生意义深远的转型（朱健刚，2010）。学者们在目前表现出来的主体意识到底只是基于利益维护的业主意识还是权利认知的公民意识，尚有一些争论，但无疑这是未来中国公民性成长过程的重要一步。另一些研究表明，民众在参与过程中也逐渐培养并养成了"政治成熟"；他们采取了具有妥协性和灵活性的结盟策略，避免了直接冲突，政治技巧更加成熟。新的民众参与事实上并未直接冲击基层政府的治理架构，因而政府采取了相对开明的策略，通过对话机制将网民吸纳到政府决策过程之中（熊易寒，2012）。

（二）社会组织的多元挑战

社会组织体系是国家与社会关系当中重要的一个环节。进入 21 世纪之后，中国社会组织在数量上迅速增多，在活动空间上快速扩展。当前中国社会组织体系已经形成了事实上的多轨并行：第一条轨是新中国成立以来即建立起来的人民团体体系，这是党和各界群众的桥梁和纽带，有着重要的政治意义和社会意义；第二条轨是改革开放以来建立起来的各种社会团体，它们在初始阶段都不同程度地依附其业务主管单位，在业务人事上与业务主管单位有着千丝万缕的联系，但目前自主性也开始大大加强；第三条轨是改革开放以来，基于"自由流动资源"和"自由活动空间"而生成的大量自发性民间社会组织。它们共同构成了当前中国社会组织生态的整体结构，有着各自不同的特点和定位，这种多轨并行的局面也正是中国社会转型阶段的特色。在资源和活动空间的分配上，各类社会团体之间存在着事实的矛盾和竞争，而没有完全形成合理有序的定位和分化，有国家支持的人民团体和有单位支持的社会团体往往使得其他社会组织有不公平竞争之感。邓正来等认为，我国当前的社会团体管理制度实际上是一套"制度明确、实践宽松"的可纠错性框架。国家能够一边吸纳地方社团管理的有益经验，一边改善主导意识形态的开放性和包容性，根据不同形势、任务，灵活选择隐藏在正式规则和程序背后的不同治理技术来回应社会变化（邓正来、丁轶，2012）。而康晓光则对合作主义抱持更大信心。他提出，在当前多元社团并存而行政权力根深蒂固的前提下，应当在双重管理的基础上逐步经由国家合作主义、社会合作主义等阶段，实现官民合作的平等地位（康晓光，1999）。在社会组织体系的建设上，无论采取何种发展思路，都需要正视当前社会组织生态中的多轨并行事实，调整和定位不同形态的社会组织，使它们形成彼此促进的社会组织生态格局，以激发多方活力。建立具有中国本土精神和特色的社会组织形态仍是一个巨大的挑战和难题。

（三）社会管理行政化约束

自中共十六届四中全会确认了"党委领导、政府负责、社会协同、公众参与"的社会管理新格局以来，"多元治理格局"也已经具备了宏观的合法性基础。学术界的研究都在不断强调充分发挥多主体的治理效能，形成国家、社会与市场相互合作的治理网络，社会管理应从消极、防范性手段演变为推动社会进步的重要路径。然而，与此形成反差的是，在实践中多元治理格式建设面临着结构性困境，要么有流于形式之嫌，要么根本难于成形，自上而下的行政动员依然处于主导位置，某些领域中社会主体的发育空间实际上一再被压缩。有学者认为这种反差已经构成了当下社会管理研究中的"认知瓶颈"（李友梅，2012），因此需要从中观层面去研究现实社会管理运作的核心机制及约束条件。

在这样一种反差的背后，是行政对于社会管理本身巨大的吸纳能力和化解能力。现实中，我们看到即使通过行政化方式进行社会管理的绩效已经趋向于边际无效率，但是面临上级考核和同级竞争的压力时，基层政府仍然会毫不犹豫地以加强行政化的方式来进行促进社会管理，似乎社会管理工作只能通过行政化方式来进行。无论何种需求都必须被吸纳到行政运作机制中才能得到化解与解决，但是溢出于行政运作体制之外的目标要求被吸纳到行政运作体制之内的工具范围内之后，原有的目标和意义也就被化解和扭曲。借用社会学中的术语，这种行政式社会管理已经呈现出了"内卷化"趋势，最终成为了一种循环机制。社会管理领域的问题越突出，群众对于社会管理改革的呼声和压力越高，政府高层对于社会管理问题就会越加重视，对于基层政府的各种压力也就会更大。基层政府面临这种压力的应对策略就是，在确保"维稳"的前提下，调动行政资源以行政方式展开了种种"创新竞争"。在当前行政框架和机制下，什么样的"创新竞争"能够胜出呢？一定是掌握资源最多、调动社会能力最强、成本高者，甚至原本优势者胜出的可能性最大。即使是在培育社会组织方面，也一定是手中掌握行政资源较多者才能够"培育"出更多的、更能干活的社会组织来。因此，社会自身对于社会整合和社会问题解决的需求，以及政府上层对于社会管理真正扎根社会、扩展横向协调机制的愿望和压力，到了基层政府间的竞争比赛中，就演化成了在行政体系内部的一种行政性竞争需求。这样一种竞争需求根植于三十多年来经济发展过程中地方政府的思维习惯和运作思路中，运作起来驾轻就熟、游刃有余。确保"维稳"是底线，进行"创新"是竞争。在这样的前景下，就衍生出了现实中社会管理被行政不断吸纳、不断"内卷化"的现象。随着政府加强技术治理的趋势不断增强，社会主体的发育空间与共同治理的机会实际上一再被压缩。

随着社会变迁的加剧和社会形势的客观变化，社会管理领域中面临的挑战将会越来越多。在过去数年间，各级政府通过增加管理人员和资源、改善管理程序的精细化、提升技术手段增强效率等方式，在满足社会管理需求方面进行了有益的创新。但是，随着人员的增多、程序的精细化、技术手段的不断引入，上述思路用来改善社会管理问题的潜能也正趋向于释放完毕，其效果趋向于饱和。虽然有一些地方政府在社会参与方面进行了一些探索，但是认真考究起来就会发现，主要的工作仍然是由行政部门承担的，效果只是修辞性的而不是实质性的。更为重要的是，上述管理队伍扩大、管理程序精细化、技术手段提升固然有利于当下管理绩效的提升，但同时也使社会管理工作的科层化色彩更加浓重，更加拉大了群众对于社会管理工作的距离感，社会管理的整体生态改善程度并不显著。在社会异质性和流动性大大增加的当下，社会管理面临的问题极其复杂，问题的解决往往需要基层工作的高度创造性和主动性，需要对于当时当地具体情境的灵活把握。单纯提升管理工作的科层化管理水平，也会在一定程度上削弱基层工作创新性和积极地应对社会管理问题的空间，并不利于社会管理水平的整体提升。

要促进社会管理工作的进一步提升，社会管理应在实施战略层面有所调整，需要跳出社会管理行政系统本身去看待和解决社会管理问题。行政系统需要重新界定自己在整个社会管理中的功能、职责和目标，它应当集中关注那些相对重大的、有影响力的、全局性的、有利于确立规则的社会管理问题，特别是一些重大社会矛盾的处理。在处理社会事务时，特别是一些影响重大、具有典型意义的事务时，当然要重视在当时情境之下的实际后果，但同时也需要考虑事务处理方面的系统性后果。在事务处理中，必须高度重视处理过程中的连续性、一贯性、普遍性、公正性，以此来确立社会管理工作在人民群众中的高度信任和尊重。

大量的基层服务和管理工作应当通过在党组织的领导下放手于基层城乡社区、基层社会组织、各级人民团体机构的方式来完成。当然，现阶段基层城乡社区、基层社会组织，甚至人民团体的基层机构在工作效率和工作能力上还不能完全适应社会管理工作的要求，但是其工作能力和工作效率也是需要在工作实践中逐渐得到提升和锻炼的。这些工作最重要的考察目标也不一定是工作效率，而是要有高度的灵动性和创新性，切实解决当时当地群众的要求。多种多样的社会管理力量培育起来之后，相互之间展开有益的配合和补充，也有利于管理工作的创新发展。群众有更多渠道参与到社会管理工作中来，其积极性和主动性必然有所提高，有利于公民素质的提高。这样一种社会管理的战略思路，实质仍然在于把"党委领导、政府负责、社会协同、公众参与、法治保障"的社会管理体制落到实处，扎扎实实地贯彻党的群众路线传统，真正重视社会管理工作中不同于其他一般行政工作的"社会性"特点，将社会管理工作的政治性、行政性和社会性协调好。

参考文献

薄一波，1991，《若干重大决策与事件的回顾》，北京：中共中央党校出版社。

蔡定剑，2008，《依法治理》，载俞可平主编《中国治理变迁30年》，北京：社会科学文献出版社。

曹树基，2008，《国家形象的塑造——以1950年代的国家话语为中心》，《上海交通大学学报》（哲学社会科学版）第3期。

陈柏峰，2010，《群众路线三十年——以乡村治安工作为中心》，《北大法律评论》第1期。

陈映芳，2006，《行动力与制度限制：都市运动中的中产阶层》，《社会学研究》第4期。

戴慧思、卢汉龙，2003，《中国城市的消费革命》，上海：上海社会科学院出版社。

邓正来，1994，《中国发展研究的检视——兼论中国市民社会研究》，《中国社会科学季刊》第8期。

邓正来、景跃进，1992，《建构中国的市民社会》，《中国社会科学季刊》第1期。

邓正来、丁轶，2012，《监护型控制逻辑下的有效治理——对近三十年国家社团管理政策演变的考察》，《学术界》第3期。

杜赞奇，2003，《文化、权力与国家：1900－1942年的华北农村》，王福明译，南京：江苏人民出版社。

费孝通、吴晗，2012，《皇权与绅权》，长沙：岳麓书社。

冯仕政，2011，《中国国家运动的形成与变异：基于政体的整体性解释》，《开放时代》第1期。

黄宗智，2003，《中国革命中的农村阶级斗争——从土改到文革时期的表达性现实与客观性现实》，《中国乡村研究》（第二辑），北京：商务印书馆。

康晓光，1999，《转型时期的中国社团》，《中国社会科学季刊》冬季号。

康晓光、韩恒，2005，《分类控制：当前中国大陆国家与社会关系研究》，《社会学研究》第6期。

李汉林，2007，《转型社会中的控制与整合——关于中国单位制度变迁的思考》，《吉林大学社会科学学报》第4期。

——，2008，《改革与单位制度的变迁》，载李强主编《中国社会变迁30年》，北京：社会科学文献出版社，179～216页。

李友梅，2012，《中国社会管理新格局下遭遇的问题》，《学术月刊》第7期。

李友梅等，2008，《社会的生产：1978年以来的中国社会变迁》，上海：上海人民出版社。

李友梅、黄晓春、张虎祥等，2011，《从弥散到秩序："制度与生活"视野下的中国社会变迁（1921～2011）》，北京：中国大百科全书出版社。

梁启超，1994，《新民说》，沈阳：辽宁人民出版社。

梁治平，2003，《民间、民间社会和 CIVIL SOCIETY——CIVIL SOCIETY 概念再检讨》，《云南大学学报》（社会科学版）第 1 期。

林毅夫、蔡昉、李周，1999，《中国的奇迹：发展战略与经济改革（增订版）》，上海：上海三联书店、上海人民出版社。

渠敬东，2012，《项目制：一种新的国家治理体制》，《中国社会科学》第 5 期。

渠敬东、周飞舟、应星，2009，《从总体支配到技术治理》，《中国社会科学》第 6 期。

沈原，2006，《社会转型与工人阶级的再形成》，《社会学研究》第 2 期。

沈原、孙五三，2000，《制度的形同质异与社会团体的发育》，载中国青少年发展基金会编《处于十字路口的中国社团》，天津：天津人民出版社。

孙立平，1993，《改革前后中国国家、民间统治精英及民众间互动关系的演变》，《中国社会科学季刊》第 6 期。

——，2002，《90 年代中期以来中国社会结构演变的新趋势》，《当代中国研究》第 3 期。

孙立平、王汉生、王思斌、林彬、杨善华，1994，《改革以来中国社会结构的变迁》，《中国社会科学》第 2 期。

孙立平、李强、沈原，1998，《社会结构转型：中近期的趋势与问题》，《战略与管理》第 5 期。

王汉生、刘世定、孙立平，1997，《作为制度运作和制度变迁方式的变通》，《中国社会科学季刊》第 21 期。

王汉生、吴莹，2011，《基层社会中"看得见"与"看不见"的国家》，《社会学研究》第 1 期。

王名主编，2008，《中国民间组织 30 年——走向公民社会》，北京：社会科学文献出版社。

王铭铭，1997，《社区的历程——溪村汉人家族的个案研究》，北京：生活·读书·新知三联书店。

王宁，2007，《消费制度、劳动激励与合法性资源》，《社会学研究》第 3 期。

——，2010，《中国低成本发展模式的演进、困境与超越》，《学术研究》第 10 期。

王绍光，2003，《第二代改革战略：积极推进国家制度建设》，《战略与管理》第 2 期。

——，2006，《中国公共政策议程设置的模式》，《中国社会科学》第 5 期。

王绍光、何建宇，2004，《中国的社团革命——中国人的结社版图》，《浙江学刊》第 6 期。

王颖、折晓叶、孙炳耀，1993，《社会中间层：改革与中国的社团组织》，北京：中国发展出版社。

魏昂德，1996，《共产党社会的新传统主义：中国工业中的工作环境和权力结构》，龚小夏译，香港：牛津大学出版社。

——，1999，《现代中国国家与社会关系研究：从描述现状到解释变迁》，载涂肇庆、林益民编《改革开放与中国社会》，香港：牛津大学出版社。

武中哲，2004，《单位制变革与城市社会成员的贫富分化》，《河南社会科学》第 5 期。

项飚，1998，《逃避、联合与表达：北京"浙江村"的故事》，《中国社会科学季刊》第 22 期。

熊易寒，2008，《社区选举：在政治冷漠与高投票率之间》，《社会》第 3 期。

——，2012a，《从业主福利到公民权利：一个中产阶层移民社区的政治参与》，《社会学研究》第 6 期。

——，2012b，《新生代农民工与公民权政治的兴起》，《开放时代》第 11 期。

张静，2003，《村庄自治与国家政权建设》，黄宗智主编《中国乡村研究》（第1辑），北京：商务印书馆，186~217页。

——，2004，《社区建设中政府、市场与社会的领域划分及其制度保证》，《天津社会科学》第5期。

——，2012，《社会冲突的结构性来源》，北京：社会科学文献出版社。

周雪光，2012，《运动型治理机制：中国国家治理的制度逻辑再思考》，《开放时代》第9期。

——，2013，《国家治理与组织机制变迁》，《吉林大学社会科学学报》第1期。

邹谠，1994，《二十世纪中国政治：从宏观历史和微观行动的角度看》，香港：牛津大学出版社。

——，2002，《中国革命再阐释》，香港：牛津大学出版社。

Li, Lianjiang, 2010, "Rights Consciousness and Rules Consciousness in Contemporary China", *The China Journal*, vol. 64, pp. 47 – 68.

Li, Lianjiang and Kevin O'Brien, 1996, "Villagers and Popular Resistance in Contemporary China", *Modern China*, vol. 22, no. 1, pp. 28 – 61.

Lieberthal, Kenneth G., 1992, "Introduction: the 'Fragmented Authoritarianism' Model and its Limitations," in *Bureaucracy, Politics and Decision Making in Post-Mao China*, Berkeley: University of California Pressmpp. 1 – 22.

Mertha A., 2009, "'Fragmented Authoritarianism 2.0': Political Pluralization in the Chinese Policy Process", *China Quarterly*, 200: 995.

Nathan A J., 2003, "Authoritarian Resilience", *Journal of Democracy*, vol. 14, no. 1, pp. 6 – 17.

Perry, E., 2001, *Challenging the Mandate of Heaven: Social Protest and State Power in China*, Armonk: M. E. Sharpe.

Walder A G., 1988, *Communist Neo-traditionalism: Work and Authority in Chinese Industry*, University of California Press.

Willis, P., 1977, *Learning to Labor: How Working Class Kids Get Working Class Work*. New York: Columbia University Press.

Wu, Ying, 2012, "The Constructive Significance of Homeowners' Rightful Protest in China", in Ngai-Ming Yip eds. *Neighbourhood Governance in Urban China*, Hong Kong: Edward Elgar.

Yang, Dali, 2004, *Remaking the Chinese Leviathan: Market Transition and the Politics of Governance in China*, Stanford University Press.

Zheng, Yongnian, 1994, "Development and Democracy: Are They Compatible in China?" *Political Science Quarterly*, vol. 109, no. 2, pp. 235 – 259.

（作者单位：中国社会科学院社会发展战略研究院，

中国社会科学院社会学研究所）

✽研究论文

加班劳动与社会不平等

——基于 CGSS 2006 年的实证研究

冯仕政　李　丁

摘要　本文旨在考察就业于特定组织的城镇劳动者从事加班劳动的成因，并揭示其中蕴含的社会不平等。本文首先阐述了生产选择、生产结构、支配选择、支配结构这四种可能引起加班劳动的劳动不平等机制，然后用 CGSS 2006 年的数据对这些机制的效应进行检验。研究发现，尽管分别来看，每种劳动不平等机制都对加班劳动的形成有显著影响，但比较而言，影响最大的还是生产选择机制和支配结构机制。在这两种机制中，生产选择机制长期受经济学推崇。而从本研究来看，该机制中人力资本因素的影响虽然得到证实，但其中最被看重的工资率因素却未对加班的发生率和时长产生显著影响。结合上述发现，本文回应了国家还是市场、市场还是再分配等长期围绕中国社会不平等研究的理论争论，并从地位获得的角度对工资率"失灵"的问题做了初步分析。

关键词　加班　不平等　劳动供给　劳动过程　市场分割

在社会不平等研究中，一直并行着分层分析和阶级分析这两大传统。在研究议题上，分层分析专注于考察特定"市场形势"（market situation）下的地位获得，尤其是职业地位获得；而阶级分析则倾向于从特定生产方式下的劳动中，尤其是雇佣劳动中，寻找社会不平等的秘密。最近二十多年来，分层分析传统一直主导着国内外社会学关于中国社会不平等的研究，少见从社会劳动角度考察中国社会不平等的作品。基于阶级分析视角的理论兴趣，本文拟用 2006 年度中国综合社会调查（以下简称"CGSS 2006"）所取得的数据，考察全国城镇地区受雇于特定组织且从事全日制工作的劳动者在加班劳动上的差异，以及造成这种差异的社会不平等机制。本文想知道：同是受雇于特定组织的城镇全日制职工，为什么有的加班，有的不加班？加班与否以及加班时间的长短，与社会不平等是否有关系？如果有，又是什么关系？对这些问题，本文将首先基于以往关于劳动和劳动时间的理论思考提出自己的分析框架和研究假设，然后用 CGSS 2006 所获取的数据予以检验，最后结合检验结果进行理论讨论。在理论讨论部分，本文将指出需要进一步研究的问题以及今后数据收集的方向。

一　理论回顾：劳动和劳动时间作为社会不平等

加班劳动是否意味着社会不平等？这似乎是不言而喻的，不然，世界各国就不会普遍把标准工时作为一项法律规定，并把严格执行标准工时作为一项基本人权来保障。也许正是因为这个问题太"不言而喻"了，所以在包括社会学在内的社会科学中，很少有关于加班劳动与社会不平等之间关系的讨论。在西方，关于加班劳动的研究虽然很多，但基本上都集中在加班劳动的后果上，比如对生产效率、劳动者身心健康或劳资关系的影响（Burke，2009；Burke and Fiksenbaum，2009；Golden，2006），等等；对加班劳动的成因，特别是社会不平等机制在其中所起的作用，却着墨甚少。而在国内，这两方面研究都寥若晨星，见诸报章的大多是关于治理加班的对策性讨论。这一方面表明，加班劳动确实是当前中国经济和社会发展中的一个值得重视的社会问题；但另一方面，如果缺乏对加班劳动成因的深入研究而仅做对策性讨论，显然无助于问题的根本解决。只有揭示造成加班劳动的根源和机制，才能予以针对性治理。

由于以往从社会不平等角度考察加班劳动的研究很少，本文拟把加班劳动放到一个更广阔的理论背景，即关于劳动或劳动时间本身的研究中去考察。这些研究虽然有的并未直接涉及加班劳动，甚至未直接涉及劳动时间，却为思考加班劳动问题提供了不可或缺的理论想象力。根据问题意识和理论取向，以往关于劳动和劳动时间的研究大致可以划分为五个流派：（1）新古典经济学的劳动力供给理论；（2）经典马克思主义的剩余劳动理论；（3）新制度经济学的劳动力市场分割理论；（4）工业社会学和组织社会学关于工作（work）的研究；（5）当代西方马克思主义的劳动过程理论。

（一）劳动力供给

在新古典经济学的劳动力供给理论看来，劳动时间是劳动者根据工资率，即劳动力的市场价格而理性选择的结果（参见 Golden，1996；尼科尔森，2008：第16章）。该理论设想，存在一个劳动力市场，劳动力的需求与供给都通过这個市場來實現；勞動力市場上的競爭是如此自由而充分，以致每種勞動力的價格都能通過工資率得到準確而及時的反映，供求雙方就是根據這個價格信號而進行勞動力交易的。所謂勞動時間，不過是勞動力供給的一種表現形式；在其他條件相同的情況下，勞動時間越長，勞動力的供給量就越大。對一個勞動者來說，他的時間既可以用來勞動，也可以用來休閒。勞動消耗精力和體力，但可以帶來收入，收入可以用來滿足自己的效用。同樣，休閒使人身心愉悅，是人人都追求的一種效用，但休閒也會發生成本，包括損失相應時間的勞動能夠產生的收入，即所謂"機會成本"。也就是說，時間不管是用於勞動，還是用於休閒，都會產生效用，同時會發生成本。隨著工資率的變動，等量勞動時間和等量休閒時間所能產生的效用和可能發生的成本也會變動。由於一個人能夠支配的時間在總量上是一定的，因此，他必須根據市場工資率的變化，尋找一個勞動與休閒的最佳時間組合，以保證自己的時間能夠實現最大的效用。在這個意義上，勞動時間是由工資率決定的。

勞動力供給理論最初只考慮勞動者個人因素，後來又擴展到綜合考慮家庭成員的工資水平和家務勞動時間等家庭因素（參見 Becker，1986；Geurts et al.，2009；Jacobs and Gerson，2004；Kaufman and Uhlenberg，2000）。不過，儘管做了擴展，該理論的基本觀點和分析思路並無變化，即仍然認為勞動時間的長短取決於工資率的變化，只不過認為其他家庭成員的收入會作為一筆"非勞動收入"而影響勞動供給決策。

既然勞動時間是勞動者在一定工資率的約束下追求效用最大化的結果，那麼，加班無疑也是具有特定勞動偏好、勞動能力和家庭背景的勞動者根據自身勞動力的市場價格而做出的理性選擇。據此推論，加班勞動中即使存在社會不平等，也是基於勞動者滿足社會需要的能力而產生的不平等，與剝削和壓迫沒有關係。因為在新古典經濟學看來，勞動力市場體現著整個社會的生產需求和該社會所能提供的生產條件，而工資率又準確且公正地反映了勞動力的市場價值。在這種情況下，如果一個勞動者不得不為了達到某個水準的效用而加班勞動，也只能怨他滿足社會需求的能力不夠強，以至於不得不比那些勞動能力強的人多幹一段時間。

（二）剩餘勞動

與勞動力供給理論完全相反，馬克思主義經濟學認為，加班並不是勞動者為了追求自身效用最大化而做出的理性選擇，而是由於受資本家剝削而不得不付出的剩餘勞動。馬克思認為，勞動力市場不是基於整個社會的生產需求和生產條件

个市场来实现；劳动力市场上的竞争是如此自由而充分，以致每种劳动力的价格都能通过工资率得到准确而及时的反映，供求双方就是根据这个价格信号而进行劳动力交易的。所谓劳动时间，不过是劳动力供给的一种表现形式；在其他条件相同的情况下，劳动时间越长，劳动力的供给量就越大。对一个劳动者来说，他的时间既可以用来劳动，也可以用来休闲。劳动消耗精力和体力，但可以带来收入，收入可以用来满足自己的效用。同样，休闲使人身心愉悦，是人人都追求的一种效用，但休闲也会发生成本，包括损失相应时间的劳动能够产生的收入，即所谓"机会成本"。也就是说，时间不管是用于劳动，还是用于休闲，都会产生效用，同时会发生成本。随着工资率的变动，等量劳动时间和等量休闲时间所能产生的效用和可能发生的成本也会变动。由于一个人能够支配的时间在总量上是一定的，因此，他必须根据市场工资率的变化，寻找一个劳动与休闲的最佳时间组合，以保证自己的时间能够实现最大的效用。在这个意义上，劳动时间是由工资率决定的。

劳动力供给理论最初只考虑劳动者个人因素，后来又扩展到综合考虑家庭成员的工资水平和家务劳动时间等家庭因素（参见 Becker，1986；Geurts et al.，2009；Jacobs and Gerson，2004；Kaufman and Uhlenberg，2000）。不过，尽管做了扩展，该理论的基本观点和分析思路并无变化，即仍然认为劳动时间的长短取决于工资率的变化，只不过认为其他家庭成员的收入会作为一笔"非劳动收入"而影响劳动供给决策。

既然劳动时间是劳动者在一定工资率的约束下追求效用最大化的结果，那么，加班无疑也是具有特定劳动偏好、劳动能力和家庭背景的劳动者根据自身劳动力的市场价格而做出的理性选择。据此推论，加班劳动中即使存在社会不平等，也是基于劳动者满足社会需要的能力而产生的不平等，与剥削和压迫没有关系。因为在新古典经济学看来，劳动力市场体现着整个社会的生产需求和该社会所能提供的生产条件，而工资率又准确且公正地反映了劳动力的市场价值。在这种情况下，如果一个劳动者不得不为了达到某个水准的效用而加班劳动，也只能怨他满足社会需求的能力不够强，以至于不得不比那些劳动能力强的人多干一段时间。

（二）剩余劳动

与劳动力供给理论完全相反，马克思主义经济学认为，加班并不是劳动者为了追求自身效用最大化而做出的理性选择，而是由于受资本家剥削而不得不付出的剩余劳动。马克思认为，劳动力市场不是基于整个社会的生产需求和生产条件

而形成的一个公正且灵敏的交易系统，只是资本家为了更多、更好、更隐蔽地榨取剩余价值而创造出来的制度性装置，只反映资本家追求利润最大化的需求及其面临的约束条件。基于这一观点，马克思把雇佣劳动时间划分为必要劳动时间和剩余劳动时间两个部分。必要劳动时间是劳动者为了创造维持劳动力的再生产所需要的基本生活资料而付出的劳动时间，剩余劳动时间则是劳动者为资本家创造剩余价值的劳动时间。必要劳动时间取决于一定社会的生产力水平和道德底限，伸缩空间不大，于是，尽可能延长剩余劳动时间就成为资本家追求超额剩余价值的一个重要选择。加班就是资本家逼迫劳动者延长剩余劳动时间的结果。资本家对剩余价值的追求愈甚，劳动者加班的发生率就越高，加班的时间也就越长。这样，马克思就把加班与剥削和压迫紧密联系了起来。而将两者联系起来的决定性机制，是生产资料的资本主义私有制。资本主义私有制，一方面使劳动力得以全面而彻底地市场化，由此造成雇佣劳动者对于"工作"的竞争，这为资本家尽可能延长剩余劳动时间提供了方便；另一方面也使资本家之间对于利润的竞争前所未有的激烈，激烈的竞争使任何资本家都不能自外于对雇佣工人的超额剩余劳动的压榨。也就是说，在资本主义私有制条件下，剥削不是某些资本家对某些劳动者的剥削，而是资本家作为一个阶级对整个工人阶级的剥削。因此，无论劳动者对劳动时间的抉择多么理性，都不可能从根本上摆脱被剥削和压迫的命运。①

（三）劳动力市场分割

马克思主义经济学与新古典经济学尽管在根本观点上存在分歧，但也有一个共同点，即都认为劳动力市场是均质而统一的。对新古典经济学来说，只有劳动力市场是均质而统一的，工资率才能全面而真实地反映劳动能力差异，也才能作为价格信号实时而精准地调节劳动力供给。对马克思主义经济学来说，只有劳动力市场是均质而统一的，市场利润率才会趋向平均，而正是在平均利润率的持续作用下，原本各个分离的社会成员才会依其在生产方式中的地位而逐渐类聚为两大阵线分明的营垒——无产阶级和资产阶级，"市场"才能成为一种无远弗届的统治结构支配着劳动者的劳动。

大约从 20 世纪 60 年代，均质而统一的劳动力市场这个假设开始受到新制度经济学的劳动力市场分割理论（Dickens and Lang，1985；Loveridge and Mok，1979；

---

① 这些观点集中体现在马克思的《资本论》（2004）一书中，特别是第一卷第三至七篇关于剩余价值生产和资本积累的论述。

Piore, 1969; 2001; Reich, Gordon, and Edwards, 1973; Sakamoto and Chen, 1991) 的挑战。所谓劳动力市场分割,是指由于某些政治和社会力量的作用,一个社会中的全部劳动力被区分为一个个相对隔绝的人群,不同的人群有"不同的工作条件,不同的晋升机会,不同的工资水平,不同的市场机制"(Reich, Gordon, and Edwards, 1973:359)。在这种情况下,劳动力竞争不是在一个统一的、开放的市场上进行的,而是在一个个相互分割、相对封闭的"亚市场"(submarket) 上进行的。劳动力市场分割有两种基本形态,一种是内部劳动力市场与外部劳动力市场的分割(Doeringer and Piore, 1971; 1985)。"内部劳动力市场"(internal labor market) 是以一定行政管理界限为范围的劳动力市场。在这个市场上,劳动力的雇佣、工资和流动等,不是取决于某个普遍性的市场供求关系,而是取决于一个组织内部所制定的规则和程序。与内部劳动力市场相对的"外部劳动力市场"(external labor market) 则类似于新古典经济学所描述的那种劳动力市场,是严格按照供求法则运作的。研究发现,尽管外部劳动力市场为内部劳动力市场的劳动力退出和招录扮演着蓄水池的角色,但两个市场之间的流动是很少的,只有为数很少的"入口性工作"(entry jobs) 维系着两者之间的联系。

劳动力市场分割的另一种形态是首要劳动力市场(primary labor market) 与次要劳动力市场(secondary labor market) 的分割(Piore, 1969; 2001)。在首要劳动力市场上,工作稳定且报酬高、工作条件好、有比较确定的晋升机会和可预期的职业生涯、对工作的管理也比较公平;而在次要劳动力市场上,"所有这些方面都完全无法相比"(Piore, 1969:102)。首要劳动力市场是一个个大型组织的内部劳动力市场集合,而次要劳动力市场则像新古典经济学所描述的那样,是完全开放和竞争的。研究发现,这两个市场之间也基本上是隔绝的,次要劳动力市场的劳动力很难进入首要劳动力市场。那些受教育程度低,或因性别、年龄、种族等原因而受歧视的人群往往落入并滞留在次要劳动力市场中,鲜有翻身的机会。

劳动力市场分割虽然有两种形态,实际上都是描述组织属性对劳动力流动的限制,只不过第一种分割是从单个组织的角度来描述,第二种分割是从多个组织集合的角度来描述。根据劳动供给理论,劳动力市场是平等而透明的,劳动者比拼的是劳动能力。市场分割理论显然打破了这一神话——它至少承认,处于劳动力市场中不同板块的人群之间是不平等的。不过,它又不像马克思那样认为劳动力市场中的不平等是均一分布的,而是因所在组织属性的不同而有差异。如果把市场分割理论推广到劳动时间问题上,那么可以认为,加班劳动的可能性在很大程度上依赖于劳动者所在组织的特征。依赖于哪些特征呢?新制度经济学往往把组织特征视为一个外生变量存而不论,反倒是社会学家对这个问题兴趣浓厚,在一定程度上揭开了组织内部的劳动秘密。这就是工业社会学和组织社会学关于"工作"的研究。

（四）组织、工场与工作[①]

最先研究组织内部工作过程的是工业社会学（industrial sociology）。工业社会学兴起于19世纪30年代，关注的是工厂、办公室等工作场所的环境对工作过程及效果的影响，所以又被称为"工场社会学"（sociology of workplace）。在工业社会学兴起之前，在工业管理中流行的"泰勒制"汲汲于技术环境和物质环境的优化，在其提倡的"科学管理法"中，工人只是一个有待被优化的"生产要素"。与此相反，工业社会学指出，工人不仅是生产要素，而且是活生生的人，有自尊、价值实现等人性需要；着眼于满足这些人性需要而在管理过程中营造出和谐的、充满温情的关系，比所谓"科学管理"更能提高生产效率。这就是所谓"人性关系学派"（human relations school）。工业社会学由于从根本上忽视工业劳动中的社会不平等，而被戏称为"奶牛社会学"（cow sociology）和"经理人社会学"（managerial sociology）。在批评者看来，它完全站在资方的立场上，不但只关注生产效率，而且倒因为果地把工人设想为一个需要管理层怜悯和照顾的群体，这无异于千方百计帮助资方从工人身上挤出更多的"牛奶"。[②]

进入19世纪60年代，工业社会学被显得更科学、更具一般性的组织社会学取代。继承韦伯传统，组织社会学最关注的是组织的科层化过程和程度对组织内部工作方式及效率的影响。尽管对组织形态如何影响工作及其效率众说纷纭，但批评者认为，组织社会学关于工作的研究有一个共同偏向，即都把组织管理仅仅理解为一个在特定资源、技术和外部环境的约束下，为了满足生产需要而对生产任务、方式和环节进行协调及整合的过程，严重忽视组织管理过程中可能存在的不平等。或者更准确地说，在组织社会学看来，组织中的工作过程即使存在不平等，那也是基于整个组织的生产需要，而不是基于资本所有者（包括作为其代理人的管理层）的统治需要。这一观点正是下面劳动过程理论所强烈反对的。

（五）劳动过程

劳动过程理论兴起于20世纪70年代，自称是马克思主义在当代的发展，代表人物有布雷弗曼（Harry Braverman）和布若威（Michael Burawoy）。其基本倾

---

① 关于这方面研究的发展历程，可参见辛普森（Simpson, 1989：564 - 571）的研究综述。
② 工业社会学和组织社会学用"工作"（work）而不是"劳动"（labor）作为核心概念，就体现了它们对劳动过程中的剥削和压迫的忽视。

向是强调组织（包括企业这样的生产组织）的统治性，以及这种统治性对劳动过程的影响。一方面，它受工业社会学和组织社会学的启发，认为对资本主义剥削和压迫的研究不能停留于马克思时代的宏观研究水平，而应深入工作组织内部，通过所谓"生产中的关系"（relations in production）去研究"生产关系"（relations of production）（布若威，2008：37）。另一方面，它又不满工业社会学和组织社会学纯粹从协调和管理的角度去观察组织与劳动之间关系的做法，坚持认为劳动过程就是一个创造剩余价值的过程，组织在对生产活动进行协调和管理的同时蕴含着对劳动者的控制与支配，协调与控制、管理与支配是同一组织过程的两个方面，组织与劳动之间的关系也应同时从这两个方面来理解——当然，在实际的研究工作中，劳动过程理论更强调控制和支配这一面。

劳动过程理论内部也有分歧。主要分歧在于，布雷弗曼（布雷弗曼，1979）认为，福特制的流水线生产方式本质上是一个去技术化的过程，将使工人更加处于被支配的地位。而在布若威看来，布雷弗曼像马克思一样，都把雇佣劳动看作一个完全被动和强制的过程，而他发现，在资本主义工厂里，工人的劳动在一定程度上是自愿的、主动的。造成这一状况的根本原因在于，与封建生产方式不同，在资本主义生产方式下，资本家不但剥削剩余劳动，并且亲自管理剩余劳动的创造过程。为了掩饰剩余价值，同时降低管理成本，资本家会有意识地把这个管理过程变成一个"制造甘愿"的过程，也就是在工人中制造一种"虚假意识"，让他们觉得劳动，包括加班，都是符合自身利益的。计时工资、计件工资、内部劳动力市场都是资本家为了"制造甘愿"而玩的把戏。布若威在其《制造甘愿》一书中生动地展示了工人们主动超额工作的情景（布若威，2008：第五章）。

毫无疑问，上述研究几乎都是以西方资本主义社会为背景进行的，某些具体的理论观点和结论并不完全适用于中国，但其所揭示的劳动不平等机制对研究当前中国的加班劳动问题却不无启发意义。因此，下面将基于上述理论研究，进一步归纳和提炼更具一般性的劳动不平等机制。

二 分析框架、数据与变量

梳理上述五种理论视角在劳动不平等问题上的观点及其分歧，不难发现，这些分歧可以归结为两个方面：一是劳动不平等的形成是否涉及剥削和压迫，二是在劳动不平等的形成中起主导作用的是个人选择还是个人无法控制的结构。尽管这两个方面都涉及劳动力不平等的成因，但从不平等研究的角度来说，前一方面更为本质，故称之为实质成因；与此相对应，把后一方面称为形式成因。关于实质成因的分歧体现为冲突论与功能论的对立，关于形式成因的分歧则体现为结构论与选择论的对立，据此可以构造一个关于劳动不平等的形成机制的理想类型。

（一）劳动不平等的形成机制

首先，关于劳动不平等的实质成因，功能论认为，劳动不平等本质上是社会分工的表现。为了提高生产效率，社会生产必须分工。有分工就会有不平等。既然分工是生产性的，即是有利于生产和促进生产的，那么，就不能说劳动不平等是支配性（或曰压迫性）的。如此理解的劳动不平等，不妨称为"生产性不平等"，或者用通俗的话来说，这是"公平的不平等"。而对冲突论来说，劳动不平等本质上是社会压迫的表现，是一个阶层剥夺另一个阶层、一个集团剥夺另一个集团的结果。劳动分工固然有利于提高生产效率，但这个"效率"只是对特定阶层或集团有利的效率，而不是对整个社会都有利的效率；对特定阶层或集团来说，这个效率是生产性的，但就整个社会范围而言，却是支配性的。这样理解的劳动不平等，可以称为"支配性不平等"。显然，这种不平等是"既不平等，也不公平"。

其次，关于劳动不平等的形式成因，选择论强调个体的理性选择对于劳动不平等形成的决定性作用，认为劳动不平等的形成是诸多劳动者的理性选择相互均衡的结果，因而把理性选择作为整个理论解释的出发点和落脚点。与此相反，结构论则认为，社会中存在某种超出个体控制之外的结构，个体的理性选择非但不能打破它，选择的方向、路径和结果反而严重受制于它。因此，社会结构才是劳动不平等形成的决定性因素，应该作为理论解释的出发点和落脚点。对基于这两种观点的不平等，可以分别称为"选择性不平等"和"结构性不平等"。

关于劳动不平等的上述分歧，在不同理论中有不同程度和形式的表现。根据它们的理论立场，可以将上述五种理论放入图1所示的谱系中。如图1，劳动力供给理论完全把劳动看作一个生产性过程，而且强调个人（包括作为家庭成员意义上的个人）的理性选择对劳动不平等形成的决定性意义，故位于图中第一象限等分线顶端。与劳动力供给理论一样，劳动力市场分割理论与工业及组织社会学的工作研究也认为劳动过程本质上是一个生产性过程，劳动不平等基本上是生产性不平等。但与劳动力供给理论不同，它们更强调结构性因素对劳动不平等形成的影响，因此它们都落到第四象限。但相对来说，市场分割理论所关注的结构比工业和组织社会学更宏观，因此它们在"选择－结构"这个维度上的位置

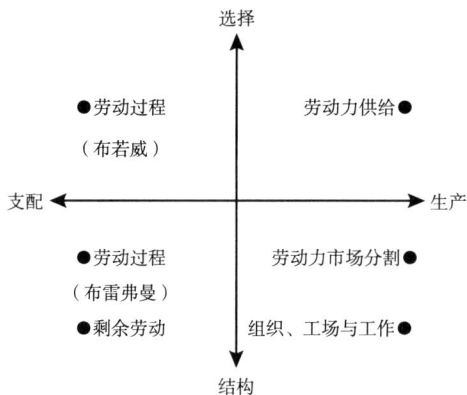

图1 关于劳动不平等的理论视角

有差异。劳动过程理论和剩余劳动理论都特别强调劳动是一个支配性过程，在"生产－支配"这个维度上的取值相等，但在"选择－结构"这个维度上的位置却有不同。因为马克思明确否认劳动的支配性不平等会因组织和行业而有差异，故将资本主义市场作为一个整体来做结构分析，结构主义特征最为鲜明。而以布雷弗曼为首的一派劳动过程理论以中观层面的组织管理为分析焦点，结构主义特征稍弱。故这两种理论都落在第三象限，但上下位置有差异。布若威的劳动过程理论虽然也强调企业生产体制在劳动不平等过程中的作用，但其经验分析的最终落脚点却是工人的阶级意识和劳动行为选择，故落在第二象限。

图1揭示了五种理论视角在理解劳动不平等问题上存在的分歧甚至对立。根据这些理论视角及其分野，可以构造出一个由四种劳动不平等机制构成的理想类型。对应图1的四个象限，这四种机制依次是：（1）生产选择机制；（2）支配选择机制；（3）支配结构机制；（4）生产结构机制。之所以说关于这四种劳动不平等机制的划分只是理想类型，是因为现实生活中的劳动不平等往往同时具有生产性和支配性以及结构性和选择性，换句话说，是这四种意义上的不平等根据某种规律化合而成的"化合物"。不过，在不同历史阶段和不同社会形态中，劳动不平等的生产性与支配性、结构性与选择性之间的"化合结构"却是不同的，由此而形成的劳动不平等的"化学性质"也是有差异的。上述理想类型实际上是将现实生活中的劳动不平等解析为分工性和支配性、选择性和结构性四种"成分"，以便更好地分析不同时代和不同社会中劳动不平等的"化学性质"，以及这种"化学性质"的变异。

自有阶级分化以来，社会劳动就既是一个生产性过程，也是一个支配性过程。劳动作为生产性过程，仅仅意味着将人力、财力、物力、信息、技术等生产要素协调和整合起来，以创造所需要的产品和服务。这个过程的唯一目的是最有效地利用各种生产要素以实现最大限度的产出，不涉及任何剥削和压迫。然而，在任何一个存在阶级或阶层差别的社会中，劳动不仅意味着产品和服务的创造，而且意味着按照某个权威所认可的目标及方式去创造，而这个权威往往只代表部分阶级或阶层的利益，而不是整个社会的利益。因此，劳动不是一个纯粹的生产性过程，而同时是一个支配性的，即一些阶级或阶层剥夺另一些阶级或阶层的劳动的过程。可以说，除了生产力水平极其低下的原始社会和未来完全消除了阶级差别的共产主义社会，迄今为止任何社会中的劳动都具有这双重属性：劳动不仅创造着产品和服务，而且创造着支配和服从。

基于劳动的上述二重性，相应有两种劳动不平等：分工性不平等和支配性不平等。为了创造尽可能多的产品和服务，一个社会不得不根据劳动能力的差异把劳动者安排在不同的位置上，因此而产生分工性不平等。在分工性不平等中，人与人之间虽然存在不平等，但这种不平等本质上只是分工的不同，而不是高低贵贱之别。分工有利于提高效率，因此，这种不平等不但不会阻碍，反而会促进生产力的发展。分工性不平等反映了人类无法超越的生产力阶段对社会关系的限制，因此，虽然不平等，但是很公平，虽然不符合人类的理想，但容易为社会所接受。压迫性不平等则不同。它不是根据整个社会的需要，而是根据局部的、统治阶级的需要来规定劳动者在社会生产体系中的位置。最终形成何种不平等格局，一方面取决于统治阶级的主观意图，另一方面取决于统治阶级在客观上所具有的统治能力。这种不平等反映的是强势社会集团对弱势社会集团的支配，是剥夺性和压迫性的，因而容易招致反抗。在压迫性不平等中，由于存在社会对立，它不可能像分工性不平等那样有利于提高生产效率和充分发挥整个社会的生产能力，因此从满足整个社会的需要的角度来说，它是消耗性的，而非生产性的。

除了生产性和支配性这二重性，如同所有社会行动一样，劳动还具有结构性和选择性二重性。原因很简单，劳动一方面表现为一个劳动者的创造过程，尽管在不同体制和历史条件下，劳动者展现自身创造性的机会存在差异，但其行动选择会影响劳动过程和结果却是毋庸置疑的。在这个意义上，劳动不平等的形成是劳动者自身选择的结果。但另一方面，一个显然易见的道理——任何劳动者的选择都不可能是完全自由的，总会受到生产关系体制或生产力水平等结构性因素的限制。在这个意义上，劳动不平等的形成又是结构性的。这里需要指出的是，劳动不平等的结构性并不等于支配性；反过来，选择性也不等于生产性。原因在于，正如布若威所言，即便是劳动者个人的自主选择，仍有可能是被统治阶级在思想上被统治阶级支配的结果，其"理性选择"实际上是一种颠倒的阶级意识，反映的不是符合社会整体利益的生产需要，而是符合统治阶级需要的支配性关系。反过来，有些结构性因素虽然逆拂劳动者的期望，却是连统治集团也无法超越的历史限制，即便为了整个社会的需要也不得不接受，因此不具有压迫和剥削的含义。由于根据形式成因而划分的选择性不平等和结构性不平等，与根据实质成因而划分的分工性不平等和压迫性不平等之间并不存在一一对应关系，因此这两个维度是相互独立的，不能简单地化约。

既然上述四种劳动不平等机制只是出于分析的目的而构造的理论类型，那么，一种具体的劳动不平等现象到底是何种机制造成的，或者说，到底哪种机制影响大、哪种机制影响小，这就需要通过经验分析来揭示。对这些不平等机制与当前中国城镇全日制职工加班劳动之间的关系，亦应作如是观。下面，就以这个分析框架为基础来组织关于加班劳动的操作化研究。首先要交代的是操作化研究所使用的数据和变量。

（二）数据

本研究使用的数据为中国人民大学社会学系组织实施的 2006 年度中国综合社会调查，即 CGSS 2006。[①] 在 CGSS 2006 中，B4 题曾经询问被访者这样一个问题："目前，您主要用于工作/劳动的时间每周大约有多少个小时？" 1995 年 3 月 25 日，国务院发布第 174 号令，规定从 1995 年起，我国开始实行"职工每日工作 8 小时、每周工作 40 小时"的劳动制度。根据这一规定，这里把那些劳动时间超过每周 40 小时者定义为"加班劳动"，每周实际劳动时间减去国家标准工时（即每周 40 小时）之差，即为"加班时长"。由于一些工种并不要求坐班，严格地说，把超过国家法定标准工时的劳动称为"超时劳动"更准确，但因为"加班劳动"的说法更通俗，而且两者本质相同，所以这里使用"加班劳动"这一说法。

CGSS 2006 的调查对象为年龄在 18～69 岁的城乡居民，样本规模为 10151人，但本文只分析那些同时符合以下条件的样本：（1）60 岁以下。（2）不一定拥有城镇户口，但调查期间在城镇工作，因为调查只询问了目前在城镇工作的职工的每周工作时间，而未询问在农村的就业人员的每周工作时间。（3）目前仍从事全日制工作。既然要研究工作时间，那些因上学、失业、下岗、离休、退休、休假等原因未工作或未全日工作的劳动者当然应排除在外，否则没有可比

---

① 关于该调查的抽样设计、入户执行、样本规模等基本情况，可查询中国人民大学调查与数据中心网站 http://nsrc.ruc.edu.cn/。

性。（4）就业于某个组织。基于本文的兴趣，研究将涉及大量组织层面的变量，而那些自雇佣者、私营企业主、零散工、在自家企业中帮工者要么不涉及工作组织，要么他与工作组织的关系和雇员与工作组织的关系有本质区别，故也排除在外。有 5 人因为工作时间或者工资不合常理而删除，其中有 1 人每周工作时间长达 168 小时，1 人的每周工作时间为 126 小时，均明显高于第三高的 98 小时；1 人工作时间缺失；1 人的小时工资高达 685.26 元，明显高于第二高的 200 元，属奇异值（outlier），1 人收入为 0。这些案例均删除。经过上述筛选，符合条件的样本量为 2296 人。

数据显示，现受雇于特定组织且全日工作的城镇地区职工平均每周工作 47 小时，超过国家标准工时 7 小时，按国家标准工时计，平均每周多工作 0.88 天；只有 49.9% 的职工每周工作时间小于或等于 40 小时，换言之，50.1% 的职工每周都要加班。从这 50.1% 的加班职工来看，最短的加班 2 小时，最长的加班 58 小时，平均 15.8 小时，以国家标准工时计，相当于每周多工作 1.97 天，等于没有周末。从人口学特征来看，男性中从事加班劳动的比例为 52.2%，女性中的比例为 47.7%；30 岁以下的人口中加班的比例达到 53.5%，而 40 岁以上的人口这个比例只有 45.6%。这说明，在加班发生率上，男性高于女性，年轻者高于年长者。

（三）变量定义及描述

为了作者表述和读者阅读的方便，这里先把后文将要使用的变量的定义及统计描述罗列于此。至于选取这些变量并做某种定义的理论原因，在后面讨论相关理论发现时再予详述。

1. 因变量

本文涉及三个因变量：（1）总体劳动时间。即调查时受访者报告的最近一周的实际劳动时间。（2）加班。劳动时间超过每周 40 小时者被定义为"加班"，赋值 1，余者为不加班，赋值 0。（3）加班时长。取值为每周实际劳动时间减去国家标准工时（即 40 小时/周）之差。

2. 自变量

自变量分为五组。第一组为人口背景变量。本研究只考察六个人口背景变量，年龄、性别、户口、配偶状况、未成年子女状况和地区。其余四组变量分别对应前已阐述的四种劳动不平等机制。

（1）生产选择机制变量

教育程度。用根据受教育程度折算而成的受教育年数来表示。

工作资历。用从事当前工作的年数表示。

工资率。用月工资表示。CGSS 2006询问了被调查者上月工资收入，本文对5.79%的缺失值进行了插值处理。

家庭替代收入。即受访者本人以外其他家庭成员的年收入之和，在计算上用家庭年总收入减去受访者个人的年总收入后得到。这里的家庭年总收入包括工资收入、奖金、工资外收入、馈赠、分红、利息等所有形式的收入。因为在劳动供给理论看来，对劳动者来说，家庭其他成员的收入相当于一笔非劳动收入，可以在一定程度上替代劳动者自己的劳动，故名"家庭替代收入"。

（2）生产结构机制变量

组织规模。按组织员工人数划分为"大型组织"和"中小型组织"。根据国家统计局标准关于大型组织的界定，本文把员工在800人以上的企事业单位定义为"大型组织"。本文还把所有党政机关无论大小都定义为"大型组织"，因为尽管每个人就职的具体党政机关有大有小，但它们都是整个国家政权机关的一部分，其雇佣关系更多的是受作为一个整体的国家机关的组织规则的影响，而不是受具体党政机关的组织规则的影响。

工作自主性。CGSS 2006询问了被调查者在安排工作内容、工作进度和工作强度三个方面的自主性；此外还询问了作息时间安排自由度、工作时间内活动自由度、工作受监控程度、领导分配任务时与员工商量的程度、向领导反映意见的自由度方面的内容。本文用主成分分析法从前三个方面自主性提取一个公因子来衡量工作自主性。其中工作内容、进度和强度这三个方面的自主性在这个公因子上的载荷分别为0.76、0.85、0.82。

绩效工资。如果工资完全由工作量或工作业绩决定，取值1，否则为0。

绩效奖金。如果奖金完全取决于工作量或工作业绩，取值1，否则为0。

加班工资。如果加班能够得到加班工资，取值1，否则为0。

（3）支配选择机制变量

晋升机会。表示在过去三年有过职位升迁或者工资等级提升，或者未来几年内"几乎肯定会"和"很有可能"晋升者赋值1，否则为0。

命令服从。认为服从上司的命令"非常重要"者赋值1，否则为0。

行政级别。有行政级别者为1，否则为0。

管理级别。担任一定管理职务者赋值1，未担任任何管理职务者赋值0。

决策权力。CGSS 2006询问了被调查者是否有下属。这里根据是否有下属判断受访者是否有决策权力。如果有，赋值1，否则为0。

（4）支配结构机制变量

单位级别。划分为无级别、区县及以下、地市、省级及以上四类，分别取值0～3。由于表示"不适用"的案例多就职于私营及个体企业，单位级别归于无级别。

单位所有制。划分为公有制、私有制两类，公有制赋值1。

单位性质。划分为企业组织和机关事业单位两类，分别取值0和1。

3. 变量描述统计

本文所涉及的所有变量的描述统计如表1所示。

表1 变量描述统计

变 量	个案数	均值	标准差	最小值	最大值	说 明
总体劳动时间（小时）	2296	47.01	12.29	3	98	连续变量
加班	2296	0.50	0.50	0	1	1 = 是,0 = 否
加班时间(小时)	2296	15.79	10.90	2	58	连续变量
年龄(岁)	2296	36.34	10.01	18	60	连续变量
性别	2296	0.55	0.50	0	1	1 = 男,0 = 女
户口	2296	0.81	0.40	0	1	1 = 城镇,0 = 农村
地区	2296	5.86	2.48	1	9	抽样时的分层变量
配偶状况	2296	0.75	0.43	0	1	1 = 有配偶,0 = 无
未成年子女状况	2296	0.36	0.49	0	5	1 = 有 14 岁以下子女,0 = 无
工资率(千元)	2296	1.42	1.39	0	32.0	连续变量
教育程度(年)	2296	11.97	2.82	6	16	连续变量
工作资历(年)	2296	10.26	9.24	1	43	连续变量,以工作年数表示
家庭替代收入（千元）	2296	1.95	2.56	0	44.0	连续变量
单位规模	2296	0.42	0.49	0	1	1 = 大型组织,0 = 中小型组织
工作自主性	2296	2.03	0.93	0	3.3	连续变量,值越大,自主性越强
绩效工资	2296	0.38	0.48	0	1	1 = 是,0 = 否
绩效奖金	2296	0.36	0.48	0	1	1 = 有,0 = 无
加班工资	2296	0.55	0.50	0	1	1 = 有,0 = 无
晋升机会	2296	0.41	0.49	0	1	1 = 是,0 = 否
命令服从	2296	0.20	0.40	0	1	1 = 是,0 = 否
行政级别	2296	0.08	0.27	0	1	1 = 有,0 = 无
管理级别	2296	0.20	0.40	0	1	1 = 有,0 = 无

变 量	个案数	均值	标准差	最小值	最大值	说 明
决策权力	2296	0.16	0.36	0	1	连续变量,值越大,权力越大
单位级别	2296	1.30	1.04	0	3	0~3 依次为无级别、区县及以下、地市级、省级及以上
单位性质	2296	0.30	0.46	0	1	0 为企业组织,1 为机关事业单位
单位所有制	2296	0.53	0.50	0	1	0=私有,1=公有

三 对四种机制的分别检验

根据上面关于劳动力不平等机制的理论讨论,下面对城镇全日制劳动职工从事加班劳动的成因进行探索和检验。检验分两步进行:先在不控制其他机制的条件下对四种机制的影响进行分别检验,然后将四种机制放入同一个模型,以检验每种机制在控制其他机制情况下的相对影响。

(一) 生产选择机制

先从检验生产选择机制开始。如前所述,从本文所揭示的理想类型来看,关于生产选择机制的论述最典型地体现在劳动供给理论中。根据该理论,劳动力市场是充分竞争的,不存在任何剥削和压迫。因此,劳动时间的长短取决于劳动者根据劳动力的市场价格,即工资率而做出的理性选择。所谓"理性选择",就是在劳动与休闲之间找到一个最佳的时间组合,使效用总量达到最大。劳动力供给理论发现,劳动时间随工资率变化的一般规律是:当工资率较低时,劳动者会倾向于通过增加收入来实现效用最大化,因此会随着工资率的提高而逐渐加长自己的劳动时间;但总收入达到一定水平后,劳动者会更重视休闲,此时工资率如果继续提高,反而会造成劳动时间的缩短。也就是说,劳动时间与工资率之间不是线性关系,而是曲线关系。如果以工资率为横轴,劳动时间为纵轴,那么,随着工资率的增加,劳动时间的变化趋势呈一条开口向下的抛物线。根据这一理论,总体劳动时间、加班发生率和加班时间应该先随着工资率的上升而上升,在到达某个顶点后开始下降。然而,如表2所示,如果将工资率按每组人数相等的原则平均分成五组[1],对比各个组的劳动时间与加班发生率,可以看出,随着工资率

---

[1] 每组人数实际上不那么平均,因为某些数值上的人数堆积太严重。表3和表4同。

的逐层升高，不管是总体劳动时间，还是加班发生率及加班时间，总体上都是逐层降低的，并且递减速度先是比较快，然后变得比较平缓。从这一点来看，劳动供给理论关于加班劳动的预测似未得到证实。

表 2　不同工资率水平的加班劳动情况

工资率分组	月工资（元）	总体劳动时间（小时）	人数	加班发生率（%）	加班时间（小时）	人数
最低	440	49.8	456	62.7	18.2	286
中低	798	47.8	401	53.1	16.4	213
中等	1088	46.6	510	48.8	15.1	249
中高	1526	46.1	425	47.8	13.9	203
最高	3028	45.1	504	39.7	14.5	200
总　计	1415	47.0	2296	50.1	15.8	1151

劳动供给理论还预测，由于工资率实时而准确地反映了劳动力的市场价格，因此，为了达到同样水平的效用，那些劳动能力较差的人不得不比那些能力较强的人多工作一段时间。据此，一个合理的预测是，拥有的人力资本水平越高，加班的发生率越低。由于经济学和社会学经常用受教育程度和工作资历来测量人力资本，因此可以假设，个人受教育程度越高或工作资历越久，加班的发生率越低。如表 3 所示，确如所预测的，随着受教育程度的提高，从事加班劳动的比例在不断降低：先看表 3 的左半部分，在小学及以下学历中，加班发生率高达71%；而在本科及以上学历中，这个数字仅为32.6%，少了一半多。再看表 3 的右半部分，同样，随着工作资历的增长，加班的比例也是不断下降的：工作资历在 5 年及以下者，有57.4%的人在加班；而工作资历在 30 年以上者，加班者仅占32.3%，也是低了近一半。

表 3　不同受教育程度和工作资历的加班情况

教育程度	加班发生率（%）	人数	工作资历（年）	加班发生率（%）	人数
小学及以下	71.0	131	< = 5	57.4	971
初中	66.3	570	5 ~ 10	51.7	435
高中	48.2	881	11 ~ 20	46.0	500
专科	37.7	435	21 ~ 30	36.3	325
本科及以上	32.6	279	> 30	32.3	65
总　计	50.1	2296	总　计	50.1	2296

同样根据劳动力供给理论，劳动力供给常常是以家庭情况为基础的"家庭联合决策"，在工资率不变的情况下，来自其他家庭成员的劳动收入对劳动者个人来说相当于一笔"非劳动收入"，会形成所谓"收入效应"，导致个人缩短劳动时间，减少劳动供给。据此，应该有理论假设：家庭其他成员的年总收入水平，也就是本文所说的"家庭替代收入"越高，本人加班的发生率越低或加班时间越短。这一点也得到证实。如表4所示，将家庭替代收入平均划分为五组，从最低组到最高组，整体劳动时间、加班发生率和加班时间都是逐层降低的，趋势非常清楚。

表4　家庭替代收入水平与加班劳动情况

家庭替代收入分组	替代收入均值(元)	总体劳动时间（小时）	人数	加班比例（％）	加班时间（小时）	人数
最低	1182	50.0	455	61.3	17.9	279
中低	7868	48.7	463	54.9	17.6	254
中等	14011	46.8	430	49.1	15.0	211
中高	22671	45.3	488	45.9	13.7	224
最高	50996	44.3	460	39.8	13.6	183
总计	19480	47.0	2296	50.1	15.8	1151

下面再将上述所有变量放入同一个回归模型中综合考察，结果如表5所示。在表5中，模型1A和1C是以总体劳动时间和加班时间为因变量的线性回归方程，模型1B是以是否加班为因变量的Logistic回归方程。结果发现，家庭替代收入对降低劳动时间、加班发生率和加班时间都有非常显著的影响。这说明，确如劳动供给理论所预测的，大多数劳动者关于劳动时间的决策都是以家庭背景为基础的"家庭联合决策"。而在个人因素方面，模型显示，随着受教育程度、工作资历和工资率的提高，总体劳动时间、加班发生率和加班时间都会逐渐降低。但表5也显示，在与工资率并置的情况下，受教育程度和工作资历仍然有显著影响，这表明工资率并未如劳动供给理论所想象的那样实时而准确地反映劳动能力的市场价格，亦即劳动力市场并不如其想象的那样灵敏而准确。如果劳动力市场是灵敏而精准的，工资率应能完全覆盖受教育年数和工作资历这两个象征人力资本的变量的影响，使它们的影响变得不显著。

表 5   加班劳动相对于生产选择机制的线性和 Logistic 回归估计

变　量	1A 总体劳动时间（小时）		1B 是否加班（加班=1）		1C 加班时间（小时）	
性别	2.121**	(0.503)	0.289**	(0.097)	1.823**	(0.647)
年龄	-0.061#	(0.036)	-0.008	(0.007)	0.037	(0.044)
户口	-4.515**	(0.652)	-0.841**	(0.129)	-2.566**	(0.741)
未成年子女（有=1）	1.108	(0.732)	0.043	(0.141)	0.594	(0.934)
配偶状况（有=1）	-0.785	(0.571)	0.064	(0.109)	-1.060	(0.707)
工资率	-0.668*	(0.323)	-0.113#	(0.062)	-0.801#	(0.444)
工资率平方	0.032*	(0.016)	0.004	(0.003)	0.039*	(0.018)
教育程度	-0.745**	(0.101)	-0.168**	(0.020)	-0.475**	(0.130)
工作资历	-0.141**	(0.033)	-0.033**	(0.006)	-0.141**	(0.044)
家庭替代收入对数	-0.646**	(0.151)	-0.091**	(0.029)	-0.490**	(0.181)
截距	66.830**	(2.412)	3.363**	(0.478)	27.201**	(3.155)
R^2	0.132				0.119	
修正 R^2	0.125		0.137		0.105	
DF	18		18		18	
N	2296		2296		1151	

** $p < 0.01$，* $p < 0.05$，# $p < 0.1$。括号内为标准误。模型 1B 中的 R^2 为 pseudo-R^2，后文 Logistic 模型的 R^2 同此。控制了地区虚拟变量，系数从略。

综上所述，劳动供给理论所揭示的生产选择机制确实无论对加班发生率，还是对加班时间都有显著影响。这表现在，一方面，工资率、人力资本以及家庭其他成员收入水平的提高，都会显著降低加班的发生率和加班时长。但另一方面，工资率对劳动时间的影响并未如其设想的那样是一条开口向下的二线曲线，而基本是一条斜率为负的直线，并且受教育年数和工作资历具有独立于工资率的显著影响。也就是说，尽管加班劳动受工资率的影响很大，但并未大到完全由工资率决定，并且工资率发挥影响的规律也与其理论预测相左。这说明，根据劳动力供给理论而来的生产选择机制并不能完全解释加班劳动的成因。

（二）生产结构机制

再来看生产结构机制的影响。关于生产结构机制的阐述主要体现在新制度经济学的市场分割理论以及工业社会学和组织社会学关于工作的研究中。如前所述，所谓生产结构机制，就是那些被认为会妨碍市场的充分竞争但不具有剥削和压迫含义的社会因素。这些因素主要体现为两种形态的市场分割：一是首要劳动力市场与次要劳动力市场的分割，二是内部劳动力市场与外部劳动力市场的分割。新制度经济学、工业社会学和组织社会学从多个角度涉及了多种可能造成市场分割的因素，但本文只能围绕 CGSS 2006 所收集的数据对有限的几个因素进行讨论。

首先讨论首要劳动力市场与次要劳动力市场的分割。根据新制度经济学的市场分割理论，首要劳动力市场中，劳动条件和待遇都比较优厚，而次要劳动力市场更接近于新古典经济学描述的那种市场，是充分而残酷竞争的。如果加班多、加班时间长是工作条件恶劣的一个表现的话，那么，首要劳动力市场中加班的概率和时间都应该低于次要劳动力市场。而根据波茨（Piore，1969；2001）的观点，所谓"首要劳动力市场"，实际上是大型组织内部劳动力市场的集合。据此可以认为，相对那些就职于小型组织的职工和没有组织的零工、散工，就职于大型组织的职工的加班发生率更低，加班时间更短。如表 6 所示，事实确实如此：那些处于首要劳动力市场的大型组织的员工加班少而工资高；而那些处于次要劳动力市场的劳动者则反之，工资低而加班多；最惨的是那些没有固定雇主的零工和散工，工资率几乎只有大型组织员工的一半，但加班的发生率和时间却几乎是他们的 2 倍。

表 6　不同组织规模下的加班劳动情况

组织规模	所有全日制雇佣劳动者				其中的加班劳动者	
	总体劳动时间（小时）	加班发生率（%）	工资率（元/小时）	人数	加班时间（小时）	人数
大型组织（员工数≥800）	45.7	42.0	10.5	1125	14.6	473
中小型组织（员工数＜800）	49.1	59.4	9.1	844	16.0	501
无固定雇主的零工、散工	63.2	88.3	5.8	497	26.7	439
总　　计	50.8	58.4	9.3	2466	19.3	1413

方差检验显示，三个变量在各组之间的均值差异的显著度都小于 0.01。需要注意的是，与本文的其他地方不同，此处所使用的样本除本文专门研究的全日制雇佣劳动者之外，还包含无固定雇主的零工和散工。

其次，根据工业社会学和组织社会学的观点，一个员工的劳动状况主要不是受某种具有普遍性的市场机制的影响，而更多地取决于组织内部结构。这就是所谓内部劳动力市场与外部劳动力市场的区别。受组织内部哪些因素的影响呢？其中，工业社会学的"人性关系论"认为，组织内部的人际关系越好，一个组织越是满足员工的自主和自尊需要，员工参与工作决策的机会越多，员工的劳动积极性就越高。据此，一个合理的推断是：工作自主性越强、工作氛围越人性化，员工加班发生率越高、加班时间越长。与此同时，根据组织社会学的研究，为了提高生产效率，一个组织会采用绩效工资、绩效奖金、加班工资等措施激发员工的劳动积极性。据此不妨假设：工资报酬越是与劳动业绩挂钩，或加班获取报酬的可能性越高，那么，职工加班的发生率越高，加班时间越长。表7利用线性回归和 Logistic 回归对这些假设进行了检验。从表7中结果来看，这些假设部分得到了证实。这表现在，确如理论所预测的，一方面，工作自主性和绩效工资都显著地提高了总体劳动时间，尤其是加班的发生率，绩效工资甚至还显著地提高了加班的时间长度。但另一方面，绩效奖金和加班工资对加班劳动的影响却与理论假设相反，即非但没有激发劳动者延长劳动时间，反而是降低了总体劳动时间和加班的积极性。这是一个值得进一步探讨的发现。与此同时，组织规模对加班劳动的影响也得到进一步证实。

表7　加班劳动相对于生产结构机制的线性和 Logistic 回归估计

变　量	总体劳动时间（小时）		是否加班（不加班＝0）		加班时长（小时）	
组织规模	－ 2.342 **	(0.508)	－ 0.569 **	(0.094)	－ 1.132 #	(0.676)
工作自主性	0.803 **	(0.267)	0.155 **	(0.050)	0.121	(0.340)
绩效工资	2.028 **	(0.530)	0.407 **	(0.099)	1.495 *	(0.658)
绩效奖金	－ 1.750 **	(0.541)	－ 0.296 **	(0.101)	－ 2.086 **	(0.693)
加班工资	－ 1.244 *	(0.514)	－ 0.156	(0.095)	－ 2.537 **	(0.642)
截距	48.542 **	(1.595)	－ 0.193	(0.306)	17.232 **	(2.297)
R^2	0.107				0.107	
修正 R^2	0.100		0.114		0.0932	
DF	18		18		18	
N	2296		2296		1151	

　　** $p < 0.01$，* $p < 0.05$，# $p < 0.1$。括号内为标准误。模型中还控制了性别、年龄、户口、未成年子女状况、配偶状况等变量，但为简便起见，这些变量的估计结果在表中未予呈现。

（三）支配选择机制

在布若威的劳动过程理论看来，劳动不仅创造生产力，而且创造生产关系；劳动不仅是物品和服务的再生产，而且是支配和服从的再生产。但是，劳动所具有的统治属性并不意味具体的劳动过程一定是在直接强制下进行的，相反，"强迫必须有同意的组织来补充"（布若威，2008：47），那些处于支配地位的集团或人群会设计一些措施，这些措施既能够把压迫或剥削隐藏起来，又能让员工甘愿服从。研究发现，组织中的职位结构（job structure）就是此类措施中的一种。一个组织经常会通过内部升迁机会诱取员工对组织的认同和忠诚。而加班，就是员工向组织表达忠诚的手段和信号之一（Golden，2009：221）。据此有：在组织中有过晋升、加薪或者未来晋升机会越大的劳动者，加班发生率越高，加班时间越长。

既然"制造甘愿"是支配性劳动的需要，也是支配性劳动的结果，那么，在那些已经成功制造出"甘愿"的组织中，员工加班的意愿会更高，即对上级命令越是服从的劳动者，加班发生率越高，加班时间越长。反过来，一个员工的权力越大，他对管理者通过制度设计对员工的思想进行控制的意图就越了解，甘愿加班的发生率也会随之降低，因此，可以预期，行政级别或管理级别越高，加班发生率越低，加班时间越短。由于在现实生活中一些权力不是体现在级别上，而是体现在实际决策活动中，因此，这种实际决策权也会影响加班的发生率和时间，其规律应该是，在组织中的实际决策权越大，加班发生率越低，加班时间越短。从表 8 对这些假设的检验结果来看，行政级别与管理级别对加班劳动的影响得到证实，而晋升机会和决策权力的影响与理论预测的相反，命令服从的影响不显著。

表 8　加班劳动相对于支配选择机制的线性和 Logistic 回归估计

变　量	总体劳动时间（小时）		是否加班（不加班 = 0）		加班时长（小时）	
晋升机会	− 1.123 *	(0.528)	− 0.258 **	(0.096)	− 0.747	(0.681)
命令服从	0.597	(0.618)	− 0.024	(0.112)	1.421#	(0.773)
行政级别	− 2.370 *	(1.009)	− 0.424 *	(0.188)	− 3.334 *	(1.481)
管理级别	− 2.450 **	(0.848)	− 0.483 **	(0.156)	− 2.751 *	(1.194)
决策权力	1.715#	(0.920)	0.353 *	(0.170)	1.786	(1.276)
截距	49.334 **	(1.430)	0.088	(0.271)	15.034 **	(2.067)
R^2	0.093				0.095	
修正 R^2	0.0855		0.0990		0.0807	
DF	18		18		18	
N	2296		2296		1151	

　　** $p < 0.01$，* $p < 0.05$，# $p < 0.1$。括号内为标准误。为简便起见，表中未报告性别、年龄、户口、未成年子女状况、配偶状况 5 个控制变量的估计结果。

（四）支配结构机制

最后检验马克思主义理论所标举的支配结构机制。如果像马克思和布雷弗曼所认为的那样，所有组织本质上都只是一种为统治阶级服务的社会结构，那么，一个组织越是接近统治核心、拥有的政治权力越大，其员工因受压迫而遭加班之苦的可能性就越低。而在中国，一个组织的行政级别和所有制性质都是其政治权力与政权性质的重要标志。相对来说，一方面，一个组织的行政级别越高，它就越是接近政权核心，整个组织享受特殊照顾的可能性就越大，其员工加班的发生率就越低，即使加班，加班时间也应该比较短。与此相类似，相对私有制组织，公有制组织员工也应该加班发生率更低，加班时间更短。另一方面，相对来说，即使国家系统内部，党政机关和事业单位也会比企业组织更接近政治权力和政权核心，因此，相对于非企业组织，应该是企业组织的员工加班发生率更高，加班时间更长。

均值比较发现，从所有制来看，公有制组织中员工加班的比例为43%，而私有单位中员工加班的比例为58%；从组织类型来看，在企业工作的员工加班的比例为55.7%，而机关单位加班员工只有37.0%；从单位级别来看，无级别、区县及以下、地市级和省级及以上单位中加班员工的比例分别为61.7%、47.5%、45.0%和41.8%。这说明，公有制或非企业组织，员工加班的发生率更低；组织的行政级别越高，其员工加班的发生率越低。这些结果都与理论预测一致。

如果用回归分析对支配结构机制与劳动时间及加班状况之间的关系做进一步分析，如表9所示，单位性质和所有制形式确实对加班劳动有显著影响，即公有制单位和非企业单位（党政事业）的整体劳动时间和加班发生率都显著小于私有制组织和企业组织。组织行政级别的影响要稍微复杂一点，即单位级别的高低对总体劳动时间和加班时长没有显著影响，但从加班的发生概率来看，随着行政级别增高，加班发生率随之下降的总体趋势仍然清晰可辨。

表9　加班劳动相对于支配结构机制的线性和 Logistic 回归估计

变　量	总体劳动时间（小时）		是否加班（不加班 = 0）		加班时长（小时）	
公有制组织（私有制 = 0）	− 1.701**	（0.595）	− 0.289**	（0.109）	− 1.723*	（0.786）
非企业组织（企业 = 0）	− 2.679**	（0.571）	− 0.649**	（0.106）	− 0.678	（0.787）
行政级别（无级别 = 0）						
区县级及以下	0.474	（0.7490）	− 0.220	（0.139）	0.850	（0.906）

变　　量	总体劳动时间 （小时）		是否加班 （不加班＝0）		加班时长 （小时）	
地市级	− 0.766	(0.726)	− 0.353 **	(0.134)	− 1.107	(0.917)
省级及以上	− 1.091	(0.921)	− 0.478 **	(0.169)	− 1.651	(1.218)
截距	49.736 **	(1.406)	0.189	(0.270)	15.067 **	(2.049)
R²	0.100				0.096	
修正 R²	0.0930		0.1159		0.0816	
DF	18		18		18	
N	2296		2296		1151	

　　** p ＜ 0.01，　* p ＜ 0.05，　# p ＜ 0.1。括号内为标准误。为简便起见，表中未报告性别、年龄、户口、未成年子女状况、配偶状况 5 个控制变量的估计结果。

四　对四种机制的比较分析

　　从上面对四种机制的分别检验来看，每种机制都能部分地解释加班劳动的成因，从这个意义上讲，每种理论视角都自有其洞察力。但仅仅分别考察四种机制是不够的，因为从理论上说，这四种机制存在着竞争关系；从现实来说，加班劳动作为一个复杂的社会过程，往往是多种因素共同作用的结果。因此，在对四种机制进行分别检验之外，还有必要将四种机制放在一起进行比较分析。

（一）四种机制的相对解释力

　　比较四种机制的相对解释力。为简便起见，这里只比较各种机制对加班发生率的影响，而不再考察它们对总体劳动时间和加班时长的影响。不同于线性回归模型可以通过 R² 来衡量各组变量的解释效果，在 Logit 模型中缺乏如此简洁的指标。鉴于此，这里拟用 LL 值、卡方值等拟合优度指标来比较各个模型的相对解释力的大小。具体办法是：如表 10 所示，M0 是只包含控制变量的基准模型，M1、M2、M3、M4 分别是基于生产选择、生产结构、支配选择和支配结构这四种机制构建的模型，M5 是包含所有四种机制的完全模型，然后以 M0 为基准比较 M1 ~ M4 这四个模型对拟合指标所造成的变化。结果发现，在四种机制中，生产选择机制对于加班发生率的解释力最强，因为相对于基准模型，它引起的 LL 值和卡方值等拟合优度指标的变化量最大。

表 10　四种劳动不平等机制基于 Logit 模型的影响力比较

	M0	M1	M2	M3	M4	M5	系数变化
	基准模型	生产选择	生产结构	支配选择	支配结构	完全模型	显著度
控制变量							
性别(女 = 0)	0.246 **	0.289 **	0.266 **	0.323 **	0.264 **	0.274 **	
年龄	− 0.006	− 0.008	− 0.005	− 0.005	− 0.001	− 0.006	
户口(农村 = 0)	− 1.183 **	− 0.841 **	− 1.089 **	− 1.143 **	− 1.008 **	− 0.810 **	
配偶(无 = 0)	− 0.030	0.043	− 0.014	− 0.020	0.008	0.052	
未成年子女(无 = 0)	0.070	0.064	0.078	0.066	0.107	0.074	
生产选择机制							
工资率		− 0.113 #				− 0.121 #	
工资率平方		0.004				0.004	
教育程度		− 0.168 **				− 0.135 **	*
工作资历		− 0.033 **				− 0.026 **	
家庭替代收入对数		− 0.091 **				− 0.084 **	
生产结构机制							
组织规模(小 = 0)			− 0.569 **			0.065	**
工作自主性			0.155 **			0.087	
绩效工资(否 = 0)			0.407 **			0.257 *	**
绩效奖金(否 = 0)			− 0.296 **			− 0.218 *	
加班工资(否 = 0)			− 0.156			− 0.076	
支配选择机制							
晋升机会(否 = 0)				− 0.258 **		0.128	**
命令服从(否 = 0)				− 0.024		− 0.074	
行政级别(无 = 0)				− 0.424 *		0.154	**
管理级别(无 = 0)				− 0.483 **		− 0.322 *	
决策权力				0.353 *		0.380 *	
支配结构机制							
所有制(私有 = 0)					− 0.289 **	− 0.156	*
单位性质(企业 = 0)					− 0.649 **	− 0.496 **	
单位级别(无 = 0)							
区县及以下					− 0.220	− 0.177	
地市级					− 0.353 **	− 0.262 #	
省级及以上					− 0.478 **	− 0.251	
截距	0.013	3.363 **	− 0.193	0.088	0.189	2.889 **	
LL	− 1450	− 1373	− 1409	− 1434	− 1407	− 1349	
BIC	− 14761	− 14876	− 14803	− 14754	− 14808	− 14808	
AIC	1.275	1.212	1.244	1.266	1.242	1.204	
卡方值	228.1	328.8	285.3	249.3	289.8	36.8	
DF	13	18	18	18	18	33	
N	2296	2296	296	2296	2296	2296	

　　** $p < 0.01$，* $p < 0.05$，# $p < 0.1$。最后一列的显著度是各个机制的系数相对于完全模型中对应系数的差异的检验结果。

从表 10 中还可以发现，将四种机制放在一起考察时，一些机制的影响力发生了显著变化，另一些机制的变化则不明显。由于作为系数大小测量尺度的模型残差会随模型的设置而有变化，在嵌套 Logit 模型中，相同自变量在纳入控制变量前后的系数不能直接进行比较，因此这里使用 KHB 方式对回归系数的效应进行分解（Kohler, Karlson, and Holm, 2011），以在控制各个变量回归系数尺度不变的情况下，比较各个变量在纳入其他控制变量之前和之后，系数变化是否显著。结果如表 10 最后一列，可以发现，生产选择和支配结构这两种机制中变量的系数基本无显著变化，而其他两种机制中变量的系数则都有显著变化。其中，生产结构机制中多数变量系数绝对值都在变小，而支配选择机制中有的变量甚至完全改变了影响的方向（如晋升机会、行政级别）。这说明，尽管在没有控制其他机制影响的情况下，晋升机会的作用与生产结构机制的预测相反，即晋升机会并未提高，反而是降低了加班的发生率，但在控制其他机制，主要是支配结构机制及管理级别的影响之后，晋升机会确实提高了加班的发生率。也就是说，所在组织提供的晋升机会确实如布若威所说的那样，作为一种思想诱导机制使劳动者"甘愿"加班。

（二）相对影响的具体变化

为了更深入地考察各种机制的相对影响，下面针对是否加班（即加班发生率）拟合了 Logit 完全模型和替代模型（关于替代模型，见后文），并针对总体劳动时间和加班时长分别拟合了 Tobit 模型、OLS 模型和 Heckman 二阶段回归模型，结果见表 11。

表 11　预测加班劳动的回归模型

自变量	是否加班(加班发生率)		总体劳动时间		加班时长 Heckman 模型	
	Logit 全模型	Logit 替代模型	Tobit 模型	OLS 模型	回归模型	选择模型
性别(女=0)	0.274**	0.289**	3.226**	2.077**	2.990**	0.161**
年龄	−0.006	−0.006	−0.029	−0.058	−0.012	−0.002
户口(农村=0)	−0.810**	−0.789**	−7.040**	−4.351**	−5.714**	−0.478**
配偶(无=0)	0.052	0.059	0.759	1.129	0.870	0.046
未成年子女(无=0)	0.074	0.084	−0.237	−0.844	−0.525	0.013
生产选择机制						
工资率	−0.121#	−0.132*	−1.431*	−0.595#	−0.353	−0.027

续表

自变量	是否加班(加班发生率)		总体劳动时间		加班时长 Heckman 模型	
	Logit 全模型	Logit 替代模型	Tobit 模型	OLS 模型	回归 模型	选择 模型
工资率平方	0.004	0.004	0.059*	0.030#		
教育程度	-0.135**	-0.139**	-1.223**	-0.609**	-1.113**	-0.094**
工作资历	-0.026**	-0.025**	-0.263**	-0.111**	-0.230**	-0.017**
家庭代替收入对数	-0.084**	-0.088**	-0.895**	-0.593**	-0.914**	-0.052**
生产结构机制						
组织规模(小型=0)	0.065		0.909	-0.187	-0.405	
工作自主性	0.087		0.437	0.414	-0.190	
绩效工资(否=0)	0.257*		2.604**	1.321*	0.301	
绩效奖金(否=0)	-0.218*		-2.304**	-1.307*	-0.511	
加班工资(否=0)	-0.076		-1.818*	-0.737	-0.222	
支配选择机制						
晋升机会(否=0)	0.128		1.214	0.699	0.330	0.066
命令服从(否=0)	-0.074		0.224	0.308	0.578	0.034
行政级别(无=0)	0.154		-0.453	-0.241	-0.804	0.035
管理级别(无=0)	-0.322*		-3.447*	-1.657*	-3.485**	-0.242**
决策权力	0.380*		3.636*	1.933*	3.199*	0.161#
支配结构机制						
单位所有制(私有=0)	-0.156	-0.168	-1.522	-0.952	-1.440	-0.100
单位性质(企业=0)	-0.496**	-0.439**	-4.309**	-1.340	-2.606**	-0.225**
单位级别(无级别=0)						
区县及以下	-0.177	-0.172	-0.635	-0.647	-0.092	-0.065
地市级	-0.262#	-0.249#	-2.170#	-0.222	-1.748#	-0.157*
省级及以上	-0.251	-0.246	-2.109	-0.223	-1.395	-0.184#
截距	2.889**	3.120**	68.488**	64.105**	29.169**	1.868**
sigma/athrho			16.42			3.054**
Lnsigma						2.671**
自由度(DF)	33	23	33	33		
Pseudo R²	0.1526	0.1469	0.0480	0.144	Ll = -5435.008	
N	2296	2296	2296	2296	2296	2296

**p<0.01, *p<0.05, #p<0.1。简洁起见，表中未报告标准误和地区虚拟变量的系数。

首先来看生产选择机制的影响。根据理论假设，教育程度、工作资历和家庭替代收入会减少劳动者的劳动时间，降低加班发生率，其系数应该为负；加班发生率与本人工资率应该呈二次项系数为负的二次函数关系。从统计结果来看，在控制其他劳动不平等机制的影响下，教育程度和工作资历、家庭替代收入对加班发生率的影响仍与理论预测一致。但工资率虽然对加班的时间有显著影响，其方向却与理论预测相反。根据理论预测，工资率平方的系数应该为负，实际上却是正数。也就是说，加班发生率是先随工资率下降，尔后上升，实际形成的是一条开口向上的抛物线。不过，工资率平方的系数非常小，几乎为 0，而且二次函数的顶点值对应的月工资水平为 7387 元，而在本样本中仅有 15 人达到和超过这一水平，这意味着加班发生比与工资率之间几乎不存在二次函数关系，只有一次函数关系，而且是随着工资率递增，加班发生率在单调递减。这显然与理论预测不符。其中缘由，本文最后一部分将详细讨论。

其次，从生产结构机制在各模型中的影响来看，除绩效工资和绩效奖金具有显著性以外，其他变量在控制其他机制后都没有显著影响。不过，绩效奖金的影响方向却与理论预测的刚好相反。并且，不包含生产结构机制的替代模型与包含它的完全模型在解释力上并无显著差异，因此可以说，生产结构机制对加班劳动的发生并无显著影响。与前面的表 7 相比较可以发现，在表 7 中表现显著的工作自主性变得不再显著。进一步数据分析发现原因在于，工作自主性主要受教育程度影响，教育程度高的人同时享有较高的工作自主性；而绩效奖金与工资率关系密切，实行绩效奖金制度的地方，工资率相对较高，或者反过来，工资率较高的人是那些实行绩效奖金的地方。这表明，工作自主性和绩效奖金的影响被生产选择机制稀释了。

再次，从支配选择机制在各模型中的影响来看，值得注意的是，表 8 在没有控制其他机制的影响时，晋升机会的作用与生产结构机制的预测是相反的，即晋升机会非但未提高反而是降低了加班的发生率，但在表 11 中控制其他机制（主要是生产选择机制）的影响之后，就业单位所提供的晋升机会确如布若威所说的那样，能够作为一种思想诱导机制使劳动者"甘愿"加班，只是统计上尚不显著，无法排除这种正向影响来自随机误差。决策权力的影响也比较有意思，与理论预测相反，决策权力越大和管理级别越高的人加班发生率反而更高。这说明，掌握决策权力和从事管理工作的领导干部不得不比普通员工更多地加班，日子并不轻松。与此形成对照的是，同样作为权力标志的行政级别在表 8 中表现显著，在表 11 中显著性却消失了。分析发现，造成这种状况的原因在于，行政级别与单位性质和所有制高度相关，所以在控制单位性质和所有制以后，其影响消失。也就是说，支配选择机制中的行政级别的影响被支配结构机制稀释了。

最后，在支配结构机制中，组织类型的影响甚巨：如果以企业组织为参照组，党政事业单位的系数为 -0.496，且具有统计显著性，这意味着党政事业单位员工加班的发生比只有企业组织员工的 61%。从单位行政级别来看，总的趋势是行政级别越高，加班越少，不过，除了地市级相对于无级别具有一定显著性，其他级别都不显著。在表 9 中具有显著影响的单位所有制，在表 11 中控制其他机制以后虽然影响方向符合理论预测，但不再显著。分析发现，受访者的教育程度、工作资历和户口在很大程度上可以预测其就业单位的所有制，因此在控制上述变量之后，单位所有制的影响不再显著。这可以说，支配结构机制的影响被生产选择机制稀释了。

（三）模型的选择与优化

尽管将四种机制全部纳入模型对加班劳动的解释力是最强的，但理论模型不仅要解释力强，而且要尽量简洁。因此，下面基于平衡解释力和简洁度的考虑而对可能的理论模型进行选择和优化。同样为了简便起见，这里只考察模型对于加班发生率的解释力，而不再考察模型对总体劳动时间和加班时长的解释力。

表 12 检验了四种劳动不平等机制所能形成的 16 种模型组合。其中，M1 为只包含性别、年龄和户口、配偶状况、子女状况、地区类型等基本人口学变量的零模型；M16 为包含所有人口学变量和理论变量的全模型。其余皆为竞争模型，它们与全模型之间都存在嵌套关系，可以利用似然比卡方检验等方式对模型之间差异的统计显著性进行检验；它们彼此之间有一些为嵌套模型，可以采用同样的方式对其统计差异进行判别，另一些则为非嵌套模型，可使用贝叶斯信息标准进行比较，BIC 取值越负的模型越好。

表 12 中各个模型都嵌套于全模型，因此从似然比对数、偏差尺度、AIC、卡方值等指标上看，全模型 M16 是拟合度最优的模型。不过，与全模型相比，模型 M8 要简洁许多，却在拟合度上与全模型没有显著的差异。因此，模型 M8 是全模型的较为合理的替代模型。而相对于模型 8，其下级嵌套模型 M1、M2、M5 都在统计上存在显著差异。从可比性指标 BIC 来看，仅模型 M2、M6 和模型 M8 具有一定可比性，但前两个模型和全模型在统计上都存在显著差异。因此，综合考虑，不包含生产结构机制和支配选择机制的模型 M8 是解释加班劳动成因的最优模型，即上文所指替代模型。

表 12　各预测加班发生率的 Logit 回归模型的拟合度

序号	模型组合	Log Lik	模型改进	BIC	模型改进	AIC	chi	模型改进	DF
M1	控制模型	-1450	0	-14761	0	1.275	228.1	0	13
M2	生产选择	-1373	77	-14876	-115	1.212	328.8	100.7	18
M3	生产结构	-1409	41	-14803	-42	1.244	285.3	57.2	18
M4	支配选择	-1434	16	-14754	7	1.266	249.3	21.2	18
M5	支配结构	-1407	43	-14808	-47	1.242	289.8	61.7	18
M6	生产选择＋生产结构	-1362	88	-14860	-99	1.207	344	115.9	23
M7	生产选择＋支配选择	-1370	80	-14844	-83	1.214	333.1	105	23
M8	生产选择＋支配结构	-1358	92	-14867	-106	1.204	350.6	122.5	23
M9	生产结构＋支配选择	-1403	47	-14776	-15	1.243	292.8	64.7	23
M10	生产结构＋支配结构	-1392	58	-14800	-39	1.233	309.2	81.1	23
M11	支配选择＋支配结构	-1399	51	-14784	-23	1.24	298.9	70.8	23
M12	生产选择＋生产结构＋支配选择	-1358	92	-14829	-68	1.208	349	120.9	28
M13	生产选择＋生产结构＋支配结构	-1353	97	-14838	-77	1.204	355.6	127.5	28
M14	生产选择＋支配选择＋支配结构	-1354	96	-14835	-74	1.205	354.4	126.3	28
M15	生产结构＋支配选择＋支配结构	-1387	63	-14771	-10	1.233	315.1	87	28
M16	全模型	-1349	101	-14808	-47	1.204	360.8	132.7	33

五　总结与讨论

上面的模型检验虽然从数量上揭示了四种劳动不平等机制对加班发生率的影响，但其中蕴含的一些理论问题还需要进一步申论。在过去 30 多年中，伴随从计划体制向市场体制的转型，国内外社会学者在中国社会不平等研究中最感兴趣的问题是：当前社会不平等的基本格局和形成机制在多大程度上是市场性的，又在多大程度上是政治性的？这种关切鲜明地体现在围绕倪志伟的"市场转型论"而发生的旷日持久的学术争论中。无须多言，这一争论是具有重大理论价值和现实意义的。鉴于此，下面关于加班劳动经验发现的理论讨论仍将围绕这一争论展开。

基于波拉尼的"市场－再分配"框架，"市场转型论"关于中国社会不平等研究的核心工作是解析两种相互对立的社会地位，即"直接生产者"和"再分配者"在社会分层结构和过程中的相互关系。其中，"直接生产者"是依靠自身的人力资本通过生产途径取得社会地位，"再分配者"则不事生产，是通过对"直接生产者"的劳动成果进行"再分配"而取得社会地位。不难看出，所谓"再分配"，不过是剥削和占有的另一种说法而已。因此，尽管"市场－再分配"的分析框架源于波拉尼，但与马克思主义的阶级分析传统却有异曲同工之处：它本质上也是考察一个社会中的一些人，即"再分配者"在多大程度上，又是通过什么途径剥削另一些人，即"直接生产者"的劳动成果的。所不同者，只是阶级分析视角从冲突论立场出发，把"再分配者"和"直接生产者"看作一个具有集体行动潜能的"阶级"，而市场转型论则基于功能论立场，仅仅把它们视为一种非能动性的、静候人们去获取的"地位"。

在这个意义上，本文所揭示的四种劳动不平等机制实际上与市场转型论赖以立基的市场机制和再分配机制存在着对应关系。从广义上说，本文所说"生产选择"和"生产结构"机制相当于市场机制，而"支配选择"和"支配结构"机制则相当于再分配机制。只不过，市场转型论所说的"市场"是新古典经济学意义上的自由而完全竞争的市场，不包含新制度经济学意义上的存在着分割现象的市场，亦即它所说的市场机制更接近于本文的生产选择机制，而不包含生产结构机制。作为这样一种市场机制的对立面，它所说的再分配机制自然也更接近于本文的支配结构机制，而不包含支配选择机制。换言之，本文关于不平等形成机制的区分实际上比市场转型论更细致。不过，从前面的经验发现来看，影响最大的仍然是"生产选择"和"支配结构"这样两种机制。因此，下面的理论讨论将集中在生产选择机制与支配结构机制的相互关系上。确定这样一种讨论方向一方面是基于本文的经验发现，另一方面也是对中国社会不平等研究中的核心理论关切——国家还是市场、市场还是再分配——的回应。

作为讨论的基础，这里先概述一下本文的经验发现。表13列出的是所有统计检验结果。其中，"√"表示该变量的统计检验结果与理论假设一致且显著；"×"表示不一致且显著；"－"表示在统计上不显著，无论与理论假设是否一致。从长期以来中国社会不平等研究的核心理论关切出发，这些经验发现中最值得讨论的也许是劳动力市场的"失灵"。根据新古典经济学和市场转型论的设想或期望，劳动力市场的运转应该完全由价格信号调节，因此，工资率对劳动时间的影响不但应该有显著性，甚至应该有唯一性（至于影响的方向可以另当别论）。但这里的经验发现却是：工资率的影响甚至不具有显著性，遑论唯一性。也就是说，如果就理想的标准而论，劳动力市场失灵了。劳动力市场为什么会失灵？回答了这个问题，也就回答了当前的中国社会不平等到底是由市场造成的，还是由国家或再分配体制造成的这个关键问题。

表 13 理论假设的统计检验结果

生产选择机制	检验结果	生产结构机制	检验结果
工资率	—	组织规模	—
工资率平方	—	工作自主性	—
教育程度	√	绩效工资	√
工作资历	√	绩效奖金	×
家庭替代收入	√	加班工资	—
支配选择机制	检验结果	支配结构机制	检验结果
晋升机会	—	单位所有制	—
命令服从	—	单位性质	√
行政级别	—	单位级别	√
管理级别	√		
决策权力	×		

观察表 13 中的结果发现，教育程度和工作资历这两种人力资本的影响始终是显著的。与此同时，单位级别和类型的影响也始终是显著的。结合这些经验发现和有关地位获得的社会学知识而产生的一个合理的理论猜想是：现实生活中的职位（job）是一种集成性的结构，在这个结构中，特定的工资率和特定的劳动时间已经事先集成在一起。因此，对劳动者来说，他只有根据自身条件（也就是人力资本）去获取特定的职位，进而概括性地接受该职位关于工资率和劳动时间组合的自由，而无根据工资率去决定劳动时间的自由。这样一来，经济学中所谓劳动供给的问题就变成了一个社会学意义上的地位获得问题。而在社会学中，一个人的地位获得主要取决于两个因素：一是个人的人力资本，二是社会上存在的地位的性质、数量和结构，而不是工资率。这就是工资率指标在这里不显著，而人力资本（教育程度和工作资历）和地位性质及结构（单位性质和行政级别）表现显著的原因。从这个意义上讲，工资率之所以失灵，一个重要原因

是经济学，特别是其中的劳动供给理论夸大了工资率和劳动时间的可组合性，而忽视了这两个因素的集成性和结构性，从而夸大了劳动者的选择自由，而忽视了结构性因素对劳动时间选择的制约。

换句话说，如果将工资率（或曰工资待遇）表示为 W，将劳动时间表示为 L，那么，W 和 L 不是劳动者可以根据自己的意愿而任意组合的，相反，雇主们在向市场提供职位时，已经根据自己对劳动供求关系的预测而事先将 W 和 L 集成在一起。一个职位实际上就是一个既定的"W-L 组合"。因此，劳动者只能选择一个既定的 W-L 组合，而不能分别选择 W 和 L，然后自己去组合。这就像买手机一样，尽管消费者更喜欢 A 手机中的通话功能和 B 手机中的照相功能，但厂商提供的 A、B 两款手机已经事先给定了通话和照相这两种功能的组合方式，消费者没有自由组合两种功能的空间。

如果确如这里所说，在一个职位中劳动时间和工资待遇已经事先被集成在一起，那么，对劳动者来说，关键的问题就不再是根据工资待遇的变化去调整劳动时间，而是选择一个最合适的职位，使其中蕴含的 W-L 组合最接近自己的需要。这样，劳动时间的决定过程实际上变成了一个社会学意义上的地位获得过程，即一个劳动者根据所拥有的人力资本而获取特定的职位（地位），与此同时不得不接受这个职位所内含的关于劳动时间的规定。因此，真正决定劳动时间的是一个劳动者能够获得什么样的职位，而不是他关于工资率的权衡。当然，从理论上说，一个劳动力市场如果足够发达，那么，W-L 组合应该是无限的，从而使劳动者事实上获得任意组合工资待遇和劳动时间的自由。但现在的经验发现是，劳动者事实上没有这种自由。这说明，中国劳动力市场还不够发达，致其所推出的 W-L 组合还不够丰富，从而限制了劳动力地位获得的自由度，同时也限制了他们根据工资率而选择劳动时间的自由。那么，劳动力市场不够发达的原因是什么呢？

在这个问题上，当前社会学家和经济学家最关心的是，这种不发达在多大程度上是由国家所设置的结构性壁垒造成的。为此，本文根据单位活动类型，即是企业还是党政事业单位、单位所有制和行政级别这三个最具有"国家性"的特征，将就业单位分成不同组别，然后考察每个特征内部不同组别之间工资率对劳动时间和加班劳动的影响是否有显著差异。结果发现，公有制与私有制之间、机关事业单位与企业之间、不同行政级别的单位之间，工资率对劳动时间和加班劳动的影响没有显著差异。也就是说，单位活动类型、单位所有制和行政级别这三种最具有国家性的结构壁垒并未对工资率这个最代表市场性的指标的调节作用造成显著干扰。因此，很难说工资率的失灵是由于国家的干预造成的。当然，对这个问题还需要进一步研究。

最后，需要指出的是关于本文在操作化设计上存在的局限和问题。一是一些理论设想在操作化方面存在困难。比如，一个组织所采取的工资制度（包括绩效工资和绩效资金）到底应该归入"选择支配机制"，还是应该归入"生产结构机制"？"管理级别"到底属于支配结构机制，还是属于生产结构机制？从理论上说，两者皆有可能，在操作上应该怎么归类，只有结合每个个案所处的具体劳动情境才能做出更准确的判断。但 CGSS 2006 未能提供更多、更细的劳动情境信息，因此本文只能比较粗放地处理。二是数据缺失比较厉害。在本研究所涉及的样本中，各有将近6%的受访者对上月收入、13.5%的人对家庭收入的填写不完整。本文只能根据以往研究中认为对收入有显著相关性的一些信息，比如家庭支出状况、家庭工作人数、家庭藏书数、地区、户口等变量对收入进行了热插值。三是在模型估计上，如何更好地解析各种机制和各个变量的影响，特别是那些具有高度相关性的变量（比如单位性质与单位的行政级别）之间的影响，还需要进一步改进。

尽管存在上述问题，但总的来说，从社会劳动的角度去考察当代中国的社会不平等问题不失为一个有益的探索，对当前主导该领域的地位获得研究是一个必要的补充，不但可以丰富该领域的研究主题，而且可以拓展相关研究的理论视野。

参考文献

布雷弗曼，1978，《劳动与垄断资本——二十世纪中劳动的退化》，方生等译，北京：商务印书馆。

布若威，2008，《制造同意——垄断资本主义劳动过程的变迁》，李荣荣译，北京：商务印书馆。

马克思，2004，《资本论》，北京：人民出版社。

尼科尔森，2008，《微观经济理论——基本原理与扩展》，朱幼为等译，宁向东审校，北京：北京大学出版社。

Becker, Gary S. , 1986, *An Economic Analysis of the Family.* Dublin, Ireland: Economic and Social Research Institute.

Burke, R. , 2009, "Working to Live or Living to Work: Should Individuals and Organizations Care?" *Journal of Business Ethics* 84: 167 – 172.

Burke, R. and L. Fiksenbaum, 2009, "Work Motivations, Work Outcomes, and Health: Passion Versus Addiction." *Journal of Business Ethics* 84: 257 – 263.

Dickens, William T. and Kevin Lang, 1985, "A Test of Dual Labor Market Theory." *The American Economic Review* 75: 792 – 805.

Doeringer, Peter B. and Michael J. Piore, 1971, *Internal Labor Markets and Manpower Analysis*. Lexington, Mass: Heath.

——, 1985, *Internal Labor Markets and Manpower Analysis*. Armonk, N. Y; London: Sharpe.

Geurts, S., D. Beckers, T. Taris, M. Kompier, and P. Smulders, 2009, "Worktime Demands and Work-Family Interference: Does Worktime Control Buffer the Adverse Effects of High Demands?" *Journal of Business Ethics* 84: 229 – 241.

Golden, L., 2009, "A Brief History of Long Work Time and the Contemporary Sources of Overwork." *Journal of Business Ethics* 84: 217 – 227.

Golden, Lonnie, 1996, "The Economics of Worktime Length, Adjustment, and Flexibility: A Synthesis of Contributions from Competing Models of the Labor Market." *Review of Social Economy* 54: 1 – 45.

——, 2006, "To Your Happiness? Overtime Work, Worker Happiness and Satisfaction." *Journal of Socio-Economics* April.

Jacobs, Jerry A. and Kathleen Gerson, 2004, *The Time Divide: Work, Family, and Gender Inequality*. Cambridge, Mass. ; London: Harvard University Press.

Kaufman, Gayle and Peter Uhlenberg, 2000, "The Influence of Parenthood on the Work Effort of Married Men and Women." *Social Forces* 78: 931 – 947.

Kohler, Ulrich, Kristian Bernt Karlson, and Anders Holm, 2011, "Comparing Coefficients of Nested Nonlinear Probability Models." *Stata Journal* 11: 420 – 438.

Loveridge, Ray and A. L. Mok, 1979, *Theories of Labour Market Segmentation: A Critique*. The Hague; Boston: M. Nijhoff.

Piore, Michael J., 1969, "On-the-Job Training in the Dural Labor Market." pp. 101 – 132 in *Public-Private Manpower Policies*, edited by A. R. Weber, F. H. Cassell, and W. L. Ginsburg. [Madison, Wis.]: Industrial Relations Research Association.

——, 2001, "The Dual Labor Market: Theory and Implications." pp. 435 – 438 in *Social Stratification: Class, Race, and Gender in Sociological Perspective*, edited by D. B. Grusky. Boulder, Colorado; Oxford: Westview.

Reich, Michael, David M. Gordon, and Richard C. Edwards, 1973, "A Theory of Labor Market Segmentation." *The American Economic Review* 63: 359 – 365.

Sakamoto, Arthur and Meichu D. Chen, 1991, "Inequality and Attainment in a Dual Labor Market." *American Sociological Review* 56: 295 – 308.

Simpson, Ida Harper, 1989, "The Sociology of Work: Where Have the Workers Gone?" *Social Forces* 67: 563 – 581.

(作者单位：中国人民大学社会学系，中国人民大学国家发展与战略研究院；中国人民大学中国调查与数据中心，中国人民大学国家发展与战略研究院)

组织中的信任：结构及所有制差异

陈华珊

摘要 国内外社会学者从不同角度对信任，特别是个人信任进行了一定程度的研究。由于中国特殊的历史发展背景环境，改革开放以来形成了多种所有制形式并存的独特现象。因此，信任的影响因素在不同所有制安排下是否在组织中仍具有相同的效应是有待考察的问题。本文通过全国抽样问卷调查数据对不同的信任影响因素在所有制之间的差异进行了分析。研究发现，相同因素在不同所有制之间表现不同，制度信任与个人信任的影响机制在不同所有制之间也不尽相同。

关键词 制度信任 人际信任 所有制 组织行为

在组织行为学领域，关于信任的研究在过去的二十年里增加了四倍（Kipnis，1996）。这种关注度的增加具有相应的制度化背景：知识产业、全球市场持续快速的变化以及劳动力的不断变化。知识产业强调信息在组织内部的顺畅流动；全球市场持续变化要求组织能够快速应对及适应这种变化，从而带来组织结构的扁平化；员工观念的改变更强调组织要成为其自身学习、成长和发挥潜力的平台。要保障这些的实现，信任都是关键的因素。Kramer（1999）指出，"信任已经从当代组织行为学理论和研究中的配角站到了舞台中心"。

在大多数研究者看来，信任被看作一种润滑剂，在市场交易中降低交易成本（Granovetter，1985；Cummings & Bromiley，1996），促成公民行为（李健鸿，2005），带来知识分享（Nonaka & Takeuchi，1995），因此在知识性产业之中获致更好的知识创造绩效（Nahapiet & Ghoshal，1998；Tsai & Ghoshal，1998）。在强调快速应变的企业网络中，相互信任可以促进团队精神，增进团队合作（Krackhardt & Hanson，1993），并有效地解决内部可能发生的冲突以及增加协商的顺利（Krackhardt，1992）。信任的这种润滑剂功能促使组织内部资源得到更合理的运用，从而提高组织效能，有助于组织生存的维系，从而降低对未来的不确定性（郑伯埙，1995；Burt & Knex，1997；Kipnis，1996；Robinson，1996）。无论在组织内还是组织外，信任都是经济行动中不可或缺的一环。

组织行为学领域对信任的研究主要集中在了解信任的本质及形式（McCauley & Kuhnert，1992；Rousseau et al.，1998），比较信任与不信任（Lewicki，McAllister and Bies，1998），以及考察信任对组织绩效的影响（Cook & Wall，1980）上。在其中，对信任关系，特别是上下级关系的研究占了绝大部分。

由于中国特殊的历史发展背景环境，改革开放以来形成了多种所有制形式并存的独特现象。不同的所有制形式，通常意味着不同的制度安排及组织形态。本研究试图在经验层次上比较分析信任在组织中的结构差异及所有制差异，以此一窥不同组织形态之不同。

一　概念、设计及测量模型

（一）研究的设计和分析方法

1. 经验数据及来源

本研究的分析数据来自中国社会科学院重点课题"组织中的员工参与"项目[①]。该问卷调查的被访者总体设定为中国内地城市（不包括台湾地区、香港地区、澳门地区），共659个城市（考虑到实地调查上的困难，西藏自治区的两个城市没有包括在抽样框中）。被访者总体则限定为具有正式城市户口且有工作的成年人。调查的总样本量为8000份，其中入户调查为6000份，采用"三阶段系统抽样"方案；进入组织调查的为2000份。两者使用相同的调查问卷。本研究数据采用入户调查部分。

2. 分析方法

考虑到问卷所使用变量的测量层次都为定序变量，需要使用定序指标的验证性因子模型进行分析，因为我们无法直接计算指标变量的方差和协方差矩阵，而只能计算多相相关系数（polychoric correlation）矩阵（Jöreskog Moustaki，2001）。

---

① 该项目的问卷调查执行时间为2007年10～12月。

由于在证实性因子分析框架下，常用的量表信度系数 Cronbach 值就不再是恰当的统计量（Bentler，2009），因此对于量表的信度系数以及题器信度系数的计算，采用 Raykov 信度系数（Raykov，2002）：

$$\rho = \frac{u^2}{u^2 + v} = \frac{(\sum_{i=1}^{k} \lambda_i)^2}{(\sum_{i=1}^{k} \lambda_i)^2 + \sum_{i=1}^{k} \theta_{ii}}$$

其中，λ_i 是第 i 个题器的因子负荷，θ_{ii} 是第 i 个题器的残方差。本研究对于信任量表以及其他相关概念量表均采用证实性因子分析模型。

在分析策略上，为了分析不同所有制组织之间的差异，本研究采用分组比较的方式，即所比较的不仅是不同模型的截距或个别变量的效应，而是整个模型本身，包括进入模型的变量（即模型设置），同一变量的效应（回归系数）和截距项。根据测量理论，这里可以区分为三类情况：（1）同构模型，即不同所有制之间的模型设置相同，但是变量的截距和回归系数不同；（2）等价模型，即不同所有制之间的模型设置相同，变量的回归系数相同，但是截距不同；（3）等距模型，即不仅不同所有制的模型设置相同，变量的回归系数以及截距都相同。由此，相比其通常采用的均值比较（或列联表卡方检验）和回归模型来说，分组比较有助于帮助确定：（1）在不同所有制之间，影响信任的机制是否相同，即同构效应；（2）在不同的所有制之间，影响组织内部信任的各种因素是否基本相同，而且机制的效应也相同，即等价效应；（3）是否不仅不同所有制之间的信任机制相同，而且机制的效应规模相同，起点也相同，即等距效应。

（二）信任概念的测量

正如信任的定义一样，关于信任测量工具也是五花八门。对信任进行定量化的测量始于多伊奇，多伊奇从心理学角度来测量信任，使用了大量人格术语，并不适用于组织研究（Deutsch，1958）。针对组织研究的信任量表首先来自罗伯特等人（Roberts O'Reilly，1974），但后续并未得到其他研究者的认可。直到 20 世纪 80 年代，才发展出了两个较有影响力的组织信任量表，分别是 Butler 的组织信任量表（Butler & Cantrell，1994）以及 Cumming 和 Bromiley 的组织信任量表（Cumming & Bromiley，1996）。

尽管信任量表工具不胜枚举，但是很少有经验研究或者信任量表将是否愿意把脆弱面暴露出来作为信任量表的核心内容（Dirks & Ferrin，2002）。相反，绝大多数研究都将对可信度的感知（perception of trustworthiness）的量度作为对信任量度的中介。例如，Cumming 量表部分涉及脆弱面暴露的问题，而 Butler 量表则是可信度感知量度的典型。尽管信任与可信性之间存在一定的关联，从逻辑上来说，可信性是信任的必要非充分条件；但在概念上来说，信任与可信性是两个独立的概念。

真正将信任纳入社会学视野进行系统研究的是新功能主义的代表尼克拉斯·卢曼，卢曼对信任问题的叙述主要反映在1979年的《信任与权力》一书，以及1990年的《熟悉、信心与信任》一文中（Luhmann，1979；Luhmann，1990）。他在关于复杂性的分析中，认为信任是行动者面对外部风险条件时所采取的内心估计或期望，这种估计或期望能够超越现有的信息而概括出关于未来行动的预期，从而保证行动者自身获取安全感。因此，信任成了化约复杂性的一种机制。依据面对对象的不同，卢曼把信任划分为"制度信任"和"个人信任"两种类型。但是卢曼的信任定义十分抽象，不适合经验研究的要求，从而导致关于制度信任的经验研究非常稀少。夏传玲在《权杖与权势》一书中，首先对制度信任进行了操作化测量（夏传玲，2008）。本项研究采用了他的制度信任量表。

从制度信任的含义出发，我们认为所谓制度信任就是人们对制度运作是否有效以及是否公平的基本判断，体现为人们对制度运行效率和运行结果的综合反映。在本次研究中，我们从反面来测量制度信任，共使用了四个题器。这四个题器分别为"大多数人对待单位的规章制度都是'阳奉阴违'的态度"（f8b）、"总体上来说，单位领导是任人唯亲的"（f8c）、"上有政策、下有对策已经成为大多数干部的习惯做法"（f8d）、"总体而言，现在这个社会已经没什么道德可言了"（f8e）。选项编码为"很不符合"至"完全符合"五级编码，由于是反面测量的缘故，我们对题器选项重新进行了逆序编码（见表1）。

对于"个人信任"的测量，本研究采用"在单位中，大多数人可以坦诚相待"（m9d）、"总的来说，我们单位同事是可信的"（h13e）这两个题器，选项编码为"很不符合"至"完全符合"五级编码。

表1　制度信任以及个人信任量表构成

变量名	问卷题目
制度信任量表	
f8b	大多数人对待单位的规章制度都是"阳奉阴违"的态度
f8c	总体上来说，单位领导是任人唯亲的
f8d	上有政策、下有对策已经成为大多数干部的习惯做法
f8e	总体而言，现在这个社会已经没什么道德可言了
个人信任量表	
m9d	在单位中，大多数人可以坦诚相待
h13e	总的来说，我们单位同事是可信的

对整个模型的验证性因子模型分析结果表明，CFI 为 0.976，TLI 为 0.986，逼近根均值平方误（RMSEA）为 0.072 [1]，这些拟合指标表明，测量模型和经验数据之间的拟合程度虽然谈不上"完美"，但也是可以接受的（Muthén & Muthén，1998）。

根据 Raykov 信度系数 ρ（Raykov，2002），"制度信任"因子的信度系数为 0.831，"个人信任"因子的信度系数为 0.581。从这个结果来看，"个人信任"量表的信度系数并不是太理想。三个量表的信度系数及其每个题器的信度系数如表 2 所示。

表 2   信任量表信度系数

	题器	Lambda	Raykov 信度系数
f8b	大多数人对待单位的规章制度都是"阳奉阴违"的态度	0.742	0.551
f8c	总体上来说，单位领导是任人唯亲的	0.688	0.473
f8d	上有政策、下有对策已经成为大多数干部的习惯做法	0.813	0.661
f8e	总体而言，现在这个社会已经没什么道德可言了	0.722	0.521
ITRUST			0.831
m9d	在单位中，大多数人可以坦诚相待	0.495	0.245
h13e	总的来说，我们单位同事是可信的	0.773	0.598
PTRUST			0.581
n			4959
CFI			0.976
TLI			0.986
RMSEA			0.072
Chisq			504.150
d. f.			16

如前所述，尽管在制度信任这个量表上面，我们是采用反向测量的方式，但是在分析时我们通过对题器逆序编码，使得量表的方向与正常理解的一致，即量表的分数越高，意味着制度信任也越高。通过计算因子得分（标准分）可以看到，制度信任的最小值为 - 1.89，最大值为 2.25，量程为 4.14，标准差为 0.67。个人信任的最小值为 - 1.37，最大值为 0.996，量程为 2.37，标准差为 0.37（见表 3）。

---

[1] 逼近根均值平方误（Root Mean Square Error of Approximation），简写为 RMSEA，它是测量模型的拟合协方差矩阵和样本数据的协方差矩阵之间的差异程度的度量，取值范围没有上限，下限为 0。一般的经验规则是，RMSEA 小于 0.05 时，表示测量模型和抽样数据之间"高度拟合"（close fit）；介于 0.05 到 0.1 之间，表示"基本拟合"（reasonable fit）。

表3　信任量表因子得分

变量	个案数	均值	标准差	最小值	最大值
itrust	4959	− 0. 000228	0. 6746433	− 1. 88728	2. 25081
ptrust	4959	− 0. 0005913	0. 372213	− 1. 36632	0. 99593

二　信任的组织间差异

自20世纪90年代以来，信任研究才开始成为组织行为学的一个十分重要的议题。这是和组织形态的改变分不开的：组织由最初价格机制占主导的市场式组织，演变为理性管理的科层式组织，再进一步演变为介于市场与科层之间的网络式组织（Powell，2003）。在这个过程中，信任成为维持组织效能与维系组织生存的重要影响因素，成为价格和权威之外的另一种方式（Bradach & Eccles，1989）。因此，不同的组织形态将孕育不同的组织信任模式。下面我们逐一考察不同组织变量与制度信任的关系。

（一）信任与组织规模

布劳等人认为，当组织规模（员工的数量）扩大时，组织的层级、部门数量、规章制度也相应增加（Blau & Schoenherr，1971；Moldoveanu Bauer，2004）。也就是说，随着组织规模膨胀，相应带来组织的成熟度即表现为组织的形式化程度越高。因此，我们初步的假设是组织规模越大，制度信任水平就越高（假设一）。

当讨论信任与合作关系时，最为关键的因素为互动的频率。通常的假设是，在组织当中，组织成员互动的频率越高，相应的信任程度就越高。在大型组织中，组织成员之间缺乏充分的日常互动，只是由于身处同一组织而置身于共同劳动当中。除此之外，在大型组织当中，也难以维持相应的声望机制，从而影响信任行为的发生。因此，我们的进一步假设是，当组织规模过于膨胀时，制度信任（个人信任）水平将下降（假设二）。将假设一与假设二相结合，我们认为制度信任与组织规模的关系将呈现为一条倒U形抛物曲线，即在某个位置，随着组织规模膨胀，制度信任水平上升，随后制度信任水平下降。除此之外，我们就组织所有制的假设是，行政机关组织的制度信任水平低于企业组织。

我们使用2个变量来描述组织规模：（1）组织雇员人数（orgsize），组织雇员人数直接反映了组织的规模，我们对该变量进行了对数转化；（2）组织命令链（m5），命令链即组织内部层级的数量，组织内部为了确保上情下达需要确立清楚明确的权力路线，从最高层扩展到最底层。因此，组织命令链的长度也是组织规模的特征之一。

1. 组织雇员人数

从表4可见，就整体来说，组织规模对制度信任的效应为 -0.016，尽管此效应的数值不大，但在0.05的水平上具有统计显著性，验证了假设二。我们通过引入组织规模的对数，进一步拟合了一个非直线方程，结果表明，组织规模与制度信任的效应呈现一个倒U形曲线，在组织规模对数值为4的时候，制度信任水平出现顶点，随后制度信任水平随组织规模的增加而递减（见图1）。

表4 制度信任与组织人数

	估值	标准误	估误比	卡方差	自由度	p 值
私营企业	0.000	0.010	0.001			
合资企业	-0.002	0.015	-0.144			
国有企业	-0.030	0.010	-2.911			
行政机关	-0.028	0.013	-2.243			
等价约束模型	-0.016	0.006	-2.687	6.271	3	0.0991

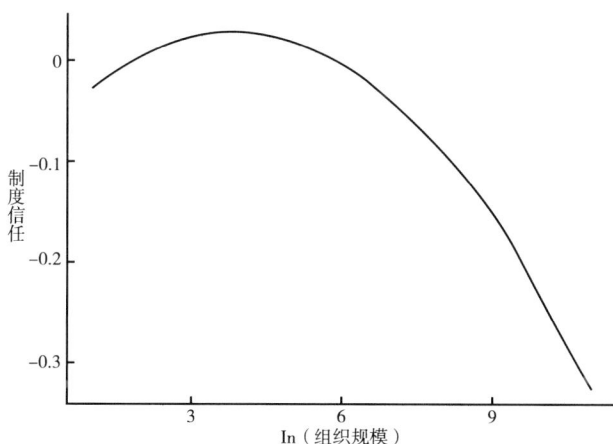

图1 制度信任与组织人数

分不同所有制类型来看，组织人数在行政机关以及国有企业组织中的回归系数分别为 -0.028 和 -0.03，效应在0.05的水平上具有统计显著性。而在私营企业和合资企业组织中，组织人数的效应分别为0和0.002。由此可见，组织人数在制度信任的效应上在不同所有制类型中有所不同，与等价约束模型的检验结果也证明了这一点。

对个人信任来说，就整体来说，组织规模对个人信任的效应估值为 -0.008，尽管此效应的数值不大，但在 0.05 的水平上具有统计显著性，证明了我们先前的假设（见表5）。

表 5　个人信任与组织雇员数量

	估值	标准误	估误比	卡方差	自由度	p 值
私营企业	0.006	0.006	1.053			
合资企业	-0.007	0.009	-0.807			
国有企业	-0.014	0.006	-2.410			
行政机关	-0.019	0.007	-2.838			
等价约束模型	-0.008	0.003	-2.481	9.436	3	0.024
国有企业=行政机关	-0.016	0.004	-3.673	7.483	1	0.006
私营企业=合资企业	0.002	0.005	0.412			

分不同所有制类型来看，组织雇员规模在行政机关以及国有企业组织中的回归系数估值分别为 -0.019 和 -0.014，该效应在 0.05 的水平上具有统计显著性。而在私营企业和合资企业组织中，组织规模的效应估值不具有统计显著性。由此可见，组织雇员数量在个人信任的效应上在不同所有制类型中有所不同，与等价约束模型的检验结果也证明了这一点。最后，我们进一步拟合了一个等价约束模型，该模型表明雇员数量对个人信任的效应存在于国有企业以及行政机关组织当中，它们的共同效应估值为 -0.016；而在私营企业及合资企业组织当中，雇员数量对个人信任不具有统计上显著的效应。

2. 组织命令链

对于制度信任，从等价约束模型[①]来看，整体来说，组织命令链的长度对制度信任的效应不具有统计显著性，估误比[②]仅为 1.45。并且，等价约束模型与非

---

① 等价约束模型是指一个回归模型在四种不同类型的组织之间比较，零假设是自变量的参数估值在不同组织类型中都相等。可以通过卡方检验来判断是否接受或拒绝零假设。对于等价约束模型，默认情况下，我们将四个不同类型组织的回归系数都约束为相等，因此其自由度是四个不同类型的组织的回归系数 -1。在某些情况下，我们会单独约束某几个组织类型的参数估值有别于其他类型组织，这是用"="表示参数估值相等。例如，"合资=国有"，表示合资企业和国有企业组织的参数估值相等，且不同于私营企业和行政机关。除此之外，不同组织类型的参数相同的零假设的卡方检验具有显著性，说明至少有一个组织类型的参数估值显著不同于其他组织类型，但我们无法就此得知具体是哪类组织。

② 在大样本条件下，统计量"估误比"（Est. /S. E.）服从标准正态分布，0.05 置信水平的临界值是 1.96，0.01 置信水平的临界值是 2.56。因此，当估误比的绝对值大于 1.96 或 2.56 时，表示参数估值分别在 5% 和 1% 的置信水平上具有统计显著性，可以判断参数的总体估值不等于 0。

等价约束模型之间的卡方检验结果表明，不同所有制类型的组织之间存在差异。进一步检查不同所有制类型之间的差异之后，我们可以看到，在私营企业和合资企业组织中，命令链的效应为正，并且在私营企业组织中，估误比在 0.05 的水平上具有统计显著性（见表 6）。因此，我们可以认为，在私营企业组织中，命令链的长度对制度信任具有正效应。这或许是因为，平均来说，私营企业组织的员工人数规模小于其他三类组织。

表 6　制度信任与组织命令链

	估值	标准误	估误比	卡方差	自由度	p 值
私营企业	0.027	0.012	2.338			
合资企业	0.026	0.015	1.748			
国有企业	− 0.023	0.012	− 1.873			
行政机关	0.010	0.013	0.759			
等价约束模型	0.009	0.006	1.450	10.5	3	0.0148

对于个人信任，从等价约束模型来看，整体来说，组织命令链的长度对个人信任的效应不具有统计显著性，其效应估值为 − 0.002，估误比仅为 − 0.509。进一步检查不同所有制类型之间的差异，我们可以看到，在私营企业中，命令链的效应估值为 0.014，估误比为 1.958，非常接近 0.05 水平上的显著性检验临界值。而在其他三类组织类型中，命令链长度对个人信任的效应则均不具有统计显著性。通过进一步对等价约束模型与非等价约束模型的方差检验，我们最终选择模型三，即在合资企业、国有企业以及行政机关中，命令链长度对个人信任不具有统计上显著性的效应；而在私营企业中，命令链长度对个人信任具有正效应（见表 7）。

表 7　个人信任与组织命令链

	估值	标准误	估误比	卡方差	自由度	p 值
私营企业	0.014	0.007	1.958			
合资企业	− 0.004	0.008	− 0.444			
国有企业	− 0.010	0.007	− 1.479			
行政机关	− 0.007	0.007	− 0.986			
等价约束模型	− 0.002	0.004	− 0.509	6.922	3	0.074
合资企业 = 国有企业 = 行政机关	− 0.007	0.004	− 1.736	6.580	1	0.010
私营企业	0.014	0.007	1.958			

(二) 信任与组织生产类型

尽管现代组织在总的结构形式上具有很大的相似性，但是从微观比较来说，处于不同产业类型的组织在组织形式上仍然有所差别，例如行政官僚组织、重型工业生产组织、文化产业组织之间具有完全不同的组织模式。因此，我们选取产业类型、客户类型以及生产方式三个变量来考察组织的生产类型与制度信任的关系。

1. 产业类型

我们把组织所处的产业（sector）分为"工农业""流通业""社会服务业""文化产业"以及"公共服务业"五大类。从表 8 可见，平均制度信任水平在这五类产业中正好呈现递增的趋势，工农业组织的制度信任平均水平最低，只有 -0.132，而公共服务业的平均制度信任水平最高，为 0.199。进一步的方差检验结果表明，主要的差异来自工农业与其他产业类型。

表 8　制度信任与产业类型

	私营	合资	国有	机关	分组总体
工农业	-0.117	-0.014	-0.235	-0.001	-0.132
流通业	-0.217	-0.062	0.056	0.297	-0.051
社会服务业	-0.129	0.070	0.009	0.065	-0.024
文化产业	-0.071	0.047	0.016	0.113	0.085
公共服务业	-0.406		-0.148	0.231	0.199
分组总体	-0.145	0.000	-0.056	0.160	0.000

对于个人信任，从表 9 可见，平均个人信任水平在这五类产业中正好呈现单调渐增的趋势：工农业组织的个人信任平均水平最低，只有 -0.049，而公共服务业的平均个人信任水平最高，为 0.101。个人信任水平在五大行业中的分布情况与制度信任非常类似。方差检验结果表明，F 值为 26，在 4 和 4936 的自由度下具有统计显著性，因此，我们的结论是个人信任在行业间的分布具有显著差异。进一步的方差检验结果表明，在工农业、流通业以及社会服务业中，个人信任平均水平不存在显著差异，但在其他各组的两两方差比较当中，均存在显著差异。

表 9　个人信任与产业类型

	私营企业	合资企业	国有企业	行政机关	分组总体
工农业	- 0.077	- 0.042	- 0.045	0.072	- 0.049
流通业	- 0.059	- 0.033	- 0.030	0.020	- 0.039
社会服务业	- 0.080	0.004	0.009	0.071	- 0.019
文化产业	0.053	- 0.014	- 0.012	0.051	0.044
公共服务业	- 0.125		0.025	0.109	0.101
分组总体	- 0.065	- 0.025	- 0.019	0.078	- 0.001

2. 客户类型

我们将组织的产品或服务所面对的客户（customer）区分为国内客户以及国外客户（虚拟编码，面向国外客户编码为1）。面向国外市场的组织通常来说要有符合国际标准的质量，并接受来自国外的考核和考验。除此之外，从 20 世纪末开始，企业社会责任问题开始引起国内企业的重视，后者逐渐开始实施社会责任方面的准则、标准或体系，并接受跨国公司实施的社会责任方面的工厂审核。因此我们的假设是，产品或服务主要面向国外客户的组织，其组织成员的制度信任水平要高于面向国内客户的组织。

从我们的调查数据来看，总的来说客户类型对制度信任的效应为 0.093，估误比为 1.777，在 0.05 的水平下不具有统计显著性。但是，分不同所有制类型来看，该效应差别较大。在私营企业组织中，面向国外客户的企业平均制度信任水平要高出 0.251，该效应在 0.01 的水平下统计显著。在其他三类组织中，在国有企业与行政机关中，客户类型的效应估值均为负数，且不具有统计上的显著性；在合资企业中，客户类型的效应估值为 0.145，比较接近私营企业，但也不具有统计显著性。因此，分组回归模型与等价约束模型的方差检验结果表明，在不同所有制类型组织中，客户类型与制度信任的关系存在明显差异。在私营企业中，面对国外客户对制度信任具有正效应，而在合资、国有企业以及行政机关中，是否面对国外客户对于制度信任不具有统计上显著的效应（见表 10）。

客户类型对个人信任的效应为 0.051，估误比为 1.717，在 0.05 的水平下不具有统计显著性。通过进一步比较分组回归模型与等价约束模型，两个模型的方差之差为 0.167，不具有统计显著性。因此，我们的结论是在不同类型的组织中，

表 10　制度信任与客户类型

	估值	标准误	估误比	卡方差	自由度	p 值
私营企业	0.251	0.085	2.966			
合资企业	0.145	0.093	1.556			
国有企业	−0.145	0.106	−1.371			
行政机关	−0.170	0.194	−0.878			
等价约束模型	0.093	0.052	1.777	10.673	3	0.014
合资企业＝国有企业＝行政机关	−0.004	0.066	−0.064	5.614	1	0.018
私营企业	0.251	0.085	2.965			

客户类型对于组织中的个人信任均不存在显著效应。可能的解释是，由于面向国际客户所附带而来的制度安排更多的在于组织规范与安全标准，并没有对生产过程中的具体互动关系构成根本改变，因此面向国际客户对私营企业的制度信任具有显著的正效应，而对个人信任则不存在类似效应（见表 11）。

表 11　个人信任与客户类型

	估值	标准误	估误比	卡方差	自由度	p 值
私营企业	0.055	0.051	1.066			
合资企业	0.06	0.052	1.151			
国有企业	0.031	0.058	0.534			
行政机关	0.061	0.101	0.608			
等价约束模型	0.051	0.03	1.717	0.167	3	0.983

3. 组织工作方式

对于组织工作方式（d13），我们的选项是"独立作业""流水线""团队合作"和"其他"。信任与合作通常来说是一个现象的两种表述。因此，我们的假设是，需要团队合作的岗位，会表现出更高的平均制度信任水平和个人信任水平。

本调查的数据显示，对于"团队合作"的岗位，平均的制度信任水平为 0.054，高于其他工作方式类型。平均值最低的为"流水线"作业岗位，为 −0.168。方差检验结果表明，"独立作业""流水线""团队合作"之间两两差异均具有统计显著性。通过进一步检查，工作方式在不同所有制类型之间的差异区别不大（见表 12）。

表 12　制度信任与工作方式

	私营企业	合资企业	国有企业	行政机关	分组总体
独立作业	- 0.167	- 0.042	- 0.045	0.129	- 0.031
流 水 线	- 0.225	0.069	- 0.293	0.178	- 0.168
团队合作	- 0.085	0.027	- 0.025	0.183	0.054
其　　他	- 0.198	- 0.067	0.031	0.140	0.029
分组总体	- 0.145	0.000	- 0.056	0.160	0.000

　　本调查的数据显示，对于"团队合作"的岗位，平均个人信任水平为 0.021，高于其余的工作方式类型。平均值最低的为"流水线"作业岗位，为 - 0.035。方差检验结果表明，"独立作业"与"流水线"这两种工作方式的个人信任水平不存在显著差异，差异主要来自"团队合作"与其余各工作方式之间的差异。

　　通过进一步分析不同所有制类型组织中不同工作方式对个人信任的影响，可以看到，在国有企业以及行政机关组织中，个人信任水平在不同工作方式之间并没有显著差异。不考虑"其他"工作方式时在私营企业中，"团队工作"的个人信任水平最高，为 - 0.041，其次为"独立作业"（ - 0.071），最低的为"流水线"（ - 0.104），这三种工作方式之间均存在显著差异。在合资企业中，个人信任水平最高的工作方式为"流水线"作业（0.018），而"独立作业"与"团队合作"之间没有显著差异（见表 13）。

表 13　个人信任与工作方式

	私营企业	合资企业	国有企业	行政机关	分组总体
独立作业	- 0.071	- 0.032	- 0.025	0.072	- 0.012
流 水 线	- 0.104	0.018	- 0.015	0.073	- 0.035
团队合作	- 0.041	- 0.025	- 0.011	0.088	0.021
其　　他	- 0.182	- 0.159	- 0.072	- 0.112	- 0.128
分组总体	- 0.065	- 0.025	- 0.019	0.078	- 0.001

三　信任的组织内差异

（一）信任在组织内的水平分布

不同部门由于在组织中所承担功能不同，就表现为不同部门在组织中的重要性不同。因此我们假设，在不同的部门，制度信任的分布是聚集分布，即不同部门的制度信任存在显著的差异。由于制度信任所承载的符号性特征，我们进一步假设在组织内，管理部门具有较高的制度信任水平。

从表14来看，在组织的不同部门之间，制度信任的确表现出聚集分布的特征。方差分析表明，F值为26.3，自由度为5和4953，在0.01的置信水平上，组间差异具有统计上的显著性。也就是说，统计分析的结果支持聚集分布的假定。

表14　制度信任与部门间分布

	私营企业	合资企业	国有企业	行政机关	分组总体
市场部门	− 0.117	− 0.011	− 0.035	0.033	− 0.066
行政管理部门	0.035	0.256	0.099	0.230	0.189
生产或业务部门	− 0.167	− 0.046	− 0.097	0.095	− 0.060
研发部门	− 0.151	0.051	− 0.030	0.124	0.000
后勤服务部门	− 0.215	− 0.096	− 0.086	0.109	− 0.075
其他	− 0.224	− 0.068	− 0.041	0.098	− 0.026
分组总体	− 0.145	0.000	− 0.056	0.160	0.000

在行政管理部门中，员工的平均制度信任水平为0.189，也是所有部门中制度信任水平最高的部门。研发部门的平均制度信任水平其次，为0；后勤服务部门最低，为 − 0.075。但是方差分析表明，研发部门与其他部门之间的差异不具有统计显著性。总的来说，制度信任在部门间的差异主要表现为行政管理部门与其他各个部门之间的差异。

从不同所有制类型比较来看，在私营企业中，制度信任水平最高的是行政管理部门，其次为市场部门，再次为研发部门；国有企业与合资企业类似，唯一的区别在于市场部门与研发部门的制度信任水平不存在显著差异；而在合资企业中，制度信任水平最高的同样是行政管理部门，其次为研发部门，再次才是市场部门，并且这三者之间均值存在显著性差异。

对于个人信任在组织内不同部门间的分布，我们关心制度信任的聚集分布是否同样传导至个人信任。本研究假设在不同的部门，个人信任的分布是聚集分布，即不同的部门存在显著的差异。

从表15来看，在组织的不同部门之间，个人信任的确表现出聚集分布的特征。方差分析表明，值为14.6，自由度为5和4953，在0.001的置信水平上，组间差异具有统计上的显著性。也就是说，统计分析的结果支持聚集分布的假定。

在行政管理部门中，员工的平均个人信任水平为 0.077，也是所有部门中个人信任水平最高的部门。研发部门的平均个人信任水平其次，为 -0.011；市场部门最低，为 -0.028 刨去"其他"类别之后。但是方差分析表明，研发部门与其他各个部门之间的差异不具有统计显著性。总的来说，个人信任在部门间的差异主要表现为行政管理部门与其他各个部门之间的差异。

从不同所有制类型的比较来看，不同类型组织中部门差异较大。在合资企业中，个人信任水平最高的是行政管理部门，其次为研发部门，这个分布与制度信任在合资企业部门中的分布一致。但在私营企业中，个人信任水平最高的部门是行政管理部门，其次为市场部门，研发部门的个人信任水平居最末（刨去"其他"类别之后）。在国有企业中，个人信任水平最高的部门是市场部门，研发部门的个人信任水平最低刨去"其他"类别之后。

表 15　个人信任与部门间分布

	私营企业	合资企业	国有企业	行政机关	分组总体
市场部门	-0.042	-0.032	0.006	-0.003	-0.028
行政管理部门	-0.022	0.093	-0.017	0.122	0.077
生产或业务部门	-0.065	-0.049	-0.021	0.027	-0.025
研发部门	-0.136	0.036	-0.071	0.096	-0.011
后勤服务部门	-0.090	-0.051	-0.025	0.063	-0.025
其他	-0.143	-0.184	0.007	0.032	-0.044
分组总体	-0.065	-0.025	-0.019	0.078	-0.001

（二）信任在组织内的垂直分布

在本研究中，使用两个变量来测量组织的垂直结构，一是行政职务，二是组织层序；两者在某种程度上，反映了权力的社会属性。我们假设，沿着组织的垂直结构上升，制度信任将呈上升趋势。

在行政级别上，制度信任的分布呈递增趋势，从"无行政职务"制度信任平均水平 -0.06，递增到"科员"的 0.085，再到"科级"的 0.167 和"处级及以上"的 0.105，递增的趋势十分明显。方差分析表明，F 值为 27.2，自由度为3 和 4887，在 0.01 的置信水平上，组间差异具有统计上的显著性。组间比较分析表明，"科员"和"科级"以及"处级及以上"之间没有显著差异，差异主要来自"无行政级别"与其他各级别之间的差异（见表 16）。

制度信任沿着行政级别递增的趋势，在不同所有制中，存在显著差异。总体说来，只有私营企业和国有企业组织与总体的递增趋势相同，而在行政机关和合资企业组织中均有例外。在行政机关中，"科级"表现出最高的制度信任水平，而其他三个层级之间的差异不具有统计显著性。

表 16 制度信任与行政职务

	私营企业	合资企业	国有企业	行政机关	分组总体
处级及以上	0.058	0.044	0.276	0.131	0.105
科级	−0.006	0.106	0.089	0.279	0.167
科员	−0.149	0.149	−0.040	0.179	0.085
无行政职务	−0.169	−0.050	−0.094	0.114	−0.060
分组总体	−0.145	0.000	−0.056	0.160	0.000

我们使用组织层序这个变量来表示组织成员在组织内命令链的相对位置，变量最大值为 10，最小值为 1。从表 17 可以看到，组织层序的回归系数为 0.039，表明制度信任在组织层序上的分布也呈现递增趋势。尽管该效应绝对值不大，但是在 0.01 的水平上具有统计显著性。

在所有制类型上，在国有企业组织中，组织层序的效应值最高，为 0.061，且具有统计显著性；而对于其他三类组织类型，组织层序的回归效应值差异不大。进一步的分析表明，在国有企业组织中，组织层序的效应与其他三类组织具有统计显著性；而私营企业、合资企业以及行政机关组织之间的效应没有显著差异，它们的共同效应为 0.033。

表 17 制度信任与组织层序

	估值	标准误	估误比	卡方差	自由度	p 值
私营企业	0.030	0.007	4.204			
合资企业	0.039	0.013	3.017			
国有企业	0.061	0.010	6.382			
行政机关	0.035	0.009	4.038			
等价约束模型	0.039	0.004	8.726	7.245	3	0.0645
国有企业	0.061	0.010	6.382	6.742	1	0.0094
私营企业 = 合资企业 = 行政机关	0.033	0.005	6.531			

综上所述，制度信任在组织中呈现一种自下而上的积聚趋势。换句话说，越是靠近组织中权力链的顶端，制度信任的水平越高。

对于个人信任，我们同样假设，沿着组织的垂直结构上升，个人信任将呈上升趋势。从表 18 可以看出，在行政级别上，个人信任的分布呈递增趋势，从"无行政职务"的制度信任平均水平 - 0.024，递增到"科员"的 0.025，再到"科级"的 0.072 和"处级及以上"的 0.097，单调递增的趋势十分明显。方差分析表明，F 值为 17.1，自由度为 3 和 4887，在 0.01 的置信水平上，组间差异具有统计上的显著性。组间比较分析表明，"科员"和"科级"以及"处级及以上"之间没有显著差异，差异主要来自"无行政职务"与其他各级别之间的差异。这种分布与制度信任在组织内行政级别上的分布一致。

个人信任沿着行政级别递增的趋势，在不同所有制中，存在显著差异。在私营企业中，个人信任在四个级别上的组间差异均具有统计上的显著性。在合资企业中，则表现为"处级及以上"与其他级别之间的差异。在国有企业与行政机关组织中，则表现为"处级及以上""科级"与其他级别之间的差异。

表 18　个人信任与行政职务

	私营企业	合资企业	国有企业	行政机关	分组总体
处级及以上	0.095	0.124	0.017	0.156	0.097
科级	0.028	0.038	0.008	0.132	0.072
科员	- 0.120	0.010	- 0.024	0.078	0.025
无行政职务	- 0.074	- 0.048	- 0.023	0.056	- 0.024
分组总体	- 0.065	- 0.025	- 0.019	0.078	- 0.001

我们使用组织层序这个变量来表示组织成员在组织内命令链的相对位置，该变量最大值为 10，最小值为 1。从表 19 可以看到，组织层序的回归系数为 0.022，表明个人信任在组织层序上的分布也呈现递增趋势。尽管该效应绝对值不大，但是在 0.01 的水平上具有统计显著性。

通过分组回归模型可以看到，在所有制类型上，在合资企业中，组织层序的效应估值最高，为 0.028，其次为行政机关 (0.026)，私营企业的组织层序效应估值最低，为 0.017，这些估值均具有统计显著性。但是，通过对分组回归模型与等价约束模型进行方差检验，结果表明不同所有制类型之间的效应差异不具有显著差异。

表 19 个人信任与组织层序

	估值	标准误	估误比	卡方差	自由度	p 值
私营企业	0.017	0.004	3.906			
合资企业	0.028	0.007	3.761			
国有企业	0.021	0.005	4.011			
行政机关	0.026	0.005	5.727			
等价约束模型	0.022	0.003	8.673	2.908	3	0.406
合资企业=国有企业=行政机关	0.025	0.003	7.888	2.162	1	0.142
私营企业	0.017	0.004	3.906			

综上所述，个人信任在组织中呈现一种自下而上的积聚趋势，与制度信任在组织中的垂直分布基本一致，进一步证明了越是靠近组织中权力链的顶端，个人信任的水平越高。值得一提的是，有经验研究结果表明在中国的企业组织中，中高层专业管理人员信任度低于其他员工（李莹，2005），其原因是职位越高对组织的期望回报也越高，从而可能引起更高的相对剥夺感而产生不信任。但本调查数据的分析并不支持该结论。

四 组织因素与信任

在前面的讨论中，我们把信任作为因变量，分别考察了其在不同所有制类型的组织中，与各类社会、组织因素的关系。在本部分，我们将讨论信任与其他组织行为变量的关系。通常来说，它们有的可以被看作信任的结果，也有的是影响组织中制度信任、个人信任的原因，甚至与信任是互为反馈的关系。但是，由于我们的数据是一个静态的截面数据，我们无法使用严格的定量模型来表述这种因果关系。因此，本研究的分析目的在于揭示相关变量之间的相互关系。出于简化模型的考虑，我们把组织因素变量当作外生变量，建立模型。

组织是多样而复杂的，不同的组织理论对组织的分析及其概念界定各不相同。一般认为：组织是人类通过群体的力量达到个体所不能够达到的共同目标的特有组合形式。在本部分，我们从四个方面的因素来讨论组织中信任的相互关系：组织参与、组织承诺、相对剥夺感以及组织认同。

（一）组织参与与信任

1. 组织沟通渠道

组织沟通渠道是指在组织系统内部，依据一定的组织原则所设立的信息传递与交流方式。例如传达文件、召开会议、上下级之间定期的情报交换等，以实现组织目标的贯彻与下情上达。就信息的传播方向来说，可以将组织沟通渠道分为单向沟通与双向沟通。单向沟通指信息发送者以命令方式面向接受者，一方发送信息，另一方只接受信息。其特点是：沟通快、严肃、死板。双向沟通是指信息发送者以协商和讨论的姿态面对接受者，信息发出后，还要及时听取反馈意见，发送者和反馈者要进行多次重复交流，直到双方共同明确为止。

一般来说，组织沟通渠道依附于组织层级设置，这种方式的优点是：沟通效果好，比较严肃，约束力强，易于保密，可以使信息沟通保持权威性。重要信息的传达一般都采取这种方式。其缺点是：由于依靠组织系统层层的传递，所以较刻板，沟通速度慢。

（1）组织沟通渠道的测量

我们在研究中更关注于能够突破组织官僚层级设置，实现双向沟通的正式渠道设置。因此，我们设计的量表采用了下述问题："组织中是否有这些沟通渠道设置"，选项包括"民主生活会、恳谈会、专题讨论会""意见箱""领导热线、接待日、电子信箱等""班组会、通报会""技术（业务）攻关小组""局域网、网上论坛"，以及"单位发行的内部报刊、通讯"共7个题器。

定序指标变量的证实性因子分析表明，组织沟通渠道量表具有较好的测量属性，量表的信度系数等于 0.901（见表 20）。在这里的分析中，我们用因子的标准分来测量组织沟通渠道的高低，标准分越大，表示组织中沟通渠道形式化程度越高。在样本中，这个量表的最大值是 1.23，最小值是 -1.25，量程为 2.48，均值为 -0.014，标准差为 0.627。

在具体题器信度指标上，可以看到题器"班组会、通报会"（j11d1）的题器信度较弱，仅为 0.356（见表 20），这或许是因为在组织的内部运作上，"班组会"实际上与组织内部的科层制更加接近，是组织生产的基本单元，因而表现得与其他指标不同。在以后的研究中，可以考虑剔除"班组会"这个选项。

（2）组织沟通渠道与组织信任

首先，我们来看组织沟通渠道与制度信任的关系。从表 21 可见，组织沟通渠道与制度信任存在显著的相关关系，其回归系数为 0.19，具有统计上的显著性

表 20　组织沟通渠道量表

	题　器	Lambda	Raykov 信度系数
j11a1	民主生活会、恳谈会、专题讨论会	0.729	0.531
j11b1	意见箱	0.729	0.531
j11c1	领导热线、接待日、电子信箱等	0.794	0.630
j11d1	班组会、通报会	0.597	0.356
j11e1	技术(业务)攻关小组	0.749	0.561
j11f1	局域网、网上论坛	0.821	0.674
j11g1	单位发行的内部报刊、通讯等	0.831	0.691
ORGCOMMU			0.901
n			4959
CFI			0.972
TLI			0.987
RMSEA			0.064
Chisq			1207.138
d.f.			57

（$p < 0.01$）。这说明组织中穿透科层结构的上下沟通渠道的设立有助于提高制度信任水平。

分所有制拟合的回归模型表明，组织沟通渠道在不同所有制之间都具有显著效应。其中效应规模最大的是行政机关组织，它的回归系数估值为 0.231；其次为国有企业组织，其回归系数估值为 0.216；效应规模最低的组织类型是私有企业组织，回归系数估值为 0.139。模型的卡方检验表明，在组织沟通渠道和制度信任的关系上，不同所有制之间存在差异。进一步的检验表明，行政机关与国有企业之间的效应规模没有差异，它们共同的效应估值是 0.223，这一系数具有统计显著性。私营企业与合资企业之间的效应规模没有差异，它们共同的效应估值是 0.151，这一系数也具有统计显著性（见表 21）。

表 21　组织沟通渠道与制度信任

	估值	标准误	估误比	卡方差	自由度	p 值
私营企业	0.139	0.029	4.810			
合资企业	0.177	0.042	4.195			
国有企业	0.216	0.031	7.026			
行政机关	0.231	0.031	7.515			
等价约束模型	0.190	0.016	11.850	5.746	3	0.1246
国有企业＝行政机关	0.223	0.022	10.282	5.049	1	0.0246
私营企业＝合资企业	0.151	0.024	6.335			

在组织沟通渠道与个人信任的关系上，存在显著的相关关系，其回归系数为0.044，尽管该估值不大，但是仍然具有统计上的显著性。进一步的检验表明，组织沟通渠道的效应在不同所有制之间没有差异（见表22）。

表22　组织沟通与个人信任

	估值	标准误	估误比	卡方差	自由度	p 值
私营企业	0.042	0.018	2.398			
合资企业	0.086	0.024	3.592			
国有企业	0.018	0.017	1.075			
行政机关	0.048	0.016	2.929			
等价约束模型	0.044	0.009	4.79	5.381	3	0.1459
私营企业 = 合资企业 = 国有企业	0.054	0.011	4.983	3.012	1	0.0827
行政机关	0.018	0.017	1.071			

2. 上下级沟通

在上下级沟通中，一个非常重要的行为模式是关于下级向上级的谏言。Hirschman 最早进行了关于组织谏言行为的研究（Hirschman，1970）。他提出的EVLN 模型认为员工在工作满意度降低时会做出两类反应：谏言或者离职（换岗），而对于垂直信任度较高的员工来说，一般会选择谏言而不是离职。后来这一研究得到进一步发展，许多学者对于谏言给出了自己的定义（Farrell & Rusbult，1985）。尽管不同学者对于谏言的定义不一，但他们普遍认为，谏言行为是指以改善环境为目的、以变化为导向，富有建设性的上下级交流行为（LePine & Van Dyne，1998），在一些情境下，谏言也可能会"挑战"上级使之难堪（Detert & Burris，2007）。

一般认为，领导个人品格及领导风格直接影响谏言行为，一个广开言路、正直公平（managerial openness）的上级能够激发组织中的员工谏言行为；相反，如果上级刚愎自用、心胸狭窄则会抑制员工的谏言行为（Edmondson，2003；Detert Burris，2007）。从员工的角度来说，当员工认为自己的上级能有效听从或采纳谏言时，他们会表现出更多的谏言行为（Janssen & De Vries et al.，1998）。

随着市场经济的发展，现代市场竞争要求组织日益注重产品及服务，并随时根据组织外部环境的变化做出改变及调整，从而保持对市场及外部环境的灵活性及适应性。因此，现代组织日益注重员工意见的表达。普遍的观点认为如果员工有了好的想法或建议，却不能与组织共享或被组织采纳，那么对组织而言将会是莫大的损失。一般来说，员工谏言在以下三个方面对组织发挥作用：首先，提出建设性的建议是组织实现创新的第一步；其次，谏言有助于帮助组织改正错误、提高绩效；最后，谏言本身有助于锻炼员工素质，提高员工的工作能力。

当今社会竞争形势日益严峻，领导的决策需要适应企业发展的多元化要求，因此决策难度增大了。在这种背景下，员工依据专业背景和工作经验提出建议，对领导进行正确决策有着重要意义。但是现实情况不容乐观，由于员工的建议时常会涉及上级、同事、组织高层的工作内容，所以员工出于对上级、同僚和组织高层对其报复的担心，大都选择三缄其口。其中很重要的原因就是员工对领导的信任水平不高。当员工对领导的信任水平高时，员工会认为上级对自身利益较为重视且能维持公正，不会做出不利于员工利益的行为。根据期望理论，员工越信任其上司，越有可能依靠自己的经验、技能或知识从各种渠道对上司提出意见。因此，我们的假设是，垂直信任对员工进谏行为具有正向效应。

（1）垂直沟通量表

根据上述讨论，我们设计了一个垂直沟通量表，用三个题器来测量组织中垂直沟通的程度，这三个题器分别是"我的主管常常要求我参与决策""我常常有机会表达对工作的改进意见"和"在工作上，我和主管之间能够做到畅所欲言"，选项分别是"完全赞同""比较赞同""无所谓""比较不赞同"和"完全不赞同"，编码分别为5、4、3、2和1。

定序指标变量的证实性因子分析表明，垂直沟通量表具有较好的测量属性，量表的信度系数等于0.895。在这里的分析中，我们用因子的标准分来测量垂直沟通的高低，标准分越大，表示组织中垂直沟通的程度越高。在样本中，这个量表的最大值是1.88，最小值是 −1.88，量程为3.76，均值为0.001，标准差为0.767（见表23）。

表23　垂直沟通量表

	题　　器	Lambda	Raykov 信度系数
j13f	我的主管常常要求我参与决策	0.829	0.687
j13g	我常常有机会表达对工作的改进意见	0.922	0.850
j13h	在工作上，我和主管之间能够做到畅所欲言	0.827	0.684
VCOMMU			0.895
n			4959
CFI			0.972
TLI			0.987
RMSEA			0.064
Chisq			1207.138
d.f.			57

（2）垂直沟通与组织信任

首先，我们来看垂直沟通与制度信任的关系。从表 24 可见，垂直沟通与制度信任存在显著的相关关系，其回归系数为 0.224，具有统计上的显著性（p < 0.01）。

分所有制拟合的回归模型表明，垂直沟通对制度信任的效应在不同所有制之间都具有显著效应。效应规模最大的行政机关组织，它的回归系数估值为 0.303；效应规模最低的组织类型是合资企业，回归系数估值为 0.180。模型的卡方检验表明，在垂直沟通和制度信任的关系上，不同所有制之间存在差异。进一步的检验表明，企业组织之间的效应规模没有差异，它们共同的效应估值是 0.194，这一系数具有统计显著性。行政机关组织的效应估值为 0.303，高于企业组织，这一系数也具有统计显著性。

表 24　垂直沟通与制度信任

	估值	标准误	估误比	卡方差	自由度	p 值
私营企业	0.184	0.022	8.38			
合资企业	0.180	0.031	5.88			
国有企业	0.212	0.022	9.49			
行政机关	0.303	0.022	13.53			
等价约束模型	0.224	0.012	18.86	17.96	3	4e − 04
私营企业 = 合资企业 = 国有企业	0.194	0.014	13.92	16.87	1	0e + 00
行政机关	0.303	0.022	13.53			

其次，通过对垂直沟通对个人信任的分析，我们发现垂直沟通对个人信任的回归系数估值为 0.137，这一系数具有统计上的显著性。我们并未发现垂直沟通对个人信任的效应在不同所有制之间存在差异（见表 25）。

表 25　垂直沟通与个人信任

	估值	标准误	估误比	卡方差	自由度	p 值
私营企业	0.147	0.013	11.32			
合资企业	0.129	0.017	7.559			
国有企业	0.117	0.012	9.588			
行政机关	0.15	0.012	12.61			
等价约束模型	0.137	0.007	20.75	4.583	3	0.205

3. 组织支持

Eisenberger 等人（Eisenberger & Huntington et al., 1986）在社会交换理论基础上提出了组织支持理论（perceived organizational theory），其中，组织支持感（perceived organizational support，简称 POS）是该理论的核心概念。组织支持感是指员工对组织是否重视其贡献和福利知觉基础上的信念（Eisenberger & Huntington et al., 1986）。这种信念会增进信任，促进员工的组织公民行为（Organ & Konovsky, 1989）。根据社会交换理论，组织对员工的支持，使得员工产生对组织进行回报的义务感，表现在行动上，即员工通过工作来回馈组织，从而支持组织目标的实现（Rhoades & Eisenberger et al., 2001）。

（1）组织支持感的测量

Eisenberger 等人对组织支持进行了测量（Eisenberger Huntington et al., 1986），其量表的简化版得到了较为广泛的应用，包括 9 个题器，分别为"组织很重视我的目标和价值""当我遇到问题时可以从公司得到帮助""公司真的很关心我的幸福"等。其量表的系数为 0.85。

我们参考上述量表，设计了如下三个问题作为组织支持感量表的题器："我的工作能力经常得到领导的肯定和赞扬""我的工作能力经常得到同事的肯定和赞扬"以及"当工作上遇到困难时，我总能得到大家的支持帮助"，问题的选项都是"完全符合""比较符合""一般""不太符合"和"完全不符合"，编码为 5 级，从 5 到 1。

定序指标变量的证实性因子分析表明，组织支持感量表具有较好的测量属性，量表的信度系数 ρ 为 0.862。在样本中，这个量表的因子得分最大值是 1.77，最小值是 -2.47，量程为 4.24，均值为 0.004，标准差为 0.765（见表 26）。

表 26　组织支持感量表

	题　　器	Lambda	Raykov 信度系数
p4a	我的工作能力经常得到领导的肯定和赞扬	0.853	0.728
p4b	我的工作能力经常得到同事的肯定和赞扬	0.919	0.845
p4c	当工作上遇到困难时,我总能得到大家的支持帮助	0.683	0.466
WORKSUPT			0.862
n			4959
CFI			0.999
TLI			0.999
RMSEA			0.022
Chisq			17.331
d. f.			5

（2）组织支持与组织信任

我们首先检验组织支持与制度信任的关系。从表 27 可见，组织支持与制度信任存在显著的相关关系，其回归系数为 0.172，具有统计上的显著性（p < 0.01）。

分所有制拟合的回归模型表明，组织支持在不同所有制之间都具有显著效应。效应规模最大的是行政机关组织，它的回归系数估值为 0.221；效应规模最低的组织类型是私有企业，回归系数估值为 0.126。模型的卡方检验表明，在组织支持和制度信任的关系上，不同所有制之间存在差异。进一步的检验表明，三类企业组织之间的效应规模没有差异，它们共同的效应估值是 0.153，这一系数也具有统计显著性。在行政机关组织中，组织支持对制度信任的效应高于企业组织，其回归系数的估值为 0.221。

表 27　组织支持与制度信任

	估值	标准误	估误比	卡方差	自由度	p 值
私营企业	0.126	0.022	5.773			
合资企业	0.171	0.034	5.013			
国有企业	0.174	0.022	7.839			
行政机关	0.221	0.023	9.543			
等价约束模型	0.172	0.012	14.178	8.948	3	0.0300
私营企业 = 合资企业 = 国有企业	0.153	0.014	10.810	6.203	1	0.0128
行政机关	0.221	0.023	9.540			

在组织支持与个人信任的关系方面，组织支持与个人信任存在显著的相关关系，其效应估值为 0.175，该系数具有统计显著性。分不同所有制拟合的回归模型表明，组织支持对个人信任的效应具有同构性（见表 28）。

表 28　组织支持与个人信任

	估值	标准误	估误比	卡方差	自由度	p 值
私营企业	0.170	0.012	13.62			
合资企业	0.176	0.018	9.59			
国有企业	0.169	0.012	14.60			
行政机关	0.185	0.012	15.86			
等价约束模型	0.175	0.006	27.22	1.209	3	0.751

（二）组织承诺与信任

组织承诺（organizational commitment）是组织成员参与组织活动，对所在组织的价值观和目标的强烈相信和接受程度。不同组织成员对组织的承诺程度不同，这已经是一个习以为常的现象。但是对这一现象的原因却存在不同的理论解释。

社会学对组织承诺的现象由来已久，但对组织承诺的概念却存在很大的争论（Allen & Meyer，1996；Meyer & Allen，1997），对组织承诺的测量也存在不同的方法。早期的测量工具大多较为简单，例如，Hrebiniak 等人用四个题器来测量组织承诺，其措辞是，如果有一个组织想雇用您从事目前的职业，目前的单位提出以下条件后，您还考虑不考虑离职：（1）小幅度增加工资；（2）为了增加专业创造性，小幅度放宽您的自由度；（3）小幅度调级，提高您在单位的地位；（4）改善同事的友善程度。选项为三个，"肯定不考虑""不确定"和"肯定去"，编码为 3、2 和 1，量表的信度系数为 0.79，Hrebiniak 量表的得分最低为 4，最高为 12，分值越大，组织承诺越高（Hrebiniak & Alutto，1972）。

另外一个测量组织承诺的量表是 Mowday 等人的九个题器量表，在组织研究中常常简化为 OCQ，它的题器包括："我很自豪地告诉别人我在这个单位工作""我总是在朋友面前夸耀我们单位""我们单位是天下最好的工作场所"。选项为 5 级定序测量（Mowday & Steers et al.，1979）。

对应于组织承诺的三维度概念，Allen 和 Meyer 也提出一个测量组织承诺的复合量表。最初，Meyer 和 Allen 测量组织承诺的量表只有两个维度，情感承诺和持久承诺，包含六个题器（Allen & Meyer，1996；Meyer & Allen，1997）。

在本次研究中，我们用三个题器来测量组织承诺，这三个题器分别是"如果我不能解决好工作上的问题，我会感到很难受""如果工作努力和付出得不到相应的承认，我会感到很难受"和"下班之后，我仍然惦记着工作中的事情"，题器选项分别是"完全符合""比较比较""一般""不太符合"和"完全不符合"，编码分别为 5、4、3、2 和 1。

定序指标变量的证实性因子分析表明，组织承诺量表的测量属性并不十分令人满意，和本次研究中的其他量表相比，组织承诺量表的信度系数只有 0.747（见表 29）。在将来的研究中，我们将做进一步的调整，以便得出更好的适合中国国情的组织承诺测量量表。

首先，我们来看组织承诺与制度信任的关系。从表 29 可见，组织承诺与制度

表 29　组织承诺量表信度系数

	题　器	Lambda	Raykov 信度系数
j12c	如果我不能解决好工作上的问题,我会感到很难受	0.880	0.774
j12d	如果工作努力和付出得不到相应的承认,我会感到很难受	0.661	0.437
j12e	下班之后,我仍然惦记着工作中的事情	0.552	0.305
ORGCOMMI			0.747
n			4956
CFI			1.000
TLI			1.000
RMSEA			0.000
Chisq			0.000
d. f.			0

信任存在显著的相关关系，其回归系数为 0.088，尽管该系数绝对值不大，但仍具有统计上的显著性（$p < 0.05$）。

分所有制拟合的回归模型表明，组织承诺在不同所有制之间都具有显著效应。效应规模最大的是国有企业，它的回归系数估值为 0.114；其次为私企，其回归系数估值为 0.108；效应规模最低的组织类型是行政机关组织，回归系数估值为 0.048。模型的卡方检验表明，在组织承诺和制度信任的关系上，不同所有制之间存在差异。进一步的检验表明，三类企业之间的效应规模没有差异，它们共同的效应估值是 0.104，这一系数具有统计显著性。行政机关的效应估值仍然为 0.048，低于三类企业组织（见表 30）。

表 30　组织承诺与制度信任

	估值	标准误	估误比	卡方差	自由度	p 值
私营企业	0.108	0.022	4.973			
合资企业	0.077	0.035	2.227			
国有企业	0.114	0.025	4.494			
行政机关	0.048	0.024	2.032			
等价约束模型	0.088	0.013	7.004	4.879	3	0.1809
私营企业＝合资企业＝国有企业	0.104	0.015	7.007	4.090	1	0.0431
行政机关	0.048	0.024	2.033			

组织承诺与个人信任的回归系数估值为 0.128，具有统计显著性。方差检验结果表明，组织承诺对个人信任的效应在不同所有制类型中是同构的（见表 31）。

表 31　组织承诺与个人信任

	估值	标准误	估误比	卡方差	自由度	p 值
私营企业	0.144	0.013	11.38			
合资企业	0.103	0.019	5.35			
国有企业	0.144	0.013	10.73			
行政机关	0.111	0.012	9.124			
等价约束模型	0.128	0.007	18.66	6.747	3	0.08

（三）　相对剥夺感与信任

相对剥夺感是人们的一种主观感受，即人们在与相应的参照群体的比较过程中所产生的一种对两者之差异的主观感受，这种感受一般而言都是负面的和消极的，都会透露出一种不满和愤慨的情绪。组织成员会因自己获取和支配的资源较少而产生不满意感；组织成员对组织的满意度与其在组织中的资源占有情况有密切的直接相关关系（李汉林、李路路，2000）。

在本次调查中，我们使用三个测量指标来量度相对剥夺感，分别为"和您认识的朋友相比，您觉得现在的收入是高还是低"（h14，简称朋友参照）、"在您居住的城市或地方，和别人相比，您觉得现在的收入是高还是低"（h15，简称地方参照），以及"和您同职业的人相比，您觉得现在的收入是高还是低"（h16，简称同行参照），它们都是从"完全不符合"到"完全符合"的五级定序测量。

定序指标变量的证实性因子分析表明，相对剥夺感量表具有较好的测量属性，量表的信度系数为 0.916（见表 32）。在样本中，这个量表的因子得分最大值是 1.723，最小值是 -2.855，量程为 4.58，均值为 0.012，标准差为 0.827。

由于相对剥夺感是一个负面的或消极的情绪，我们假设它与各信任量表的关系为负相关。首先，我们来看相对剥夺感与制度信任的关系。从表 33 可见，相对剥夺感与制度信任存在显著的相关关系，其回归系数为 -0.123，具有统计上的显著性（p < 0.01）。

分所有制拟合的回归模型表明，相对剥夺感在不同所有制之间都具有显著效应。效应规模最大的为国有企业，它的回归系数估值为 -0.176；其次为合资企

表 32　相对剥夺感量表

	题　　器	Lambda	Raykov 信度系数
h14	朋友参照	0.912	0.832
h15	地方参照	0.928	0.861
h16	同行参照	0.815	0.664
RELDEP			0.916
n			4958
CFI			1.000
TLI			1.000
RMSEA			0.000
Chisq			0.000
d. f.			0

业，其回归系数估值为 −0.125；效应规模最低的组织类型是行政机关组织，回归系数估值为 −0.076。模型的卡方检验表明，在相对剥夺感和制度信任的关系上，不同所有制之间存在差异。这表明相对剥夺感的效应在不同所有制类型中不具有同构性。

表 33　相对剥夺感与制度信任

	估值	标准误	估误比	卡方差	自由度	p 值
私营企业	−0.108	0.021	−5.208			
合资企业	−0.125	0.030	−4.141			
国有企业	−0.176	0.020	−8.694			
行政机关	−0.076	0.022	−3.429			
等价约束模型	−0.123	0.011	−10.902	11.81	3	0.0081

相对剥夺感对个人信任的效应较低，为 −0.048，该系数具有统计显著性。通过进一步比较不同所有制类型之间的差异，我们最后选择的是部分约束等价模型。即私营企业与国有企业之间的效应规模相同，其共同的效应估值为 −0.052；而合资企业的效应估值最高，为 −0.092；在行政机关中，其效应估值为 −0.021，不具有统计显著性，因此相对剥夺感与个人信任不存在相关关系（见表34）。

表34　相对剥夺感与个人信任

	估值	标准误	估误比	卡方差	自由度	p 值
私营企业	-0.058	0.013	-4.562			
合资企业	-0.092	0.017	-5.43			
国有企业	-0.047	0.011	-4.197			
行政机关	-0.021	0.012	-1.755			
等价约束模型	-0.048	0.006	-7.598	12.75	3	0.0052
行政机关	-0.021	0.012	-1.755	12.38	2	0.0020
合资企业	-0.092	0.017	-5.433			
私营企业 = 国有企业	-0.052	0.008	-6.168			

综上所述，相对剥夺感与制度信任的关系在不同所有制类型组织中差异较大。总的来说，相对剥夺感在合资企业以及国有企业中，对信任效应的影响高于其他组织类型。而在行政机关组织中，相对剥夺感的效应估值最低。

（四）组织认同与信任

组织认同（organizational identity）与组织承诺具有一定的联系，它归根结底是对组织的一种规范性认同（normative identity），它来自涂尔干所说的集体意识，而且这种集体意识不仅表现为一种共通的意识状态（state of consciousness），更是一种具有价值意涵的道德状态（state of conscience）。20世纪90年代以来组织认同已经成为组织行为学研究中的一个重要变量，得到了越来越多的学者的关注（Pratt，1998；Rousseau，1998）。组织认同对个体、群体和组织层面的变量都会产生影响，例如员工绩效、组织公民行为以及离职意愿等（Abrams et. al.，1998；Bartel，2001，Bhattacharya et. al.，1995；Pratt，1998；Knippenberg，2000）。但总的来说，西方组织认同研究仍然尚未得出统一概念，相关量表在不同文化背景下具有不同形式。

在本次调查中，组织认同的测量指标有四个，分别是"对当前工作的满意程度""是否是理想的工作""是否有换工作的想法""如果重新选择，是否再选择现在工作"，它们都是从"完全不符合"到"完全符合"的五级定序测量。

定序指标变量的证实性因子分析表明，组织认同量表具有较好的测量属性，量表的信度系数为0.847。在样本中，这个量表的因子得分最大值是2.32，最小值是 -2.53，量程为4.85，均值为 -0.0003，标准差为0.825（见表35）。

表 35　组织认同量表

	题器	Lambda	Raykov 信度系数
d32	对当前工作的满意程度	0.901	0.812
d33	是否是理想的工作	0.874	0.764
d34	是否有换工作的想法	0.633	0.401
d35	如果重新选择,是否再选择现在工作	0.615	0.378
ORGIDENT			0.847
n			4959
CFI			0.979
TLI			0.991
RMSEA			0.087
Chisq			1166.330
d. f.			30

首先，我们来看组织认同与制度信任的关系。从表 36 可见，组织认同与制度信任存在显著的相关关系，其回归系数为 0.25，具有统计上的显著性（p < 0.01）。

分所有制拟合的回归模型表明，组织认同在不同所有制之间都具有显著效应。效应规模最大的是国有企业，它的回归系数估值为 0.279；其次为合资企业，其回归系数估值为 0.272；效应规模最低的组织类型是私营企业，回归系数估值为 0.2。模型的卡方检验表明，在组织认同和制度信任的关系上，不同所有制之间存在差异。进一步的检验表明，国有企业、合资企业以及行政机关之间的

表 36　组织认同与制度信任

	估值	标准误	估误比	卡方差	自由度	p 值
私营企业	0.200	0.021	9.608			
合资企业	0.272	0.029	9.262			
国有企业	0.279	0.020	13.985			
行政机关	0.259	0.021	12.562			
等价约束模型	0.250	0.011	22.803	8.673	3	0.0340
合资企业＝国有企业＝行政机关	0.270	0.013	20.943	8.141	1	0.0043
私营企业	0.200	0.021	9.607			

227

效应规模没有差异，它们共同的效应估值是 0.27，这一系数具有统计显著性。私营企业的效应估值低于其他三类组织。

在组织认同与个人信任的关系上，组织认同对个人信任的效应估值为 0.122，具有统计上的显著性（$p < 0.01$）。在不同所有制类型之间，我们未发现其效应存在差异（见表37）。

表37　组织认同与个人信任

	估值	标准误	估误比	卡方差	自由度	p 值
私营企业	0.116	0.013	9.165			
合资企业	0.15	0.017	9.055			
国有企业	0.117	0.011	10.43			
行政机关	0.117	0.011	10.66			
等价约束模型	0.122	0.006	19.6	3.507	3	0.32

综上所述，在组织认同对制度信任效应上面，私营企业与其他组织有较大的不同，其效应估值低于其他三类组织。这表明，在私营企业中，组织认同较难转化为对组织的制度信任。

五　结论与探讨

在本文所讨论的 12 个自变量中，当分别考察其对制度信任与个人信任的影响时，除了客户类型这个变量，其他 11 个自变量在总体上都具有显著效应。这表明，就信任的影响因素而言，其对制度信任和个人信任的影响基本上具有相同的性质。

通过考察不同所有制之间的差异，可以发现绝大多数自变量对制度信任的效应在所有制之间存在显著差异；而对个人信任而言，仅有 5 个自变量在不同所有制之间表现出差异。这表明就制度信任而言，类似的制度安排在所有制之间表现不同。

表38 做了一个汇总，当变量存在统计显著效应时，用"★"表示，否则用"×"表示；当效应具有符号意义时，用"↑"表示正效应，"↓"表示负效应。

<table>
<tr><td colspan="5" align="center">表 38　组织变量与信任效应汇总</td></tr>
</table>

自变量	制度信任		个人信任	
	平均效应	所有制间差异	平均效应	所有制间差异
雇员人数	↓	★	↓	★
命令链	↓	★	↓	★
产业类型	★	×	★	×
客户类型	×	★	×	×
部门间差异	★	★	★	★
行政职务	↑	★	×	×
组织层序	↑	★	↑	★
组织沟通渠道	↑	★	×	×
组织支持	↑	★	↑	×
组织承诺	↑	★	↑	×
相对剥夺感	↓	×	↓	★
组织认同	↑	★	↑	×

参考文献

李汉林、李路路，2000，《单位成员的满意度和相对剥夺感——单位组织中依赖结构的主观层面》，《社会学研究》第 2 期。

李健鸿，2005，《社会资本与组织公民行为——复合式镶嵌观点》，《关系管理研究》第 1 期。

李莹，2005，《中国企业的内部信任度》，《中国保险》第 4 期。

夏传玲，2008，《权杖和权势》，北京：中国社会科学出版社。

郑伯埙，1995，《差序格局与华人组织行为》，《本土心理学研究》第 3 期。

Abrams, D. and K. Ando, et al. , 1998, " Psychological Attachment to the Group：Cross-cultural Differences in Organizational Identification and Subjective Norms as Predictors of Workers' Turnover Intentions", *Personality and Social Psychology Bulletin* 24 （10）.

Allen, N. J. and J. P. Meyer, 1996, " Affective, Continuance, and Normative Commitment to the Organization：An Examination of Construct Validity", *Journal of Vocational Behavior* 49 （3）.

Bartel, C. A. , 2001, " Social Comparisons in Boundary-spanning Work：Effects of Community Outreach on Members' Organizational Identity and Identification", *Administrative Science Quarterly* 46 （3）.

Bentler, P. M. , 2009, " Alpha, Dimension-free, and Model-based Internal Consistency Reliability" *Psychometrika* 74 （1）.

Bhattacharya, C. B. and H. Rao, et al. , 1995, " Understanding the Bond of Identification：An

Investigation of its Correlates among Art Museum Members", *The Journal of Marketing*.

Blau, P. M. and R. A. Schoenherr, 1971, *The Structure of Organisations*. New York, NY, Basic Book.

Bradach, J. L. and R. G. Eccles, 1989, "Markets versus Hierarchies: from Ideal Types to Plural Forms", *Annual review of sociology* 15 (1).

Butler Jr, J. K. and R. S. Cantrell, 1994, "Communication Factors and Trust: An Exploratory Study", *Psychological Reports* 74 (1).

Cook, J. and T. Wall, 1980, "New Work Attitude Measures of Trust, Organizational Commitment and Personal Need Non-fulfilment", *Journal of occupational psychology* 53 (1).

Cummings, L. L. and P. Bromiley, 1996, The Organizational Trust Inventory (OTI). *Trust in Organizations: Frontiers of Theory and Research*, Sage Publications.

Detert, J. R. and E. R. Burris, 2007, "Leadership Behavior and Employee Voice: Is the Door Really Open?" *Academy of Management Journal* 50 (4).

Deutsch, M., 1958, "Trust and Suspicion", *The Journal of conflict resolution* 2 (4).

Dirks, K. T. and D. L. Ferrin, 2002, "Trust in Leadership: Meta-analytic Findings and Implications for Research and Practice", *Journal of Applied Psychology* 87 (4).

Edmondson, A. C., 2003, "Speaking up in the Operating Room: How Team leaders Promote Learning in Interdisciplinary Action Teams", *Journal of Management Studies* 40 (6).

Eisenberger, R. and R. Huntington, et al., 1986, "Perceived Organizational Support", *Journal of Applied Psychology* 71 (3).

Farrell, D. and C. Rusbult 1985, "Understanding the Retention Function: A Model of the Causes of Exit, Voice, Loyalty and Neglect Behaviors" *The Personnel Administrator*.

Granovetter, M., 1985, "Economic Action and Social Structure: the Problem of Embeddedness", *American journal of sociology*.

Hirschman, A. O., 1970, *Exit, Voice, and Loyalty: Responses to Decline in Firms, Organizations, and States*, Cambridge, Mass.: Harvard University Press.

Hrebiniak, L. G. and J. A. Alutto, 1972, "Personal and Role-related Factors in the Development of Organizational Commitment", *Administrative science quarterly*.

Janssen, O. and T. De Vries, et al., 1998, "Voicing by Adapting and Innovating Employees: An Empirical Study on How Personality and Environment Interact to Affect Voice Behavior", *Human Relations* 51 (7).

Jöreskog, K. G. and I. Moustaki, 2001, "Factor Analysis of Ordinal Variables: A Comparison of Three Approaches", *Multivariate Behavioral Research* 36 (3).

Kipnis, D., 1996, *Trust and technology. Trust in Organizations: Frontiers of Theory and Research*. R. Kramer and T. Tyler. London, Sage.

Knippenberg, D. and E. Schie, 2000, "Foci and Correlates of Organizational Identification", *Journal of Occupational and Organizational Psychology* 73 (2).

Krackhardt, D. and J. R. Hanson, 1993, "Informal Networks", *Harvard business review* 71 (4).

Kramer, R. M. , 1999, "Trust and Distrust in Organizations: Emerging Perspectives, Enduring Questions", *Annual Review of Psychology* 50 (1).

Lepine, J. A. and L. Van Dyne, 1998, "Predicting Voice Behavior in Work Groups", *Journal of Applied Psychology* 83 (6).

Lewicki, R. J. and D. J. McAllister, et al. , 1998, "Trust and Distrust: New Relationships and Realities", *The Academy of Management Review* 23 (3).

Luhmann, N. , 1979, *Trust and power.* Chichester, Wiley.

——, 1990, *Familiarity, Confidence, Trust: Problems and Alternatives. Trust: Making and Breaking Cooperative Relations.* G. D, Blackwell Publishers.

McCauley, D. P. and K. W. Kuhnert, 1992, "A Theoretical Review and Empirical Investigation of Employee Trust in Management", *Public Administration Quarterly.*

Meyer, J. P. and N. J. Allen, 1997, *Commitment in the Workplace: Theory, Research, and Application,* Thousand Oaks, Calif. Sage Publications, Inc.

Moldoveanu, M. C. and R. M. Bauer, 2004, "On the Relationship between Organizational Complexity and Organizational Structuration", *Organization Science* 15 (1).

Mowday, R. T. and R. M. Steers, et al. , 1979, "The Measurement of Organizational Commitment", *Journal of Vocational Behavior* 14 (2).

Muthén, L. K. and B. O. Muthén, 1998, *Mplus User's Guide.* Los Angeles, CA.

Nahapiet, J. and S. Ghoshal, 1998, "Social Capital, Intellectual Capital, and the Organizational Advantage", *Academy of Management Review.*

Nonaka, I. and H. Takeuchi, 1995, *The Knowledge-creating Company: How Japanese Companies Create the Dynamics of Innovation,* Oxford University Press, USA.

Organ, D. W. and M. Konovsky, 1989, "Cognitive Versus Affective Determinants of Organizational Citizenship Behavior", *Journal of applied psychology* 74 (1).

Parente, D. H. 1996, *Assessing the Impact of the Manufacturing-marketing Relationship on the Customer: A Multiple Informant Perspective,* State University of New York at Buffalo.

Powell, W. W. , 1990, "Neither Market nor Hierarchy: Network Forms of Organization", *Research In Organizational Behavior* 12.

Pratt, M. G. , 1998, *To Be or Not to Be: Central Questions in Organizational Identification. ,* Sage Publications, Inc.

Raykov, T. , 2002, "Analytic Estimation of Standard Error and Confidence Interval for Scale Reliability", *Multivariate Behavioral Research* 37 (1).

Rhoades, L. and R. Eisenberger, et al. , 2001, "Affective Commitment to the Organization: The Contribution of Perceived Organizational Support", *Journal of applied psychology* 86 (5).

Roberts, K. H. and C. A. O'Reilly, 1974, "Measuring Organizational Communication", *Journal of applied psychology* 59 (3).

Robinson, S. L. , 1996, "Trust and Breach of the Psychological Contract", *Administrative Science*

Quarterly.

Rousseau, D. M., 1998, "Why Workers Still Identify with Organizations", *Journal of Organizational Behavior* 19 (3).

Rousseau, D. M. and S. B. Sitkin, et al., 1998, "Introduction to Special Topic Forum: Not so Different after All: A Cross-Discipline View of Trust", *The Academy of Management Review* 23 (3).

Tsai, W. and S. Ghoshal, 1998, "Social Capital and Value Creation: The Role of Intrafirm Networks", *Academy of management Journal*.

Turner, J. C., 1985, "Social categorization and the Self-concept: A Social Cognitive Theory of Group Behavior", *Advances in Group Processes: Theory and research* 2.

（作者单位：中国社会科学院社会学研究所）

诚信与问责：我国社会部门再建构

葛道顺

摘要 本文从社会部门的失信问题切入，探讨了社会部门的诚信机制和问责体系。在社会部门的发展过程中，自律、互律、他律和法律既是诚信建设的元素和路径，也是社会问责的体系和参照。在我国，目前社会部门的自律、他律和法律都存在文本缺失，对社会部门的公信力产生了较大的负面影响。为避免失信成为一种制度本能，需要对社会部门的诚信和问责体系进行再建构，其中，完善法律文本是不可或缺的第一步。

关键词 社会组织　诚信　问责　法律文本

引子：诚信问题频发引发社会部门的重构

20 世纪 80 年代初我国基金会恢复发展，基金会的诚信（integrity）不足一直是外界关注的核心问题之一。三重管理并没有带来基金会的公信力。1995 年 4 月，作为基金会金融资格管理方的中国人民银行（1995）在《关于进一步加强基金会管理的通知》中指出，"近年来，基金会在资助文化教育、科学技术、社会福利及其他公益事业方面起到了积极的作用。但是，也存在一些问题：如有相当一部分基金会存在违背国务院《基金会管理办法》（以下简称《办法》）的规定投资办实体、现职政府工作人员兼职及搞行政摊派的现象；有些基金会没有专职管理人员，多年不开展工作，或虽有专职工作人员，但工作成效不大；有些基金会管理混乱，规章制度不健全。对此，亟需加强管理"。从中可见基金会存在的诚信问题。但是，状况并不会因一纸通知而迅速改观。

1996 年，中国某基金会因管理不善致巨额资金面临损失的事件震惊了全国，总理亲笔批示全国基金会彻查。中国人民银行随即组织对该基金会及全国性基金会现场稽核，结果令人震惊。该基金会在 1996 年将其银行的巨额存款，为北京某企业做贷款抵押，结果遭受了约合人民币 1562 万元的巨大损失。对当时 62 家全国性基金会的稽核暴露出隐患并非一两家，多数基金会的基金管理存在违规现象，其中有 22 家基金会存在不同程度的损失。很多基金会非法开展金融业务，将基金用于拆借、担保甚至抵押，完全无视风险的存在。在一些基金会，决策机制和内部管理制度形同虚设，个别基金会领导人对基金的使用有不受限制的权力，在客观上促成了基金会的违规行为。承担了 62 家全国性基金会现场稽核的中银会计师事务所在向中国人民银行提交的《关于审计基金会基本情况汇报》中列举了基金会存在的 16 种问题，其中 13 种问题属于基金管理方面的违规问题。在全部稽核对象中，在基金管理方面完全不存在问题的基金会仅有 16 家（占 26%），其余的 46 家（占 74%）不同程度地存在违规操作。1997 年中国人民银行进一步对 969 家地方性基金会进行了稽核，查明这些基金会普遍存在现职政府工作人员兼任基金会负责人、违反规定设置分支机构、注册基金不实和活动基金不足、投资办企业以及超范围经营等问题（中国人民银行，1997）。

　　基金会发展期遭受诚信拷问。2004 年国务院《基金会管理条例》颁布执行，我国基金会进入新的发展期。但新条例的生效并不能自动杜绝问题基金会的诚信危机。2007 年，与全国牙防组形同"连体"的中国牙病防治基金会在资金运用与管理方面的问题引起社会广泛质疑。对牙防组的专项审计结果表明，牙基会使用票据为牙防组收取赞助等款项；使用外汇账户提取外汇，用于牙防组人员出国参加国际学术会议等。卫生部规划财务司审计处的《关于全国牙防组财务收支情况的审计报告》，将两者的关系描述为"牙防组利用基金会的账户收款，牙防组与赞助单位签订协议后，单位将赞助等款项汇入基金会账户，然后再由基金会账户转入牙防组账户"。[①] 二者形成了"认证的不收钱，收钱的不认证"的各自有利的局面。原本应该独立、公开的基金会账户，成了牙防组内部运作的平台。以该基金会 2005 年度财务收支为例：基金会用于工作人员工资福利和行政办公支出占总支出的 73.4%，而公益事业支出仅占上年度总收入的 17.3%，与《基金会管理条例》中的规定呈颠倒之势。而且，基金会还存在捐赠款项不入账的嫌疑。应当注意的是，出现这一情况的不仅仅是牙基会，民政部网站上公布的 84 个基金会的 2005 年度工作报告书，超过半数的基金会达不到条例规定的公益支出比例的要求。牙基会存在的问题，反映了时下我国一部分基金会处于外部监

---

① 参见中华人民共和国卫生部新闻办公室《卫生部公布牙防组财务收支情况审计结果》，2007 年 6 月 11 日，卫生部网站，http://61.49.18.65/newshtml/19258.htm，2007 年 12 月 10 日访问。

管乏力、内部管理混乱的局面，甚至把善款当作单位的"小金库"，少数人把慈善机构看成了谋利自肥的"合法"途径（新华网，2007）。毫无疑问，这种做法已经背离了基金会的宗旨，沦为借慈善名义"圈钱"的失信行为。

2011 年的"郭美美事件"[①]，"三天毁了红十字会一百年"[②]。这不仅是网络放大器的作用，更是社会部门的诚信和问责体系建设跟不上自媒体时代要求的后果。"郭美美事件"并非抹去了中国红十字会的悠悠历史，而是引发了公众对红十字会公开、诚信的深刻质疑。

可见，社会部门的诚信问题贯穿于每个发展年代，社会部门的改革和重构迫在眉睫。

一 失信：避免成为一种制度本能

（一）失信是社会部门普遍面临的挑战

现代基金会制度起源于西方。日趋完善的经济和社会管理制度，使西方基金会的诚信和问责体系建设可谓近乎完美，即便如此，也依然难以帮助基金会彻底杜绝失信行为。在美国，基金会要接受国税局的管理和审查，填报逻辑严密、结构完整、内容详细的年度报表向社会公布，传媒也保持高度的独立监督，但1992 年还是爆发了震惊全球的美国联合慈善基金会（United Way）主席阿尔莫尼滥用捐款丑闻（罗伟清，2003）。阿尔莫尼被指控将善款用于自己和年轻女友的度假，购买豪华别墅和其他奢侈物品上。丑闻曝光后，不仅阿尔莫尼本人锒铛入狱，而且整个"联合劝募"的募捐资金也大幅度下降，以致美国各个独立的分会也受到牵连。2003 年，联合之路又曝出了该会有史以来最大的财政丑闻，

---

① 2011 年 6 月，昵称为"郭美美 Baby"的郭美玲在微博上炫耀其奢华生活，自称"住大别墅，开玛莎拉蒂"，其认证信息赫然显示为"中国红十字会商业总经理"，由此引发网友及公众对中国红十字会的信任危机。6 月 22 日，中国红十字总会声明澄清并无"红十字商会"的机构，更无"郭美美"其人，但质疑仍层出不穷。9 月中旬，国家人口计生委原党组副书记、副主任赵白鸽博士临危受命，担任中国红十字会常务副会长。2011 年 12 月 31 日，中国红十字会总会发布《关于对商业系统红十字会调查处理情况的通报》，这份由监察部、中国社会科学院社会学所、北京刘安元律师事务所、中国商业联合会和中国红十字会总会相关人员组成的联合调查组历时 5 个月调查出具的报告认为，郭美美与中国红十字会总会（以下简称"红会"）、商业系统红十字会（以下简称"商红会"）没有任何关系，其炫耀的财富与红十字会、公众捐款及项目资金没有任何关系；报告也指出，商红会的管理存在严重问题，经有关方面同意，红会决定撤销商红会；红会对行业红十字系统监管不力，对红十字品牌保护不力。但该报告因未涉及具体审计结果而继续遭公众质疑（参见凤凰网，2012）。

② "郭美美事件"后中国红十字总会新任常务副会长赵白鸽博士言。——笔者注

有 6 名组织的前任高层领导人卷入其中，涉及的金额超过了 150 万美元。报告显示，休简直将联合之路当成了一家私人银行。会计师强调联合之路的账目缺乏透明度，许多来自私人团体的赞助被非法挪用（白晓威，2008）。

在欧洲，联合国儿童基金会德国委员会也曾陷入信誉危机之中。外界对于该组织乱用捐款，收取过高的咨询费以及组织操作不透明等的指控使得该委员会名誉主席海德·西蒙斯因基金会内部意见分歧而宣布辞职。在新加坡，国家肾脏基金会是最富有、最成功的慈善组织，一直致力于向肾病患者提供肾脏透析治疗。但基金会主席杜赖及董事会全体成员因享受与正常收入不符的奢华生活，以及基金使用缺乏透明引起公愤而被迫辞职（新华网，2005）。最为纠结的案例恐怕还是美国红十字会对"9·11"事件中自由女神基金捐款用途的擅自更改。美国红十字会认为该基金筹集的款项已经超出了受害者所需要的数额，便将近 2 亿善款用作预防恐怖袭击的资金。该事件被业界和公众一致认为挪用了受害者的救助资金。最后美国红十字会在司法和舆论的双重压力下，不得不更正自己的错误，将全部捐款用于"9·11"事件的受害者（爱默森，2004：98 ~ 203）。

尽管大部分社会部门从业者能够坚守行业规则和国家法律，但职业化带来的生活压力以及自利动机和侥幸心理的共同作用或将导致部分从业者对慈善原则和社会法规的越轨。既然社会部门在全球各地都不可能尽善尽美，诚信缺失或将成为永远的挑战，社会部门需要长期应对。

（二）诚信不足与志愿失灵

在社会快速转型时期，非营利组织作为推动社会发展的重要的第三部门，其作用日益凸显。非营利部门应对政府失灵和市场失灵而产生，但是，正如市场和政府都不是万能的一样，非营利组织也不是万能的。非营利部门本身也存在固有的"失灵"和"缺憾"。

志愿失灵（voluntary failure）相对于志愿主义（voluntarism）而被提出。众所周知，非政府与非营利组织的成员大多基于共同的利益或信念而自愿性地参与，具有"利他"的精神，因此，"志愿性"成为此类组织的一项重要特征。业界主要以"利他主义""需要满足理论""社会化理论"这三项理论来诠释志愿工作者的动机。其中，"利他主义"是种助人为乐的胸怀；"需要满足理论"则是个人基本需要满足后，寻求个人成就和自我实现的需求；而"社会化理论"是指个人可能受到周遭亲朋好友的影响、启示而加入志愿工作者的行列。不过，宛如政府失灵和市场失灵一样，萨拉蒙（Salamon）提出志愿者亦有失灵的时候，即所谓的"志愿失灵"（voluntary failure），具体包括以下几种可能：第一种称为

"公益不足"（philanthropic insufficiency），指非政府与非营利部门，其资源（含人力与财源）常常是不稳定的，导致影响其所提供的服务；第二种称为公益的特殊性（philanthropic particularism），指非政府与非营利组织可能发展成为极端的、排他性的、只为了特殊群体服务的组织，例如极端主张参加会员的资格，即是限制其他人的加入；第三种称为公益的父权性（philanthropic paternalism），是指非政府与非营利组织可能为少数人所控制，变成私相授受、图利私人（尤其是机构的负责人）的工具；第四种则是公益的业余性（philanthropic amateurism），指从事各种公益活动者和志愿服务人员，虽然充满热诚，但也有可能欠缺专业能力（Salamon，1987）。

国内学者也对这种"志愿失灵"现象进行了探讨。秦晖（1999）认为第三部门失灵最根本的表现还是"慈善不足"与"独立不足"，前者使它"靠拢市场"，后者使它"靠拢政府"。赵黎青（1998）提出中国 NPO 健康发展将会遇到来自以下四个方面的威胁："违背 NPO 的非政治化原则的政治追求，组织运作及行为的非法化，组织和个人的腐败行为，以及狭隘的小农意识等。"王绍光等人通过对 20 多个国家或地区个案的分析，呼吁要破除有关非营利组织的四个神话，这就是新现象的神话、志愿的神话、独立的神话、圣洁的神话。他认为："近十几年里出现的一个新趋势是非营利、非政府组织变得越来越专业化。……专业化的一个后果是，这些组织的工作人员不再是全身心投入的志愿者，而是把自己仅仅当作一个职业的受薪人。失去了对非营利事业的热爱，专业人员要么流动性很高，一有机会就另择高枝；要么惰性很强，有可能将非营利组织官僚化。看来，'志愿失灵'在各国是一种普遍现象，有差别也是程度上的差别。"（王绍光，1999：424~425）比如，在我国，按照基金会管理的有关条文要求汇集相关条件成立基金会并非难事。但是，不少从政府和市场部门转行而来的基金会管理人在基金会开始运行之后才发现非营利领域并非乐土，他们一时难以摆脱行政指令和市场运作的原则，对非营利原则视而不见，说而不练，导致社会组织自律意识和机制缺失，表现为决策层（董事会）、执行层（秘书长）、监事会设置不健全，或者董事长与秘书长一人挑，或者理事会与监事会重合，组织缺乏内部制衡和监督，造成内部人成为事实上的决策者和组织活动的最大受益者。内部运行的混乱使不少基金会出现了财务管理问题：资金混同管理、捐赠收入与基金会本金不分、捐赠收入不按照其来源与使用目的进行分类、收入和善款使用不透明等。由此导致的诚信问题严重影响了基金会的公信力。

王绍光（1999：425）还指出，三个所谓"部门"之间的界限并不清楚。转型国家更是如此，如曾经家喻户晓的全国牙防组其实是国家卫生部系统的一个非独立法人部门，却打着权威中介评估机构的牌子在市场活动，长达20年游离于各方监管之外，甚至还操纵成立了具有独立法人资格的基金会。在发展期，因为新生的基金会大量涌现，如同一个个呱呱坠地的婴儿嗷嗷待哺，政府监管力度自然放松减弱，如中国牙防基金会2005年在公益事业上的支出仅占上年度总收入的17.3%（《基金会管理条例》第二十九条规定：公募基金会每年用于从事章程规定的公益事业支出不得低于上一年总收入的70%）的情况下年检依然为"基本合格"。但实际上，政府主管部门亦感无奈，如果真正按照条例标准去监管，一半以上的基金会当年过不了年检关（国家民政部民间组织管理局，2005）。

志愿失灵不是依靠社会部门的力量就可以消除的，它是非营利组织的固有缺陷，需要政府、市场、社会等部门共同防范，通过制度规范行为，共同抑制。

（三）新的垄断和赢者通吃

2012年12月，为应对"郭美美事件"的不良影响，在未经过任何公开遴选甚至社会听证的必要程序下，仅由中国红十字总会邀请，16名具有"深厚专业背景、广泛社会影响、热心公益事业"的知名人士和志愿者代表组成了中国红十字会社会监督委员会。委员的任职条件和上任过程被简单描述为"所有委员和中国红十字会均无隶属关系，也不从红会领取任何形式的报酬"。是月，中国红十字会社会监督委员会成立大会暨第一次会议在北京召开，会上讨论了《中国红十字会社会监督委员会章程》，并听取了中国红十字会关于2012年财务收支、组织能力评估、冠名红十字（会）医疗机构整顿、信息化建设、核心项目执行、志愿服务工作等专题工作报告。此信息一出，再度引起舆论哗然。

社会监督委员会的人员组成及产生规则引起了广泛的质疑：一个社会监督的委员会竟然可以不经社会公开讨论而私下产生，甚至连公示程序都没有就走马上任，在现代公益史中实属罕见。随即，来自媒体和公众的真正社会监督指出，超过半数以上的委员与红十字会存在名利交换关系，有的正执行着总会的发包项目，有的早就身兼总会相关机构的理事，有的担任着总会的付费咨询顾问，等等。

本文认为，中国红十字会邀请成立的所谓社会监督委员会已经构成我国社会领域重大事件，该事件反映出的问题的严重性与"郭美美事件"相比，有过之而无不及。"郭美美事件"可以说是一个"无知少女"触动的我国公益与商业合作的一个不成熟试验；而"社会监督委员会事件"实质是公益界的名宿、知名学者、法律专家等集体蔑视社会监督的公开、透明、利益冲突等原则而自以为是的赢家通吃。这两个事件的现实意义在于，前者反映出我国目前的人道与慈善事业还远不够透明、独立，而后者则揭示了不透明、不独立的深刻根源。平时一直高呼改革、谆谆告诫业界要公开、透明、独立的先知先导们，到了自己坐庄时却做不到公开、透明和独立。委员们不尊重业界基本规则还表现在选择性理解业界规则。在受到广泛质疑后，社会监督委员会于 2013 年 6 月 9 日召开中期会议，做出了不同意存在利益冲突委员辞职的决定，理由是这样辞职是对红十字会改革发展不负责任。这说明改革确实存在"自己例外"的死结。如果改革只能改别人，不能改自己；或者说改革只是换一群人掌握权力，或者只是简单地把公众的权力聚集在几个人手里，那么，改革永远不会成功。

社会监督委员会的这种行为是典型的赢家通吃效应。赢家通吃（Winner-Take-All）最初的定义是指市场竞争的最后胜利者获得所有的或绝大部分的市场份额，或者指美国除缅因州和内布拉斯加州之外其余四十八州采取的选举制度，某一政党候选人在该州获得的票数高于对手，即可获得该州所有的选举人团票。赢家通吃效益现在已经渗透到经济社会众多层面。形成"赢家通吃"的原因在于信息存在"锁定"效应。由于信息处理与传播网络日新月异，那些占据高位的才智之士握有的筹码日益增长，留给他人的空间相对越来越小。赢家最终破坏了原有公认的市场社会规则，甚至认为自己就是规则的制定者。在我国人道与慈善界，已经形成了罗伯特·法兰克等人所言的赢家通吃的精英市场："一流的画家和雕塑家、有通天本事并可让犯罪集团老大逍遥法外的律师、特别擅长寻找矿源的地质学家，都包括在这类市场之中。"（法兰克、库克，1998：34~35）精英们聚集在一起，形成多寡头联合垄断，即可恣意制定所谓的行业新规则。中国红十字会社会监督委员会在自身没有任何合法性的前提下[1]，还能开展监督活动、举办新闻发布会，被中央媒体播发，正是得益于这种赢家通吃效应，其中不仅有与红十字执委会达成默契的共谋，也有行政公权力的影响，本质上属于中国的官本文化使然。俞可平（2013）认为："官本主义才是一种客观现实，是数千年中国传统社会的实际形态。"社会监督委员会委员们拥有的行政级别，完全可以与红十字总会执委会官员的行政级别相匹敌，客观上形成了俞可平（2013）描述的"权力大，学问和道德也高"的权威，而有了这种官本权威，就可以左右信息，将公众支开，不遵守公开透明和独立原则，甚至按照利己原则自己解释公认的规则，因为他们算定"官本主义不仅有其长期存在的政治经济和文化基础，而且也必定有切合国民性的合理因素"（俞可平，2013）。

---

[1] 事后红十字总会声明：社会监督委员会和红总会没有任何内部授权与隶属关系；在外部，社会监督委员会也没有得到任何行政主管部门的批准并登记注册。所以，社会监督委员会不是一个合法机构。——作者注

但是，俞可平（2013）的论述给出了最后的判断："民主和法治是破解官本主义的惟一途径"，在本案中，所谓民主，就是公开、透明、独立、公众参与；所谓法治，就是要遵守国际红十字运动的一般理念、原则、公约和法规。中国红十字会试图用社会监督委员会来统领或代替社会监督，实质上是排斥了社会各界的独立监督，并不是一个良好的制度设计。

如果不是致力于法治，而是流于少数人垄断或者换新人掌权的形式，改革者将复辟赢家通吃的旧体制，社会部门的失信将成为一种制度痼疾。

二　诚信建设：从自律到法律

（一）社会部门的自律和互律

社会组织的自律指的是内部的自我约束。一般说来，内部监督机制的实施要依靠某种上下级关系，或者说资源配置方面的权力，因而具有某种程度的强制性。社会组织的自律主要包括三个层次：第一层次是道德伦理的约束。任何一个社会组织，特别是有一定影响的社会组织都有用以约束自己成员（董事、员工）的行为标准和道德标准，包括非营利的伦理守则，比如利益回避制度、谢绝收受贵重职务礼品，使用价格适中的交通工具和旅行住所等。

第二层次是组织结构和管理体制的约束。社会组织的理事会、执行委员会和监事会的内部分工治理体制，民主决策和验收评估机制都体现了自律的要求。第三层次是组织的章程和制度。社会组织的自律体现于组织章程中。组织的章程往往会明确交代组织的自律标准，以保障组织运作的透明和公开。社会组织的财务制度、人事制度、项目管理制度以及内部审计、监督等具体管理制度都是组织自律的重要载体。自律制度不是口耳相传的组织文化，而是组织重要的书面文本。

自律是每一个成功的社会组织必须完成的成长第一课。如成立于1981年7月的中国儿童少年基金会是我国第一家慈善基金会。该会在实施"春蕾计划""安康计划"时，提出了"资金募集透明、资金管理透明、资金资助透明、基金增值透明"的原则，制定了与之配套的规章制度，并邀请国际知名的安永华明会计师事务所加以审计监督（陈慕华，2003）。可以说，为提高社会组织的公信力，即社会信任，以筹款机制基金会为首的广大社会组织都在努力构建适合组织发展的自律文本。

社会部门的互律机制是指同行业的社会组织互相约束，是一种行业性自律①，以督促每一个社会组织实现自律。在任何历史时期，任何领域都不是一片净土。我国社会部门在国家大转轨时期孕育发展，先驱者们对自身缺陷十分清楚，所以十分注重利用行业互律机制来提高社会部门的公信力。商玉生、朱传一认为，基金会和其他非营利组织的诚信机制可以分为行业互律、组织自律和来自专业评估的他律（商玉生、朱传一，2001；朱传一，2004）。行业互律即社会组织的行业性协会协调对外行动和实施内部惩罚，实质是同行业的社会组织相互监督。它与政府管理相比，效率标准更高，管理境界更理想；与社会监督相比，具有较高的组织化、制度化程度，强制性和约束作用较强。在西方实践中，行业互律主要采取以下形式：（1）行业认可制，即行业协会承认某个社会组织为其成员，从而促使社会组织遵循行业规制。行业规制又称私下规制（privateregulation），指的是行业协会对成员组织制定的可操作的工作标准和要求。（2）行业赞许制，即行业协会根据行业特点和特定的标准对组织成员进行评估、排序并对成就卓越者进行表彰。

我国社会部门的互律行动发端于 20 世纪 90 年代，业内开始对建立行业互律机制进行探索。

互律机制的核心是构建并推展社会部门的诚信标准，即诚信文本的建构。从组织行为学角度看，社会部门的诚信是相关机构通过内部治理，在外部监督下将法律和社会规范逐步内化为机构自律的意识和行为的过程。它需要一个行业认可并遵守的诚信标准的文本。经过中国扶贫基金会、中国青少年发展基金会、爱德基金会、南都公益基金会、NPO 信息咨询中心、上海浦东非营利组织发展中心、友成企业家扶贫基金会、自然之友、地球村、农家女等一批著名非营利组织的持续不懈努力，《中国公益性非营利组织自律准则》（以下简称《准则》）于 2008 年 4 月发布。这是继民政部实施《民间组织评估工作管理办法》之后，中国非营利组织在"自愿、自律、自救"共识下的一次集体行动。《准则》依据我国现有非营利组织的法律法规，借鉴了欧美、亚洲其他国家 NPO 的自律准则和公信力标准，征求了各类公益性民间机构的意见，共 80 多个指标条款。内容包括使命、利益冲突、内部治理、筹资、财务、项目、人员、非营利组织间的协作关系、信息公开九个方面。在九大标准下，还分设了二级、三级指标，以增加评估过程及结果的客观性和公正性。

---

① 我国业内已经习惯称同行监督为"行业自律"，笔者认为，自律是社会组织的个体行为，同行监督实质为行业成员间相互监督，应称为"行业互律"。

当然，需要在试评估的基础上对该准则进行修订，以确保互律准则符合中国社会组织，特别是基金会的实际要求。自律和互律行动有待得到非营利组织领导人、业内专家、相关学者、政府主管部门官员、捐赠者以及广大公众的理解、支持和共同努力。

（二）法律规制及其困境

不管自律还是他律，法律规制才是根本的保证，因为真正承担诚信责任的主体是基金会的理事会，而理事会的组成和职责是法律规定的。几乎在任何国家，法律都要求非营利组织设立理事会，理事会对组织、政府和社会承担着法律和道德上的双重责任。对整个社会而言，自律和诚信的形成最终有赖于法制的监督与约束。许多国家的实践证明，NPO 的自律性条款对诚信是有效的，在某些情况下甚至比法律更有效。但更为全面的观点应该是，法律促使了自律和他律的统一，是个体自律、行业互律和他律的根本保证。国际上关于 NPO 自律的分析也表明，越是法制健全的国家和地区，其社会部门的自律越有效，诚信水平也越高。

在业界探索个体自律、行业互律的同时，我国关于基金会和非营利组织发展的法律文本建构也同步取得进展。从 1988 年《基金会管理办法》出台，对基金会的管理开始走上了正轨。随后，中国人民银行通过《关于进一步加强基金会管理的通知》（银发 1995〔97〕号）以及《基金会稽核暂行规定》（银发〔1990〕216 号）等措施加强对基金会的规制。1999 年国家税务总局《关于基金会应税收入问题的通知》》（国税发〔1999〕24 号）对基金会"购买股票、债券（国库券除外）等有价证券所取得的收入和其他收入，应并入应纳企业所得税应税收入总额，照章征收企业所得税"做了规定。1999 年全国人大常委会通过的《公益事业捐赠法》对基金会的法人性质、接受捐赠的合法性以及对相关财产的使用、增值、信息公布等做了具体规定。这些法规对引导发展初期的基金会走向诚信发挥了积极作用。

2004 年发布的《基金会管理条例》《民间非营利组织会计制度》，以及 2006 年 1 月开始实施的《基金会年度检查办法》《基金会信息公布办法》等将我国基金会的诚信建设带入了新的法制化阶段。

我国社会组织发展所需的法律规制总体尚处于困境之中。社会组织生存所依赖的《社会团体登记管理条例》（1998）、《民办非企业单位登记管理暂行条例》（1998）和《基金会管理条例》（2004）立法层次较低，而且制定或修订时间都较早，已经不能适应实践发展的需要。例如，按照三部条例的规定，我国社会组织被划分为社会团体、基金会和民办非企业单位三种类型，其中基金会亦取得社会团体法人地位。而从国际背景看来，基金会和民办非企业单位应属于欧陆法系中的财团法人或者英美法系中的公益法人，二者都可以依法享受税收减免优惠。但我国现行的《民法通则》只承认企业、机关、事业单位和社会团体四种法人类型，造成基金会和民办非企业单位法人身份的困境。不恰当的法人地位给基金会等社会组织带来了税收减免等方面的问题，如国家税务总局 2009 年要求基金会把捐赠收入并入应税所得计缴 2008 年度企业所得税。该举措引发中国青少年发展基金会等五家基金会联名上书，认为自己都是在民政部注册的国家级基金会，完全符合《基金会管理办法》关于捐赠收入和存款利息均不缴纳所得税的规定。问题的焦点是条例层次较低，不能对财政部、税务总局产生规制力。

合法化困境还表现在国家法律规定和现行管理体制之间的冲突所带来的相关社会组织的行动困惑。例如，《中华人民共和国红十字会法》第八条规定："县级以上按行政区域建立地方各级红十字会，根据实际工作需要配备专职工作人员。"而国务院委托民政部门负责全国社会组织的登记注册和相关事务的管理工作。各级红十字会依法成立，本不需要再到民政部门登记注册。但实际情况是，没有登记注册的各级红十字会不能从民政部门得到正常业务所必需的免税会员缴费票据和接受捐赠票据，正常的业务受到人为制度冲突所带来的限制。

（三）失信是一种制度失灵恶性循环的结果

法律体系的不健全直接导致了现实中大部分社会组织主体地位的缺失。一方面，大部分社会团体在业务上接受政府相关部门的领导，部分从机关法人转变而来的社团法人甚至保留着"二政府"的性质，但它们既不能像政府一样发号施令，也没能真正成为社会领域的行动主体。另一方面，基金会和民办非企业单位在政治地位、经济地位和社会地位各方面难以和民法赋予身份的政府机关、企业单位和事业单位相抗衡，主体地位缺失明显，甚至被"婢女化"。例如 2010 年 7月由民政部、发改委、监察部、财政部、审计署联合下发的《青海玉树地震抗震救灾捐赠资金管理使用实施办法》，要求各捐赠接收机构将捐赠资金全部拨付到青海省，由青海省统筹安排用于恢复重建。该通知的出发点无可非议，但在形式上完全无视公益法则，对各大慈善机构的独立法人地位以及它们与捐赠人和玉树灾区已经签订的各类捐助协议缺乏足够的尊重。

合法化困境和主体地位的不明确，一方面导致社会组织遭遇资源短缺、人才匮乏、能力脆弱、公信力差等诸多问题；另一方面也造成主管部门的服务不足。

在现代社会里，社会组织和政府组织、企业组织在同一池塘里共享经济、人才等各类资源。但社会组织的合法化困境和主体地位的不明确造成了社会组织竞争的弱势，在总体上阻碍了各类资源和人才的流入。社会组织一方面在登记管理、财政税收制度、劳动人事制度方面受到限制而导致资源获取、人才储备、技术提升等方面的能力不足；另一方面在信息披露、监测评估、奖励和惩罚等方面措施不力又使得社会组织出现公众不认可、自我毁誉等方面的公信力缺失。在现实中，社会组织发展普遍面临场所和设施短缺、财务困难、服务定位不清、决策管理以及服务技术落后、专业人才缺乏等具体问题。

合法化困境和主体性缺失还带来政府主管模式的迷茫和服务不足。不少主管单位对社会组织发展放任自流，缺乏有效的指导和管理。我国对社会组织专职工作人员工资福利、职称评定、档案管理等方面没有具体规定，对社会组织的财政扶持政策、税收优惠政策、审计监管政策等方面也缺乏有效规制。比如，财务制度对非营利性的界定不清晰，税收制度对民办非企业单位大多参照企业标准执行，审计制度也是沿用企业和事业单位审计模式，等等，这些都阻碍了主管部门采取积极行动。政府基层登记管理机关自身力量也严重不足，我国大部分县没有社会组织管理专门机构，专职工作人员普遍缺乏，甚至难以提供基本的管理服务。

社会部门的脆弱、公信力差以及政府服务的不足，反过来又加深了社会组织主体地位的缺失和法律保护的不足，从而形成一种制度失灵的恶性循环。

三 他律和社会问责

在中文语境中，公信力指社会组织得到社会信任的大小，诚信则指社会组织的内在品格是否诚实可信，而问责则是指社会组织因失信而应有的责任担当。所以，自律、互律行动旨在促进社会部门公信力的提高，而诚信与问责是行动的具体内涵和防范措施。

（一）社会问责的内涵与目标

问责与社会部门资源筹集和使用的过程、效果紧密相关。传统的问责仅限于科层组织结构中的上、下级的问责关系，即休斯（Hughes，1998：2）所讲的"科层（或管理）问责"。这是一种基于组织自律的内部问责。在更多环境下，社会部门的问责指现代意义上的广义问责，问责内涵因为资源的开放性而扩展到社会信任与社会影响，表现为社会组织的内部问责和外部问责的结合。

社会问责（Social Accountability）不同于组织内部的责任追究。卡恩斯（Kearns，1996）认为问责不仅是指组织内部的命令链条关系所定义的责任，还包括外部公众、新闻媒体、同行、捐助者，以及其他的利益相关人的响应。除此之外，社会问责还表现为专业机构第三方的独立评估，如美国称之为"看门狗"的一类NPO，其工作任务就是监督其他NPO的活动，对其加以评估、找瑕疵，对被评估者施加他律的影响。在卡恩斯眼里，社会问责主要是一种他律机制。

在问责的具体内容上，国外慈善组织的社会问责最初表现为根据税法条款或定期报告格式要求所做的监督审查，可以视为政府或者国家对慈善组织的问责。福利社会化以后，国家、市场和社会在行动上都成为慈善组织的捐助者，慈善组织成为混合福利的主要供应者之一，社会组织的结构和功能前所未有地丰富化和扩大化。因此，对基金会等慈善组织的社会问责包含了更多方面的目标和内容。维尔（Ware，1989）提出了非营利组织七项社会问责目标：确保服务的提供；保障捐助者的利益；保护服务对象的利益；保障组织员工的利益；在政府提供资助时，保证其效益的达成；维护公平竞争的环境，保障与非营利组织相互竞争的私营机构的利益；保护政府部门不受非营利组织过度的政治影响。

从慈善组织社会问责的目标来看，罗彻斯特（Rochester，1995）认为慈善组织问责内容可涵盖：适当运用资金的财务问责，遵守适当程序与规则的过程问责，确保工作质量与行动效果的计划问责，以及重视工作相关性与适当性的优先性问责。

从慈善组织利益相关者来看，慈善组织社会问责内容可从四个方面来划分：以捐助为主的问责，由第三方独立进行的问责（第三方通常是具有法定权威的中介机构或组织），政府监督，慈善组织自律。其中，政府在慈善组织社会问责中担任着十分重要的角色。例如在美国，联邦政府本身有权授予非营利部门免税权，而且其是执行税收的权威机构，对非营利部门的生存起着决定作用。美国国家税务局（IRS）内设一个部门"受雇者计划及免税部"，负责包括慈善机构在内的所有免税待遇机构的各个法律的管理实施。

从慈善组织内外结构来看，慈善组织社会问责内容还可从两个方面来划分：慈善组织内部社会问责包括，慈善组织的目标是否明确，慈善治理结构是否健全，慈善组织的财务是否健全和透明等。慈善组织外部社会问责包括，慈善组织对其使用的公共资源的流向及其使用效果的社会交代，慈善组织的有关信息是否进行了必要的、准确的披露，等等。

（二）社会问责：从评估切入

在国外，评估是非营利组织社会问责最常用的方法之一，尤其是北美的慈善机构对评估情有独钟而且屡试不爽。美国等国家的慈善机构在实践中形成了一系列问责的评估指标，如 NCIB 慈善组织行为标准。此项评估指标由美国慈善信息局（NCIB）主持开发，目的在于通过评估为捐赠者提供慈善组织诚信与问责的相关信息。NCIB 制定的慈善组织行为准则包括健全的治理结构、政策与方案细则。而且，随着美国法律、税务、财会制度的变化以及专家和捐赠者的建议，这些标准也在不断修改和完善。慈善组织接受此项审核后，得到"完全符合规范"或"未完全符合规范"的评鉴结果。所有慈善组织名单和评估结果通过定期刊物及网站（http：//www. give. org）公布，以引导企业和社会捐赠，规范慈善组织的社会行为，提升慈善组织的公信力。国家基金募集协会（The National Society of Fund-Raising Executives）是美国募集基金行业的社区民间组织，它为该行业的组织制定了统一的道德规范与原则，要求所有同行会员遵守，并对违规的成员给予相应的处罚。杜拉克基金会开发了一套非营利机构自我评估的指标（The Drucker Foundation self-assessment tool for non-profit organizations）。该指标由杜拉克和罗瑟姆（Drucker & Rossum）提出，以回答五个关键和基本的问题（使命是什么？顾客是谁？什么是顾客认定的价值？我们的成果为何？计划为何？每一问题包含了一些子问题）来建立自身的评估指标。2006 年 4 月，由全国慈善信息局与更好事务局委员会（Council of Better Business Bureaus，CBBB）等机构合并成的新机构"BBB 明智捐赠联盟"（BBB wise giving alliance）发布了该联盟的慈善诚信标准，以取代各不相同的国家慈善组织信息局标准、BBB 自身基金会委员会标准及其下属的各机构合并时产生的捐助咨询服务机构的标准。制定 BBB 明智捐赠联盟的慈善诚信标准是为了帮助捐赠者做出合理的捐赠决策，并培养公众对慈善组织的信心。此标准力求鼓励公平诚实的劝募、提倡慈善组织的道德诚信并争取对慈善事业的支持。贯穿 BBB 明智捐赠联盟慈善诚信标准的一条首要原则就是在劝募当时和劝募之后向捐赠者和潜在的捐赠者保持完全公开状态。不过，在保持信息公开之上，该标准也向各组织推荐更多的道德行为，以保证公众的信心，鼓励他们进行捐赠。作为一种志愿性的标准，该标准也超越了地方、州和联邦法律法规的要求（BBB 明智捐赠联盟，2013）。评估对美国基金会的诚信发展发挥了独特的作用。

但是，日本的经验表明，评估不是万能的。虽然日本 NPO 界的评估风潮方兴未艾，但是并没能在根本上提高整个非营利部门的公信力，究其原因，主要有以下几点：第一，评估的目的不明确。很多评估项目的初衷就是为了评估而评估，一些"评估顾问"和研究人员在评估体系和手法上花了很多心血，而作为被评估对象的 NPO 却没有太大的热情。第二，参与评估的人员组成单一，没有能够起到联系 NPO、支持者和服务对象之间的桥梁作用。第三，评估的标准不适应 NPO 的多样性以及服务内容和对象的复杂性。第四，评估的结果没有被重视和利用（李凡，2013）。所以，在不同的社会体制中，评估的切入对基金会发展的作用方式和意义可能不尽相同。在我国，可以通过实践对评估的意义和作用进行探讨，寻找适宜我国实际的评估方式和方法，不断提高评估的效率。

（三）我国社会部门的问责体系

问责对中国社会部门的发展特别重要。资中筠（2011）认为，由于当前中国市场经济的法治不完善，结构性的腐败渗透到各个领域，再加以在新旧交替中社会价值观失范，造成全社会的诚信缺失。2004 年 6 月 1 日开始实施的《基金会管理条例》针对此类弊病制定了相应的条款，对基金会的管理制度、人员资格、透明度等做出了明确的要求，如果这些规定都能得到执行，行业现状将有较大改善。但是在目前的中国，执法问题比立法更重要，基金会并不是孤立于整个社会的。因此，为保证各项法规得到贯彻，还需要健全可行的监督机制。财政部 2004 年 8 月颁布了《民间非营利组织会计制度》，于 2005 年 1 月开始执行。新的会计制度吸收了欧美的经验，并根据中国国情加以改进。这是一项重要的发展，大大有利于非营利组织改进管理、加强可问责性和财务的透明度，并有助于政府和公众的监督（资中筠，2011）。我国的慈善事业和基金会的发展刚刚从恢复中开始发展，建立社会问责机制，一方面可以为捐助人提供信息服务；另一方面可以促进慈善组织自身的建设，提高组织的公信力。

2006 年 1 月 12 日公布并开始执行的《基金会年度检查办法》和《基金会信息公布办法》为我国基金会社会问责的合法性提供了法律依据，也为确定我国基金会社会问责的目标和内容提供了指引。实际上，根据国际经验，非营利组织的社会问责是多层次的体系，如美国主要从政府的监督、独立的第三方评估、非营利组织的同行互律、媒体与公众的监督与评估、非营利组织的自律五个方面对慈善机构实施评估和问责（邓国胜，2001：83~98）。实际上，参照美国等国外非营利机构的问责体系，我国可以从自律、互律、他律、法律四个层次构建基金会的社会问责体系，参见表1。

表1　我国社会部门问责体系构建

层次（性质）	参照系（美国）	主要内容（我国）	方式
层次一：自律	自律多种形式：一是通过组织内部的治理结构，如设立监事会和专职的监督员等；二是通过制定各种规章制度，如筹款管理制度、办事程序等预防违规行为；三是通过组织的信念、使命促进成员的自律	完善组织内部的治理结构，如设立监事会或监事，对基金会的运行进行监督；制定各种规章制度，如筹款管理制度、办事程序等预防失信行为；强化组织信念和使命，将相关法律、他律、互律内容内化为自身的自觉行动	自我监督
层次二：互律	各大基金会负责人成立了美国基金会理事会（Foundation Council of America），制定本行业的互律条款，每个会员组织必须遵守这些规范	由基金会成立相应的联合会、协会和行业性社团并制定共同遵守的道德标准和行为规范，以维护会员共同的社会形象	行业监督
层次三：他律	慈善组织领导人自发组织成立慈善信息监督机构，对慈善组织的非营利性进行评估；公众通过一些政府部门、评估机构和非营利组织自身设有的投诉热线和网站对非营利组织进行监督	逐步建立和完善慈善信息系统，由独立机构分析与评估；强化基金会信息披露，保障捐赠人和媒体的监督权，形成良好的媒体和公众监督	独立第三方评估、媒体与公众监督
层次四：法律	税法501（C）（3）规定的条件；对为私人目的或利益服务的行为将采取"中间制裁"（intermediate sanctions）；对每一项"额外受益交易"（excess benefit transaction）的渎职人员将强制征税和罚款	在《基金会管理条例》的基础上逐步建构基金会运行的法律规制；对基金会的法人性质、内部治理、收入和支出、接受捐赠的原则与规范、财产处置、信息公开等进行全面规制	登记、年检、撤销

资料来源：笔者制表。

　　首先是自律问责。非营利组织的自律有多种形式。一是完善组织内部的治理结构，如设立监事会或监事，对基金会的运行进行监督；二是通过制定各种规章制度，如筹款管理制度、办事程序等预防失信行为；三是强化组织信念和使命，并将相关法律、他律、互律内容内化为自身的自觉行动。

　　其次是互律问责。由基金会成立相应的联合会、协会和行业性社团并制定共同遵守的道德标准和行为规范，以维护会员共同的社会形象。

　　再次是他律问责。逐步建立和完善慈善信息系统，由独立机构分析与评估；强化基金会信息披露，保障捐赠人和媒体的监督权，形成良好的媒体和公众监督。

最后是法律问责。在《基金会管理条例》的基础上逐步建构和完善基金会运行的法律规制；对社会部门的法人性质、内部治理、收入和支出、接受捐赠的原则与规范、财产处置、信息公开等进行全面规制，坚决纠正和惩处不合法行为。

讨论和小结

中国社会部门发展迟缓且步履维艰是公认的事实，究其原因，有制度环境的问题、资源的问题，也有能力和诚信的问题。虽然非营利组织生存和发展在很大程度上有赖于资源的获取，并且资源和能力结合能够创造非凡价值，但保护组织立于不败之地的，只能是诚信（顾晓今，2005）。

诚信是公益机构再建构的核心内容之一。诚信建设始于社会部门的自律和互律，但归结于国家的法律文本。社会部门的发展需要法制保障，包括根据《宪法》规定的公民"结社自由"的精神，颁布《结社法》；进一步完善《民法通则》等上位法关于法人的分类，增加公益法人或者财团法人类别，以适应不同种类社会组织发展在法律上定位的迫切需要；在国务院三个条例的基础上直接制订《社会组织促进法》，对社会组织的法律地位、主体资格、登记成立、活动原则、经费来源、税收待遇、监督管理、内部自律等做出明确的规定；《社会组织促进法》和正待制订或审定的诸如《社会救助法》《慈善事业法》《志愿服务法》《社会工作者条例》《社会保障法》等社会领域法规应当相互衔接，相互应对；同时对《工会法》《中国红十字会法》《公益事业捐赠法》等带有较重计划经济时代规制特征的文本进行相应修订，以形成我国统一的社会发展领域的法规体系，为社会部门的再建构提供最根本的法规基础。

参考文献

爱默森，2004，《美国 NPO 综述及其公信力》，NPO 信息咨询中心编《NPO 探索》第一卷，北京：华夏出版社。

白晓威，2008，《国外四大慈善组织毁誉事件》，《公益时报》6 月 27 日。

陈慕华，2003，《贯彻"三个代表"思想，做好社会公益事业》，《人民日报》6 月 26 日。

邓国胜，2001，《非营利组织评估》，北京：社会科学文献出版社。

法兰克、库克，1998，《赢家通吃的社会》，席玉苹译，海口：海南出版社。

凤凰网，2012，《郭美美事件持续发酵：红十字会陷信任危机》，http：//news.ifeng.com/society/special/guomeimei/。

顾晓今，2005，《中国青基会治理之路》，《中国青基会通讯》第 12 期。

国家民政部民间组织管理局，2005，《2005 年度全国性基金会年度报告》。

李凡，2013，《（日本）民间非营利部门的问责性（accountability）和政府监管》，环球协力社，http：//www. glinet. org/standard. asp？id＝647。

罗伟清（编译），2003，《美国联合劝募会丑闻》，NPO 信息咨询中心编《NPO 探索》（内部资料），试刊号，NPO 信息咨询中心。

秦晖，1999，《政府与企业以外的现代化：中西公益事业史比较研究》，杭州：浙江人民出版社。

商玉生、朱传一，2001，《中国民间公益组织自律与联合互律之路》，恩玖信息咨询中心编：《研究报告专刊》（内部资料），十三（1），11 月。

王绍光，1999，《多元与统一——第三部门国际比较研究》，杭州：浙江人民出版社。

新华网，2005，《新加坡 2005 年 7 月 14 日电：新头号慈善机构曝出腐败丑闻机构主席引咎辞职》，7 月 15 日，http：//news. xinhuanet. com/world/2005 - 07/15/content_ 3222692. htm。

——，2007，《新华时评：监管"黑洞"导致基金会乱相》，北京 2007 年 6 月 14 日电。

俞可平，2013，《什么造成社会的官本文化》，《大学问》，凤凰网，5 月 31 日第 053 期（http：//news. ifeng. com/exclusive/lecture/special/yuukeping/）。

赵黎青，1998，《非政府组织与可持续发展》，北京：经济科学出版社。

中国人民银行，1995，《关于进一步加强基金会管理的通知》，银发〔1995〕97 号。

中国人民银行，1997，《关于对全国地方性基金会现场稽核情况的报告》（上报国务院），银发〔1997〕487 号。

朱传一，2004，《中国民间公益组织自律与互律之路》，《学会》第 12 期。

资中筠，2011，《财富的归宿：美国现代公益基金会述评》，北京：生活·读书·新知三联书店。

BBB 明智捐赠联盟，2013，《Charity Accountability Standards》，http：//www. bbb. org/us/Standards - Charity/。

Hughes，Owen E. ，1998，*Public Management and Administration*（Second Edition）. St. Martin's Press，Inc.

Kearns，K. P. ，1996，*Managing for accountability*：*preserving the public trust in public and nonprofit organizations.* San Francisco，CA：Jossey-Bass.

Rochester，C. ，1995，"Voluntary agencies and accountability"，in J. D. Smith，C. Rochester and R. Hedley（eds. ），*An introduction to the voluntary sector.* New York：Rutledge.

Salamon，Lester M. ，1987，"Partners in Public Services：The Scope and Theory of Government Nonprofit Relations"，in Powel，W. W. （ed. ），*The Nonprofit Sector：A Research Handbook.* New Haven：Yale University Press.

Ware，A. ，1989，*Between profit and state：intermediate organizations in Britain and the United States.* Cambridge／Oxford：Policy Press in association with Basil Blackwell.

（作者单位：中国社会科学院社会发展战略研究院）

结构的社会学分析

——综述与思考

许 博

摘要 结构的社会学分析，是以组成社会整体的各部分的搭配和安排为研究核心的社会学。其理论的切入点是对社会结构进行详尽周全的分析，刻画正在运行的社会结构的脉络，阐明社会事实的因果关系。首先，社会结构是整个方法的逻辑起点。社会结构是指角色丛、地位丛和地位序列的模式化排列以及附着于它们之上可供使用的制度与资源。其次，结构分析是一种综合研究视角，是对传统功能学派与冲突学派的糅合。即结构分析既要寻找出有助于维系社会稳定的结构安排，亦要从社会结构中找寻社会冲突、失范与社会变迁的结构根源。在结构的视角里，矛盾是绝对的，均衡是相对的。再次，结构分析的研究是价值中立的。通过研究结构构成的状况来审视结构对社会的运行，尤其是对社会变迁的作用，进而对当前结构进行评价，利用功能的观点对当前的社会结构做出不带价值色彩的评判，是结构的社会学分析目的所在。

关键词 社会结构 角色丛 地位丛 制度结构 规范结构

一 结构的社会学分析由来

什么是结构的社会学分析？结构一词，汉语词典将其释义为"组成整体的各部分的搭配和安排"。在社会学中，从经典社会学家到现代功能主义者以及当代的许多社会科学家，都极为重视对社会结构的研究，把社会结构作为一个重要的社会学概念。斯梅尔瑟曾指出：社会结构概念居于社会学研究的最核心之处（N. J. Smelser，1988：103）。结构的社会学分析的核心就在于对社会结构进行分析。虽然社会结构一词早已滥觞于社会学作品当中，但却鲜有人对其进行认真的梳理。甚至，社会结构一词在不少情况下被含混地使用。与此同时，一些早期的社会学家并没有使用到社会结构这一概念，但他们的著作当中却蕴含了丰富的社会结构的思想。这或是因为结构本是有形物体的组合概念，而社会却不是触手可及的有形物体，因而对其进行严格的定义与直描显得尤为困难。

结构的社会学分析的发展是一个不断分化的过程。从宏观到微观，从综合到细分，从哲学思辨到具体经验，越来越具备可操作性和感官性。一直以来，有关社会结构概念的一个重要歧义就是这些概念的实质性焦点不同：其主要的兴趣究竟是对群体内的人际关系进行微观社会学分析，还是对社会各个部分间的关系进行宏观社会学分析。如默顿等角色互动论者认为，结构是指进行互动的行动者相互之间关系上的规律性，在互动中，人们会依照自己相对他人所处的地位来行动。结构可以安排人们相对他人所能采取的行动（查农，2009：50）。它被概化为存在于个人之间的社会关系的轮廓或网络。功能主义者认为系统之间的关系即为社会结构，结构所体现的是构成要素之间的稳定关系或有序排列。在帕森斯的框架里，这些部分就是制度系统，它们在功能上是相互依赖（interdependent）的；也有如齐美尔等学者指出，社会结构是社会存在的一般形式，而非具体内容（林聚任，2010：200）。

默顿认为，在社会学中，社会结构是在不相同的层次上使用的，即它既可用以说明微观的社会互动关系模式，也可用以说明宏观的社会关系模式。也就是说，从社会角色到整个社会，都存在着结构关系。

默顿将结构从纵向上分为微观、中观与宏观三个层次的理论。

一是社会角色层次的结构（微观结构），即最基本的社会关系是社会角色关系。角色常常不是单一的、孤立的，而是以角色丛的形式存在着。它所体现的是人们社会地位或身份的关系。

二是组织或群体层次的结构（中观结构），是指社会构成要素之间的关系，这种结构关系不体现在个体活动之间。如职业结构，它所反映的是人们在社会职业地位及拥有资源等方面的关系。

三是社会制度层次的结构（宏观结构），是指社会作为一个整体的宏观结构。如阶级结构，它所体现的是社会中主要利益集团之间的关系，或者是社会的制度特征（林聚任，2010：201）。

在研究社会结构时，微观社会学方法和宏观社会学方法是相辅相成的，二者并不矛盾……何者更有助于澄清既定的问题，就选择何者。微观社会学的理论以存在于人们之间的社会心理过程和互动过程为依据（这就将讨论限制在人际关系和存在于小群体内的人际关系轮廓的范围内），在深入分析人与人的关系方面占优势。宏观社会学的理论在分析整个社会的社会关系模式时占优势，但由于其研究的范围很宽，因而就难求精深。微观社会学研究更强调社会过程及其对社会关系（例如家庭内的社会关系）的影响，而宏观社会学研究则侧重于研究社会结构及其对社会关系（例如社会阶级之间的关系）的影响（布劳，1991：8~9）。

综上所论，笔者认为从横向上可将结构的社会学分析分为以下五种范式："社会有机体论"，其目的在于解释系统结构的和谐稳定，研究系统与系统之间的关系（孔德、斯宾塞、涂尔干、帕森斯）；"行动结构论"，不再将制度与资源视为外在于行动者的结构，而是个人用以开展实践的工具和结果（吉登斯、博特）；"形式结构论"，研究结构下人与人之间关系的模式化表现（涂尔干、马克思、齐美尔）；"角色关系论"，研究角色之间的关系（马克思、默顿、布劳、富永健一）；"网络学派"，研究点与节点之间的数量关系（格兰诺维特、博特）。

（一）社会有机体论

1. 孔德

孔德将社会视为有机体。他认为，社会是人类生活的有机整体。这种整体结构同它的部分与要素之间具有一种"普遍的和谐"，这种普遍的和谐根基在于人性（宋林飞，1999：10）。分析社会结构实际上就是分析社会的细胞和组织的有机组合形式，以便说明它们是怎样相互协调和维持生存的。孔德作为社会学的创始人，其关于社会结构的解释是宏观和方向性的，但他并没对社会结构进行更进一步的说明。

2. 斯宾塞

斯宾塞继承了社会有机体论的传统，在孔德的基础上做了更进一步的说明。他将社会结构理解为由支持、分配和调节系统组成的有机整体。其中，支持系统又叫营养系统，是负责给有机体各个部分提供营养的组织；分配系统，保证社会有机体的各个部分在分工基础上的联系；以国家为代表的调节系统，保证各个组成部分服从于整体。斯宾塞和孔德都提出，了解社会结构只能在经验中直接观察到，就像生物学中只能通过解剖了解生物有机体的结构一样，不能通过抽象分析和理论推论去"发现"。这种社会有机论的观点强调社会结构的整体意义，认为各种结构要素之间是相互关联的，结构和组织是分不开的，部分总是处在整体内部的相互关系之中，离开整体孤立的分析社会基本单元是没有意义的。对于个别事实不能孤立地加以考察，而必须把这些事实放到它们所组成的更大的整体范围中来考察。

3. 涂尔干

涂尔干依然继承了社会有机体论。首先，他对社会结构做了模式化区分。涂尔干将社会结构划分为"机械团结"和"有机团结"两种不同的结构类型。机械团结是建立在社会中个人之间的相同性与相似性特质的基础上形成的一种社会联系。由于人与人之间价值观、情绪感受类似，人与人之间差异甚小，社会呈现高度一致性，个人的行动总是不假思索的和集体的。其最重要的表现为人与人之间的依赖程度低，社会纽带松弛，没有形成人与人之间的有机团结。机械团结还有一个特殊的标志是"镇压的权力"，即对差别性、异质性的强制压抑。有机团结的社会就像一个具有各种器官的有机体一样，其中每个人按照社会的分工执行着某种专门的职能，是建立在社会分工与个人异质性基础上的一种社会联系。其主要特征是：个人与群体之间存在显著差异，社会的基本任务以各种曲折的方式由人们共同来完成；专门化分工发展的结果导致相互依赖性的增长。他指出："为什么个人在变得更为独立的同时，更加依赖社会了呢？他怎样能同时更有个性，又更有团结精神了呢？毫无疑问，这两种变化尽管看起来矛盾，却是平行不悖地发展的。"社会分工越细，每个人对社会的依赖就越深，每个人的行动越是专业化，其个性也就越鲜明；社会部分的个体化越鲜明，社会整体的统一性也就越大（宋林飞，1999：31～32）。

这一划分将现代社会与传统社会区别开来，阐释了社会分工导致的社会分化、人际关系的疏离、社会功能的瓦解与重构。这是社会学结构分析方法上的第一次突破，不再囿于将社会与有机体做简单的类比分析。

其次，涂尔干认为，社会结构就是社会的解剖学。他区分了社会解剖学和社会生理学，把前者作为关于社会存在方式的分析，把后者作为关于社会活动方式的分析。这种观点，把结构分析与功能分析清楚地区别开来，在这一点上，为企图把两者结合起来的结构-功能分析的观点提供了基础（富永健一，1988：19）。

再次，涂尔干看待结构的方式在很大程度上跟孔德相同，即"统计分析"的形式。但他用了孟德斯鸠的"社会形态学"概念。对涂尔干和孟德斯鸠而言，形态学的分析应把重点放在"数量""性质""部分"或"成分"的"相互关系"上（特纳，2006：431）。

最后，涂尔干也在研究方法上强调了从整体上进行研究的重要性。涂尔干发明了社会事实的概念。社会事实是指团体生活的性质中不能根据个人的活动、感觉或特征来解释的部分。这种情形，就像人类身体的性质也不能根据个别细胞的运作来解释一样。社会整体亦如生物整体，不只是各个部分的总和。由于各部分会相互作用、相互关联，所以会产生新的结构、新的性质及新的趋势（Donald Light & Suzanne Keller，1987：14-15）。这一观点非常重要，并对后来的结构学说造成了巨大的影响。因而今天，结构分析在微观层面的研究，涉及个人研究时指的是角色与角色、地位与地位之间的关系，而不是个人的关系。因为只有从角色的角度去看，个人与社会的关系才是有机的，人与人之间的关系才是互赖的，就像有机体细胞的组合产生的新的结构的性质，而不仅仅是细胞的简单堆积。

4. 帕森斯

帕森斯继承了宏观结构分析的传统。他认为，为了生存，所有社会系统必须执行下列功能。

（1）适应（Adaptation）。指确保从环境中获取足够的资源，然后在整个系统中进行分配。

（2）目标获取（Goal Attainment）。指在系统目标中建立次序级别，并调动系统的资源以实现这些目标。

（3）整合（Integration）。指合作和保持系统单位之间的相互关系。

（4）潜在模式维持（Latency pattern maintenance）。模式维持围绕两个相关的问题，模式维持和紧张的处理。模式维持指怎样确保社会系统的行动者显示合适的个性（动机、需求、角色扮演技巧等）等问题。紧张的处理则是指应付处于社会系统中的行动者的内部紧张（特纳，2006：42）。

这四种功能需求分别对应四个系统：文化系统、社会系统、人格系统与有机体系统。与此同时，这四种规范又分别对应货币、权力、影响和义务四种符号媒介（见表1）。系统的必要条件决定了系统内部和系统之间交换所需要使用的一般符号媒介的类型。在社会系统内部，"适应"将货币用作和其他三部分进行交换的媒介。"目标获取"用权力（即引致他人服从的能力）作为自己首要交换的媒介。社会系统"整合"依靠的是影响（说服他人的能力），"模式维持"则运用义务（尤其是人们的忠诚）（特纳，2006：45）。系统内部宏观结构相互交换的焦点就在于用不同的符号媒介所进行的输入-输出交换。

帕森斯的 AGIL 模式是一种对社会结构结果的评价模式，它既适用于宏观结构的评价，也适用于中观与微观结构的评价。虽然其为功能主义范畴，但有必要将其纳入结构的社会学分析的考察范围。在这一点上，我们必须赞同帕森斯的努力，即社会体系首先应当考虑的是其和谐稳定的问题。构成社会体系的宏观结构安排是否有助于实现 AGIL 模式的内容有助于对当下是否需要对宏观结构进行调

表 1 帕森斯的 AGIL 模式

履行的功能	内　　　容	媒介	实例
适应（adaptation）	确保从环境中获取足够的资源，然后在整个系统中进行分配	货币	企业、公司
目标获取（goal attainment）	在系统目标中建立次序级别，并调动系统的资源以获得这些目标	权力	政府机构
整合（integration）	合作和保持系统单位之间的相互关系	影响	法院以及与法律有关的行业
潜在模式维持（latency pattern maintenance）	包括模式维持与紧张处理。模式维持指怎样确保社会系统的行动者显示合适的个性（动机、需求、角色扮演技巧等）等为题。紧张的处理则是指应付处于社会系统中的行动者的内部紧张	义务	文化、教育、宗教组织

整的评价。其次，我们在对宏观系统进行结构分析时也要避免陷入只强调整合的 AGIL 模式。有效率的结构是有张力的，是支持打破传统和创新的，不能一味强调整合而陷入一种僵化与封闭的状态。

正如洛克伍德评价的那样，帕森斯理论的特色，一是强调共同价值元素在社会行动整合之中的重要性，二是毫无根据地假定社会稳定的研究必须优先于社会变迁的研究。帕森斯的批评者，如达伦多夫和雷克斯，强调的则是互相冲突的利益与价值，而这种取径凸显了社会变迁的问题，并将社会变迁解释为冲突群体之间力量对比的转移所导致的结果。虽然社会变迁经常与冲突有关，但反之则不尽然如此。一个社会体系中，也许蕴含着剧烈的冲突，但不必然导致任何根本的结构性变化（Lockwood，1964：245 - 249）。我们需要问的是，为何有些冲突会导致变迁，有些冲突则否？

（二）行动结构论

1. 吉登斯

在吉登斯看来，社会理论的主要缺陷之一是不能考虑社会行为的时间和空间属性（Giddens，1979：202）。因此，帕森斯的秩序和整合问题需要转变为社会系统如何把时间和空间连接在一起的问题，以及在场 - 不在场的问题。[①]

---

① 关于吉登斯对功能主义的批判，参见吉登斯，1977。

吉登斯致力于解释社会生活的特征的稳定性，行动者在社会生活中的介入造成的积极变化。①"结构两重性"概念的意义需要在这个背景中来解释，因为社会结构是始终存在的和已经存在的条件，并且始终是人的行动的结果。社会系统的结构属性是行动者完成的活动的条件和结果。因此，在时间和空间中的实践及其展开和维持的重要性是结构化理论的中心，因为该理论首先旨在正确地解释这个事实："只有当社会行为的条件长时间地在时间和空间中再现时，社会系统的结构属性才能存在。"（吉登斯，1998：31）换句话说，结构化理论的真正对象既不是社会的整体性，也不是行动者的个人经验，而是在时间和空间中完成和排列的所有社会实践（马尔图切利，2007：404～405）。因此，结构可以概化为行动者在跨越"空间"和"时间"的"互动情境中"利用的规则和资源。正是通过这些规则和资源，行动者在空间和时间中维持和再生产了结构。

吉登斯认为，结构就是以循环方式进入社会再生产的规则和资源的总和；结构是社会实践的工具和结果；也就是说，结构是实践的组成部分，反过来说，只有当行动者的实践产生结构时，结构才存在（Giddens，1979：76）。吉登斯甚至根据结构属性的嵌入深度和认可程度对此做出区分。但是，所有这些阐述都只有一个目的：彻底否定把结构看作外在于行动者的某种东西的任何概念。"在行动者对他们在日常活动中所做事情的认识之外，结构没有独立的存在。"（吉登斯，1998：76）因此，权力——作为个体干预事件进程的能力——的特殊概念是吉登斯的行动概念的基础。总之，行动者改变世界上的事件或事物的能力是构成人类实践的主要特征。该理论提出了对任何形式的体制进行监督的一种辩证法。统治集团拥有实现其任务的资源，被统治集团并没有完全丧失反抗或重新组织监督的资源。权力的系统关系是由独立和控制之间的平衡构成的（马尔图切利，2007：404～406）。

在吉登斯的结构化理论中，规则可转化为两类基本的调节过程——规范性的和解释性的；而资源亦可以转化为两类基本的调节社会关系的工具——权威性资源和配置性资源。权威性资源是行政力量的源泉，而配置性资源则是物质性资源，即财产。而且吉登斯认为规则和资源之间是可转化的和中介性的，它们都是社会关系的纽带（林聚任，2010：206～207）。

虽然吉登斯一再强调结构论不是外在于行动者的束缚人们行动的网络，而是个人用以开展实践的工具和结果。然而，吉登斯的结构理论犯了跟他所批判的

---

① 吉登斯十分重视马克思的一句话（人在其不能选择的条件中创造自己的历史），它是结构化理论问题的起源（参见吉登斯，1998：31～32）。

"外在的、强制于人的结构"这一思路同样的错误。马克思说，矛盾是对立统一的。虽然吉登斯正确地指出了结构的一方面内容，即结构是能为人所用的规则与资源，但同样的，它也是强制性的。而且它大多数的时候是强制性的。例如法律在人类实践中被创造出来以后，它一方面是我们用以确保自己合法权利的武器，另一方面也是别人用以约束我们行为的屏障。任何对结构单方面的强调都是不准确的。

（三）形式结构论

形式结构是指，细胞有机结合时所展现出来的长期固定的特征，而非细胞作为自身存在所体现的状态。比如员工与老板在工作中所体现的遵从与支配的形态，与员工在法律意义上作为自然人与老板没有高低贵贱之分这种状态是不一样的。在这一点上，涂尔干可算形式结构先驱。它指出了有机团结与机械团结两种不同社会类型的固定形态。涂尔干从人与人结合的形态对社会结构的刻画做出了早先的区分。马克思的形式社会结构不仅刻画了人与人之间的关系，还刻画了另一层控制人与人之间关系的结构：商品、资本、私有财产、分工以及社会阶级。

1. 马克思

卢卡奇指出：商品的问题是……资本主义社会核心的结构的问题（Lukacs，1922/1968：82）。马克思认为，在与自然和与其他行动者的互动中，人类总是制造出为了生存所需的物品。这些物品是为了他自己或周围环境的他人使用——它们是"使用价值"。这些物品是人类劳动的产物，不能独立存在——因为它们为行动者所控制。然而，在资本主义中，物品不再是为自己或周遭所制造，相反的，行动者是为了其他的某些人（资本家）而制造物品。产品，不再是直接地使用，却是在公开的市场为了金钱而交换（交换价值）（Marx，1967：35）。当人类在资本主义社会里制造物品时……行动者忘记了，那是他们的劳动赋予商品价值；现在，他们变成相信价值是从事物本身的自然性质兴起，或者是市场中的人际运作赋予了商品价值。所以，在行动者眼中，市场执行了这个价值制造和产生的功能；可是在马克思的观念中，只有行动者能执行此一功能（Marx，1967：72）。由于承认商品和市场的真实性，个体在资本主义社会里逐渐丧失对他们的控制力。马克思将这一过程称为商品拜物教（fetishism of commodities），即对于商品的崇拜，授予商品和市场一个独立的客观实体，这个实体外在于行动者，并且对行动者产生强制力量（Ritzer，1998：146）。

在马克思著作中，最普遍的经济结构要素是"资本"（capital），或资本主义体系。作为一个独立的结构，资本（经由操作它的行动者——布尔乔亚）剥削工人；而工人过去和现在却在担任创造它的任务。工人被这个体系剥削，他们却"忘记"那是经由他们劳动所"创造"的，他们有能力去改变它。马克思不仅概括性地讨论资本的特质，同时也讨论资本主义体系各种较特定的成分。例如，马克思检视商品的流通，他考虑这是"资本的出发点"（Marx，1967：146）。马克思讨论的商品流通有两种类型。一种类型（金钱—商品—金钱，简称 M-C-M）是资本的特征；另一类型（商品—金钱—商品，简称 C-M-C）则不是。简单的商品流通里，C-M-C 的巡回流程占支配优势。比如说，渔夫捕鱼，将鱼出售，然后用所得买面包。一个简单商品流通特征的社会，交换伴随着"商品转换成金钱，金钱再换成商品"（同上，105）。而在资本主义下，"买是为了卖"（同上，147），希望进一步增加利润。这一流程的目的，并不像简单的商品流通是为了消费使用价值，它的目的是更大量形式的金钱（同上，150）。M-C-M 流程的重要性，在于它较之 C-M-C 流程具有更抽象的过程。"真实的"商品的重要性隐没了，结果资本的本质最后化约为"不真实"的货币流通。此种更高的抽象性，使得物化现象更容易，其结果使这个体系更加可能外在于行动者，且对行动者产生强制力量。

同样的，私有财产像其他的资本主义结构成分一样，也是源自工人的劳动成果却也成为工人对自然和对自己的外在关系（Marx，1932/1964：117）。因此人类要实现自我的潜能，或曰完全的解放，必须推翻私有财产和其他的资本主义社会结构成分，就是"绝对的超越所有的异化——也就是说人类从宗教、家庭、国家等返回至他的"人性，"即社会存在上"（Marx，1932/1964：136）。

分工是马克思详细研讨的另一个资本主义结构成分。马克思认为，生产的专业化，阻止了行动者实现和表现他们的人类潜能（Marx，1967：350）。每个人对最后产品的贡献只有一小部分……狭隘的专业化，对于人类的影响是"阻碍他成长，使他失去人性，把他化约成为只是一个破碎的人、残废的畸形人和机械的副产品"。

社会阶级也是马克思结构学说提到的外在于行动者并且对行动者产生强制力的结构。社会阶级起源自生产行为；但人类进一步物化阶级，其结果是，这些阶级变成拥有其本身的生命，限制了行动者（Ritzer，1998：153）。

马克思的兴趣在于改变资本主义社会，所以，他需要引进一个打破资本主义社会结构恶性循环的概念……他获得了批判性的概念"矛盾"。马克思认为……资本家私人占有利润就与社会化组织生产进程相矛盾；这个矛盾会随着时间的推移制造出冲突性的社会关系，会改变和转变社会关系的本质，并由此改变社会结构。因而马克思的政治结论即打破当前结构对人性的限制，实现人的全面解放和潜能开发的共产主义社会。或许不是所有人都能成为诗人，但只要其有成为诗人的潜能，就不应该被阻挠发挥他们的能力到极致。

即便马克思本人并没有针对社会结构这个术语进行过详细的讨论，但通过他的作品，我们可以发现马克思的描述从形式上指出了资本主义社会结构的图示，即商品、资本、私有财产、分工和社会各阶级人与人之间的关系的总和构成了社会结构。其形式表现为支配－从属的关系。

2. 齐美尔

齐美尔的社会学被称为形式社会学，其原因在于齐美尔一直致力于挖掘个人和群体在社会结构中模式化的"永恒的互动"。形式社会学就是探求这些永恒互动的潜在模式。齐美尔强调：我们在国家、教区、反叛者群体、经济团体、艺术学校甚至家里，都能发现优越与卑从、竞争、劳动分工等不可胜数的相同特征（Simmel，1950：22）。在齐美尔最出色的文章中都存在这种意图，即无论社会关系的内容及其表面实质是什么，都有一个潜在的形式或结构。比如当齐美尔研究冲突时，他看到在民族－国家、个人和小群体之间的冲突都是基本的成分；又如，当齐美尔研究一个际遇中人数增加的效果时，他认为可能的关系呈几何数量的增长（两人有两种关联，三人有六种关联，四人有十二种关联等），会导致际遇形式和结构的变化；再如当齐美尔研究货币（一种中性的和非特殊的交换媒介）的效应时，他得出结论，社会关系的形式发生了根本的变化。由此，社会结构必然被概括为互动的形式或者构造，这些互动使个体的实质性行动成为可能，并使之强化……无论社会关系的内容及其表面实质是什么，都有一个潜在的形式或结构。

齐美尔的论文《群体联系的网络》讨论了个体联系在社会分化中的效果。在分化相对较弱的系统中，个体被吸收和包围在一个或者仅仅几个相互交叉的群体之中，由此会导致群体联系的模式将个体推往一个方向。然而，随着社会分化的增加，个体现在已拥有了多重群体联系，隶属于多个群体，并被牵往不同的方向。这样，导致了没有一个群体能涵盖整个个体，而个体也只是将自己的一部分交予一个特定的群体。这个多重群体联系的过程赋予了个人自由，并增加了个性，因为每个人在一定程度上能选择群体联系的形态。在更为宏观的层面上，分化激励了多重群体联系，在个体中产生了纵横交错的联系，他们会发现自己在一个领域中有冲突，而在另一个中却很自如。结构，因为群体联系将个体放入了多样的社会结构里，并防止了他们被任何一个群体或群体的小部分过度的涵盖，社会的两极分化变得不太可能（特纳，2006：434~435）。该文的重要贡献在于其指出了社会结构的网络性。无论社会结构展示了其他什么维度（文化的、行为的、生态的、世俗的、心理的等），支柱仍然是处于一定位置之上的和他人交往并交换资源的人与人之间互相联络的体系（同上，485）。齐美尔的工作同时开辟了角色关系论与网络学派的疆域。

齐美尔还有一个重要的贡献就在于，用定量的方法来概化社会结构。正如布劳提到的，虽然齐美尔在他的著作中并没有运用定量的方法，也没有运用演绎的程序。但通过对社会生活的定量维度——如规模、数量和分布——所作的概念和理论分析，齐美尔是这方面的先驱（布劳，1991：26~27）。

（四）角色关系论

帕森斯是公认的功能主义的先驱，他还是事实上角色关系结构论的先驱。帕森斯视社会体系为一个互动体系，而他早期的著作在探讨社会体系时，他却未使用互动或单位行动作为基本单位。相反，他使用"地位-角色"作为社会体系的基本单位。有趣的是地位-角色既非行动者的面向，亦不是互动的面向，而是社会体系的"结构"的组成成分。"地位"是指社会体系内的结构位置；"角色"则是行动者在此为之扮演对较大体系的功能重要性。至此，帕森斯不再以思想和行动来看行动者，反而是以一串地位与角色处理它（Ritzer，1998：340）。

1. 默顿

默顿的学说是在帕森斯的角色基础上发展起来的。

默顿被称为典型的"社会学结构主义者"。早在1949年，默顿就提出："社会学家最根本的任务是，明确地提出关于社会结构和其变迁，处于这一结构中的行为和行为结果的逻辑上相关联、经验上可证明的命题。"（Merton，1968：70）虽然默顿本人似乎不会承认这个事实。因为默顿坚持主张把他的理论观点看作"功能分析"（functional analysis）（林聚任，2010：167）。当然，从默顿的作品中也不难发现这一点，即便是其在进行结构分析时，更大篇幅的笔墨依然落在了关于社会事实的正功能与反功能、显功能与潜功能的分析上。

默顿认为："所谓社会结构，是指社会或群体成员以各种形式相关联的一整套社会关系。"（同上，209）

默顿最重要的贡献是为结构的社会学分析提出了一系列有效的分析概念，并使得结构的社会学分析区别于传统的冲突学派与结构功能主义学派。这一系列概念为微观结构的社会学分析提供了分析基础。

默顿提出的"角色丛"概念突出体现了其社会结构观。社会地位与社会角色是说明社会结构的两个基本概念……默顿指出，一个具体的社会地位不仅涉及与之相关的一个角色，而且涉及与之相关的一系列角色……于是默顿提出："结构的这一事实可用一个特定的术语——角色丛——来表示，我说的这个术语的意思是指人们由于占据一个特定的社会地位而具有的角色关系的总体。"他把一个人在社会系统中所占据的各种地位的总体称为"地位丛"……所以"角色丛、地位丛和地位序列的模式化的安排可以说构成了社会结构"（默顿，2009：490）。

但默顿强调指出，"角色丛"与"多重角色"是两个不同的概念。多重角色所指的不是与单一地位相联系的角色，而是与多个地位（通常处于不同的制度领域）相联系的复合的角色……角色丛是指与单一地位相关的不同角色（林聚任，2010：212～213）。

一定的社会地位不是包含一种相关角色，而是包含一系列的相关角色。默顿的社会结构观对后来的相关研究产生了很大的影响，这主要表现为：第一，使人们关注到了社会结构总存在着差异、矛盾和冲突。第二，使人们重视社会结构的动态分析，认为构成社会和文化结构的诸要素之间的紧张、矛盾和分化是导致其变迁的主要原因。第三，推动了社会结构分析的经验化（同上，213）。

默顿对社会结构的分析，主要包含如下三个维度：规范结构、机会机构和观念结构。其中，规范结构是其社会结构分析的核心……在默顿那里，规范结构也是多层次的，不但包括制度规范，也包括文化上规定的价值观等。他把规范结构看作"一套期望约束（专业）人员行为的共享和传递性的思想、价值和标准"（同上，210）。

从这个角度来说，默顿同帕森斯、吉登斯一样是从社会行动上对社会结构进行定义的。

另外，默顿对结构分析范式进行了详尽的说明（Merton，1975：31-36，转引自林聚任，2010：233～236）。

（1）不断发展的"社会结构"概念是多源和多形态的。也就是说，这个概念不是一脉相承的社会学思想，它们的不同部分的表现在实质内容方面，部分地表现在方法方面。

（2）社会学中结构分析的基本思想早于现在著名的"结构主义"学术和社会运动。后来出现的跨学科的结构主义虽然影响到了社会学的结构分析，但这两者不是来自同一学术传统。

（3）社会学中结构分析的重要思想主要来自涂尔干和马克思。涂尔干和马克思之间的基本思想远不是人们所想的那样是对抗的，而是相互补充的。例如马克思提出的"社会存在决定人们的意识"的观点，跟涂尔干的集体表达反映社会实在概念是一致的。但人们没有充分认识到这一点。

（4）从更广的意义上可以假定，并没有出现理论危机或失落现象，相反各种不同的思想传统开始融合，这体现在某些概念、观点和命题得到了综合，这将导致更为一般性范式的形成。

（5）跟其他社会科学中的理论去向一样，社会学中的结构分析必定相继涉及微观和宏观社会现象。因此，它所面对的艰难问题是确立起联结微观分析和宏观分析的概念、方法和资料。

（6）采纳斯廷奇库姆关于微观现象的重要而稳健的观点，即作为社会结构中心的核心过程是在社会结构性的选项之间做出选择。更进一步说，被解释的核心变量是处在同一或不同结构中不同社会位置下的这些制度化结果的选项之间的不同选择比率（Stinchcombe，1975：12）。

（7）从宏观层面上，权威、权力、影响和声望的社会分配（即集中和分散）构成了社会控制的结构，其历史变迁部分的是由于在此结构中，由于人们占有不同的社会分层地位而形成的"优势积累和劣势积累"过程的结果。

（8）结构分析范式的根本和重要的一点是，社会结构导致社会冲突。其原因是，社会结构在历史上以不同的程度和形式，被分化成了一些相关联的社会地位、阶层、组织和社区，它们都具有自己的，因而也是潜在的相冲突的利益与价值。

（9）规范结构并不具有统一的规范丛。相反，社会学的矛盾选择以不一致的模式化预期的形式被嵌入这些结构之中，并在社会角色中产生"规范和反规范的动态替换"。例如在科层制组织、医疗及科学等领域都存在这种"矛盾选择"。

（10）社会结构导致不同程度的越轨行为。越轨行为的出现，在很大程度上是由于文化诱导的个人期望跟人们通过制度化手段具有的实现其目标的机会结构之间不一致的结果。

（11）除了外在因素，社会结构既产生结构内部的变迁，也产生结构自身的变迁，而这些类型的变迁是通过积累的模式化行为选择而发生的，也是在不同社会结构中由于某些张力、冲突和对抗所导致的反功能结果的扩大而产生的。

（12）根据前述各款，新一代人总是在前代人的基础上改变既存的社会结构，无论是无意的还是有意的，从而带来了先前有组织的集体行动的客观社会结果，既包括预期的结果，也包括非预期的结果。

（13）区别社会结构的显在社会功能和潜在社会功能，在分析上是有用的。

（14）可以假定作为一条理论原理的是，跟其他社会学理论取向一样，结构分析也不能声称可以解释所有的社会和文化现象。

默顿所说的"结构分析"显然不仅仅是关于社会结构的分析，而是指一种社会学的思维方式，或者说是"社会学结构主义"取向。这意味着对任何有社会学意义的单位，都应将之放在更大的结构背景中考察，因为人们在社会结构网络中的位置影响着其行为、态度和选择（林聚任，2010：232）。

尽管有的人认为，默顿后来的结构论已超越了他的功能分析，但也可以说，功能分析和结构分析这两种取向是同一硬币的两面，它们是相互补充的。功能分析关注的是社会现象在不同结构背景下的结果；而结构分析关注的是社会现象如何受结构背景条件的决定和影响（同上，236）。布劳对此有这样的评价："功能范式实际上是一种结构范式，它除了通过强调追寻这些模式的正功能和反功能结果的重要性来补充结构分析，还从引发源头的结构条件方面对可观察到的社会模式进行解释。"（Blau，1975：118）

2. 富永健一

富永健一延续了默顿的结构分析传统和概念，通过角色分析，并最终阐述功能。他认为，所谓社会结构可以定义为：构成社会的如下各种要素间相对恒常的结合。这些要素可以从接近个人行动的层次（微观层次）到整个社会的层次（宏观层次）划分出若干个阶段，按照从微观到宏观的顺序可以排列为角色、制度、社会群体、社区、社会阶层、国民社会。在这些阶段的哪一个层次上进行结构分析，这是社会结构概念化时的层次选择问题，作为结构概念本身，在哪一层次上来研究，完全是随意的（富永健一，1988：20）。

从微观社会学角度来看，社会结构分析的着眼点在构成社会的个人的行动形成的角色互动。社会结构分析的前提是社会。什么构成了社会？富永健一认为人的行动构成了社会。因为人的行动包括饥、渴之类的生理需求的满足，大多数都伴随着靠单个人所不能满足的高级需求。所以，我们可以把人结成社会的首要理由归之于这一种需要，即把与他人建立联系作为实现目的的手段。这种行动叫手段性行动或工具性行动（instrumental action）。……人结成社会的第二个理由在于，为满足情感或情绪方面的需求而必须维持与他人的亲密关系。这种行动不同于手段性行动，而被称为表现性行动（expressive action）。……无论是手段性行动还是表现性行动，都是因为不能靠单个人满足需求，而需要与他人建立关系。这就是把大部分行动与他人的行动相互联系起来，即每个人的行动都不能独立，而成为互动的理由。这种互动就是社会形成的契机（同上，26）。社会结构分析即是分析这种人与人之间角色的互动。

从宏观社会学角度来看，存在着整体不能还原为个体这样一种方法论，即"整体大于部分之和"。所谓整体大于部分之和，说的是部分与部分相互发生关系，结果会产生某些新特性的情况。如果把整体分解为部分，使各部分独立起来，那么，这种作为部分与部分之相互作用而产生的关系特性便会立即消失，所以，无论对部分做怎样的单独分析也找不到这种关系特性。社会结构这个概念，最适合表达创造性、特征性。所谓结构，是部分与部分关系的状况中反映出的特性，因此，若把各个部分零星肢解，它就会烟消云散（同上，27）。

富永健一认为，虽然他强调了宏观层次不能还原为微观层次，但这丝毫不意味着采取宏观分析的观点就可否定微观理论的意义……如果社会像楼房的结构或人体的结构那样，有一经造成便不再改变的被固定下来的结构，那么社会学分析就可以始终在宏观层次上进行。可以认为，19世纪的社会有机体说的倡导者们就对社会抱有与此相近的看法。楼房一旦建造起来，便永不变样……而社会结构这个概念却与此有根本的区别。我们可以讲家庭的角色结构、企业的组织结构或国家的统治结构等，但这种结构，只有当行动于斯的人们形成了接受它、遵从它的动机时，它才能够维持。例如核心家庭，在夫妻双方丧失继续他们的婚姻生活的意志时，就会崩溃；再如企业的组织结构或国家的统治结构，在现在的管理干部或行政干部失去支持、丧失其统治的正当性时，便会立即瓦解。也就是说，社会的结构，取决于它能否为构成社会的行动者的意志所维持，在这个意义上说，它依存于个人的需求、动机、意志、意识、价值、规范等微观基础（同上，28～29）。

3. 布劳

布劳亦是角色关系结构论的继承者。不仅如此，他还发展出了结构分析的定量研究范式。布劳认为，社会结构的研究，其中心就是人们在不同位置上的分布及其社会交往。人们据有不同的位置，就是因为他们是不同群体的成员，或是因为他们具有不同的等级地位。在可观察到的社会交往模式中，独特的社会位置及这些位置之间的关系都是显而易见的。社会结构的概念就是从这些可观察到的模式中抽象出来的，因为这些模式是分化了的社会位置和角色关系的抽象结构的经验基础（布劳，1991：5）。正如其所说，社会结构并不是原始材料中可以观察到的现象，但是，我们可以根据一个概念框架，将它从原始材料中抽象出来。

社会结构的组成部分被抽象为个人（指男人和女人）所组成的群体或阶级（种族群体或社会经济阶层）。更确切地说，这些组成部分就是指不同群体或阶层的人们所占据的位置。这些部分之间的相互关系就是隶属于不同群体或阶层的人们之间的交往中所表现出来的社会关系。由此可见，社会结构就是指人们在不同方面的社会位置中的分布，反过来，位置也会反映和影响人们的角色关系和社会交往（同上，8）。

要讨论社会结构，也就是讨论人们的社会分化，是因为我们所概化的社会结构根植于人们在彼此的角色关系以及相互交往中所形成的社会差异之中……社会结构在这里指的就是人们在不同位置上的分布。布劳把注意力主要集中在社会结构的定量方面，它是由社会位置中的频率分布来表明的。当然人们常常会占有几种社会位置，而不只是一种，他们有职业，同时是宗教群体的成员，生活在一定的社区里，又是公司职员，受过或多或少的教育，占有一定的社会经济地位。人们就分布在这些位置上，整个社会的社会结构就是由所有这些位置上的分布组成的。

社会结构可以被定义为由不同社会位置（人们就分布在它们上面）所组成的多维空间。人们的社会交往既提供了区别社会位置的标准，也展示了社会位置之间的联系，这些联系使得社会位置成为某个社会结构的组成要素……同一位置的占据者之间的角色关系一般来说不同于不同位置的占据者之间的角色关系……前者可能要更为亲密一些，而在后者中则可能会出现更多的支配和服从关系（同上，9）。

布劳主要关心的是对各种结构分化的形式、变化及其对社会交往的影响的分析。该分析的焦点集中在已分化的位置的结构及其对人类关系的影响上，而不是集中在对人类关系所涉及的社会心理过程的精细分析上。但这并不是说，在理解社会结构时就可以忽视社会过程的重要性。应该加以分析的两种非常重要的过程是，社会交往过程和社会流动过程（同上，9）。

结构和过程是相辅相成的。社会互动和交往不仅体现出分化了的社会位置的现存结构，而且这些结构很可能原来就是从这些过程中产生出来的。角色关系和社会位置的分化是在社会互动过程中出现的，而这种分化经常通过给社会位置贴上特定的标签而形成固定的模式。……微观社会学对人际关系和小群体的研究主要集中在社会过程对角色和位置中出现差异的影响上，而宏观社会学对社会中既定的社会位置的研究则侧重于这些位置的结构对交往过程所施加的影响（同上，9~10）。

社会结构是由这样的社会位置组成的：它们不仅仅是分化了的，而且也是相互关联的，因为彼此不相关的位置就不能构成一个连贯的社会结构……处于同一位置的人们之间的面对面交往远远超过处在不同位置的人们之间的这种交往……群际交往尽管并不比群内交往广泛，但它们会将一个社会结构的各个部分联系和整合在一起。的确，并不是所有的社会交往都具有整合性，可能会出现多种形式的社会关系：统治、剥削、冲突及尊重、支持与合作……没有一种社会交往足以实现整合，但是总有一些交往是整合所必需的……这种整合是以在群体和各阶层的社会成员之间有某种实际的社会互动为条件的（同上，10～11）。

布劳认为，年龄、种族、教育及社会经济地位都是结构参数的例证，因为结构参数所依据的就是这些方面的差异影响人们的角色关系这样一个假设。参数就是人们的属性，它们影响人们的角色关系，从而引起他们的社会位置的分化……一个属性就是一个结构参数，并起到作为表明社会区别的根据这样的作用（同上，12）。

结构参数基本上分为两类：类别参数和等级参数。一个类别参数将人口划分成有着不同界限的亚群体。这些群体之间没有内在的级序……性别、宗教、种族和职业都是类别参数。而一个等级参数是根据某种地位级序来区分人们的。地位的等级大体上是连续的，这就是说该参数本身并未在阶层之间划定界限。但是经验的分布则可能揭示出表明阶层界限的不连续性。收入、财富、教育和权力都是等级参数（同上，14）。

在此基础上，布劳区分了两类从参数中推演出来的变量。第一，参数所指的那些属性是刻画个人特征的变量，如他们的职业、宗教、收入和财产。这些属性及其对人类行为的影响并不是结构分析直接关心的。第二，这些属性的分布产生了刻画社会结构特征的新变量，例如，社会的职业分布形态和收入分布形态。结构分析主要关注的就是这些刻画结构条件特征的变量及它们对社会交往的影响。因此，我们关心的并不是职业操作的作用，而是劳动分工的那些作用；不是宗教教义的重要意义，而是宗教异质性的重要意义；不是贫困和财富的影响，而是收入不平等和财富集中的影响（同上，12～13）。

社会学的一个最独特的任务，就是对各种分化形式及其相互关系、产生它们并改变它们的条件和它们对社会关系的影响进行结构分析。当然，结构条件并不是影响人类的行为及关系的唯一因素。心理的、经济的、意识形态的、生物的和物理的条件也会产生这样的影响（同上，13）。

布劳认为，分化的两种一般形式就是异质性和不平等，分化的各个特殊形式都归属在这两者之下。异质性或水平分化就是指人口在由类别参数所表示的各群体之间的分布。不平等或垂直分化是指由等级参数所表示的地位分布。人口的异质性程度的操作标准就是，随机选择出来的两个人不属于同一群体……不平等是含糊不清的，因为从一个角度来看不平等很大，而从另一个角度来看几乎很小。比如当一个城镇中大部分财富集中在少数几个人手里时，那么这时所存在的不平等就比财富广泛分布时要明显得多。然而，当财富如此高度集中时，就表明了大多数人都是一样的贫穷，反之，财富的高度分散会减少在缺乏财富时平等的人数……不平等的自相矛盾之处就是，权力、财富或其他地位资源的集中反而意含着广泛的平等这一意思（同上，16~17）。

个人在他们群体内的整合取决于人们在相同群体里发生的直接交往中所建立的内群体纽带……有特色的参数会强有力地阻碍群际交往，从而促进内群体交往和整合……就像其定义所指出的那样，它会将社会分解为彼此几乎没有联系的群体，并因此阻碍由定义所确定的那样的社会整合。宏观的社会整合这个概念有两个独特的含义应该予以强调：第一，它取决于广泛的群际交往，而不取决于强有力的内群体纽带。第二，它取决于来自不同群体和阶层的个人之间的面对面的交往，而不取决于他们的共同价值或情感，也不取决于不同部分之间的功能互赖，尽管共同价值和功能互赖可以通过促进不同群体和阶层的成员的社会交往而有助于社会整合（同上，19），这一点与涂尔干不同。

布劳在《不平等与异质性》一书中力图构筑一个演绎性的社会理论。该理论侧重于结构分化。结构分化被概化为由各个参数表示的人口分布，它包括两个一般形式，即异质性和不平等。这样一来，就忽视了人们的社会属性及位置的实质性内容，这是因为布劳将注意力集中在这些属性和位置的分布上。正如上面提到的那样，结构研究的对象不是种族的重要性，而是种族异质性的重要性；不是职业性质的重要性，而是劳动分工的重要性；不是领导的重要性，而是权力不平等的重要性（同上，19~20）。

这一理论力图要回答的问题是：结构条件如何抑制特定的心理倾向（如内群体偏爱）对社会交往的影响？人们在不同社会位置上的分布对社会交往究竟有何作用？不平等和异质性怎样影响群际交往和阶层之间的交往？社会流动对社会交往和结构变化有什么影响？复合参数及其相关度怎样影响宏观的社会整合？社区内部的异质性和不平等与社区之间的异质性和不平等相比较而言，它们对社会生活有怎样的重要性？工作组织内部的劳动分工和工作组织间的劳动分工的比较性意义是什么？权力的集中会对社会冲突产生什么样的影响？（同上，20）

社会结构是根据它的定量属性抽象出来的，这就要求将有关集体及其成员无序划分转变为描述社会结构性质的有序划分。一种转变就是在论述规模对社会交往的影响的定理中按规模将所有的社区和群体进行分类；异质性的概念说明了另一种转变，这一概念将类别范畴转变为一种连续变量，这种变量就是指人口分布，它体现了社会结构的一种性质。同样，等级参数则被转变为表示不平等的分布，在这种情况下，它们就不会影响范畴的秩序，因为地位等级已经显示出明显的秩序，但它们把位置的内容融合到一个关于位置结构的概念中去（同上，25～26）。

至此，我们也可以认为，布劳的社会结构概念实在是对涂尔干社会解剖学最好的注脚。

（五）网络学派

网络学派认为，社会结构可定义为位置或节点之间的联系（特纳，2006：478）。

网络理论抓住了社会结构的重要本质——社会单位间关系的模式，无论这些单位是自然人、集体还是位置。如齐美尔强调的那样，社会结构的任何概念化，其核心都是结构包括实体之间的关系与联结。网络分析的单位可以是自然人、位置、法人或集体行动者，或者任何能与另一个实体发生联系的实体。一般而言，这些单位被概化为点或结点，而且往往用字母或数字来标示（同上，476）。

1. 格兰诺维特

格兰诺维特的讨论起点是对"低度社会化"和"过度社会化"两种理论倾向的批评。低度社会化的思路主要是指经济学特别是威廉姆森的交易成本学派的研究逻辑。经济学家眼中的个人拥有自己的偏好，通过价格信号的指导在预算约束的条件下做出选择，实现效益最大化。在这一思路中，个人可谓茕茕孑立、形影相吊，没有任何社会关系、社会身份和特点，与厂家和消费者的生活经历没有任何关系。与此相反，过度社会化的思路认为人们只是按照自己所扮演的社会角色来行为。在这里，人们没有主观能动性，其行为完全由所处的社会环境、社会期待和人们扮演的社会角色所决定。从这一思路出发，我们也不需要研究个人行为，只要知道他所扮演的社会角色就可以知道他的行为了。制度学派解释组织趋同时注意的是相同制度导致不同组织或个人做同样的事情；在这里，个体差异已经被忽略了，不是重要的解释因素。从这个角度来讲，低度社会化和过度社会化殊途同归，都取消了个体差异的问题。格兰诺维特认为这两种取向都有问题，他提出，我们应该有一个另外的解释逻辑，即从人们所处的具体的社会关系角度来解释人们的经济行为。换句话说，人们的行为因其所处的社会关系网络不同而异。社会网络千变万化，因此我们也应该观察到每每不同的社会行为（周雪光，2003：120）。

经济学家提出的理性人概念后面蕴含着一个解释的逻辑：行为最大化及其效率机制。制度理论后面也有一个逻辑：合法性逻辑及其对人的行为约束。那么，关系网络后面的逻辑是什么呢？一种可能性是，网络关系对人们行为的约束不同，从而导致不同的行为……关系网络的不同结构及个人于其中所处的不同位置都会使人产生不同的行为……从结构角度去讲，网络限制一个人的信息，而信息决定了人的思考和行为（同上，121）。

结构的产生过程就是一个人们相互作用的过程，这个过程可能导致了社会期待的内在化，也就是说，在这两种不同情形下，人们扮演不同的角色，有着不同的社会规范，因此他们的行为是不同的。……从格兰诺维特的角度来看的话，每个人所处的关系不一样，他的行为也不一样。这是其最突出的贡献（同上，121）。举例而言：一个电影院失火，大家都往外跑，谁也顾不上谁；但是如果一个家庭失火了，我们可以想象会出现很有组织的撤离行为。同是失火，可在不同情形下人们的行为完全不同。显然，格兰诺维特发扬了布劳的观点。布劳是从更为宏观的诸如职业分布等结构参数对个人的影响来分析问题；而格兰诺维特则是从互动群体组成的结构对个人行为的影响来分析问题，即行动深深嵌入在社会关系之中。

我们可以看到网络学派另外一位代表人物博特的思路和格兰诺维特的思路之间的不同。格兰诺维特着眼于网络结构对人的自主性的限制和对人们行为的塑造，更多地强调从网络地位到个人行为这一因果关系。博特以个人为出发点，将网络作为一种工具性机制来研究，更多地强调从个人行为到网络关系到回报这一因果关系（同上，125）。在这一点上博特与吉登斯的行动结构论有异曲同工之妙。

很少有人否认，社会结构由位置之间的联系组成。但特纳认为这并非社会结构的全部。那些表示节点、联系以及联系模式（数量、强度、互惠、传递、桥梁、中介、中心和等效）的概念并没有抓住社会结构的全部关键特征。社会结构可能包括了这些概念之外的一些过程。如同齐美尔首先真正认识到的那样，社会结构的一个主要特征就是其网络性。无论社会结构展示了其他什么维度（文化的、行为的、生态的、世俗的、心理的等），支柱仍然是处于一定位置之上的和他人交往并交换资源的人之间互相联络的体系。因此，网络分析对社会结构的理论发挥着很大的效力。这些潜力是否能实现？也许还没有。原因有几个。

首先，网络分析过于偏向方法，关注模型中整理数据的数量技巧，然后将模型转化为特殊网络（无论作为图表还是方程）的描述。只要确实如此，网络社会学就会基本停留在经验描述工具阶段。

其次，很少有人致力于发展网络动力本身的重重原则。也很少有人在网络传统中探寻理论问题。比如，密度、中心、等效、桥梁和中介水平怎样影响网络的性质和网络中位置之间关系的流动？许多事件的经验描述触及这个问题，但却缺乏实际理论法则或原则（特纳，2006：485）。

至此，我们几乎浏览了结构分析的历史。我们可以看到社会学先驱们虽然各自从不同的角度谈了结构，但它们总归是一个一脉相承的过程。受各自研究旨趣不同的影响，他们或从宏观或从微观，或从结构的某一个侧面去谈了自己关于结构的理解。所有的这些思想都非常有价值，都为一个更为综合的结构分析打下了良好的基础。站在这些巨匠的肩膀上，我们可以预期一个宏观与微观分析相结合，凝结了行动结构、形式结构、角色关系结构与网络结构的结构分析社会学传统的诞生。

二 结构社会学的概念体系

（一）结构的社会学分析意味着一种新的概念体系

作为一种分析范式，其涉及的概念与其他范式必然是不尽相同的。概念就如同构成范式的细胞一样，是分析的基本单位。结构分析分为微观分析、中观分析与宏观分析，分别对应社会角色层次的结构分析、组织或群体层次的结构分析和社会制度层次的结构分析。结构分析从微观到宏观涉及的概念有以下一些。

1. 地位

地位是指人们在群体或社会中的位置。通过地位，我们得以在多种社会结构中给彼此定位，如父亲、经理、市长、工人以及罪犯等全是地位。我们每个人都占据着一些地位，通过地位，他人可以了解我们是什么人，他人的行动也因此而受到影响。

（1）先赋地位与自致地位

地位根据获得方式的不同可被划分为先赋地位与自致地位。先赋地位是先天获得的，被动获得的，非主观意愿可修改的地位。例如，女儿（家庭角色）、汉族（种族）、少年（年龄）等。与此相反，自致地位是指个人自愿获得的，能够反映其能力与努力的社会地位。例如医生、奥运冠军、高校教师、老板等。

（2）地位丛

指某个人在某一特定时间内所拥有的全部地位。一位少女有可能既是其父母的女儿，又是其弟弟的姐姐，同时还是学校的一名学生，及其所在足球队的一名守门员。

（3）主要地位

尽管一个人同时会拥有很多的地位，但是在通常情况下，某些地位会比其他的地位更为重要。主要地位是指对于社会认同极其重要的，贯穿个人生命旅程的一种地位。这一位置通常是指职业角色和职业职务。在某些场合，姓名可能成为一种主要地位，例如你是布什家族的成员，则有可能获得更多的关注与机会。

（4）地位一致与地位不一致

社会学十分重视对多种地位间相互关系的研究。首先是关于地位一致和地位不一致的研究。地位一致是指个人具有的多种地位都处在大致相同的水平上，如一个人兼有较高的阶级地位、教育地位、职业地位。在社会流动较少和等级森严的社会里，地位一致性较强。地位不一致是指个人在不同领域的地位高低层次不一致。如一个阶层较低的人获得了较高的教育地位，或一个阶层较高的人获得很少的社会报酬。

2. 角色

角色是指拥有特定社会地位的个人被人期望的行为。个人拥有地位并履行角色（Linton，1936）。

（1）角色丛

默顿（Robert Merton，1968）引入了角色丛这个概念。角色丛是指由单一地位所衍生的一系列角色。如图 1 所示。

地位丛包含了一个人在特定时期所拥有的所有地位。由于一个地位通常涉及不止一个角色，角色丛包含的意义更为广泛。（麦休尼斯，2009：171）

（2）角色冲突与角色紧张

角色冲突是指两个或两个以上地位所衍生的角色之间的冲突。比如现代社会很多的年轻母亲，一方面要照顾孩子，另一方面又要忙于生计，很有可能她还要兼顾未完成的博士学位，这就造成其角色冲突，使其疲惫不堪。角色紧张是指由单一地位所衍生的角色之间的紧张。比如工作中上司被寄望与同事打成一片，同

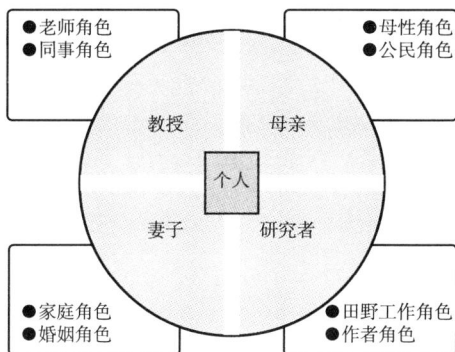

图 1 角色丛示意图

时他又要克制自己保持与大家的距离以保证威严，另外他还要避免对下属产生感情以避免办公室恋情的发生。

（3）角色丛与多重角色

角色丛是指与单一地位相关的不同角色；多重角色指的不是与单一地位相联系的角色，而是与多个地位（通常处于不同的制度领域）相联系的复合的角色。

3. 群体

群体是两个或两个以上持续互动行动者的累积，使群体内成员与非群体成员之间具有明确的识别界限，并使成员拥有区别内外的共同感的行动者的集合。比如黑帮群体。

4. 社区

社区是指在一定地理范围定居而产生持续互动的群体的集合。

5. 社会阶层

社会阶层是指基于社会资源的不平等分配的地位划分。社会阶层同社会群体及社区一样，是由一定的界限所划定的人们的集合，但它不像群体那样以内部有互动的积累为条件，也不像社区那样以居住地的共同性为前提。

6. 社会

社会是指现代国家地理范围内最大的社区，它是由住在同一块土地上，具有相同的文化，包含范围最广的一群人所组成的。社会阶层一般就是以社会为单位来研究的地位划分。

7. 制度

制度可被定义为赋予了控制行动的正当性规则的总和，主要包括政治制度、经济制度、文化制度。三种制度分别指涉了权力、财富和威望的资源分配。三种制度资源的合理分配对一个社会的繁荣与稳定，科技上的创新与凋敝起决定性作用。

（二）结构的社会学分析意味着一种新的研究范式

科恩认为，要成为范式（paradigm），需要具备两个科学成就特征：第一，作者的成就实属空前，因此能从此种科学活动的敌对学派中吸引一群忠诚的归附者。第二，著作中仍留有许多问题能让这一群研究者来解决。范式意味着许多广被接受的实际科学研究范例——这些范例已包含了定律、理论、应用，及仪器的设计、制作、操作等要素——是特定的、连贯的科学传统的模型（科恩，1985：60）。

结构分析已经具备了上述的第二特征。前文所提到的社会学经典作家中的许多人，虽然没有对社会结构做出系统的论述，但他们均有意或无意地从不同的角度对结构分析范式提供了包含定律、理论及应用的范例。尤其是默顿，对结构分析思维提供了细致的考虑。当前欠缺的，就是一群忠诚的结构分析的归附者。"一个科学研究传统，不论多么专门，学者加入这一科学社群参与研究，都是主要由研究它的范式入手。因为他所要加入的社群，其成员都是经由相同的模式习得这门科学的基础，他加入之后的研究活动，很少会引起公开的对于本行基本前提的异议。研究者以共有的范式为基础，就能信守相同的研究规则及标准。这种信守的态度及因而产生的明显共识，是常态科学，也就是某一特定研究传统发生与延续的先决条件。"（同上，60）

结构分析的范式是指结构分析的一套思维体系，包括切入点、观察点、涉及的内容、对研究观察到的内容的评价……即结构分析的一整套流程。要进行结构分析，我们需要做到以下几点。

1. 将社会结构作为研究的切入点

角色丛、地位丛和地位序列的模式化排列以及附着于它们之上可供使用的制度与资源构成了社会结构。我们在进行研究时，首先要考虑的就是研究主体（人、群体或组织）在社会中所担任的角色都有哪些，不同的角色又对应着什么样的社会地位。在研究主体所有的社会地位中，哪一个地位是其最主要的社会地位，主要地位所对应的主要社会角色又是什么。在市场社会中，职业角色常常是一个人最重要的社会角色，其角色与地位往往决定了一个人的思考与行动方式。其次，我们要用形式结构论的方法勾勒出研究主体所对应的研究客体的角色、地位和其最主要的社会角色和地位的构成，主客体的互动类型。只有将研究主体与研究客体的角色丛、地位丛和地位序列分别描述出来，我们才能看清楚研究对象所对应的社会结构是什么样的。比如医学院学生这个单一的地位，不仅包含着与其老师相关的学生角色，还包含着与其他学生、护士、医生、社会工作者、药剂师等其他地位占有者相关的不同角色。研究主体和其对应的客体都必须被充分描述，否则就不成其结构。比如教师与学生这对概念相伴相生。没有教师，学生这个角色也就不复存在。地位序列是指，随着时间的不断发展，充分地社会模式化的地位继替被称为地位序列（默顿，2009：490）。角色丛、地位丛的概念涉及时间上的特定时刻，本质是静态的。通过引入时间维度，默顿用"地位序列"这一概念对角色丛、地位丛静态概念做了动态补充。例如，在某一段时间内，研究主体的地位依次是医学学生、实习医生、住院医生和独立执业的医师，从而结构分析就具备了静态和动态的特点。再次，我们要分析附着于角色丛与地位丛之上的制度与资源，考察其如何影响角色表现、地位流动。

布劳的《不平等和异质性》从宏观方面提供了阐释社会结构的一种范例。不同于微观结构的社会学分析对人际关系和小群体的研究将主要精力集中在社会过程对角色和位置中出现差异的影响上，布劳的宏观社会学研究则侧重于社会中既定的社会位置的结构对交往过程所施加的影响。这是一种类似于阶层分析的方法，它将社会结构定义为不同社会位置所组成的多维空间（不同的社会阶层）。布劳的分析强调社会交往过程和社会流动过程对社会结构的稳定与重组的重要意义。也就是说，人们能否更平等地在不同的角色与地位中流动，是社会结构稳定与否的关键所在。

2. 规范结构、机会结构和观念结构三个维度构成了研究主体进行社会互动的结构的主要方面

在默顿这里，规范结构是指"业内成员被期望的引导其行为的一套共享和传递的观点、价值观与标准"（什托姆普卡，2009：161）。每一个角色、地位均有其社会规范标准，规范结构是对角色丛、地位丛内涵的诠释。例如，父母这一角色，对应着孩子、单位、社会三种角色的不同期望。作为未成年子女，在其成长过程中，孩子期望父母能给予他们尽可能多的爱，能多花时间陪伴他们玩耍，

希望父母能容忍他们的撒娇和任性；作为父母所在的单位，会希望父母在照顾孩子的同时，要能像没有孩子之前一样完成单位布置的工作，尽可能地不要因为孩子影响其在工作期间的表现；社会则期望父母能够培育孩子良好的品格，令他们诚实、友善、积极、乐观。父母面对孩子、单位、社会有着三个不同层面的期待，从而发展了父母角色丛的三种不同要求。从社会有机体论的观点出发，无论是家庭，还是组织、社区，抑或社会，个人对囊括他们的更大的背景来说，他们所承担的角色就如同构成不同器官的组织，发挥的作用是不同的。

因此，对家庭的社会期望的标准并不是普世的，而是在研究对象所在的区域范围内可能给出的期望和标准。一旦变更了研究区域，标准又会变得不同。例如中国农村父母与城市父母由于社会地位的、学识上的差异，社会对他们的期望是不同的。农村的父母由于其所在地区收入和资源的限制，农村社会不会要求他们在孩子教育上能够像城市父母一样有严苛的投入要求或过高的期望。又如中国的父母和美国的父母，由于国家文化之间的差异，两国社会对他们的期望也是不同的。中国社会期望父母教出的孩子能更守孝道，孩子在成长后与父母能保持亲密关系，但美国社会或许恰恰相反，他们更期望孩子具有独立性，在孩子成长到一定年龄后便脱离家庭去开始独立的个人生活。因此，在着手进行研究时必须运用参照的方法，利用参照群体指出不同的社会可能存在的不同结构差异。

机会结构是指，个人在社会结构中所处的位置，由此衍生的角色丛与地位丛所能提供的条件与资源，导致人们从规范认可的方式实现文化上强调的目标的可能性。观念结构由三个变量的互动构成：被文化传统所尊崇和部分被制定成法律的文化信条，个体有关这些信条与原则的信念和态度，个体所担任的最重要的社会角色及角色相对应的社会地位。网络学派为机会结构的研究提供了丰富的成果。这些结果表明，由于人们的角色丛、地位丛的差异，每个人所拥有的财富、权力、声望是不一致的，人们实现文化强调的目标的可能性受到这些不一致的影响。我们在着手进行研究时，必须注意到这些差异性影响人们做出的行动和获得结果的不一致性。

观念结构是规范结构与机会结构互动的产物，是人们根据对规范与机会的认识产生的行动安排。因而在面对一些农民毕生愿望就是放羊—生娃—供其长大—令其跟自己一道放羊，这样一种看似可笑的轮回上我们不应感到奇怪，因为这是一个封闭社区的人们可能做出的最理想的行动安排。

默顿关于失范的分析为规范结构、机会结构与观念结构这三个概念在研究中的运用提供了很好的范本。

个体适应模式的类型（观念结构）

适应类型（观念结构）、文化目标（规范结构）、制度化的手段（机会结构）

Ⅰ. 遵从 + +

Ⅱ. 创新 + −

Ⅲ. 仪式主义 − +

Ⅳ. 退却主义 − −

Ⅴ. 反叛 ± ±

默顿把个体的适应模式划分出了三种理想的社会类型：接受（ + ）、拒绝（ − ）、拒绝并代之以新的目标和标准（ ± ）

第一种类型是指行为既符合文化目标也符合制度化手段的要求，这是最常见的人们的行为方式。这表明大多数成员都遵从当前社会的规范结构，社会稳定而有序。

第二种类型是指接受文化目标但采用非制度化的手段，以非法手段牟利。社会之所以存在盗窃、欺诈等现象，就是因为社会在强调某种成功形象的同时，又无法给每一位成员提供同等的获得成功的机会，部分成员就通过投机取巧、另辟蹊径的方式来谋求文化目标定义的成功。

第三种类型是指与文化目标偏离，但利用的手段合法。例如当今中国社会有许多人并不喜欢大城市忙碌的生活，并不向往身价的富足与显赫的社会地位。然而为了供养家人，他们不得不牺牲自己的利益以照料家庭生活，在个人追求上做出让步。这样的现象常见于一个社会的中下层人群。

第四种类型是指拒绝一切目标和手段，这是个人由于受挫而导致的失败主义、淡泊和隐退等。

第五种类型是指既拒绝某些既有的目标和手段，同时又提出替代性的目标和手段，试图建立一种新的社会秩序。这种适应类型通常体现在那些脱离社会结构束缚的人当中。例如，马克思认为工人阶级最终会联合起来推翻资本主义制度，就是对资本主义文化目标与制度的否定，同时又提出了一种更为理想的规范蓝图的结果。

（三）对正在研究的社会结构进行评价

结构分析是有目的的，其目的就是希望了解当前的社会结构是否足以保持均衡。如果可以，我们需要问这样的结构是不是健康与可持续的；如果不可持续，我们是否能通过结构调整来促使其均衡；这就需要通过帕森斯的 AGIL

（适应、目标获取、整合、模式维持）功能需求体系来对社会结构做出评价。比如我们在研究分析一个中国家庭时，发现由于突发家庭事故导致此家庭的收入入不敷出时，父母无力再支撑孩子的学业。这时家庭的结构就有可能发生改变，孩子或会选择辍学挣钱以帮助一个家庭完成其"适应"功能。若辍学依然无法扭转该家庭的"适应"状况，则需要社会、政府对其进行援助以改善其"适应"社会的能力，如果社会与国家均不施以援手，即该家庭在规范结构方面丧失了"目标获取"的能力，为了生存，该家庭中的某位或集体成员将不得不铤而走险做出一些有损社会结构的行动。如果这样的家庭在社会中所占比例很小，通过司法机构能妥善地处理，对类似事件进行"整合"，这不会对社会的模式维持造成太大的困扰。如若司法机构存在司法不公，引发了社会的不满，而且类似事件大量存在，则易引发冲击现有社会结构的群体性事件。当然，"适应""目标获取""整合""模式维持"的不满足不是导致反叛、失范发生的充分条件。因为人们也有可能会选择摆脱现有文化目标对家庭的期望，隐居山林。

事实上，结构的均衡是相对的，不存在绝对的均衡。只要存在结构，就存在不平等。我们需要了解的关键在于，什么样的不平等是处于可接受的范围，超出哪个临界点社会变迁就不可避免。

（四）结构如何引发社会变迁

社会变迁这一概念可大可小。小到家庭，大到国家社会，都属于变迁研究的范畴。引发变迁的原因多种多样，从新技术的发明到社会分工的发展，从瘟疫的传播到宗教的改革、战争……我们该如何从结构的角度来解释变迁的发生？

在做进一步的解释前我们有必要强调结构分析方法研究者对社会变迁应持有的态度。我们必须坚持社会变迁是一个自然而然的过程，是社会不断进化、完善自身的结果。结构分析研究除了应该对可能发生的倒退保持警惕与批判，还应当对社会变迁采取开放和宽容的态度。

从结构的角度看，社会变迁产生的原因有以下几种。

1. 人口因素

人口的出生、死亡、增加趋势、迁移形态、两性人口比例等都可能影响社会对资源的分配与利用。因此，一个社会里人口规模的改变引发资源分配的紧张，就可能导致社会失调，引起社会变迁。

2. 角色冲突

每个角色均有其固定的社会期望。如若角色的定义出现紊乱，变迁就有可能发生。比如美国女权运动对女性角色的重新定义导致家庭结构的变迁。这样的事实在中国也广泛存在。在女权思潮的影响下，许多城市女性不愿意再担任传统的贤妻良母角色，更愿意坚持自己拥有一份职业，尽量晚生或不生孩子。

3. 地位的不一致性

地位较高的人理应获得较高的报偿。如若地位较高的人获得的报偿普遍低于地位较低的人，则社会变迁就可能发生。这样的情况常见于时下中国。如医生在中国作为社会地位较高、付出较多的职业，公立医院的医生大多领取与其地位和付出不一致的工资，成为中国医患关系紧张，医生受贿、收回扣的重要原因。

4. 封闭的社会阶层结构

所谓不患寡而患不均。如若社会阶层之间的上升通道被封死，社会流动不通畅，社会结构难以实现良性的新陈代谢，则社会就蕴含着巨大的变迁风险。

5. 政治、经济、文化结构与社会互动的失衡

政治、经济、文化结构分别对应着权力、财富、威望资源在社会中的分配。资源的垄断与分散程度影响着人们对社会公平正义的态度。如若三种资源的分配不均使得大多数人无法实现文化强调的目标，则易引发社会变迁。

以上这些包含了社会变迁的微观、中观与宏观方面的内容。但从根本上说，社会变迁是由于社会的制度化手段，或曰机会结构与社会强调的文化目标或规范结构的矛盾无法调和时，人们从观念结构上又产生了新的替代目标（意识形态）时，所引发的社会变化。

三 结语

结构的社会学分析的重要性早就为社会学界所知，且大量存在各理论家的著作中，然而却很少被成体系地论述。本文重审结构视角的重要性，将结构分析范式搬上前台，是基于其在分析上的实用性与有效性，以期引起学界对结构分析的重视，并促使其成为社会学分析的主流范式。当前，中国社会正处于转型的关键

节点。转型的关键在于结构流动性能力的调整，在于将资源更合理、有效地在结构当中进行配置，在于规范结构上凝聚与共识的创建。这就要求我们更多地搁置理念之争，多研究些问题，少谈些主义。结构分析糅合了功能主义与冲突主义，在理论上是开放的，既谈社会稳定，也谈社会变迁，能更科学地对热点问题展开论述分析。当然，诚如默顿所言，结构分析也不能声称可以解释所有的社会和文化现象。但希望这次努力终归是一个有益的并为业界所接受的尝试。

参考文献

布劳，1991，《不平等和异质性》，王春光、谢圣赞译，北京：中国社会科学出版社。

查农，2009，《社会学与十个大问题》，汪丽华译，北京：北京大学出版社。

富永健一，1988，《社会结构与社会变迁》，董兴华译，昆明：云南人民出版社。

吉登斯，1998，《社会的构成》，李康、李猛译，北京：生活·读书·新知三联书店。

科恩，1985，《科学革命的结构》，王道还编译，台北：允晨文化实业股份有限公司。

林聚任，2010，《林聚任讲默顿》，北京：北京大学出版社。

马尔图切利，2007，《现代性社会学二十世纪的历程》，姜志辉译，江苏：译林出版社。

麦休尼斯，2009，《社会学》，风笑天等译，北京：中国人民大学出版社。

默顿，2009，《社会理论和社会结构》，唐少杰、齐心等译，南京：译林出版社。

什托姆普卡，2009，《默顿学术思想评传》，林聚任等译，北京：北京大学出版社。

宋林飞，1999，《西方社会学理论》，南京：南京大学出版社。

特纳，2006，《社会学理论的结构》，邱泽奇译，北京：华夏出版社。

周雪光，2003，《组织社会学十讲》，北京：社会科学文献出版社。

Blau，P.，1975，"Approach to the Study of Social Structure"，in L. A. Coser（ed.），*The Idea of Social Structure*：*Papers in Honor of Robert K. Merton*. New York：The Free Press.

Coser，L.，1975，*The Idea of social Structure*. New York：Harcourt Brace Jovanovich.

D. Lockwood，1964，"Social Integration and System Integration"，in G. K. Lollschan and W. Hirsh（eds.），*Explorations in Social Change*. pp. 244 – 256，London：Routledge.

Donald Light，Jr. & Suzanne Keller，1987，《社会学》，林义男译，台北：巨流图书出版。

Giddens，Anthony，1977，*Studies in social and political theory*. New York：Basic Books.

——，1979，*Central Problems in Social Theory*：*Action，Structure and Contradiction in Social Analysis*. London：Palgrave Macmillan.

Linton，Ralgh，1936，*The Study of Man*. New York：Appleton-Century-Crofts.

Lukacs，George，1922/1968，*History and Class Consciousness*. Cambridge，mass：MIT Press.

Marx，Karl，1932/1964，*The Economic and Philosophic Manuscripts of* 1844. New York：International Publishers.

——，1967，*Capital*：*A Critique of Political Economy*. vol. 1，New York：International Publishers.

Merton, R. K., 1968, *Social Theory and Social Structure*, New York：The Free Press.

——, 1975, "Structural Analysis in Sociology", in P. Blau (ed.), *Approach to the Study of Social Structure*, pp. 31 – 36, New York：The Free Press. （转自林聚任，2010，《林聚任讲默顿》，北京：北京大学出版社）

Ritzer, George, 1998,《社会学理论（上册）》，马康庄、陈信木译，台北：巨流图书公司。

Simmel, Georg, 1918/1950, "Fundamental Problems of Sociology", trans. by Wolf, in *The Sociology of Georg Simmel*. New York：Free Press.

Smelser, N. J. (ed.), 1988, *Handbook of Sociology*. Beverly Hills：Sage Publications.

Stinchcombe, A. L., 1975, "Merton's theory of social structure." in L. Coser (ed.), *The Idea of social Structure*. New York：Harcourt Brace Jovanovich.

Wolf, 1950, *The Sociology of Georg Simmel*. New York：Free Press.

Zollschan, G. K. & W. Hirsch, 1964, *Explorations in Social Change*. Boston：Routledge.

（作者单位：中国社会科学院办公厅研究室）

✿ 书　　评

第三条道路何以可能？来自匈牙利的经验

——评《社会主义的企业家：匈牙利农村的资产阶级化》

邱雅静

20 世纪 80 年代，当国家社会主义的再分配经济体制在东欧诸国骤然失灵，社会经济发展停滞不前时，对于"第三条道路"的讨论，再一次进入了东欧知识分子的视野。所谓"第三条道路"，作为一种社会思潮，在彼时语境中，指向的是一种既不同于苏联式国家社会主义，又不同于西方式自由资本主义的社会发展路径。而匈牙利社会学家塞勒尼及其合著者于 1989 年所完成的《社会主义的企业家》[①] 一书，恰是对这一道路可行性的探问与回应。他们以 20 世纪 70～80 年代匈牙利农村社会的结构变迁为个案，以身处其中的小农业企业家为研究对象，深入细致地探讨了介于国家社会主义的再分配经济与自由放任的资本主义市场经济之间，是否存在第三条经济发展道路的可能。

塞勒尼的研究旨趣，始于对当时匈牙利农村社会中非同寻常的结构特征之发现。塞勒尼指出，匈牙利家庭农业生产领域出现的种种变迁，其最重要的变化，是市场导向的商品性小农场的重新出现以及小农业企业家的诞生。他将小农企业家的诞生视为官僚体制对农民阶层的缓和策略：农民被允许在自留地从事兼业性生产，而这种农业家庭生产在很大程度上化解了社会经济短缺的问题。与此同时，伴随这种策略的成功，政府与产业工人之间的关系也得到了有益的改善：服务于国营企业的工人们被允许发展自己的兼职性私营商业（如开办餐馆等），或参与到"企业工作小组"中，下班后完成分包自国营企业的生产任务，以获得额外报酬。农民和工人正逐渐转变为农民企业家和工人企业家，一种不同于再分配经济的市场经济开始活跃。据估计，及至 80 年代中期，匈牙利有超过一半的国内生产总值来自这样的"第二经济"。

[①] 塞勒尼的代表作包括探讨社会主义国家社会变迁的"转型三部曲"，这三部曲分别为《通往阶级权利之路的知识分子》（1979）、《社会主义的企业家》（1988），以及《无须资本主义打造资本主义》（1998），是其对社会主义国家变迁在不同阶段的辩证性工作成果。

这种"第二经济"不仅使得匈牙利避免了经济崩溃的厄运，同时也在一定程度上"保持了政治体制的合法性，增加了社会满意度"（塞勒尼，2013：38～39）。

塞勒尼激动于匈牙利社会结构中的这些变化，在他看来，隐藏在匈牙利国家社会主义背景之下的是一场悄无声息的社会经济变革，是对过去的"第三条道路"理论的复兴式实验，更是匈牙利社会发展的可能性蓝图。那么，撬动匈牙利农村社会结构变迁的小农业企业家具体是谁？他们从何而来？又将去往何处？这三个基本设问贯穿全书的思考逻辑，指引着作者的研究设计和分析策略。

概括而言，全书始终围绕着三个元理论主题展开论述：阶级与阶级斗争理论、社会形成理论以及社会变迁理论。

在阶级理论与阶级斗争理论这一主题上，塞勒尼基于美国社会学家米歇尔·布洛维、戴维·斯塔克以及一些匈牙利工业社会学家对匈牙利工厂进行的田野分析，并结合亚当·普沃斯基有关阶级斗争的理论洞见，为社会主义国家中"半无产者"的优势地位做出了辩护。在他看来，"全面无产阶级化"理论对于半无产者群体最终将会无产阶级化的预期判断是错误的。半无产者通过兼职性的生产，不仅为自身创造了可观的生活收入，同时也驱动其他被统治阶级群体为个人利益进行必要的斗争，从而迫使官僚统治者做出妥协。他们的大量存在，是其与统治阶级成功进行斗争的结果。这一结果，既证明了国家社会主义全面无产阶级化过程的失败，更暗示了当前统治体制并未彻底固化的事实。就农村社会中的半无产者而言，他们已经或将会转变为社会主义小资产阶级，从而为匈牙利社会的资产阶级化奠定了可能。

在社会形成理论这一主题上，塞勒尼表示，新兴阶级的诞生以及资产阶级化的进程，正在改变着匈牙利农村的社会结构：过去单一的等级结构，被新生的二元分层结构替代；而过去完全占据支配地位的官僚秩序，如今则与一个以市场为基础的社会分化体系相融合。塞勒尼对左派批评者有关"资本主义复辟"的说法保持清醒的警惕，他一再强调书中所论及的"资产阶级化"过程并非且并未导向资本主义，匈牙利的资产阶级化进程并不具有旗帜鲜明的导向性。在这种社会结构中，新兴的农业企业家无法用马克思笔下"资本家"的概念范畴简单概括。事实上，他们不过是巧妙地依附于以再分配为基础的经济体制以及一个以官僚等级为基础的社会分层体系的总体社会背景之中。他们之所以能够生活得不错，是因为再分配的经济体制以及并不激烈的竞争环境。如果让其进入完全自由的市场经济，他们中大多数人并不会过得太好。塞勒尼更进一步指出，这一新兴阶级非但对彻底解放"无政府主义的市场力量"毫不在意，反而在总体上乐于沉浸在"父爱主义"（paternalism）般的国家社会主义体制中（塞勒尼，2013：11）。这一判断挑战了马克思对于自雇者或小商品生产者终将转向资本主义企业家的理论假设。在塞勒尼看来，马克思低估了自雇者在资本主义或国家社会主义社会中存活的可能性，低估了这一群体再生产其"亚系统"的能力和程度。换言之，"家庭企业和小商品生产并不一定就是资本主义的温床"，西方理论对于资本主义市场经济的阐述，并不完全适用于当下对于国家社会主义混合经济的分析（塞勒尼，2013：13）。塞勒尼更进一步继承了匈牙利社会在过去几十年间有关"第三条道路"讨论的思想遗产，他以开放的姿态指出，内生于匈牙利社会自身的传统"第三条道路"不尽然是东欧的必然前景，也不尽然是最好的道路。然而，倘若没有强权的干预，它将成为匈牙利最显然也最为可能的前景。

最后，在社会变迁的这一理论主题上，塞勒尼分别从微观结构与宏观结构出发，梳理了农业企业家的起源问题。塞勒尼追随韦伯的文化解释视角，从个体层次上对企业家精神的诞生与传承做出假设：那些来自恰当的社会背景（以前的企业家家庭）的人之中，只有选择了合适的职业道路以及教育路径的个人，才有可能成为真正的企业家。此外，在家庭传承以外，塞勒尼选择站在经济史与社会史的角度，借由对19世纪末、20世纪初容克庄园制度以及"二战"后激进的土地改革的探讨以说明，家庭农业企业家的复苏，是匈牙利向其内生的资产阶级化发展轨道的回归。而过往历史的失败，则提醒着匈牙利，寻求一种与苏联模式或西方资本主义模式区别开来的社会认同的可能性与必要性。

以上元理论之讨论，深深扎根于塞勒尼及其合著者对匈牙利农村所开展的细致调查与实证分析。在本书的推论策略上，作者首先结合经验资料对三种有关家庭生产的社会学理论（无产阶级化理论、农民工理论以及被中断的资产阶级化理论）进行评述，进而提出了有关"被中断的资产阶级化"系列假设。其次，作者通过统计模型的建立以及对统计发现的反复修正，依次对三种理论进行检验，并对最终的实证结果进行总结性分析。

简要地说，三种有关家庭生产的理论在包括生产者职业、年龄、人口构成、家庭背景以及生产性质诸多方面，各有不同的假设。无产阶级化理论认为，家庭生产者是那些农业体力劳动者，他们来自拥有更多劳动力以及消费需求的家庭，往往年纪偏大，其从事生产的动力仅仅是为了生计。在这一占据官方主流的理论支持者看来，家庭农业生产不过是一种暂时性的过渡现象。随后出现的农民工理论则假设，家庭农业生产者主要是来自贫农家庭背景的产业工人，其在年龄与人口构成上并不存在明显的模式特征。尽管他们同样基于生计目的从事兼职性生产，但至少有部分家庭转向了商品生产。农民工理论认为个体化家庭农业生产将是一种持久性的现象，但它更强调这种生产作为工人们用以提高生活水平和其在劳动力市场地位的策略性逻辑。不同于"工人阶级策略"的解释，"被中断的资产阶级化理论"则倾向于强调家庭生产者面向市场进行商品生产的重要特征，并将其定义为企业家，"资产者"或者"资产阶级"（塞勒尼，2013：47）。此外，"被中断的资产阶级化理论"还挑战了"农民工理论"有关社会流动的假设，前者认为，来自中农和富农家庭背景的人，更可能发展出一种新的家庭生产模式。在对上述三种理论进行整合的基础上，塞勒尼确立了有关"被中断的资产阶级化理论"的基本假设：第一，当前匈牙利社会存在几种不同的社会转型方向，而成为企业家仅仅是社会结构转型的方向之一；第二，在私有财产继承缺失的前提下，不同的家庭背景以及个人生活史对企业家的诞生具有重要意义。

在假设验证阶段，塞勒尼首先区分了国家社会主义农村社会结构图谱上的四种发展方向——干部、无产者、农民工和企业家，并分别对其进行民族志描述。其次，根据这四类子总体的人口学与社会学特征，借助统计分析，塞勒尼建构了一个样本选择模型，用以检验各家庭生产理论的解释力度。最后的实证结果表明，无产阶级化理论以及农民工理论对于农村家庭生产的解释力十分有限，而改造后的"被中断的资产阶级化理论"则在统计发现中得到了较好的数据支持。塞勒尼指出，以最宽泛的方式估计，约有20%的农村人口正处在资产阶级化的轨道上（其余40%为无产者或干部，40%则在农民工轨道上）。然而，在实现农业企业家身份的途径上，由于存在明显的结构性约束，最终仅有一小部分人口能成为真正的农业企业家（塞勒尼，2013：95）。依靠统计发现，塞勒尼进一步指出，中农出身者比其他社会阶层的人更容易进入"资产阶级化"的轨道，而这正与"二战"前的农村社会结构有着极大的相似性。换言之，发生于匈牙利农村社会中的故事说明，企业家群体正在复兴，一种"被中断的资产阶级化"正在重回其自身的演进路径。

塞勒尼在书中预测了"第三条道路"的实现，但他也强调这个乐观的论调需要两个条件：一是"资产阶级化与小资产阶级社会的出现"，二是"新社会主义混合经济中阶级联盟政治"。当这两个条件得到满足时，"机会之窗"便会打开（塞勒尼，2013：199）。社会学家对社会变迁的预测，难免会在历史现实的波动中败下阵来。此书于1988年在匈牙利出版后不久，苏联解体、东欧剧变，官僚集团背弃了与社会主义小资产阶级之间的"政治妥协"，自下而上建设的小资本主义进程戛然而止。那些书中的主角，社会主义的企业家们，则成为了这场突如其来的向资本主义市场经济迅速转型的"失败者"（塞勒尼，2008；2012）。

尽管如此，对于"第三条道路"理论的倾心，持续引发塞勒尼对中国社会转型问题的关切。中国的社会转型应该如何定义？是官方论述中的"社会主义市场经济"，还是科尔奈所判断的"资本主义经济"，抑或是黄亚生所说的"中国特色的资本主义经济"？更进一步地问，中国的社会转型将会去往何处？

在塞勒尼看来，中国的社会改革在 1978 年开始时是"自下而上"的，经济成功是由小型的，诸如农村乡镇企业这样的私人部门推动的，这与同一时期发生在匈牙利农村社会的经验不谋而合。然而，近二十年来，随着国有企业的私有化以及分税制改革等政策的影响，中国社会的发展道路发生了新的转向，它更像是是一场"自上而下"的改革。尽管如此，无论是"自下而上"还是"自上而下"的演进方式，都可以理解为中国社会在"第三条道路"上的一种尝试（塞勒尼，2012）。至于中国社会转型的未来前景，塞勒尼认为，如果将自由民主视为一种"例外"而非普遍规则，如果中国的经济发展能够容纳急速增长的不平等，那么，中国将会沿着其既有的模式继续走下去。

社会结构的多元性，以及历史结局的开放性，是《社会主义的企业家》一书反复强调的基本态度。就中国社会学界而言，如何客观、准确地把握社会转型的诸种特征，如何科学、严谨地分析社会转型的逻辑与机制，是当下社会学研究所迫切需要面对与解决的重要议题。而本书所实现的研究成果，显然为我们呈现了精彩而有益的参考价值。从研究方法来看，其在民族志田野调查与统计模型分析之间所实现的良好衔接与融合，不仅在最大程度上为读者呈现了事件的全貌，同时也为后人对其理论的检验以及未来的比较研究提供了行之有效的方法工具。从理论洞见来看，尽管"第三条道路"并未如塞勒尼期待的那样在匈牙利得到继续实践，但书中围绕阶级、社会形成以及社会变迁议题所阐发的理念与思考，尤其是有关"社会主义混合经济"的探讨以及"第三条道路"的论述，对于中国转型研究具有强烈的现实与指导意义。

最后，引用书中的句子作为结束，"社会学家的微末任务，不是去阐述这一转变中的意识形态，而是充当一个历史的见证者，去记录这一波'无声革命'中的故事"（塞勒尼，2013：20）。

参考文献

塞勒尼，2011，《诸种第三条道路》，《开放时代》第 9 期。

塞勒尼、曼钦、朱哈兹、马扎尔、马丁，2013，《社会主义的企业家：匈牙利农村的资产阶级化》，史普原、焦长权、王笑非、余依祎译，北京：中国社会科学出版社。

塞勒尼、伊亚尔、汤斯利，2008，《无须资本主义打造资本家：后共产主义中欧的阶级形成和精英斗争》，吕鹏、吕佳龄译，北京：社会科学文献出版社。

（作者单位：中国社会科学院研究生院社会发展系）

社会变迁过程中的环境问题与可持续发展

——评赫尼斯的《热门话题与冰冷的反应：气候变化与观念转变》

张晨曲

　　全球变暖、气候变化及随之出现的诸多环境问题，与人们的行为、行为取向和价值观念息息相关，与社会变迁的过程也息息相关。全球环境的变化使任何一个国家都不可能置身事外。"同一个地球，同一个家园"，已不再是一个口号，而是每一个地球人都必须面对的客观事实。在环境与气候变化等问题上从自己做起，从改变人们的行为、改变人们的态度以及改变人们的价值取向做起，已经变得刻不容缓。正是在这样一个背景下，古德芒德·赫尼斯教授写了《热门话题与冰冷的反应：气候变化与观念转变》这本书。在本书中，他通过大量的事实来说明环境问题与可持续发展紧密相连，气候变化与人们的行为、行为取向、价值观念息息相关，并呼吁自然科学与社会科学联合起来开展这方面的研究，用学术力量改变人们的行为与观念，拯救我们的家园，拯救我们的地球。

一　事件驱动社会态度和观念的转变

　　赫尼斯在书中写道，人类一直试图理解这个赖以生存的世界——宇宙和自己在宇宙中的位置。宇宙论详细介绍了宇宙的来源、性质、结构和演化，而人类社会发展历程是人类及其他生命适应整个自然和社会的过程。

　　他指出，人类的宇宙观在历史上发生过巨变。在古代，人们把自己放在由众神创造的宇宙的中心。托勒密把宇宙构想为如同嵌套的球体，而希腊天文学家率先用几何模型来刻画和计算天体的运动。托勒密天动学说体系深刻地影响了社会生活。这个体系能够计算太阳、月亮和行星的位置，从而算出一个星球的天文日历和年历。常规的天体运动可以用于社会生活，宇宙的概念被转化为社会组织的关键因素。尽管那时这一体系被西方世界广泛接受，但随着时代的发展，人们发现托勒密体系越来越不能很好地解释行星的向心行为。哥白尼的日心说颠覆性地打破了托勒密体系，转而把太阳置于宇宙的中心，这也让他成为科学革命的先驱。尽管这个新的世界观学说并没有马上被广泛接受——直到哥白尼死后的近五个世纪后，许多人仍然相信地球是宇宙的中心。

赫尼斯认为，饶有趣味的是，第二次世界大战以来，公众观念和意识已经有了一个重要的转变。新世界观再次以地球为中心，因为它的核心集中在地球本身，但这是考虑现有生态的时候以地球为中心。这种世界观上的变化是几个不同观点的同时转变，且随着时间推移变得更加相互关联。这些变化可以被称作"生态革命"。显然，发展中的有些观念并非一次性形成，也不是都能被接受。不过，随着时间的推移，这些观念会渐成体系。

人们总是不愿意改变固有观念。问题是，如果在认识和态度上有了显著的变化，那么到底发生了怎样的转变，应该如何应对这些转变呢？赫尼斯教授的主要观点是："世界观的变化带来世界本身的改变。"不过，公众心态在环境方面的变化和争论不断累积的过程不是特别缓慢，能够通过论证达成共识。"变化已经由事件驱动，是人类活动的结果"，事件的突发足以震惊公众的想象力，并导致集体行动。

在书中，他同时论证，人们着重讨论这些事件及其余波：广岛原子弹爆炸事件、因滥用化学品而破坏生态环境、核电站事故毁灭性的后果、高知名度饥荒的冲击和马尔萨斯幽灵（即从太空中看到整个地球的第一张照片"蓝色星球"）的影响，等等。事态变化的结果使得前景和观点改变："事件引致了观念和态度的变化。"从理论上说，被称为"双重嵌入的态度"的概念成为阻碍变革阻力的解释，即："态度还停留在逻辑层面，和同时在社交网络一样。"这有助于彼此互补、持续和稳定。简单地说，个人信仰以及社会关系往往被戏剧性的事件同时摧毁，而并非依靠论证改变。这些事件生成的变化具有说服力，因为这两个结构同时嵌入：一个基于概念和经验层面——逻辑点阵，另一个基于人际关系和互动层面——社会网络。如果意见双重嵌入，这两个层面就会因戏剧性事件同时受到干扰。当不同的两种类型之间的链接被扰乱，这种关系就可以被重新配置。

虽然长期以来人们越来越关注气候变化对人类社会的影响，然而，反常的是，近期公众对气候变化相关数据的信任度在下降。当然，这也有政治原因。例如在2009年哥本哈根气候大会上，人们还在争论2011年德班气候变化会议能否取得一定的成功。

在这本书中，作者并没有给出一个明确的主题，目的仅为引发更多的讨论，将已有的假设和提议进行更深入的社会科学研究。这本书的目标读者是政策制定者和研究人员。赫尼斯向读者提出了许多易于延伸的问题，因为绝大多数讨论这些问题的不是专业书籍或学术期刊，而是互联网，尤其是容易看到尖锐争论的网站。

作者的目的不是为了解决争端，而是列出已达成的共识从而鼓励辩论。科学不仅集合规范理性探讨，它还提供了一个可以进行激烈交流辩论的背景。

二 自然灾害事件转化为社会突发事件的方式、灾难和破坏程度取决于政府调控社会的能力

在赫尼斯看来，常规科学通常与有争议的假设、简化模型和不完整的数据有关，因而总有着不同的思想流派。科学家们得出的很多关于气候变化的结果一直备受争议。在气候变化的许多方面，政治家比科学家存在更多的分歧。不同层面群体（部门）的关注点不同，对气候变化的看法也经常有分歧，提出的补救行动的政策建议也总是截然相反。比如，某些利益集团认为，高代价的气候应对政策能够对全球经济衰退的发展中国家或穷人提供帮助；相反观点则认为，最近的经济衰退正是绿色刺激方案的一个理由。也有关于应当建立各种类型的制度安排以应对气候变化的争论。例如，国际货币基金组织认为，对能源相关的温室气体，特别是二氧化碳排放增加税收，比直接监管更能够有效地控制气候变化。

赫尼斯认为，社会科学在协助制定政策中的主要角色是：找出缺陷、确保政策更加切合实际，并使制度设计更加完善、有弹性。

问题在于社会结构功能作为一个棱镜，自然的变化在不同的社会结构团体会折射和传递不同的社会影响。影响不仅在地球物理方面，也同样在社会经济条件和基础设施方面。

赫尼斯举例说，美国新奥尔良曾经遭受到最大的自然灾害是卡特里娜飓风。但当时被放大，造成巨大社会影响的是城市公共基础设施的弱点，如导致迅速决堤的薄弱防洪堤坝和岔道，以及缺少必要的政府组织和应急措施。社会组织的复杂度增强和暴露了它的脆弱性，不仅因而使它更难理解多方面的交流，也导致在紧急情况下，政府官员要特别关注集中的冲突和矛盾。自然事件的影响可以同时给一个系统的构建和改善施压，可以在减少裁员、争取当地独立权利和备份系统等方面起作用。因此需要研究包括在系统内为极端事件建立的模型变量是否正确。

赫尼斯指出，明显的一个未知是人们将会如何反应。恐慌可能发生吗？即将爆发的社会冲突可能会加剧吗？由此造成的灾难和社会不平等之间的联系是什么？例如，2007 年 8 月印度比哈尔邦灾难性的洪水造成了一个基本且残酷的现象：当社区遭受灾害时，种姓歧视深化或者更为普遍；在危机时期，歧视更加尖锐。

赫尼斯认为原因很复杂：①居住区原因（如社会底层种姓的人在城镇外住，而援助点分散在城镇中心，救助难以实施，底层种姓赶到城镇时救助物资已经不足）；②认知原因（官方认为底层种姓能活下来的可能性几乎为零）；③政治原因（底层种姓被村庄排除，也没有代表性）。

作者的基本观点是：自然事件转化为社会突发事件的方式、灾难和破坏程度取决于政府调控社会的能力。正如本书关于卡特里娜飓风的标题所言："没有自然灾害这种东西。"应急准备、防御漏洞和事件冲击跟应急对策和灾后重建一样，是一个社会结构的作用。自然灾难怎样结束取决于社会环境的影响。

三 社会科学与自然科学结合起来共同应对气候变化与环境问题的挑战

气候变化与环境问题会对国家安全、金融与贸易、知识和技术、生产结构和能源等诸多因素构成的庞大而复杂的系统产生巨大的影响，势必导致社会制度变迁、经济变迁及技术变迁，从而引起一个新的技术—经济—社会范式的诞生。

赫尼斯认为，社会科学应该确定不同类型风险的起源，并且评估重要的社会决定因素和后果，有效的对策以及具有相当影响力的权力层重视后可能产生的后果。与此同时，社会科学还必须遵守道德原则，担负起发出声音的责任，去促动并为制定更加清晰、连贯的政策选择做出努力。

在过去的十年里，自然环境与社会环境之间相互连接已成倍增强。虽然在气候变化领域，二者基本的相互关系已有相当完善的科学架构，但是社会、政治和经济的影响和反应还不够热烈。

科学知识能够拨云见日解决问题吗？专家们能来做这个工作吗？科学能保佑我们吗？在作者看来都不能，因为科学是关于假设、推测、部分证实的学问，科学中的部分观点往往存在冲突。科学总是想挑战世俗认知，提出供选择的解释，所以建立共识绝非易事。有时，决策者会表现出多个面孔。事实上，研究人员常常使矛盾的观点越来越多而非减少，决策者们正是因为面对矛盾的说辞而难以做出明智的选择。罗纳德·里根曾经要求"某领域的经济学家"给出一个建议，后来经济学家们习惯性地回应："一方面……，另一方面……"。同样，研究人员能够做到让公众减少困惑，但是当他们对"发生了什么"可能会有不止一个的解释时，往往会带来更多的不安和惊慌。

相互矛盾的解释经常把公众带入政府与媒体发生的冲突当中。特别是在紧急情况下，当媒体要求充分披露信息、打开通道、公布决策时，官方想请专家尽快对事件的损害和公众后续反应进行评估和论证。近年来，渐已恶化的状况是：政府不但没有平息事件带来的影响，信息反而被各种媒体散播；未经过滤，甚至包含带有编造成分在内的博客、微博信息，迅速达到成千上万，涌入视频网站进行扩散，任何人都可以上传一个视频，并立即吸引数百万人来关注他们所谓的到底发生了什么、需要怎么做的见解。

在书中，赫尼斯反复强调，越是紧密耦合的自然体系和社会体系，越需要开展自然科学和社会科学的合作研究。显然，自然科学所研究的关于全球变化与影响的问题，从水资源短缺到海洋渔业的消耗，从流行病到海啸风险的威胁，都成为对社会科学的挑战。事实上，目前的困境能够成为通过推翻一些关于社会、经济和政治生活的基本假设，从而更新社会科学的一个极好的原始资料。这对社会科学是挑战更是机会。

（作者单位：中国社会科学院社会发展战略研究院）

征稿启事

《社会发展研究》（*Journal of Social Development*）以对中国现代重大问题的研究为重点，以中国社会发展情况的调研、发展问题的诊断以及与发展经验关联的社会科学理论与方法探讨为主题，鼓励从学科综合、交叉的角度，对处于国际视野中的中国社会经济改革及其发展中的主要问题进行深入探讨。

作为明确以"社会发展"为主题的社会学学术刊物，本刊将为推动学术研究与国家战略和政策的对接提供一个平台，凸显中国社会发展经验的理论和实践意义。现热忱欢迎国内外学者投稿，来稿一经采用，即奉稿酬和当期刊物两册。

1. 本刊目前为试刊，每期约20万字，设有"专题研讨""研究论文""研究述评""国际视野""书评"等栏目。其中"专题研讨"和"研究述评"以10000～20000字为宜，"书评"以3000～5000字为宜。

2. 稿件第一页应包含以下信息：（1）文章标题；（2）作者姓名、单位、联系电话、通信地址、电邮地址。

3. 稿件第二页应包含以下信息：（1）文章标题；（2）中文摘要（200字以内）；（3）3～5个中文关键词；（4）英文标题、作者姓名的汉语拼音（或英文）；（5）英文摘要（150字以内）。

4. 投寄本刊文章，凡引用他人观点或材料，请务必加注说明。在引文后加括号注明作者、出版年份及页码，详细文献出处作为参考文献列于文后，以作者（姓氏在前，名在后）、出版年份、书名（或文章名）、出版地点、出版单位（或期刊名）排序。文献分为中文文献和英文文献两部分，分别按作者姓氏首字母升序排列。作者本人注释采用当页脚注。

5. 文章正文的标题、表格、图、公式以及脚注应分别连续编号。

6. 文章一经发表，版权即归中国社会科学院社会发展战略研究院所有。凡涉及国内外版权问题，均按照《中华人民共和国著作权法》及有关国际法规执行。本刊刊登的所有文章，未经授权，不得转载、翻译。

7. 本刊所刊登所有文章，均加入网络系统，若无此意愿，特请来稿时注明。我们本着热忱和积极态度面对各方稿件，力求最快对投稿做出回应。

8. 稿件投寄地址：北京市西城区三里河东路5号中商大厦，中国社会科学院社会发展战略研究院，邮编100045；电子邮件 isd@cass.org.cn。